Sammlung Vandenhoeck

Hubert Kiesewetter

Das einzigartige Europa

Zufällige und notwendige
Faktoren der Industrialisierung

Vandenhoeck & Ruprecht

Hubert Kiesewetter, geb. 1939
ist Professor für Wirtschafts- und Sozialgeschichte
an der Katholischen Universität Eichstätt

Die Deutsche Bibliothek – CIP-Einheitsaufnahme

Kiesewetter, Hubert :
Das einzigartige Europa: zufällige
und notwendige Faktoren der Industrialisierung /
Hubert Kiesewetter. –
Göttingen: Vandenhoeck und Ruprecht, 1996
(Sammlung Vandenhoeck)
ISBN 3-525-01362-0

Umschlaggrafik: Markus Eidt, Göttingen

© 1996 Vandenhoeck & Ruprecht, Göttingen. –
Printed in Germany. Alle Rechte vorbehalten. Das Werk
einschließlich seiner Teile ist urheberrechtlich geschützt.
Jede Verwertung außerhalb der engen Grenzen des Urheberrechts ist ohne Zustimmung des Verlages unzulässig
und strafbar. Das gilt insbesondere für Vervielfältigungen,
Übersetzungen, Mikroverfilmungen und die Einspeicherung
und Verarbeitung in elektronischen Systemen.
Druck und Bindung: Hubert & Co., Göttingen.

Inhalt

Vorwort 9

I. Einleitung 13
   1. Das rätselhafte Asien 13
   2. Europäische Wendepunkte 21
   3. Nationale oder regionale Industrialisierung? 28
   4. Zufällige und notwendige Faktoren 32

II. Zufällige Faktoren 37
   1. Die Geographie 37
      a) Raum und Mensch 37
      b) Einflüsse auf die Landesstruktur 41
      c) Geographie und Politik 45
      d) Geographische Unwägbarkeiten 51

   2. Die Bodenschätze 56
      a) Unterirdische Ressourcen 56
      b) Steinkohlen als Brennmaterial 59
      c) Steinkohlen als Industrialisierungsfaktor 62
      d) Bedeutungsverlust von Steinkohlen 66

   3. Das Klima 72
      a) Unterschiedliche Klimaverhältnisse 72
      b) Einfluß von Naturkatastrophen 77
      c) Exakte Messungen 82
      d) Witterungseinflüsse 86

   4. Die Fruchtbarkeit des Bodens 89
      a) Bevölkerungszunahme und Seuchen 89
      b) Malthus' Ernährungsfalle 94
      c) Überwindung des Bevölkerungsdilemmas ... 99
      d) Agrarchemie als Ausweg 103

III. Notwendige Faktoren 108

   1. Das Kapital 108
      a) Begriffsverwirrungen 108
      b) Gold und Geld als Reichtum 114
      c) Investitionen als ökonomische Triebfeder 119
      d) Sehnsucht nach (Verteilungs-) Gerechtigkeit 125

   2. Die Technik 130
      a) Erfindungen und Neuerungen 130
      b) Sucht nach Nachahmung 135
      c) Erfindungen als Bedürfnis 139
      d) Problemlösende Technik 142

   3. Die Unternehmerschaft 147
      a) Genies und Führer 147
      b) Fabrikgründer und Fabrikzerstörer 150
      c) Feudalistische Neigungen 158
      d) Dynamik und Erschlaffung 161

   4. Die Bildung 166
      a) Erweiterung von Angeboten 166
      b) Ausbildung und Industrialisierung 171
      c) Forschung und technische Bildung 175
      d) Deutschlands Vorsprung gegenüber England 180

IV. Europa: Ein Modell für Entwicklungsländer? 186

Anmerkungen 200

Literatur 244

Personenregister 268

Geographisches Register 275

*Zur Erinnerung
an meinen Lehrer und Freund
Karl R. Popper (1902–1994)*

»Damit der Kapitalismus sich entfalten konnte, mußten dem naturalen, dem triebhaften Menschen erst alle Knochen im Leibe gebrochen werden, mußte erst ein spezifisch rational gestalteter Seelenmechanismus an die Stelle des urwüchsigen, originalen Lebens gesetzt werden, mußte erst gleichsam eine Umkehrung aller Lebensbewertung und Lebensbedenkung eintreten.«

Werner Sombart

»Fachmenschen ohne Geist,
Genußmenschen ohne Herz;
dieses Nichts bildet sich ein,
eine nie zuvor erreichte Stufe
des Menschentums erstiegen zu haben.«

Max Weber

Vorwort

Europa ist *heute* alles andere als einzigartig. Die (west-)europäischen Politiker waren am Ende des 20. Jahrhunderts – nachdem sowohl im Ersten als auch im Zweiten Weltkrieg die brutalen Aggressionsstaaten unter deutscher Führung in einer gemeinsamen alliierten Anstrengung besiegt worden waren – nicht einmal in der Lage, sich darauf zu einigen, dem fürchterlichen Krieg im ehemaligen Jugoslawien ein Ende zu setzen. Die Arbeitslosigkeit ist so hoch und Armut in fast allen europäischen Staaten so weit verbreitet, daß man fragen muß, was denn eigentlich der Sinn einer überstaatlichen Wirtschaftspolitik sein soll. Die Europäische Union dient offenbar vor allem der politischen Machterweiterung und nicht der Wohlstandsvergrößerung ihrer Bürger. Wir stehen in vielen europäischen Staaten gegenwärtig eher vor dem Dilemma, daß immer stärkere Eingriffe der Regierungen in den Regelmechanismus der Wirtschaft ökonomische Handlungsfreiheiten außer Kraft setzen als umgekehrt. Hätten wir nicht altbewährte demokratische Institutionen, dann müßte man als einfacher Staatsbürger über die Korruptionsneigung und das geringe moralische Verantwortungsbewußtsein führender europäischer Politiker sehr besorgt sein.

Das war alles einmal ganz anders. Vor etwa 500 Jahren begann in Europa nicht nur eine unmenschliche Eroberung großer Teile der Neuen Welt, sondern auch eine ethische und materielle Revolution. 100.000 Jahre Menschheitsgeschichte seit dem *Homo sapiens* wurden in wenigen Jahrhunderten völlig verändert. Dieser gesellschaftliche und ökonomische Modernisierungsprozeß erfaßte im 19. Jahrhundert eine Reihe westeuropäischer Staaten, ein Phänomen, das in vielerlei Hinsicht einzigartig war und ist. Worauf beruhte diese Einzigartigkeit? Die Industrielle Revolution begann im 18. Jahrhundert in Europa, zuerst in England, und sie hat unser gesamtes Leben auf tiefgreifendere Weise verändert als alle politischen Revolutionen zusammen. Die großen Leiden der Menschheit, Seuchen, Agrar- und Hungerkrisen sowie Überbevölkerung, sind in europäischen Staaten überwunden worden. Den meisten Menschen in unseren Wohlstandsgesellschaften ist allerdings kaum noch bewußt, unter welchen furchtbaren Bedingungen unsere Urgroßmütter und -väter einen materiellen Wohlstand geschaffen haben, der heute vielen, gerade jungen, Menschen selbstverständlich erscheint.

In diesem Buch soll gezeigt werden, daß diese Entwicklung kein Wunder war, wie so oft behauptet wurde, sondern auf dem günstigen Zusammentreffen von zufälligen und notwendigen Faktoren beruhte. In vielen ökonomischen oder wirtschaftshistorischen Analysen der europäischen Industrialisierung – oder der Industrialisierung einzelner Staaten und Regionen – wird zu wenig berücksichtigt, daß die »Natur« und die menschliche Ökologie einen erheblichen Einfluß auf die Durchsetzung moderner Produktionsweisen in Europa ausgeübt hat. Technik und Kapital, typisch menschlich-kulturelle Errungenschaften, waren notwendig, aber nicht hinreichend. Und noch etwas tritt immer deutlicher zu Tage. Je weiter wir uns zeitlich von den Anfängen dieses Prozesses entfernen, um so mehr verstärkt sich die Neigung, das 19. Jahrhundert in einem etwas verklärten Licht, als »gute alte Zeit«, zu sehen. Dies war es jedoch keineswegs. Gerade in dieser Periode – von etwa 1815 bis 1918 – liegen die Wurzeln für fast alle positiven wie negativen Entwicklungen, mit deren Lösung wir heute konfrontiert sind und in Zukunft sein werden. Die »Einzigartigkeit« Europas ist inzwischen von vielen Staaten – etwa USA, Japan, Australien, Südkorea oder Taiwan – auf andere Weise »nachgeahmt« worden. Sie ist also nicht nur in Europa verloren gegangen, sondern sie scheint endgültig vorbei zu sein. Wenn Europa nicht noch mehr von seinem relativ großen Wohlstand verlieren will, dann muß es sich auf seine wirtschaftlichen und moralischen Ursprünge zurückbesinnen. Zu dieser Rückbesinnung möchte das vorliegende Buch einen Beitrag leisten.

Diese Ursprünge und die Quellen unseres Wohlstandes sind so vielfältig, daß sie unmöglich in einem Buch von 200 Seiten abgehandelt werden können. Ich habe mich deshalb auf eine modellhafte Analyse von vier zufälligen und vier notwendigen Faktoren beschränkt. Aber erst, wenn wir die europäische Entwicklung mit der von Asien oder Afrika vergleichen, können wir ermessen, wie einzigartig Europa gewesen ist. Solche Faktorenvergleiche erfordern einen interdisziplinären Ansatz, wenn sie zu gehaltvollen Aussagen gelangen wollen. Ein einzelner kann nur Anstöße geben in der Hoffnung, daß Henri Pirenne zu Recht glaubte, daß eine Synthese Detailforschungen in Schwung bringt. Ich bin deshalb sehr dankbar, weil ich mich keineswegs als Spezialist auf den unterschiedlichen Forschungsgebieten ansehe, daß wirtschaftshistorische Freunde und Kollegen, die mit der Antike, der Geographie oder der Klimageschichte besser vertraut sind als ich, eine frühere Fassung des ganzen Manuskripts oder Teile davon kritisch gelesen und Verbesserungsvorschläge gemacht haben. Es sind vor allem Reiner Flik, Dietmar Grypa, Peter Hefele, Klaus Hess, Christian Pfister und Gregor Weber. Ohne ihre Hilfe wäre dieses Büchlein von geringerer Qualität, obwohl seine großen Mängel nur von mir zu verantworten sind. Meine Sekretärin, Frau Gertraud Reinwald, hat geduldig und ausdauernd eine Vielzahl unterschiedlicher Fassungen bearbeitet.

Ich widme dieses Buch meinem Lehrer und langjährigem Freund Karl Popper, obwohl er in seinen Forschungen die europäische Wirtschaftsgeschichte und Ökonomie nur selten behandelt hat. Wer Popper als Mensch und als Wissenschaftler näher gekannt hat, der weiß, was eine solche Freundschaft bedeutete. Er war eine unerschöpfliche und phantasievoll sprudelnde Quelle kritischer Rationalität, der immer auf Problemtiefe und Klarheit drängte, aber gleichzeitig zum Vordringen ins wissenschaftlich Unbekannte ermunterte. Die vielen Vorurteile gegenüber seiner Wissenschaftstheorie und seiner politischen Ethik stammen m. E. daher, daß seine Schriften nicht gründlich genug gelesen wurden. Ich halte Karl R. Popper nicht nur für den größten Wissenschaftstheoretiker dieses Jahrhunderts, sondern für eine der bedeutendsten moralischen Persönlichkeiten. Er hat die Entstehung dieses Buches mit Interesse verfolgt und viele Fragen mit mir diskutiert. Ich verdanke seinen freundschaftlichen Ermunterungen viel mehr, als ich im Text und in den Anmerkungen ausdrücken konnte. Trotzdem wäre er wohl mit dem Resultat nicht zufrieden gewesen. Kritische Leser mögen darüber urteilen, ob es wenigstens interessant ist.

Eichstätt, 23. März 1996 *Hubert Kiesewetter*

I. Einleitung

1. Das rätselhafte Asien

Es wurde lange Zeit behauptet – und auf diese Behauptung gründeten sich die Eroberungsgelüste und die Kreuzzüge europäischer Fürsten und Ritterorden zu Land und zu Wasser–, daß die indischen und asiatischen Länder im Altertum und selbst im Mittelalter »sagenhaft reich« gewesen seien. Sagen, vor allem Heldensagen, wie etwa der Kampf um Troja oder die germanische Siegfriedsage, haben seit jeher die menschliche Phantasie stark angeregt. Jacob und Wilhelm Grimm empfahlen 1816 ihre Sammlung von *Deutschen Sagen* den Liebhabern deutscher Poesie, Geschichte und Sprache »im festen Glauben, daß nichts mehr auferbaue und größere Freude bei sich habe als das Vaterländische«.[1] Eine solche Äußerung könnte den Schluß nahelegen, daß sie die Bedeutung der europäischen Eroberungen nicht erkannt hatten. Denn der Drang nach »sagenhaftem« Reichtum äußerte sich nicht in dem Wunsch nach größerem Ruhm und Ehre, auch nicht unbedingt in stärkerem Nationalismus, sondern in größerer Anhäufung von Schätzen, vor allem Gold. Eine ökonomisch größere Frucht »als die blendendste Bekanntwerdung und Anbauung des Fremden« versprachen sich solche Eroberer und Entdecker. Darauf wollte wohl auch Johann Wolfgang von Goethe hinweisen, wenn er im *Faust* Mephisto die Worte in den Mund legte:

> »Ich müßte keine Schiffahrt kennen:
> Krieg, Handel, Piraterie
> Dreieinig sind sie nicht zu trennen.«

1907 schrieb ein Berliner Universitätsprofessor in einer umfangreichen *Weltgeschichte der Neuzeit*: »Das Hauptgewürzland war Indien, für besonders goldreich galten die sagenhaften Inseln Antilia und das nicht minder rätselhafte Guinea, welches man irgendwo im Süden Afrikas vermutete, mitten unter den Negerstämmen. Auf diese Ziele mußte sich also das Entdeckerstreben richten. Die große Handelsstraße von Europa nach Indien durch Asien befand sich in den Händen der Araber. Mit Entrüstung sah man diese Feinde der Christenheit ungezählte Millionen im Zwischenhandel erwerben.«[2] Wie aber sollten die Europäer diese riesigen Entfernungen überbrücken, wo doch im Süden die Sandwüste, im Norden die Eiswüste, im Westen der Ozean und im Osten 35 Millionen km^2 von Gebirgen und Wüsten lagen? Nur im Südosten gab es für den Handel zwischen den Hochkulturen Chinas, Indiens, des Nahen Ostens und Europa passierbare Verbindungswege, auf denen Gewürze, Seide, Safran, Quecksilber und Gold nach Europa gebracht werden konnten. Die Araber bzw. die Türken blockierten zwischen dem 7. und 19. Jahrhundert sehr oft diese Wege, während sie nur selten bereit waren, sie zu öffnen. Die Herrscher Ägyptens – obwohl die Türken 1517 Ägypten und 1571 das venezianische Zypern eroberten – machten davon im 16. Jahrhundert eine Ausnahme, sie ließen den Gewürzhandel zu, aber keineswegs frei passieren. Sie steuerten über die Anhebung oder Senkung von Zöllen die internationale Konkurrenz – aber das war zu wenig!

China galt jahrhundertelang im Vergleich zu Europa als eine weit fortgeschrittene Gesellschaft, mit einer hohen Kulturentwicklung, Papiergeld seit dem 13. Jahrhundert und herausragenden technischen Leistungen.[3] Max Weber sah einen Grund für diese Vorrangstellung darin: »In *China* ist das Feudalsystem im 3. Jahrhundert vor unserer Zeitrechnung abgeschafft und das Privateigentum an Grund und Boden durchgeführt worden. Schi Huang Ti, der erste Kaiser der Tschin-Dynastie, stützte seine Macht nicht auf ein Lehens-, sondern ein patrimoniales Heer, das aus Abgaben der Untertanen erhalten werden mußte. Die chinesischen Humanisten, die Vorläufer der späteren Konfuzianer, standen dabei auf Seiten der Monarchie und haben dieselbe rationalisierende Rolle gespielt wie in Europa.«[4] Auch in europäischen Staaten, die im 18. und 19. Jahrhundert mit einer Industrialisierung begannen, war die Beseitigung des Feudalsystems und die Durchführung von Agrarreformen eine notwendige Voraussetzung für eine ökonomische Modernisierung. Und die kommunistischen Staaten im 20. Jahrhundert sind auch daran gescheitert, daß sie sich weigerten, den Grundsatz des staatlichen Besitzes an Grund und Boden aufzugeben. In China kam aber noch etwas hinzu. Handel und Gewerbe wiesen seit dem 11. Jahrhundert einen weit über dem europäischen Niveau liegenden Differenzierungsgrad auf. Chinesische Produkte, wie Porzellan, Schießpulver, Seide, magnetische Kompasse und raffinierte astronomische Uhren wurden überall bewundert und begehrt.

Francis Bacon (1561–1626), der Philosoph und Politiker, hielt drei chinesische Erfindungen, den Buchdruck, den Kompaß und das Schießpulver, sogar für die größten der Menschheit. Wie allerdings die letzte dieser »Erfindungen« mit seinen Bemühungen um eine *Instauratio Magna*, d. h. einer großen Erneuerung der Philosophie und der Wissenschaften, zu vereinbaren ist, darauf blieb er eine Antwort schuldig. Es sei denn, der technisch perfekte Zukunftsstaat *Nova Atlantis* (1627) sollte eine solche Antwort sein. Jones behauptet in seinem Buch *Das Wunder Europa* sogar: »Im 14. Jahrhundert hätte China um ein Haar zu industrialisieren begonnen.«[5] Es wäre allerdings interessant zu wissen, was dieses ausgefallene »Haar« eigentlich gewesen ist und warum sein Fehlen eine so ungeheure Lücke aufgerissen hat. Um 1700 war nämlich nur noch wenig von dieser Überlegenheit Chinas übriggeblieben. Ein Grund dafür war, daß die chinesische Kultur sich weitgehend nach außen abgeschottet hatte und dadurch eine weitere Entwicklung blockiert wurde. Ein anderer, daß seit dem 13. Jahrhundert die Mongolen unter Dschingis Khan damit beschäftigt waren, große Teile von Eurasien zu erobern. Selbst die Ming-Dynastie (1368–1644), unter der das Gewerbe noch einmal aufblühte – allerdings wurde während dieser Zeit die 1090 gebaute astronomische Uhr zerstört – und die chinesische Bevölkerung zunahm, konnte China nicht in ein modernes Land verwandeln. Alle diese frühen technischen und wissenschaftlichen Errungenschaften, so bemerkt Cameron[6] in seinem Überblick über die Geschichte der Weltwirtschaft, reichten nicht aus, um einen technologischen Durchbruch zu erzielen, der *eine* Voraussetzung zur Industrialisierung gewesen wäre.

Dagegen vertritt Patricia Crone in ihrem Buch *Die vorindustrielle Gesellschaft* eine wenig gehaltvolle Auffassung, die ich kurz »Blockierungstheorie« nennen möchte. Danach gelang China eine dauerhafte Lösung für die Probleme der vorindustriellen Organisation, während Europa diesbezüglich versagt habe. Wenn »dauerhaft« bedeutet, daß China über die vorindustrielle Phase nicht hinausgekommen ist, kann ich dieser

These zustimmen. Die Chinesen, so behauptet Crone aber, hätten einen sehr hohen Stand der Allgemeinbildung erreicht, und die gesellschaftliche und geographische Mobilität sei fast grenzenlos gewesen. Die vorindustrielle Organisation und Zivilisation sei deshalb auf eine Weise stabilisiert worden, daß »China den Gipfel der möglichen Entwicklung« erreicht habe und dann stehengeblieben sei. Der chinesische Staat habe außerdem die Praktizierung der konfuzianischen Kultur für die soziale Elite verbindlich gemacht. Aber damit gibt sich Crone nicht zufrieden, sondern sie bringt China in einen vorsintflutig anmutenden und anachronistischen Zusammenhang mit Europa: »China hatte dort Erfolg, wo Europa versagt hatte, und so wie Europa im Vergleich unfähig war, seinen kapitalistischen Sektor in Zaum zu halten, kam es in China zum Zusammenbruch der konfuzianischen Ordnung.«[7] Nach dieser Auffassung haben Europa und China gleichermaßen versagt!

Ich möchte die historischen und politischen Zusammenhänge in dem chinesischen Großreich noch ein wenig beleuchten, um besser verstehen und erklären zu können, worin die Einzigartigkeit Europas bestand. Was China nach außen so monströs und unerreichbar erscheinen ließ, beruhte auf einem ungewöhnlich hohen Anteil an Ausgaben für Luxusgüter und monumentalen Bauwerken. Die Eisenproduktion lag pro Kopf um 1100 ungefähr 20 Prozent höher als die in Europa um 1700; allerdings war dies nicht von Dauer. Die Kluft zwischen riesenhafter Armut der großen Masse der chinesischen Bevölkerung und rücksichtsloser Verschwendung einer kleinen Elite konnte nicht überbrückt werden. Nach dem Selbstverständnis der Herrscherdynastien *sollte* sie auch nicht überbrückt werden, denn nur eine autoritäre Herrschaftsform und ungleiche Einkommensverteilung ermöglichten diesen luxuriösen Lebensstil. Dazu ein Beispiel: Als der Mandschu Abahai 1636 den Kaisertitel annahm – die Dynastie *Da Qing* herrschte von 1644–1911 in China –, lebten über 400 Millionen Menschen in China. Was bedeutete diesen Machthabern der Tod von einer Million Menschen in diesem riesigen zentralisierten Staat? Beim Bau des Großen Kanals in China um 600 n. Chr. sollen dreieinhalb Millionen Menschen, von 50 000 Polizisten angetrieben, beschäftigt worden sein – mehr als zwei Millionen Arbeitskräfte sollen dabei ihr Leben »geopfert« haben. Ähnliche Zwangsverpflichtungen und Sterberaten gab es beim Bau der

Großen Mauer Anfang des 7. Jahrhunderts. Beim Mandschu-Einfall in China in den 1760er Jahren wurden etwa 25 Millionen Menschen getötet.

Vielleicht können einige historische Vergleiche über Todeszahlen die Relationen zwischen China und Europa etwas verdeutlichen. Die Brutalität und Rücksichtslosigkeit totalitärer Machthaber gegenüber der Würde und Unverletzlichkeit menschlichen Lebens hat nämlich nicht unbedingt etwas mit der Größe des Territoriums oder der Bevölkerungszahl, nicht einmal mit der historischen Epoche zu tun, sondern eher mit dem Grad des Zentralismus des Staates. In dieser Hinsicht unterscheiden sich Diktaturen nur graduell bezüglich der Stärke ihrer Armee oder der Zahl ihrer Schächer, denen Mittel in die Fäuste gegeben werden müssen, um diese Verbrechen durchzuführen. Im Dreißigjährigen Krieg (1618–1648) hatten die Deutschen »nur« etwa zwei Millionen Menschenleben zu beklagen. Im Dritten Reich bis 1939 oder in den von Japan seit den 1930er Jahren entfesselten Kriegen erreichte die Zahl der Toten zwar keineswegs die Verluste im Zweiten Weltkrieg, die auf ungefähr 60 Millionen Menschen geschätzt werden, aber sowohl in Deutschland als auch in Japan wurde ein totalitärer Zentralismus in vorher unbekanntem Ausmaß durchgesetzt. Verglichen mit diesen Abermillionen Toten während einer Zeitspanne von fast sechs Jahren Krieg – 1. September 1939 bis 15. August 1945 – erscheinen die Sklavensysteme der Antike als abartige Ausgeburten humanen Geistes. Selbst wenn man z.B. den Umstand in Betracht zieht, daß ackerbauende Heloten – die auch in Haushalten arbeiteten und als Freigelassene eigene Städte verteidigten – in den Ebenen Lakoniens und Messeniens durch junge Spartiaten einmal im Jahr umgebracht werden durften. Diese Tötungen fanden tagsüber, aber auch nachts, zu festgesetzten Zeiten statt. Es ist nicht verwunderlich, daß man dafür den verschleiernden Rechtsbegriff *Krypteia* prägte.[8] Machen wir eine Kehre zurück zur chinesischen Geschichte.

In China gab es außer dem rigiden Herrschaftssystem andere Gründe, warum es nicht zu einem anhaltenden Wirtschaftswachstum kam. So soll etwa in der Zeit von 108 v. Chr. bis 1911 fast jedes Jahr mindestens eine chinesische Provinz aufgrund von Dürren oder Überschwemmungen von schrecklichen Hungersnöten heimgesucht worden sein. Die hohe Sterblichkeit konnte nur durch eine hohe Kinderzahl ausgeglichen werden.

Das Heiratsalter lag niedrig und die Heiratsquote hoch, denn viele Geburten eröffneten die Aussicht, daß eine Familie auch mehrere Katastrophen überleben konnte. Eine kurzfristige Erhöhung des Lebenshaltungsniveaus der Überlebenden pendelte sich deshalb durch die große Zahl nicht arbeitsfähiger Kinder bald wieder auf ein niedriges Niveau ein. Die Reduzierung des Heiratsalters und die Vergrößerung der Kinderzahl mußte in einer stagnierenden Gesellschaft unaufhaltsam zu einer Senkung des durchschnittlichen Einkommensniveaus führen. Dadurch verringerte sich ebenfalls die Qualität des Humankapitals, weil die Familien relativ wenig in die Erziehung ihrer Kinder investieren konnten. Die Durchsetzung von technischen Innovationen hat in einer solchen Gesellschaft langfristig wenig Chancen; die Landwirtschaft dominiert. Jones schreibt: »Die Geschichte der chinesischen Entdeckungen, die 1430 zum Stillstand kamen und deren Fortführung 1480 durch Verordnung untersagt wurde, zeigt, was in einem zentralistischen Reich geschehen konnte, aber nicht in einem dezentralen Staatensystem wie in Europa, oder zumindestens dort nicht durchzusetzen war.«[9] Darauf gehe ich im II. Kapitel, Abschnitt 1.c), näher ein.

Indien erklomm ebenfalls eine hohe Kulturstufe, obwohl das Kastenwesen eine größere Verbreitung kommerzieller Wirtschaftsformen verhinderte. Die Kastenordnung hat die ganze indische Gesellschaft religiös durchdrungen, was zur Folge hatte, daß emotionelle Reaktionen und soziale Sanktionen einen unsichtbaren Kordon um die jeweilige Kaste spannten. Inder durften nach traditioneller Sitte die Kaste, in die sie hineingeboren waren, nicht verlassen. Taten sie es dennoch, dann verwirkten sie die Aussicht auf eine Wiedergeburt in einer höheren Kaste. Diese rigide Ordnung, so Max Weber, »hat das gesamte Handwerk stereotypisiert und damit die Verwertung von Erfindungen und die Entstehung einer kapitalistisch fundierten Industrie unmöglich gemacht«.[10] Hinzu kam, daß wegen des Hindu-Tabus, Nagetiere und Insekten zu töten, bis zu einem Drittel der Ernte während der Lagerung vernichtet wurde. Ein weiteres Tabu bzw. ein Widerwillen der Hindus gegenüber dem Anfassen bzw. der Beseitigung von Abfällen und Exkrementen ermöglichte Brutstätten der Beulenpest aufgrund unhygienischer Lebensverhältnisse. Wenn Knut Borchardt argumentiert, das Tötungstabu gegenüber Heiligen Kühen sei noch heute »ein Ausdruck gemeinsamer Rationalität«,[11] weil die Kühe nicht nur für Transport- und Zugleistungen, sondern auch als Lieferantinnen für den Zugtiernachwuchs und den Dünger benötigt würden, dann mag dies vielleicht noch für einige Landgebiete in Indien gelten, aber keineswegs für die Städte. Und gerade dort bedeutet das Aufeinandertreffen von Hunderttausenden von Menschen, unhygienischen Zuständen und Seuchen die größte Lebensgefahr gerade für die Parias und die Angehörigen der niederen Kasten.

Erst unter dem englischen Kolonialsystem wurden die starren Produktionsformen etwas gelockert. Dies reichte zwar nicht aus, um die traditionellen religiösen und sozialen Schranken zu durchbrechen, doch es verhinderte einen Rückfall in eine Stammesgesellschaft. Die Wohlstandsdifferenzen aber vergrößerten sich. Angus Maddison stellte bei einem Vergleich Indiens mit Europa für das 18. Jahrhundert fest, daß sich in Indien eine herrschende Klasse mit einem extravaganten Lebensstil entwickelt hatte. Deren Lebensstil übertraf den der europäischen Aristokratie an Feinheit und Glanz. Gleichzeitig besaß Indien »einen industriellen Sektor, an dessen Qualität von Luxusgüterprodukten Europa nicht heranreichte«.[12] Allerdings basierte diese Entwicklung auf einer Unterdrückung und Ausbeutung von Mitgliedern der unteren Kaste, der Paria, d.h. einer ökonomisch und rechtlich unterprivilegierten Gesellschaftsgruppe. Die Arbeitsproduktivität war niedrig, und es gab wenig Anreize zur Einführung von technischen Fortschritten. Deshalb lebte die große Masse der Bevölkerung auf einem niedrigen Konsumniveau. Andererseits galt: »Der Luxus des Hoflebens, der internationale Handel in Seide und Musselin, die Größe und Pracht einiger indischer Städte, die Verachtung europäischer Produkte – dies waren die Gründe, warum Indien von einigen europäischen Reisenden als wohlhabend angesehen wurde.«[13] In Wirklichkeit war dieser extravagante Luxus nur möglich aufgrund rücksichtsloser Ausbeutung großer Teile der indischen Bevölkerung.

Auch in Indien kam es nicht zum Durchbruch ins Industriezeitalter. Neben religiösen und demographischen Ursachen sind dafür klimatische und entwicklungshemmende Faktoren verantwortlich. Als in Bengalen in den Jahren 1769 und 1770 wegen Nahrungsmittelmangel Hungersnöte ausbrachen, sollen etwa 10 Millionen Menschen, d.h. ein Drittel der Bevölkerung, gestorben sein. Es fehlte weniger an Geld zur Beschaffung von Nahrungsmitteln, sondern mehr an einem funktionierenden Verkehrs- und Nachrichtenwesen. Außerdem fehlte eine Vorratshaltung, die teilweise diese Mängel hätte ausgleichen können, wenn der Monsun längere Zeit ausblieb. Die Notwendigkeit einer Steigerung der Agrarproduktivität wurde nur in geringem Maße erkannt und eine durchgreifende Verbesserung der Infrastruktur scheiterte an den riesigen Entfernungen dieses Landes und an den notwendigen Kapitalinvestitionen, die auch von der Kolonialmacht England nicht aufgebracht wurden. Auch die Mogul-Dynastie (1526–1857) in Indien zeigte geringe Neigung, wirkungsvolle Hilfsmaßnahmen in die vorhandenen Wege zu leiten. Schah Jahan (1628–1658) führte durch seine Übergriffe und seine erfolglosen Kriegsabenteuer das Land an den Rand des Zusammenbruchs. Sein strenggläubiger Sohn Aurangseb (1658–1707) zerstörte Schulen und Tempel und führte die Ungläubigensteuer wieder ein. Schließlich, seit 1803, waren die Moguln lediglich noch Titularkaiser von britischen Gnaden (mit Pensionsanspruch). Der letzte, Bahadur Schah II. (1837–1857), wurde als Großmogul nach mißglücktem Aufstand gegen die Briten nach Birma verbannt, wo er am 7. November 1862 im Alter von 87 Jahren in Rangun starb.

Wie außergewöhnlich und für europäische Vorstellungen fast unvorstellbar – selbst wenn man die französischen absolutistischen Könige oder die russischen autokratischen Zaren zum Vergleich heranzieht – der luxuriöse Lebensstil der Herrschenden in Indien ausgeprägt war, mag ein Beispiel zeigen. Asaf-ud-daulah war Herrscher über einen Landstrich im nördlichen Indien, nämlich Oudh, das heute einen Teil des indischen Staates Uttar Pradesh bildet. Er gehörte zur Lokaldynastie der Nawabs, die sich 1724 vom Mogulreich abgelöst hatten. Erst 1856 wurde dieses Gebiet durch Britisch-Indien wegen innerer Mißstände annektiert. Diese überwiegend von Hindus bewohnte Landschaft in der oberen Gangesebene war gerade 63.983 km^2 groß und wurde vom landwirtschaftlichen Anbau geprägt: Reis, Weizen, Ölsaat, Baumwolle und Indigo waren die vorherrschenden landwirtschaftlichen Produkte. Der Lokaldynast Asaf besaß im Jahr 1782 Juwelen im Wert von acht Millionen englischen Pfund. Er verfügte über 20 Paläste, mehr als 100 private Gärten und 4000 Gärtner. Außerdem hielt er 1000 Jagdhunde, 1200 Elephanten und 3000 Reitpferde; zur Jagd konnte er zwischen 1500 doppelläufigen Gewehren auswählen. Die Zahl der Kampfhähne und Tauben beliefen sich auf etwa 300.000 Stück. Damit nicht genug: es gab außerdem Anlagen für Affen, Schlangen, Skorpione und Spinnen. Um diesen zoologischen Mischmasch zu versorgen, hielt er sich fast 3000 Dienstboten, darunter 50 Friseure für seine persönlichen Bedürfnisse (die wahrscheinlich nur in Ausnahmefällen Tiere barbieren durften). Vielleicht fühlte er sich wie ein neuer Buddha, der den Sinn seines Lebens nicht in Askese, sondern in einem ausschweifenden Lebenswandel sah. Man nimmt an, daß im 6. Jhr. v. Chr. in diesem einst blühenden Königreich, dem *Pantschâla* in Manus Gesetzbuch, Buddha gepredigt haben soll. Wie das unterdrückte Landvolk in Oudh die Ausgaben für diesen Luxuskonsum aufbrachten, ist nicht bekannt, aber es war »ein Chaos an politischem und menschlichem Elend«.[14]

2. Europäische Wendepunkte

Der Start zum Wettlauf um eine dominierende Stellung Europas über die asiatische, besonders die chinesische Kultur, lag vor diesen letzten Ausprägungen chinesischer und indischer »Kultur«. Als nämlich in der 2. Hälfte des 15. Jahrhunderts seetüchtige und von Abenteuerlust getriebene Vertreter europäischer Staaten in die Neue Welt aufbrachen, entstand allmählich ein *moderner* Kapitalismus. Der moderne Kapitalismus wurde stark gefördert durch eine weltweit erzeugte Nachfrage nach Gütern aller Art; und darauf stützte sich der Handel. Dieser Handel mit Massengütern – und schließlich mit Millionen von Negersklaven – entwickelte eine solche ökonomische Dynamik, daß er in drei Jahrhunderten (West-)Europa zum Zentrum der Weltindustrie werden ließ.[15] Es wurde zwar noch 1992 behauptet, daß zwischen 1648 und 1850 »in den Ländern Europas die sozialen und ökonomischen *Grundlagen* der modernen Industriegesellschaft«[16] entstanden seien. Doch diese Behauptung ist wenig plausibel. Es erscheint mir auch nicht sinnvoll, von einer inneren (Europa) und äußeren (der von europäischer Kolonisation verschonte Rest der Welt) Modernisierung zu sprechen. Denn der Bazillus der Industrialisierung hat sich schon im 19. Jahrhundert in einigen außereuropäischen Ländern verbreitet.[17]

Man hat auch angenommen, daß die europäische Bevölkerungskonzentration ein Grund für den rapiden Wandel gewesen sei. Noch immer fehlen uns genaue vergleichende Bevölkerungszahlen, um diese Hypothese genauer überprüfen zu können. Was wir ungefähr wissen, ist, daß, als Europa seine Weltherrschaft anzutreten begann, dort etwa 75 Millionen Menschen lebten. Dagegen hatte China etwa 130 und Indien 120 Mio. Einwohner. Zusammen allerdings stellten sie um 1500 80 % und um 1800 sogar 85 % der Weltbevölkerung. Im gesamten Nahen Osten lebten im 15. Jahrhundert ungefähr 20 bis 30 Millionen Menschen. Die Bevölkerungskonzentration in einigen Regionen Europas hat die wirtschaftliche Entwicklung und den Drang zu Eroberungen gewiß gefördert. Zusätzlich wurde die europäische Vorrangstellung unterstützt durch die Kopernikanische und Galileische Revolution in der Wissenschaft. Diese Forscher, die vor allem die Kosmologie und die Physik revolutionierten, drangen nicht nur ins Unbekannte vor, sondern maßen auch der Lösung von technischen und sozialökonomischen Problemen große Bedeutung bei. Dieser Einfluß auf die ökonomische Vorrangstellung Europas wird in wirtschaftshistorischen Analysen oft übersehen, entweder, weil er zeitlich so weit zurückliegt, oder weil die physikalische Grundlagenforschung selten mit ökonomischen Entwicklungen in Zusammenhang gebracht wird.

Es sind aber auch ganz andere Wendepunkte der europäischen Geschichte diskutiert worden. 1878 behauptete z.B. Friedrich Engels im *Anti-Dühring*, ohne antike Sklaverei hätte es kein modernes Europa und keinen modernen Sozialismus gegeben: »Erst die Sklaverei machte die Teilung der Arbeit zwischen Ackerbau und Industrie auf größerm Maßstab möglich, und damit die Blüte der alten Welt, das Griechentum. Ohne Sklaverei kein griechischer Staat, keine griechische Kunst und Wissenschaft; ohne Sklaverei kein Römerreich. Ohne die Grundlage des Griechentums und des Römerreichs aber auch kein modernes Europa. Wir sollten nie vergessen, daß unsere ganze ökonomische, politische und intellektuelle Entwicklung einen Zustand zur Voraussetzung hat, in dem die Sklaverei ebenso notwendig wie allgemein anerkannt war. In diesem Sinne sind wir berechtigt zu sagen: Ohne antike Sklaverei kein moderner Sozialismus.«[18] Wir sollten tatsächlich nie vergessen, daß Sklaverei zu allen Zeiten eine brutale Entrechtung bedeutete, manchmal sogar mit dem Recht zum Verkauf und zur Tötung von Millionen von Menschen. Vergessen sollten wir ebenfalls nicht, daß schon 1807, sieben Jahrzehnte, bevor Engels seine Gedanken niederschrieb, die Abolitionisten, deren Führer William Wilberforce war, im Londoner Unterhaus durchsetzten, daß der Sklaventransport auf englischen Schiffen und 1833 auch die Sklaverei durch Engländer verboten wurden.[19] Engels sklavenhalterische Auffassung zeigt, daß er die europäische Geschichte nicht verstanden hat, denn erst im 19. Jahrhundert kam es in Europa – und auch nur in einigen Staaten – im größeren Maßstab zu einer arbeitsteiligen Trennung von Landwirtschaft und Industrie.

Die angeblich allgemeine Anerkennung der Sklaverei ist ein Ergebnis des überragenden Einflusses von Heraklit, Platon und Aristoteles, des »Fürsten der Philosophie« (Benedikt Carpzow), auf das europäische Denken. Der athenische Dichter Euripides (um 484–406 v. Chr.) sagte dagegen in seinem Drama *Ion*: »Was allein Sklaven Schande bringt, ist der Name. In allen anderen Dingen ist ein edler Knecht um nichts geringer als der freie Mann« (854–856). Wenn diese Vorstellung in der Antike Allgemeingut geworden wäre, dann besäßen wir eine sehr viel längere Tradition der europäischen Aufklärung und vielleicht auch des *modernen* Sozialismus. Aber davon wollten weder Kaiser Karl V., der 1517 das Verbot aufhob, schwarze Sklaven aus Afrika in die spanischen Kolonien zu bringen, noch seine sklaventreuen Nachfahren etwas wissen. Sie berufen sich lieber auf Thomas oder auf die frühe Befürwortung der Sklaverei des spanischen Dominikaners Bartholomé de Las Casas (1474–1566). Thomas von Aquin hatte im Anschluß an Aristoteles die Sklaverei zu rechtfertigen versucht. Und Papst Alexander VII. soll noch 1657 Sklaven besessen haben, allerdings waren dies Haussklaven, d.h. unfreie Dienstboten. Zehn Jahre nach Engels, am 5. Mai 1888, schrieb Papst Leo XIII. anläßlich der Aufhebung der Sklaverei in Brasilien an die brasilianischen Bischöfe, daß die katholische Kirche kraft der übergroßen Gnade des Erlösers Christi die Sklaverei ausgerottet und wahre Freiheit, Gleichheit und Brüderlichkeit verwirklicht habe.[20]

Die aristotelische Rechtfertigung der Sklaverei, ohne die es angeblich kein modernes Europa gegeben hätte, findet bis heute Anhänger. Der US-Amerikaner Thomas F. Carney führt ihr Auftreten auf den niedrigen Grad der antiken Technologie zurück, die Sklaven angeblich notwendig machte, um einen Überschuß zu produzieren. Diese These ist logisch widersprüchlich und deshalb unhaltbar. Denn mit einer besseren Technik hätte ein größerer »Überschuß« produziert werden können. Den *Sklavenhaltern* erschien diese ausbeuterische Form menschlicher Entrechtung freilich als natürlich, genau passend und anschmiegsam (snugly), vielleicht sogar als objektives Bedürfnis. Dagegen müssen heutige Historiker zwar einräumen, daß Industrialisierung und Sklaverei unvereinbar sind, aber: »The ugly fact was that, given the low level of technology in antiquity, *someone had to go without* – without proper family life, material sufficiency, basic human dignity and life space – in order to generate a surplus ... To this *the slave was necessary*, both to make the elite-mass gap unbridgeable and to objectify dominance needs and relationships ... Slavery thus interlocks with patronage, to fit snugly into the needs and assumptions of a mobilized or directed economy. Slavery is *particulary suited* to a warfare economy.«[21] Diese Auffassung ist 1975, über 100 Jahre nach der endgültigen Abschaffung der Sklaverei als Folge des amerikanischen Bürgerkriegs, wofür Abraham Lincoln mit seinem Leben bezahlen mußte, in den USA vertreten worden. Engels kann man nach diesen modernen Apologeten der Sklaverei zumindest konzedieren, daß er die tatsächlichen Arbeits- und Existenzverhältnisse in den sozialistischen Gesellschaftssystemen nach der Russischen Revolution 1917, die ja den »wahren Sozialismus« für sich in Anspruch nahmen, recht gut vorausgesehen hat.

Heinrich von Treitschke sprach in seinem Essay *Der Sozialismus und seine Gönner* von 1874 die Ansicht aus, eine Statue des Phidias – der z.B. die vergoldete Statue der Athena auf der Akropolis aus Elfenbein herstellte – wiege den Preis des Sklavenelends mehr als auf.[22] In dieser Auffassung drückt sich ein Herrenmenschentum und eine Verachtung des menschlichen Individuums aus, die ungerührt über die Leiden von Millionen von Sklaven hinweggeht, wenn nur der Kunstgenuß erhalten bleibt. Treitschke berief sich dabei auf den athenischen Staatslenker Perikles (um 500–429 v. Chr.), der alles andere als ein Vertreter der hocharistokratischen Gesellschaft war, die »alle gemeinen Sorgen des Lebens auf die geduldigen Schultern ihrer Sklaven türmte«. Eine ästhetische Überhöhung antiker Gesellschaftsformen hat sich bis heute erhalten. So kommt z.B. eine pessimistische Geschichtsbetrachtung, wie C. F. von Weizsäcker sie vertritt, neuerdings zu dem Ergebnis, daß unsere Wohlstandsgesellschaft im Vergleich mit »wahrhaft stabilen Kulturen«[23] wie der altägyptischen, der hinduistischen oder der chinesischen unterlegen sei. Diese »Unterlegenheit« halte ich für die größte Errungenschaft der Menschheitsgeschichte: es bedeutete die Befreiung von Millionen Menschen, deren ganzes Leben von Unterdrückung, Armut und Fremdbestimmung geprägt war. Wir dürfen uns bei dem Versuch einer rationalen Lösung vielfältiger Probleme in der Gegenwart und Zukunft nicht einer pessimistischen Neigung hingeben, und »Träume(n) von einer heilen Natur« anhängen, obwohl »angesichts der Ökologie-Problematik eine vordergründig moralisierende Abwertung der modernen industriell-technisch bestimmten Wirtschafts- und Lebensweise«[24] weit verbreitet ist.

Diese Vertreter einer historischen Notwendigkeit der Sklaverei, von Karl Popper treffend *Historizisten* genannt, hätten allerdings von Adam Smith etwas lernen können. Er schrieb 100 Jahre vor Engels: »Sklaven sind indes höchst selten erfinderisch, und die wichtigsten Erfindungen und Verbesserungen entweder im Bau von Maschinen oder in der Anordnung und Aufteilung der einzelnen Verrichtung, welche die Arbeit erleichtern und abkürzen, sind von Freien gemacht worden.«[26] Um es in aller Deutlichkeit zu sagen: Die europäische *Industrialisierung* hat sich weitgehend unabhängig von antiken Einflüssen entwickelt, ob mit oder ohne Sklaverei. Diese vielfach zu erhärtende Ansicht wird bis heute bestritten.[27] Die falsche Auffassung wird auch von Historikern, sowohl in den Universitäten als auch in den Schulen, weiter tradiert, die sich nicht von dem irreführenden und erklärungsschwachen Periodisierungsschema Altertum – Mittelalter – Neuzeit lösen können. Es wird mit diesem Schema eine Kontinuität vorgespiegelt, die es niemals in der historischen Wirklichkeit gegeben hat. Um es anders auszudrücken: »Zwischen den Silberminen im attischen Laurion und einer Tuchfabrik in Manchester liegen Welten. Aber die zweitausend Jahre, die zwischen einem platonischen Dialog und einem Traktat von David Hume liegen, sind vor der Philosophie wie ein Tag.«[28] Dieser Sachverhalt wurde auch von

Lujo Brentano vollständig verkannt, als er die Auffassung vertrat: »Der hellenistische Geist auf wirtschaftlichem Gebiete war kapitalistischer Geist.«[29] Die Industrielle Revolution in Europa war einzigartig in der Geschichte der Menschheit, aber kein Wunder, sondern die Schöpfung von Generationen von Wissenschaftlern, Technikern, Industriellen und Arbeitern. Darauf beruht auch ihr humaner Aspekt, ihre Verbundenheit mit demokratischen Staatsformen, den so wenige Historiker – und leider auch Ökonomen – verstanden haben.

Warum begann, wenn die Antike oder vorindustrielle Gesellschaften bereits solche Gipfel technischer, ökonomischer und intellektueller Höchstleistungen erklommen hatten, die Industrielle Revolution im 18. Jahrhundert in Westeuropa, genauer: in England, und nicht in China, Indien, Ägypten, Spanien oder Griechenland? Diesem Problem soll in den folgenden Ausführungen etwas genauer nachgegangen werden. Denn nach dem Zusammenbruch der osteuropäischen Zentralverwaltungssysteme stellt sich nicht mehr nur für typische Entwicklungsländer die Frage, wie wirtschaftlicher Fortschritt und materieller Wohlstand am schnellsten, kostengünstigsten und reibungslosesten zu erreichen ist. Ein weiterer Gedanke soll hier ebenfalls kurz angesprochen werden, weil er mit der europäischen Industrialisierung in Zusammenhang gebracht wird. Ich werde weiter unten und im IV. Kapitel noch etwas genauer darauf zu sprechen kommen. Es wird nämlich häufig die Ansicht vertreten, erst die koloniale »Ausbeutung« habe den Aufstieg des industriellen Kapitalismus ermöglicht oder ihn zumindest stark gefördert. So behauptet etwa Hans-Heinrich Nolte, daß der mit politischer und militärischer Gewalt durchgesetzte Zwangsbeitrag der außereuropäischen Welt für die Industrialisierung Europas »eine conditio sine qua non«, also eine notwendige Bedingung gewesen sei: »Daß die Dritte Welt arm wurde, war eine der Voraussetzungen dafür, daß die Erste Welt reich wurde.«[30] Diese Ansicht, die gerade bei einer kritischen Jugend und unter Studenten sehr populär zu sein scheint, ist durch viele historische Vergleiche und statistische Berechnungen widerlegt worden.[31] Bei diesen Bemerkungen zu den Wendepunkten der europäischen Geschichte möchte ich es belassen.

Es geht mir nämlich in dieser Abhandlung vor allem um eine Erklärung des Problems, welche zufälligen oder notwendigen

Bedingungen vorhanden sein müssen, um ein stetiges Wirtschaftswachstum in industrialisierenden Regionen und Staaten in Gang zu setzen. Es sind meiner Ansicht nach gerade nicht Launen der Fortuna oder Glücksfälle der Geschichte, die »jenem winzigen Vorgebirge von Asien« (Etienne Balazs), Europa, diesen dramatischen Wandel ermöglichten. Europas Einzigartigkeit lag in der produktiven Mischung von zufälligen und notwendigen Faktoren. Nur dieses heute vielgeschmähte ökonomische Wachstum ermöglichte es, die zyklisch wiederkehrenden Hunger- und Seuchenkatastrophen im Mittelalter und der Frühen Neuzeit ein für allemal zu überwinden. Ökonomisches Wachstum machte es auch möglich, den Teufelskreis der Unterentwicklung, wie wir ihn von den heutigen Dritte Welt-Staaten kennen, zu durchbrechen. Oder anders formuliert, kann man mein Anliegen folgendermaßen ausdrücken: Die Frage nach »dem Entstehen und Werden der modernen westlichen Industriegesellschaft ist eine der wirklich grundsätzlichen Fragen der Gesellschaftswissenschaften«.[32] Im Sinne des 1920 gestorbenen, bedeutenden deutschen Soziologen Max Weber geht es um die länderübergreifende Ausprägung eines *modernen* Rationalismus und Industriekapitalismus. Es geht nicht um die schon in der antiken Welt weitverbreiteten Formen des »Kapitalismus der Wucherer, Kriegslieferanten, Amts- und Steuerpächter, großen Handelsunternehmer und Finanzmagnaten«.[33] Diese rücksichtslosen Ausprägungen der unstillbaren Sucht nach Reichtum und Wohlstand hat es zu allen Zeiten, in denen es Geld gab, gegeben und wird es wohl auch in Zukunft geben. Sie haben mit Industrialisierung in unserem Sinne nichts zu tun.

Diese wenigen Andeutungen können vielleicht verdeutlichen, warum ich eine *monokausale* Erklärung der europäischen Industrialisierung für grundlegend falsch ansehe. Ich halte etwa die Ansicht für verfehlt, »daß die industrielle Revolution mit ihren technischen und wirtschaftlichen Entwicklungen und deren sozialen und politischen Folgen *nur* das Ergebnis eines tiefgehenden Wandels der geistigen Haltung war, der seit dem 13. Jahrhundert spürbar wird und die Ursache der dynamischen Entwicklung Europas seit dem Beginn der Neuzeit darstellt«.[34] Der »Wandel der geistigen Haltung«, den ich in seiner Bedeutung für die Veränderungen der Technik und der Wirtschaft gar nicht als gering einschätzen möchte, kann alleine unmöglich eine derartig revolutionäre Umwälzung hervorgebracht haben. Wenn dem so wäre, dann hätten wir ein relativ leicht zuzubereitendes Patentrezept, um den ökonomisch weniger entwickelten Staaten aus der europäischen Giftküche eine wohlschmeckende Mahlzeit zu liefern. Dieses scheinbar einfache Rezept kann aber weder zubereitet noch angewandt werden. Es ist nämlich ein *Bündel von Faktoren* notwendig, das zu unterschiedlichen Zeiten verschieden zusammengesetzt ist, mit dem Industrialisierung hervorgerufen und einigermaßen konsistent erklärt werden kann. Gehaltvolle Hypothesen über die Ursachen und Folgen sowie die Zusammensetzung dieser Faktorenbündel »Industrialisierung« können vielleicht zu einer besseren Abschätzung der Möglichkeiten beitragen, wie unterentwickelten Ländern der Dritten Welt oder ehemals sozialistischen Staaten aus dem Teufelskreis von Armut, Bevölkerungsexplosion und niedriger Produktivität herausgeholfen werden kann. Dies mag auch der eigentliche Grund dafür sein, warum gegenwärtig die Ansicht vertreten wird: »The debate on the causes and nature of industrialization in Europe and in the wider world is now as open and as lively as it has ever been«.[35] Dieser Debatte sollen hier eine neue Facette bzw. die Keime für eine neue Theorie hinzugefügt werden.

3. Nationale oder regionale Industrialisierung?

Mein Erklärungsschema der europäischen Industrialisierung[36] weicht von einer weitverbreiteten Betrachtungsweise von Ökonomen und Wirtschaftshistorikern ab. Diese räumen nämlich meistens den Nationalstaaten bei der Analyse des Wirtschaftswachstums eine herausragende Stellung ein. In ihren nationalstaatlichen Analysen wurden sie von Politikern unterstützt bzw. unterstützen diese. Denn der rasante Aufstieg von Nationalstaaten, der etwa gleichzeitig mit den ökonomischen Wandlungen einsetzte, obwohl zwischen Nationalstaat und Ökonomie keine unmittelbare kausale Beziehung besteht, gründete vor allem auf militärischer Macht bzw. der Bereitschaft, absolutistische Herrscher, Gewalt und Krieg als integrierendes Mittel der Politik einzusetzen. Die einflußreichsten institutionalisierten Organisationen in solchen Staaten waren die Regierung, die

Armee und die Kirche. Alle diese Institutionen waren streng hierarchisch gegliedert, d.h. sie lehnten aufs schärfste alle Ansätze ab, dezentrale Regelmechanismen einzuführen. Politische Macht, polizeiliche Kontrolle und kirchliche Entscheidungsbefugnisse mußten zentral organisiert sein. Die ökonomische Effizienz des modernen europäischen Kapitalismus beruhte aber gerade auf einer dezentralen Organisationsstruktur, von denen die internationalen Märkte, der internationale Handel und auch die arbeitsteilige Technik immer stärker durchdrungen wurden. Bis in die jüngste Zeit wird von dem politisch und ökonomisch äußerst heterogenen Europa behauptet, seine Staaten beruhten auf »a group of economies with enough in common to be treated under the one head«[37] – Europa! Ich möchte hier nur kurz drei Gründe nennen, warum ich anderer Auffassung bin.

Erstens: Historisch gesehen sind Nationalstaaten eine relativ junge Erscheinung, selbst wenn wir England, Frankreich oder Spanien als Beispiele betrachten. Ganz besonders gilt dies für die verspätete Industrienation Deutschland, die sich ab 1834 durch den Deutschen Zollverein zu einem größeren Handels- und Wirtschaftsraum zusammenzuschließen begann. Trotzdem bleibt das denkwürdige Faktum, daß Deutschland als Nation und als Nationalökonomie erst zwischen 1866 und 1871 entstand. Es fand sich nach preußisch-deutschen Eroberungskriegen zu einem föderativen Bundesstaat, dem Deutschen Reich, zusammen. Die Erklärung der ursächlichen Faktoren der europäischen Industrialisierung kann – dies könnte an anderen Staaten ebenfalls verdeutlicht werden – nur in wenigen Fällen auf einem Nationalstaatskonzept basieren. Anders ausgedrückt: Nationalstaaten und klassische Wachstumstheorie sind wenig brauchbare »Instrumente« für wirtschafts*historische* Analysen. Diese Behauptung ist vor allem dann gültig, wenn wir nicht nur Zahlen aneinanderreihen möchten. Abgesehen davon, daß quantitative Analysen als Ergänzung von narrativer Geschichtsschreibung gerade in der Wirtschaftsgeschichte unverzichtbar sind, sollten sie nicht auf Kosten von kritischen Problemanalysen durchgeführt werden.

Zweitens: Nationalstaaten unterscheiden sich in der Gebietsgröße, in der Bevölkerungszahl, in der Ressourcenausstattung u.a. oft ganz erheblich, manchmal um das Hundertfache; man denke nur an Rußland und Belgien, die USA und die Schweiz.

Die Nichtberücksichtigung dieser gravierenden Unterschiede in einer langfristigen und dynamischen historischen Analyse kann nur zu einer sehr pauschalen Betrachtung der Industrialisierungsdynamik führen. Dieser Einwand gegenüber einer zu großen Heterogenität, der durch historische Vergleiche gewonnen werden kann, gilt allerdings auch für den gegenwärtigen europäischen Einigungsprozeß. Dieser Prozeß kann nicht erfolgreich sein, solange Staaten als gleichberechtigte Mitglieder einer Union angesehen werden, deren Flächengröße, Bevölkerung und Wirtschaftskraft um das Hundertfache differieren.[38] Deshalb bevorzuge ich sowohl auf nationaler als auch auf internationaler Ebene den Vergleich von Regionen, die ausgewählten Homogenitätskriterien genügen müssen.[39] Heinz Hartmann hat dieses Problem der sozialökonomischen Differenzierung in einem anderen Zusammenhang einmal so ausgedrückt: »Je spezieller man die Voraussagen über eine Gleichrichtung der industriellen Kulturen machen möchte, um so stärker wird auch der Widerspruch aus der Wirklichkeit: jeder Vergleich verschiedener Industriegesellschaften ergibt, daß neben wenigen, hochabstrakten Gemeinsamkeiten ein weiter Raum für Alternativen und Variationen besteht.«[40]

Drittens: Das Instrumentarium zur Messung des Sozialprodukts, der Wertschöpfung in den verschiedenen Sektoren, von Investitionen, Einkommen, Produktivität, etc., kurz: die Volkswirtschaftliche Gesamtrechnung (VGR), ist kaum älter als ein halbes Jahrhundert. Würden wir also, wie der Ökonomie-Nobelpreisträger Simon Kuznets, die Industrialisierung eines Staates definieren als »ununterbrochene Steigerung des Anteils des industriellen Sektors am Sozialprodukt bzw. an der Beschäftigtenzahl und dem genutzten materiellen Kapitalstock«,[41] dann ergäben sich ganz erhebliche statistische Schwierigkeiten. Diese Schwierigkeiten bestehen vor allem darin, solche ökonomischen Größen zu quantifizieren. Selbst für das 19. Jahrhundert sind Indikatoren, die der VGR entsprechen, nur mit großem Aufwand zu rekonstruieren. Wenn wir noch weiter in die Geschichte zurückgehen – und auch Ökonomen leugnen nicht, daß die Ursprünge der europäischen Industrialisierung weiter zurückreichen –, dann sind diese Meßkriterien gar nicht mehr anwendbar. Wirtschaftshistorische Vergleiche verschiedener Staaten können auf dieser analytischen Basis keinen hohen Anspruch auf Erklärungskraft erheben. Das Instrumentarium der Volkswirtschaftlichen Gesamtrechnung halte ich deshalb für nicht sehr nützlich, ja eigentlich für unbrauchbar, wenn Industrialisierungsverläufe für die Zeit vor 1900 erklärt werden sollen.

Soviel zu meinen Gründen, warum ich das Nationalstaatskonzept für die Erforschung der tatsächlichen Ursachen und Folgen der europäischen Industrialisierung als unzweckmäßig ansehe. Damit ist unser Problem jedoch noch keineswegs gelöst, sondern beginnt eigentlich erst spannend zu werden. Das Nationalstaatsprinzip hatte nämlich eine solche Attraktivität, daß es im 19. Jahrhundert – ganz abgesehen von der zweiten Hälfte des 20. Jahrhunderts – nicht nur im industriellen Bereich, sondern auch in der europäischen Politik als universelles Prinzip Anwendung fand. Damit ist Europa ein historischer Anachronismus aufgezwungen worden, der sich in der europäischen Union perpetuiert. Theodor Hanf hat dies so formuliert: »Die europäische Kolonialherrschaft ... war autoritär, und sie war in der Regel angelegt nach dem phantasielosesten Staatsmodell, das sich Europa hat einfallen lassen, nämlich dem zentralistischen Einheitsstaat.«[42] Doch trotz meiner vielfältigen Einwände gegenüber nationalstaatlichen Erklärungsversuchen der europäischen Industrialisierung werde ich aus pragmatischen Gründen in diesem Band nicht streng regionalanalytisch vorgehen. Außerdem werden in dem hier behandelten Zeitraum Regionen zu Staaten und Staaten zu Regionen, weshalb ich jeweils beide Begriffe verwende. Ich appelliere eher an die Leser dieses Buches, nicht zu vergessen, daß Industrialisierung immer auf Regionen beruhte. Das Thema werde ich in einem anderen Buch, *Region und Industrie*, genauer behandeln.

Es scheint mir in diesem Zusammenhang interessant, weil die »europäische Kolonialherrschaft« offenbar Einzug hält bei der politischen Verwirklichung einer *Europäischen Union*, folgendes kurz zu erwähnen. Der englische Sozialist und sozialfürsorgliche Unternehmer Robert Owen (1771–1858) wie auch der utopische französische Sozialist Charles Fourier (1772–1837) forderten, alle Großstaaten wieder in Kanton- und Kleinstaaten oder sogar in kleine Gemeinden aufzulösen. Man beachte: Ein erfolgreicher Kapitalist aus dem Mutterland der Industriellen Revolution und ein utopischer Sozialist aus dem Vaterland der Politischen Revolutionen verbündeten sich in der *Ablehnung* von großen Nationalstaaten. Die Weltmachtträumer im deutschen Kaiserreich waren entsetzt, sofern sie diesen Gedanken überhaupt in Betracht zogen. Würde diese Idee realisiert, so fürchtete der deutsche »Kathedersozialist« Gustav Schmoller 1918, so wäre »alle höhere Kultur und alle nationale Selbständigkeit«[43] aufgehoben. Eine echte Diskussion über die Auflösung von Großstaaten in Kleinstaaten oder selbständige Regionen hat es im 20. Jahrhundert in Europa nicht gegeben. Heute tendieren sozialistische wie konservative europäische Politiker eher zum phantasielosen Zentralismus, sowohl in währungs- als auch in wirtschaftspolitischer Hinsicht. Nicht einmal die Bearbeitung solcher wichtigen Probleme, ob z. B. eine internationale Arbeitsteilung, weltweite Transportverbesserungen oder ein multinationaler Kapitalmarkt, wie sie sich besonders in der zweiten Hälfte des 20. Jahrhunderts herausgebildet haben, den Einfluß auf das industrielle Wachstum von industrialisierten Regionen vergrößerten oder verringerten, sind von staatlichen Forschungsinstitutionen in europäischen Staaten in Angriff genommen oder deren Analyse in Auftrag gegeben worden.

4. Zufällige und notwendige Faktoren

Die hier getroffene Unterscheidung zwischen zufälligen und notwendigen Faktoren bei der Erklärung der europäischen Industrialisierung soll keineswegs als eine Unterstützung der Ansicht verstanden werden, »daß im einfachen Laufe der menschlichen Gesellschaft eine wachsende Erkenntniß der Gesetzmäßigkeit in der Natur die Lehre vom Zufall zerstört und sie durch diejenige des nothwendigen Zusammenhangs ersetzt«.[44] Der Engländer Henry Thomas Buckle (1821–1862), vermögender Privatgelehrter und Kulturhistoriker, der diese Auffassung in seinem Hauptwerk *Geschichte der Civilisation in England* vertrat, ging damit eine unheilige Allianz mit dem Marxismus ein. Später vertrat der Nationalsozialist Oswald Spengler verwandte Ansichten. Diese positivistische Theorie von der Gesetzmäßigkeit der historischen Entwicklung hat Karl Popper als »Historizismus«[45] bezeichnet. Selbst im *einfachen Lauf der menschlichen Gesellschaft*, der fast immer viel unruhiger und komplizierter ist, als sich solche Historizisten vorstellen, können soziale Gesetzmäßigkeiten und notwendige Zusammenhänge selten erkannt werden. Popper konnte an statistischen Reihen nachweisen, daß die Auffassung, »daß dort, wo der Zufall herrscht, keine Gesetzmäßigkeit herrschen könne«,[46] falsch ist. Trotzdem wird sie in den Geistes- und Sozialwissenschaften immer wieder vertreten. Es ist nämlich eine merkwürdige wissenschaftliche Rückständigkeit historischer Forschung, die m. E. auf den geringen ökonomischen und physikalischen Kenntnissen vieler Historiker (und Sozialwissenschaftler) beruht, daß man glaubt, bei historischen Analysen auf neuere Ergebnisse der modernen Wissenschaftstheorie verzichten zu können.[47]

Die meiner Analyse der europäischen Industrialisierung in der vorliegenden Abhandlung zugrundegelegte Trennung zwischen zufälligen und notwendigen Faktoren ist dem Bestseller *Zufall und Notwendigkeit*[48] des französischen Nobelpreisträgers Jacques Monod, einem Biochemiker, entlehnt. Manche Leser werden fragen, was Biochemie mit Ökonomie oder Wirtschaftsgeschichte zu tun hat. *Eine* Antwort darauf ist, daß diese Unterscheidung als ein nützliches heuristisches Instrument angesehen werden kann, dem Geflecht von unendlich vielen historischen Erscheinungsformen ein Raster überzustülpen. Mit diesem Raster können wichtige Faktoren vergleichend auf ihre ökonomische Wirkungsmächtigkeit analysiert und unwichtige Faktoren eliminiert werden.[49] Eine weitere Antwort besteht darin, daß die *methodologischen* Grundlagen von Natur- und Sozialwissenschaften sehr viel mehr Ähnlichkeiten aufweisen, als dies gewöhnlich angenommen wird. Und die Geschichtswissenschaft, d. h. also auch die Wirtschaftsgeschichte, gehört m. E. wenigstens in Teilbereichen zu den Sozialwissenschaften. Ein erwünschtes Nebenprodukt eines solchen Faktorenmodells kann darin bestehen, eine Verbindung herzustellen zwischen theoretisierenden Ökonomen, Soziologen oder Geographen und den am empirischen Quellenmaterial arbeitenden Historikern. Diese analytisch-empirische Brücke soll ebenfalls dazu beitragen, die Kluft zwischen divergierenden Richtungen in den Geschichtswissenschaften zu überwinden. Es geht mir also überhaupt nicht darum, biochemische Erkenntnisse auf die Wirtschaftsgeschichte übertragen zu wollen, sondern ein Abgrenzungskriterium aufzustellen. Mit diesem Abgrenzungskriterium kann die ökonomische Bedeutung von unterschiedlichen Faktoren in einer dynamischen historischen Analyse erklärt werden.

Zufall wird hier also nicht als Gegensatz zu Naturgesetzen angesehen, etwa in dem Sinne, daß menschliche Handlungen völlig unabhängig von sozialen Einflüssen seien oder daß Freiheit und Zufall gleichbedeutend sind, wie Hume glaubte. Zwar vertrete ich die Auffassung, daß weitgehend Zufälle unser individuelles Leben bestimmen – und weiche damit ganz erheblich von den Vorstellungen David Humes[50] und seinen Nachfolgern ab. Doch heißt dies nicht, die Bedeutung sozialer Einflüsse in bestimmten Lebensphasen gering zu schätzen. Zufälligkeit wird hier streng unterschieden von Vorgängen, die wie die genetische Steuerung einem notwendigen, im Stoffwechsel der Zelle eingebauten Code folgen. »Zufällige Faktoren« sollen vielmehr industrialisierungsfördernde bzw. industrialisierungshemmende Bedingungen sein, die weitgehend von der Natur vorgegeben sind. Ein Merkmal dieser Faktoren im europäischen Industrialisierungsprozeß ist, daß ihre Wirksamkeit von Menschen nicht außer Kraft gesetzt werden können. Mit anderen Worten: Ich habe einige von uns unabhängige, naturgegebene Voraussetzungen ausgewählt, die für den Durchbruch der Industrialisierung in verschiedenen europäischen Staaten unverzichtbar waren. Die wachstumsfördernden Wirkungen solcher zufälligen Faktoren werden uns allerdings erst bewußt, wenn wir die langfristige Entwicklung in Europa mit der anderer Erdteile vergleichen. Vier Faktoren möchte ich hier behandeln: 1. die Geographie; 2. die Bodenschätze; 3. das Klima und 4. die Fruchtbarkeit des Bodens.

Diesen »zufälligen« möchte ich »notwendige« Faktoren gegenüberstellen. »Notwendigkeit« wird hier ebenfalls nicht im strengen naturwissenschaftlichen Sinne gebraucht, d.h. in der Form, daß ein Ereignis B *notwendig* auf ein anderes Ereignis A folge. Eine solche Kausalität gibt es in dem Geflecht menschlicher Handlungen nicht, d.h., politische oder ökonomische Ereignisse, die in einem Land A eine bestimmte Wirkung haben, müssen nicht die gleiche Wirkung im Land B nach sich ziehen. Wenn z.B. die Französische Revolution in anderen europäischen Staaten nachgeahmt worden wäre, was nicht der Fall war, dann hätte sie in diesen Staaten, so glaube ich, andere Folgen gehabt als in Frankreich. Dieses Gedankenexperiment läßt sich dadurch empirisch erhärten und historisch genauer nachweisen, indem wir die revolutionären Ereignisse und Folgen der Revolutionen von 1830 und 1848/49 in verschiedenen europäischen Staaten vergleichen, die ja ebenfalls ihren Ausgang in Frankreich nahmen. Ebenso war die englische Industrialisierung von keinem anderen Staat zu kopieren, und jeder Versuch in dieser Richtung wäre zum Scheitern verurteilt gewesen. Noch weniger ist mit Notwendigkeit das gemeint, was viele Jahrzehnte von Sozialisten und Kommunisten als ökonomischer Determinismus progagiert wurde. Ich meine damit eher etwas, was in alltagssprachlicher Weise folgendermaßen ausgedrückt wird: »Das kann doch kein Zufall sein!«

Als »notwendige Faktoren« können Bedingungen angesehen werden, die von Menschen geschaffen wurden und für ökonomische Zwecke anwendbar waren. Dazu gehören natürlich auch technische Entdeckungen und Erfindungen, wie wir später sehen werden. Es kommt mir aber vor allem darauf an, zu verdeutlichen, daß von diesen Faktoren in ihrer Gesamtwirkung Effekte ausgingen, ohne die sich Industrialisierung nicht hätte durchsetzen können. Zu den zufälligen Faktoren, die lange vor jeder Industrialisierung existierten, treten notwendige Faktoren hinzu, die während der Entstehungsphase des Modernisierungsprozesses geschaffen werden. Hier eine aussagekräftige Auswahl zu treffen, ist sehr viel schwieriger als bei den zufälligen Faktoren. Denn in den letzten 200 Jahren, in denen europäische Staaten industrialisiert haben, hat es eine Vielzahl und einen ständigen Wandel von notwendigen Faktoren gegeben. Da es mir in diesem Überblick hauptsächlich darum geht, unterschiedliche Bedingungen für Industrialisierung herauszuarbeiten und nicht eine vollständige Theorie der Industrialisierung zu präsentieren, möchte ich mich ebenfalls auf vier Faktoren beschränken, indem ich mich auf Newtons Regel beziehe, gerade so viele Ursachen heranzuziehen, wie zur Lösung bzw. Erklärung eines Problems nötig sind. Meiner Ansicht nach waren sie für viele europäische Staaten von großer Bedeutung beim Durchbruch zu einem stetigen Wirtschaftswachstum: 1. das Kapital; 2. die Technik; 3. die Unternehmerschaft und 4. die Bildung.

Wir können unsere Überlegungen in einem Polyfaktoren-Modell der europäischen Industrialisierung graphisch verdeutlichen.[51]

Schaubild: Zufällige und notwendige Faktoren der Industrialisierung

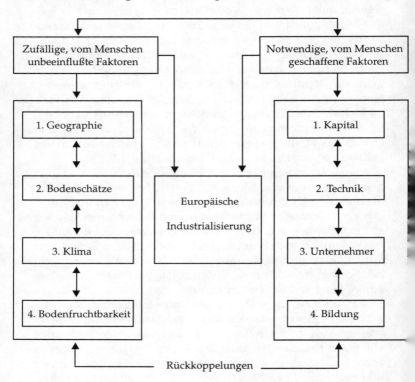

II. Zufällige Faktoren

1. Die Geographie

a) Raum und Mensch

Unsere national- oder supernationalstaatliche Betrachtungsweise historischer Entwicklungen, die von europäischen Politikern so stark gefördert wurde und wird, wird der historischen und gegenwärtigen Realität nicht gerecht. Darüber scheinen sich die Politiker eines zukünftigen vereinten Europas wenig Gedanken zu machen, denn sie glauben, daß es zur *Europäischen Union* von Nationalstaaten keine politische oder ökonomische Alternative gäbe. Das ist nicht nur ein korrigierbarer Irrtum, sondern eine Verfälschung der Geschichte, ein politisches Vorurteil über unsere historische Entwicklung. Denn schon immer lebten und arbeiteten Menschen im Raum, in regional überschaubaren Einheiten. Der Lebensraum, in den menschliches Handeln eingebettet war und ist, bildete Ausgangspunkt und Basis ökonomischer und politischer Aktivitäten.[1] Vielleicht kann man sogar Gen 1,28: »Seid fruchtbar und mehret euch und füllet die Erde und machet sie euch untertan« folgendermaßen interpretieren. In den Menschen wirkt eine ursprüngliche Kraft, die regionalen Gegebenheiten nicht nur zu nutzen, sondern so zu gestalten, daß in einer bestimmten Region immer mehr Menschen ernährt werden können. Die *geographische Lage* spielte dabei, wie wir noch sehen werden, eine nicht zu unterschätzende Rolle. Wir brauchen nur an verschiedene klimatische Grenzen des Ackerbaus, z. B. zu große Kälte, die Trockenheit von Wüsten oder zu steile Hänge in Gebirgen zu denken, um räumliche Ausgrenzungen zu erkennen.[2]

Die überragende machtstaatliche und militärische Funktion von Zentralstaaten, die eben auch in der Etablierung einer *National*ökonomie ihren Ausdruck fand, hat dagegen vom 17. bis ins 20. Jahrhundert die Bedeutung von Regionen als geographisch selbständige Teile solcher Staaten weitgehend in den Hintergrund gedrängt. Erst seit etwa 20 Jahren wird man sich in der ökonomischen und wirtschaftshistorischen Forschung wieder stärker bewußt, daß Industrialisierung zu allen Zeiten ein regionales Phänomen war und ist. Politisch gesehen führte diese zentralstaatliche Dominanz in den meisten europäischen Staaten nicht nur zu verheerenden Kriegen, sondern auch zu ständigen Versuchen, staatskritisches Denken zu unterdrücken. Diese Entwicklung hat sowohl den europäischen, parlamentarischen Demokratisierungsprozeß behindert als auch Einbahnstraßen der Industrialisierung mit wohlstandsmindernden Folgen geschaffen. Wenn wir jedoch den europäischen Industrialisierungsprozeß nicht nur beschreiben, sondern besser als bisher erklären wollen, dann müssen wir uns stärker auf eine Analyse der sozialen und ökonomischen Verzahnung von »Raum und Mensch« einlassen, müssen verstärkt – wie dies im I. Kap., Abschnitt 3 angedeutet wurde – Regionen statt Nationen untersuchen. Dazu kann uns die Geographie nützliche Hilfestellungen leisten.

Die *Historische Geographie* sah lange Zeit ihre wissenschaftliche Aufgabe darin, die geographische Struktur von Ländern und Landschaften zu erforschen. Diese geographischen Einheiten waren räumlich oft erheblich größer als mein Konzept von (deutschen) *Industrie*regionen, die mindestens eine Fläche von 5000 km^2 und höchstens von 60.000 km^2 umfassen sollen – wie z.B. Oberschlesien, Sachsen, das Ruhrgebiet, das Saarland oder Württemberg. Trotzdem ist ihr wie uns daran gelegen, zumindest wenn sie »Wirtschaftserdkunde« betreibt, die Beziehungen und Abhängigkeiten zwischen Mensch, Raum und Wirtschaft zu untersuchen. Der wirtschaftende Mensch in der Geschichte war nämlich als Sammler und Jäger ähnlich mit der regionalen Struktur ökonomischer »Ressourcen« verbunden wie der moderne Fabrikpendler. Beide waren und sind abhängig davon, ob in *ihrer* Region genügend Arbeitsmöglichkeiten vorhanden sind, um ihnen einen Lebensunterhalt zu sichern. Im Dritten Reich wurde von einem Wirtschaftsgeographen in einem weitverbreiteten »Lehrbuch« die Ansicht vertreten, es sei die »höchste erzieherische Aufgabe« der Wirtschaftserdkunde, »die Zielstrebungen und Forderungen der *nationalen* Wirtschaftspolitik«[3] zu unterstützen. Mit dieser Auffassung hat er seinem Fach einen schlechten erzieherischen Dienst erwiesen, denn Raum und Nation sind nicht deckungsgleich. Es läßt sich nämlich leicht zeigen, daß nicht nur in den vorindustriellen Epochen, sondern auch während der Jahrhunderte seit der europäischen Kolonisation, der *Lebensraum*, d. h. das Gebiet, in dem Menschen wirtschaftlich tätig waren, räumlich begrenzt war. Der Raum legte Menschen bestimmte Einschränkungen auf, die sie nur mit hohen Kosten überwinden konnten. Ökonomisch gesprochen wirtschaftete der Mensch im Raum nach einem Kosten-Nutzen-Kalkül. An einigen Beispielen möchte ich diesen Zusammenhang etwas verdeutlichen. Europäische Landwirte vom 16. Jahrhundert bis heute, wenn sie etwa ihre Ländereien vergrößern wollten, stoßen an natürliche ökonomische Grenzen, sobald z. B. die zu bearbeitende landwirtschaftliche Fläche 1000 ha – oder auch 5000 ha – übersteigt. Noch deutlicher wird dieser Sachverhalt beim Handwerk, das immer lokal begrenzt war. Ein Bäcker, Fleischer oder Schreiner kann zwar aufgrund von Qualitätserzeugnissen und günstigen Preisen Kunden aus umliegenden Ortschaften anlocken, doch meistens beschränkt sich sein Verkauf auf eine Region von etwa zehn Kilometer Radius. Selbst ein mittelgroßer Bauunternehmer baut – allein schon wegen den Konkurrenten – überwiegend Häuser in »seiner« Region. Wir können diesen Gedanken selbst auf die größten multinationalen Unternehmen übertragen, die zwar in verschiedenen Staaten Produktionsbetriebe errichten können, aber niemals flächendeckend. Auch sie müssen, wenn sie erfolgreich sein wollen, die ökonomische Struktur der Region, in der sie ihre Direktinvestitionen tätigen, wenn sie sie nicht »in den Sand setzen« möchten, im voraus mitbedenken. Die Wirtschafts- und Unternehmensgeschichte kennt viele Beispiele von erfolgreichen und erfolglosen regionalen Direktinvestitionen.

Die europäische Wirtschaftsgeschichtsforschung – ein Fach, dessen Anfänge ins 19. Jahrhundert zurückreichen, d. h. noch relativ jung ist[4] – hat meistens übersehen bzw. aus dem Blickfeld gerückt, daß die gestaltende Kraft von Generationen in der Region aktiver Menschen lange vor der Industrialisierung erst ermöglicht hat, daß solche schöpferischen Tätigkeiten in einem langen evolutionären Prozeß in verschiedenen Teilen der Erde *Natur-* zu *Kultur*räumen umgestaltet haben. Solche Überlegungen finden auch in einer neuen Forschungsrichtung ihren Niederschlag, der *Environmental Geomorphology* oder der *Anthropogenetischen Geomorphologie*.[5] Der Mensch als geomorphologischer Faktor, im Unterschied zu den tektonischen Bewegungen oder den klimatischen Einflüssen, die die Erdoberfläche verändert haben, hat in steigendem Maße bewußt an der Reliefgestaltung der Erde mitgewirkt. Rathjens sagt zu diesem Vorgang: »Es gibt heute schon weite Gebiete der Erde, in denen das Ausmaß der menschlichen Einwirkungen auf die Oberflächengestaltung bereits das der naturbedingten Vorgänge übersteigt.« Gerade was die Landnutzung betrifft – vgl. Abschnitt 4.c) – haben Menschen vielfältige Formveränderungen der Erdoberfläche vorgenommen, um die Erträge beim landwirtschaftlichen Anbau zu steigern.

Wir brauchen beispielsweise nur an den Einfluß des Handels oder der Kommunikation auf die regionale Verbreitung von Kenntnissen, Erfindungen, Sitten und Gewohnheiten zu denken, um zu erkennen, wie eng Raum und Mensch in der Geschichte verkoppelt sind.[6] Nicht nur in dieser Hinsicht war Europa besonders effektiv, denn hier wurden den Menschen seit dem 16. Jahrhundert allmählich zunehmende – wenn auch noch nicht große – intellektuelle Freiräume gegeben. Sie konnten sie dazu nutzen, dem bearbeiteten Land (Raum) in reichem Maße Früchte abzugewinnen, indem sie sich bemühten, Höchstleistungen zu vollbringen. Nicht viel anders war es in den eroberten Gebieten. Die anfängliche Kolonisation Amerikas durch spanische Siedler war ebenso durch eine regionale Verteilung der Edelmetallvorkommen räumlich bestimmt wie das Vordringen russischer Pelzhändler nach Sibirien aufgrund der Jagd nach Ottern, deren Pelze beim Verkauf auf regionalen Märkten reichen Gewinn versprachen. Einer der Wegbereiter der Geomorphologie, Oscar Peschel (1826–1875), schrieb: »Kaum nämlich gewahrte Colón den goldenen Ohr- und Nasenschmuck der harmlosen Lukayer, als er durch Gebärden zu erforschen suchte, wo sich die Fundstätte des edlen Metalles befinden möge. Von Insel zu Insel tastete er sich bis nach Kuba, ging anfangs nach Nordwesten hinauf und kehrte, als ihn diese Richtung nicht befriedigte, nach Südosten um, bis er endlich Haiti erreichte.«[7] Alle anderen Räume waren für spanische Eroberer zuerst wertlose Gebiete (*tierras de ningun provecho*), weil es dort kein Gold gab. Auf ähnliche Weise ging die Kolonisation von Raum und Region weiter vom Pfeffer und Muskatnüssen über Diamanten und Öl, bis sie schließlich in Silicon Valley landete. Fast kein Raum wurde von Menschen ausgespart: »Ohne Metalle, ohne Gewürze, ohne Drogen, ohne irgendeine vegetabilische Seltenheit, blieb Afrika verschont von Konquistadoren, aber auch unbeleckt von der Kultur und mußte europäischen Tand und europäische Berauschungsmittel drei Jahrhunderte lang, traurig genug, mit seinen eigenen Kindern bezahlen.«[8]

Die schöpferischen Fähigkeiten von Menschen aus und in der Region haben auch unsere europäische Kultur beflügelt. Ich möchte diese stimulierenden Kräfte im Spannungsfeld von »Mensch und Raum« an einem Beispiel verdeutlichen, das mit Gewerbe und Industrie – und eigentlich auch mit Geographie im strengen Sinn – nichts zu tun hat: der Musik. Ich gehe dabei von einer These aus, die in dieser Form anscheinend noch nicht untersucht worden ist. Diese These betrifft vor allem die deutschen Gebiete, in denen seit dem 17. Jahrhundert viele europäische Musiker beheimatet waren. In dem räumlich stark zersplitterten *Heiligen Römischen Reich Deutscher Nation* hat, so glaube ich, die große Nachfrage nach Musikern und Komponisten an verschiedenen deutschen und österreichischen Fürstenhöfen eine regionale Konkurrenzsituation geschaffen. Mit anderen Worten: ein kultureller Wettbewerb hat dazu geführt, daß seit Johann Sebastian Bach (1685–1750) bis zu Franz Schubert (1797–1828) *vor* der eigentlichen deutschen Industrialisierung Dutzende von hervorragenden Künstlern regelrecht aus dem »Raum« hervorwuchsen. Es scheint nicht schwer zu sein, diesen Gedanken auch auf die wirtschaftliche und geographische Entwicklung zu übertragen, um meine Überzeugung zu untermauern, daß die einzigartige Konstellation von Mensch und Raum wesentlich dazu beigetragen hat, europäische Staaten zu ökonomischen Führungsmächten emporsteigen zu lassen, weil wettbewerbliche regionale Strukturen diese Dynamik verstärkten.

b) Einflüsse auf die Landesstruktur

Die Erkenntnisse der geographischen Forschung sind m. E. noch viel zu wenig in wirtschaftshistorischen Analysen herangezogen worden, um die Erklärungsbasis zu verbreitern. Ein

Grund dafür besteht wohl darin, daß viele Geographen und Wirtschaftshistoriker annehmen, ihre Fachgebiete hätten wenig miteinander zu tun. Wenn die Untersuchungsobjekte dieser beiden Wissenschaftszweige scheinbar so weit divergieren, warum sollten Forscher dann Anstrengungen unternehmen, ihre Forschungsergebnisse gegenseitig auszutauschen? Gerade wegen dieser forschungsstrategischen Divergenzen soll dieser Faktor hier behandelt werden, um zu zeigen, daß geographische Gegebenheiten einen erheblichen Einfluß auf die Industrialisierung ausüben können. Und obwohl ich hier weder einen vertieften Beitrag zur Industriegeographie[9] noch zur Siedlungsforschung[10] leisten kann und will, möchte ich trotzdem Wirtschaftshistoriker der europäischen Industrialisierung dazu ermuntern, geographische Voraussetzungen des ökonomischen Wandels stärker als bisher in ihre Überlegungen mit einzubeziehen. Wir sollten uns nämlich gerade in Europa ins Bewußtsein zurückrufen, was Edwin Fels folgendermaßen ausdrückte: »Die geomorphologische Wirksamkeit des Menschen ist den Leistungen der Natur im gleichen Zeitraum unbedenklich an die Seite zu stellen, sie erreicht aber in Hochkulturländern ein Mehrfaches, wenn nicht ein Vielfaches davon.« [11]

Um nur ein Beispiel des Einflusses von Menschen auf die Landesstruktur zu wählen, das auf den ersten Blick nicht unmittelbar einsichtig ist: Bei einer Untersuchung der geographischen Verteilung der alpinen Landwirtschaft können wir die Frage stellen, ob die Almen von Anfang an vorhanden waren und zu einer speziellen Ausprägung der landwirtschaftlichen Produktion geführt haben. Oder ob umgekehrt die ursprünglichen Bewohner in diesen Gebieten erst die Almen geschaffen haben, um überleben zu können.[12] Dieser Gedanke Poppers kann durch Forschungsergebnisse erhärtet werden. Frödin schrieb: »Eine große Anzahl alpiner Wiesen hat einen blockreichen Moränenboden, dessen Oberfläche ursprünglich sehr steinig war. Hier hat man die Steine und Blöcke entfernen müssen, so wie man in anderen Gebieten der Erde gerodet hat.«[13] Er bezeichnete es als Illusion, zu glauben, daß die alpine Vegetation von Anfang an so üppig war, daß sie von den Menschen, die sich dort niederließen, in Anspruch genommen werden konnte. Es war eine harte, ununterbrochene Arbeit über Generationen, die Steine und Blöcke zu entfernen, um den Boden als Weide nutzen zu können. Dies muß mit einem ungeheuren Arbeitsaufwand verbunden gewesen sein, wenn man sich vorstellt, welche Massen an Geröll sich in den Jahrtausenden vor der Besiedelung angesammelt hatten. Auf dieser Grundlage könnte dann *eine* Form der typischen Almwirtschaft entstanden sein. Und noch etwas kam hinzu, was den Ackerbau in einigen schweizerischen Alpentälern wegen der kurzen Vegetationszeit erschwerte: »Am feuchten Nordrand der Alpen reicht der Ackerbau bis etwa 1300 m, der Wald bis 1700 m, die Grenze des ewigen Schnees liegt am Säntis durchschnittlich in 2450 m. Im Innern Graubündens und des Wallis steigt der Getreidebau bei Zermatt bis 2100 m an, der Wald bis 2300 m, die Schneegrenze bis über 3200 m.«[14]

Die Einflüsse der Geographie auf die Wirtschaftsweise sind unmittelbar zu erkennen, wenn wir verschiedene Staaten miteinander vergleichen. Ein Staat oder eine Region, in der viele Mittel- und Hochgebirge anzutreffen sind, kann nicht die gleiche ökonomische Entwicklung durchmachen wie ein flacher Staat. Viele Wälder oder Bodenschätze in einem bestimmten Gebiet führen zu einer anderen wirtschaftlichen Nutzung als dies in Gebieten mit Seen und Flüssen der Fall ist. Wenn wir etwa die Industrialisierung des flachen, waldarmen und mit wenig Bodenschätzen gesegneten nördlichen Holland mit dem wald- und seenreichen, zumindest reichlich mit Eisenerz ausgestatteten Nordschweden vergleichen, wird der Einfluß der Geographie unmittelbar einsichtig. In den Niederlanden wurden über Jahrhunderte ungeheure Anstrengungen unternommen, um seichtes Schelfmeer, d. h. Teile des Watts, in niedriges, aber ertragreiches Marschland umzuwandeln. Wenn man außerdem bedenkt, welchen Arbeitsaufwand es erforderte, Deiche und nicht eingedeichte Inseln (Halligen) zu bauen, d. h. dem Meer Neuland abzugewinnen, so flößt es Hochachtung ein, unter welch widrigen geographischen Bedingungen dieser Staat einen materiellen Wohlstand erzeugt hat, den z.B. Spanien oder Polen unter geographisch günstigeren Konstellationen nicht erreicht haben. Der Küstenschutz der Niederländer war wohl in der Frühen Neuzeit so bekannt, daß der Ausspruch geprägt wurde: »*Deus mare, Batavus litora fecit.*«[15] Es braucht uns hier weniger zu interessieren, wie alle diese Voraussetzungen entstanden sind – das gehört tatsächlich zum eigentlichen Forschungsgebiet der Erdkunde –, oder welche aufbauenden und zerstörenden Kräfte am Werk waren. Uns interessiert vor allem, wie diese Voraussetzungen in den verschiedenen europäischen Staaten und Regionen genutzt wurden, um zu industrialisieren.

Ein anderes Beispiel für den Einfluß der Geographie auf die wirtschaftliche Gestaltung und Ausprägung von Landschaften ist die Flächengröße von Staaten. Wenn die Größe eines Staates wie die Schweiz nach dem üblichen vermessungstechnischen Verfahren (vereinfacht: Gebietsfläche = Länge x Breite) ermittelt wird, dann bleiben alle Berghänge und Täler unberücksichtigt. (Natürlich auch die felsigen Teile der Hochgebirge, die höchstens von Gemsen oder Alpinisten »genutzt« werden können). Tatsächlich hat also die Schweiz, so möchte ich einmal hypothetisch annehmen, ein größeres nutzbares Territorium als die ermittelte Fläche von 41.293 km². Aber selbst wenn Geologen aufgrund genauer Vermessungen herausfinden sollten, daß die nutzbare Fläche kleiner ist, kann meine These aufrechterhalten werden. Nach einer neuen Landvermessung von 1995 – die letzte datiert aus dem Jahr 1903 –, die mit dem globalen Positionierungs-System (GPS) durchgeführt wurde, ist die Schweiz drei Meter länger und zwei Meter breiter, d.h. etwa 0,5 km² größer, als bisher angenommen! Ein Vergleich verschiedener europäischer Staaten mit einer unterschiedlichen Mischung von Gebirgen und Ebenen wird zu ganz ähnlichen Ergebnissen führen, nämlich, daß die Flächengröße und die nutzbare Fläche in vielen Staaten nicht deckungsgleich sind. Jedem wird einsichtig sein, daß dieser »geographische« Umstand sich auf die wirtschaftliche Entwicklung eines Landes auswirken *kann*, denn wenn man ein flaches Land mit einem gebirgigen Land bezüglich ihrer nutzbaren Fläche vergleicht, dann ist die ermittelte Flächengröße ein ungenauer Indikator für den ökonomischen Nutzungsgrad. Noch deutlicher wird dieses Problem, wenn wir Seen, Wüsten oder Kälteregionen wie die Antarktis oder Sibirien miteinbeziehen.

Um es noch einmal auf andere Weise zu verdeutlichen: Mit dem Begriff »Geographie« meine ich nicht allgemeine, physikalische Erdkunde, wie sie durch Bernhard Varenius in seiner *Geographia generalis*[16] begründet wurde. Sie ist für unsere Überlegungen nur von untergeordneter Bedeutung. Denn sie versuchte ja vor allem eine genaue kartographische Darstellung der Erdoberfläche und erarbeitete dafür Gradnetze, um die geographische Lage bzw. Position jedes Ortes auf der Erde exakt angeben zu können. Auch die konkreten Veränderungen der naturgeographischen Ausstattung des europäischen Kontinents bleiben hier weitgehend außer Betracht. Damit möchte ich mich ebensowenig beschäftigen wie mit einer biologischen oder mathematischen Geographie. Nicht einmal das Klima und der Boden sollen hier unter »Geographie« subsumiert werden – siehe dazu den 3. und 4. Abschnitt dieses Kapitels –, und auch nicht solche wichtigen geographischen Untersuchungsobjekte wie Naturlandschaften oder Bodenformen bzw. -arten. In den beiden vorangegangenen Abschnitten ging es mir vor allem darum, zu zeigen, daß neben geographischen Einflüssen auch die Menschen Landesstrukturen verändern können und verändert haben. Im nächsten Abschnitt möchte ich einen Aspekt der Länderkunde behandeln, der sich auf das Zusammenspiel zwischen Industrialisierung und naturräumlichen Bedingungen von Territorien in Europa seit etwa 1750 bezieht: die Geopolitik.

c) Geographie und Politik

»Geopolitik« ist durch den Mißbrauch der Nationalsozialisten zur Eroberung von Lebensraum[17] in Verruf geraten. So hieß es 1943 in einem vielgelesenen *Lehrbuch der Wirtschaftserdkunde*, daß die Wirtschaftsgeographie noch nicht die Bedeutung der Rasse bei allen Völkern ausreichend erforscht hätte. Denn: »Die Untersuchungen über die wirtschaftliche Leistungsfähigkeit der Rassen stecken noch in den Anfängen, da die vergangene materialistische Zeit unter jüdischem Einfluß den Sinn dafür absichtlich erstickte und jeden Hinweis auf die Bedeutung der Rasse als Kulturschande bezeichnete.«[18] Und: »Jedes gesunde Volk strebt nach einem ausreichenden Lebensraum für sich und seine kommenden Geschlechter.« Der bekannte nationalsozialistische Geograph Karl Haushofer, der am 10. März 1946 Selbstmord beging, schrieb 1941 in der 3. Auflage seiner *Wehr-Geopolitik:* »Es war die Bewegung, es war die Jugend, es war das Volk, das diesen Ruf erhob nach *volksnaher politischer Wissenschaft*, nach Aktivierung der Schätze der politischen Erdkunde für die Auslandkenntnis des Gesamtvolkes, für die Wiedererlangung seiner Weltgeltung mit dem Zwang zum Mut politischer Prognose, nach Wehrgeopolitik.«[19] Jeder, der auf diese »Schätze« verzichten zu können glaubte, bekam den »obersten Führerwillen« zu spüren, weil er sich damit nicht angeblich nur kulturschädlich verhielt, sondern »im Gegensatz zu der Erfahrung und Prägung Adolf Hitlers« stand.

In dem Bewußtsein dieser menschenverachtenden Einstellung, die eine Verhöhnung jeder *echten* Wissenschaft ist, liegt vielleicht ein anderer Grund, warum die neuere deutsche Wirtschaftsgeschichte geographische Aspekte nicht in genügendem Maße zur Erklärung der politisch-ökonomischen Veränderungen der europäischen Staaten während der Industrialisierung herangezogen hat. Sie hätte sich allerdings auf ehrenwerte Wissenschaftler oder Schriftsteller berufen können, wie z. B. Immanuel Kant oder Bertha von Suttner, die Kriege nicht als Ausdruck einer höheren Kulturstufe verklärt haben. Bereits Max Weber hat auf den wichtigen Umstand hingewiesen, daß weder die Bevölkerungsvermehrung noch die Edelmetallzufuhr den abendländischen Kapitalismus hervorgerufen haben, sondern: »Die *äußere* Bedingung für seine Entwicklung ist vielmehr zunächst die *geographische* Natur Europas.«[20] Er wollte damit ausdrücken, daß der moderne Kapitalismus nicht das Resultat des Handels in europäischen Seestädten gewesen ist, wie so oft behauptet wurde, sondern von Gewerbestädten, die meistens im Binnenland lagen. Und der aus England stammende Amerikaner Paul Kennedy hat in seinem Bestseller *Aufstieg und Fall der großen Mächte*[21] gezeigt, welche große Bedeutung diese besonderen geopolitischen Bedingungen für den Aufstieg Europas zur politischen und ökonomischen Supermacht seit 1500 hatten.

Gedanken darüber, warum sich in Europa Tendenzen durchsetzten, die seinen wirtschaftlichen Aufstieg beschleunigten, während Asien zurückfiel, sind in klassischer Weise von Charles de Montesquieu (1689–1755) gemacht worden. Ich möchte einen Abschnitt (»Kapitel«) aus seinem Hauptwerk *Vom Geist der Gesetze*, das zuerst 1748 in französischer Sprache erschien, vollständig zitieren, weil Montesquieu darin genau die geopolitischen Unterschiede herausarbeitet, die hier behandelt werden: »In Asien hat es immer große Reiche gegeben; in Europa konnten sie sich niemals lange halten. Der Grund dafür liegt darin, daß Asien, so weit wir es kennen, sehr große Ebenen hat. Durch die Gebirge und die Meere ist es in sehr große Stücke zerteilt; und weil es südlicher als Europa liegt, trocknen die

Quellen leichter aus, die Berge sind weniger stark mit Schnee bedeckt, und die Flüsse schwellen nicht so stark an, d. h., sie bilden geringere Barrieren.

Die Herrschaft muß deshalb in Asien immer despotisch sein, denn wenn die Knechtschaft nicht ins Extrem getrieben würde, fände sofort eine Teilung statt, die der Natur des Landes nicht entsprechen würde.

In Europa führte eine natürliche Teilung dazu, daß viele Staaten von mittelmäßiger Größe entstanden sind, in denen die Regierung der Gesetze nicht unvereinbar ist mit der Erhaltung des Staates. Im Gegenteil, sie ist so vorteilhaft, daß ohne Gesetze der Staat in Verfall geraten würde, und allen anderen unterliegen müßte.

Diese Umstände haben einen Geist der Freiheit hervorgebracht, der es sehr schwer macht, irgendeinen Teil von Europa zu unterjochen und einer fremden Macht zu unterwerfen, es sei denn, durch die Gesetze und durch den Vorteil des Handels.

Dagegen herrscht in Asien ein Geist der Knechtschaft, den es niemals ablegen konnte; und in allen Geschichten dieses Landes kann man keinen einzigen Zug finden, der eine freie Seele verriete. Überall trifft man dort nur den Heldenmut der Knechtschaft.«[22] Fast alles, was Kennedy und andere Autoren über die Vorteile eines landschaftlich und geographisch vielfältig differenzierten Europa und die despotischen Herrschaftsformen in Asien in langen Abhandlungen geschrieben und mit vielen Beispielen ausgeschmückt haben, ist hier in wenigen Sätzen enthalten. Und Montesquieu fügte eine im 18. Jahrhundert noch wichtige Gegenüberstellung hinzu: Den (west-)europäischen Geist der Freiheit, den auch fremde Mächte nicht unterdrücken konnten, kontrastiert er mit einem asiatischen Sklavengeist, den er auf traditionelle politische Ursachen zurückführte.

Kennedy bemüht sich zu erklären, warum verschiedene Großmächte seit 1500 während einer bestimmten Phase über andere Staaten dominieren konnten, und warum sie auf der Bühne der Weltgeschichte ihre Vormachtstellung als beherrschende Kolonial- und Seemächte wieder verloren. Die Geschichte Portugals, Spaniens, der Niederlande, Frankreichs und Englands seit der Frühen Neuzeit bietet dafür reiches historisches und empirisches Belegmaterial. Dies ist zunächst einmal ein politisches und militärisches Problem, das bis heute weltweit relevant ist. Europa als geographische Einheit und militärisches Machtzentrum ist geradezu ein exemplarisches Untersuchungsobjekt für diese Frage, hat es doch mit seinen konquistatorischen Raubzügen und einer eurozentrischen Kolonisation großen Teilen der Welt für einige Jahrhunderte seinen politischen, militärischen und rassischen Stempel aufgedrückt.[23] Dieser rücksichtslose Imperialismus vergangener Jahrhunderte belastet die globalen Beziehungen zwischen dem reichen Norden und dem armen Süden bis auf den heutigen Tag. Er hat auch zu der falschen Auffassung beigetragen, daß die industrialisierenden europäischen Staaten daraus einen großen Nutzen für ihre *Industrialisierung* zogen. Ebenso unzutreffend ist die neuerdings wieder häufiger geäußerte Ansicht, aus geographischer Sicht sei die sich herausbildende Weltstellung Europas darauf zurückzuführen, daß dieser Kontinent genau zwischen den drei Landmassen Asien, Afrika und Nordamerika liege.[24]

Diese Interpretationsunterschiede der ökonomischen Folgen der europäischen Kolonisation in allen Erdteilen beruhen teilweise auf einer unterschiedlichen Einschätzung der militärischen Stärke und der geographischen Lage. Doch davon abgesehen, können wir etwas Einzigartiges an diesem Appendix von Asien, genannt Europa, feststellen. Europa nennt sich wie die schöne Geliebte des Zeus, die Tochter des phönizischen Königs, mit der er auf Kreta drei Heroen zeugte: Minos, Rhadamanthys und Sarpedon. Dieser die Phantasie beflügelnde Mythos eines sich von einem Gott in einen weißen Stier und umgekehrt verwandelnden Olympiers ist die eine Seite der Medaille. Die andere Seite ist, daß es keiner allzu großen Weitsicht bedarf, um zu erkennen, daß langfristig das Zusammenspiel von ökonomischen, d. h. technologischen und organisatorischen Fortschritten in Europa zu einer weltweiten militärischen Überlegenheit führten. Der relative ökonomische Niedergang von China und Indien wurde bereits erwähnt. Wie kommt nun aber die Geographie oder die Geopolitik ins Spiel? Kennedy präsentiert eine interessante und für eine vergleichende Staatenanalyse längst nicht ausgelotete Hypothese, die er mit seinen anderen Überlegungen verbindet. Er versucht nämlich nachzuweisen, daß es in Europa kein derartiges »Machtzentrum«[25] wie im Ming China, im Osmanischen Reich und seinem moslemischen Ableger in Indien, im Mogul-Reich, im Moskauer Staat oder im Tokugawa-Japan gegeben hat oder sich entwikkeln konnte. Die verschiedenen europäischen Staaten und Territorien – dies ist angesichts der politischen Lage in »Deutschland« bis 1871 eine grobe Vereinfachung – hätten seit dem 16. Jahrhundert in einem andauernden Wettbewerb um größeren Reichtum und militärischer Stärke gestanden. Dieser Wettbewerb habe zwar ihre globale Übermacht begründet, aber nicht einem europäischen Alexander die Möglichkeit geboten, ein riesiges Territorium seiner einzelnen Herrschaft vollständig zu unterwerfen.

Eine Ursache für diese weit zurückreichende politische Fragmentierung Europas, die weder durch die römischen Caesaren, Karl den Großen oder den Habsburger Karl V. überwunden werden konnte, lag in der Geographie. Kennedy schreibt dazu: Die »politische Vielgestaltigkeit verdankte Europa seiner Geographie. Es gab weder riesige Ebenen, denen ein Reitervolk seine geschwinde Herrschaft aufzwingen konnte; noch gab es weite und fruchtbare Flußniederungen wie die des Ganges, Nil, Tigris und Euphrat, Hwang Ho und Yangtse, die den Massen von leicht besiegbaren Bauern Nahrung boten. Europas Landschaft war viel stärker durch Gebirgszüge und große Wälder gegliedert, die vereinzelte Bevölkerungszentren in den Tälern voneinander trennten.«[26] Nicht nur »gegliedert«, sondern die Gebirge und Alpen machten es für einen Eroberer in vorindustrieller Zeit unmöglich, mehrere weit auseinanderliegende Gebiete auf einmal zu unterwerfen. Diese Einflüsse von geographischen Hindernissen auf gescheiterte Versuche, Europa zu erobern und zu unterwerfen, könnten an vielen historischen Beispielen verdeutlicht werden. Dies ist hier nicht das Thema. Deshalb mag es ausreichen, an einem relativ frühen Beispiel einige Blockaden zu skizzieren, die solchen Plänen im Weg standen.

Als Philipp II. (1527–1598), Sohn Karls V., noch einmal versuchte, den Plan eines Imperiums durchzusetzen, obwohl er, neben Spanien und dessen Kolonien, die Niederlande, die Franche-Comté, Mailand, Neapel, Sizilien und Sardinien geerbt hatte, scheiterte er ebenso wie die Habsburger im Dreißigjährigen Krieg.[27] Er konnte gegen den Widerstand der deutschen Fürsten nicht einmal die Kaiserwürde erlangen. Zuerst kam es 1557 und 1594–1598 zum Krieg mit Frankreich, obwohl Philipp die Tochter Heinrichs II. von Frankreich, Elisabeth, heiratete. Dann kam es zu Aufstandsbewegungen in den Niederlanden, die von England zu eigenen strategischen Zwecken unterstützt und ausgenützt wurden. Schließlich hatte Philipp die Bedrohung der spanischen Seewege durch die Engländer abzuwenden, aber die Schlachten der *Armada* 1588 im Ärmelkanal führten nicht zu dem erhofften Erfolg. Anstatt der geplanten Invasion Englands, die von Papst Sixtus V. gewünscht worden war, mußte die spanische Flotte, anfänglich mit 130 Kriegs- und 30 Transportschiffen, 30.000 Soldaten und Matrosen sowie 2630 Kanonen in See gestochen, um Schottland herum den Rückzug antreten. In schweren Stürmen erlitt sie so hohe Verluste, daß nur noch wenige Schiffe Spanien erreichten. Norwegens Schären und Fjordküsten, Schottlands Steilküsten und die ungeheuren Orkane besiegelten den Untergang der Armada und schließlich den Verfall der spanischen Weltmacht. »Wenngleich England den Weg für Spaniens Niedergang bereitete,« schrieb Braudel, der die Bedeutung des Jahres 1588 herunterspielt, »konnte es nicht unmittelbar davon profitieren.«[28] Aber diese schwere Niederlage war kein Gottesurteil, wie spanische Medaillen mit der Inschrift »*Afflavit Deus et dissipati sunt*« (»Gott der Allmächt'ge blies, Und die Armada flog nach allen Winden«) glauben machen wollten, sondern u. a. Folge seemännischer Unfähigkeit des Oberbefehlshabers Herzog von Medina-Sidonia und geographischer Widrigkeiten, wie sie sich schon so oft in der europäischen Geschichte gezeigt hatten und bis ins 20. Jahrhundert zeigen sollten.

Die Erklärungshypothese einer geographischen Vielgestaltigkeit, die durch keinen noch so mächtigen Eroberer überwunden werden konnte, scheint mir sehr viel plausibler zu sein als diejenige von Eric L. Jones. Er führt die politische Dezentralisierung Europas darauf zurück, »daß die größeren Kerngebiete sich so gut wie gar nicht voneinander unterschieden«,[29] d. h., auf diesen Gebieten hätte eine dichtere und reichere Bevölkerung geeignete Böden für den Getreideanbau gefunden. Aus diesem Grund hätten sie keinen Anlaß gehabt, den oder die Nachbarn zu überfallen und zu beherrschen. Diese Ansicht übersieht fast vollständig, daß es nicht die unterschiedliche Fruchtbarkeit der europäischen Böden war, die eine ökonomische Dynamik auslöste, sondern die immer stärkeren gewerblichen Verdichtungen, die sich seit dem Mittelalter in verschiedenen europäischen Regionen ausprägten. Wenn wir diese

Argumente gegeneinander abwägen, dann ist es zwar zutreffend, daß der imperiale Anspruch der deutschen Könige über ihr Potential hinausging und sie deswegen immer wieder Niederlagen einstecken mußten, aber nicht deswegen, weil der Raum des angestrebten Imperiums »zu *groß* war für die Mittel der Zeit, wenn es um intensive Herrschaft gehen sollte«,[30] sondern zu vielgestaltig. Diese geographische Vielfältigkeit war auf eine natürliche Weise verbunden mit der Entwicklung vielfältiger und unterschiedlicher Lebens-, Kultur- und Wirtschaftsformen.

d) Geographische Unwägbarkeiten

Ohne Zweifel hatte dieser Sachverhalt, daß Europa geographisch oder naturräumlich etwa mit China oder Indien keinerlei Gemeinsamkeiten aufwies, eine Vielzahl von politischen und ökonomischen Konsequenzen für den europäischen Kontinent. Nur einige davon sollen hier kurz erwähnt werden:

1. Es war nahezu ausgeschlossen, daß ein diktatorischer Feldherr, selbst wenn er über ein großes Heer und über große Macht verfügt und diese brutal ausgeübt hätte, eine universale Herrschaft und Kontrolle über ganz Europa etablieren konnte. Daran sind seit Gaius Julius Caesar (100–44 v. Chr.), der ja sogar 55/54 v. Chr. nach Britannien übersetzen konnte, alle machtpolitischen Pläne gescheitert, Europas Landmassen einer einzigen Herrschaft zu unterwerfen.[31] Vor der Entwicklung von Flugzeugen waren die geographischen »Hürden« oder Unwägbarkeiten nur mit großem Zeitaufwand zu überwinden. Und da kein Feldherr sicher sein konnte, ob nicht selbst im Sommer irgendein Alpenpass verschneit sein würde, wurden den europäischen Eroberungsgelüsten relativ enge Grenzen gesetzt. Dareios I. (550–486 v. Chr.), der die Skythen 513/12 v. Chr. nicht schlagen konnte, weil sie sich in die Weite des Raumes zurückzogen, Napoleon und selbst noch Hitler sind *auch* an der Geographie und am Klima gescheitert, vor allem im europäischen Teil von Rußland.

2. Die abwechslungsreiche Landschaft Europas, etwa die ausgedehnten Wälder Schwedens, die fast immergrünen Weiden Englands, die fruchtbaren Böden Mitteldeutschlands oder die Almen in der alpenländischen Region, regten zu ganz

eigenartigen landwirtschaftlichen und gewerblichen Spezialisierungen an. Mit anderen Worten: Eine durch die geographischen Besonderheiten hervorgerufene Spezialisierung verbesserte die Produktivität, d. h., sie förderte wirtschaftliches Wachstum. An einem Beispiel soll dies ein wenig verdeutlicht werden: Vor der industriellen Fertigung von Uhren waren die Zentren des Uhrmacherhandwerks in den relativ abgelegenen und relativ unfruchtbaren schwarzwälder, schweizerischen und französischen Gebirgsregionen angesiedelt. Die kärgliche Landwirtschaft ermöglichte bzw. erzwang eine anderweitige Beschäftigung. Und wegen des günstigen Verhältnisses von niedrigem Gewicht und hohem Preis schlugen die Transportkosten für Uhren kaum zu Buche.[32] Es wurde in einer immer verfeinerten arbeitsteiligen Produktion eine Ware erzeugt, die mit den ursprünglichen Beschäftigungen nicht mehr das Geringste zu tun hatte. Auf dieser Grundlage entwickelten sich Fertigkeiten und Kenntnisse, die später leicht in industriellen Tätigkeiten verwendet werden konnten.

3. Die geographischen Eigenheiten und die in Jahrhunderten entwickelte Anpassung an und die Entwicklung von entsprechenden Fertigkeiten führten *vor* Anbruch des Industriezeitalters zu einer innereuropäischen Arbeitsteilung. Es ist dies eine andere Arbeitsteilung, als wir sie von der industriellen Arbeitsteilung her kennen, die Adam Smith mit seinem berühmten Beispiel der Stecknadelproduktion zur Demonstration von arbeitsteiliger Produktivität in ein System gegossen hat. Die hier behandelte »Arbeitsteilung« bezieht sich auf Entwicklungen in unterschiedlichen Regionen oder Staaten. Diese »geographische« bzw. regionale Arbeitsteilung trug zum wirtschaftlichen Wachstum in einzelnen Territorien bei, die auf sich allein gestellt wohl eher verarmt wären. Sie führte auf längere Sicht schließlich zu einer wohlstandsfördernden Entwicklung eines europaweiten und überseeischen Handels. Beispiele für eine arbeitsteilige gewerbliche Sonderentwicklung sind etwa die erzgebirgischen Klöppel- oder Spielzeugarbeiten, die belgischen Leinenprodukte, die Lyoner Seiden, das Pökeln von Heringen in Holland, die Herstellung von Schweizer Käse, dänischer Butter oder englischer Wolltuche.

4. Europa ist reich an Seen und reich an Küstenlagen, durch die fast alle Staaten miteinander verbunden sind. Wenn dies nicht der Fall ist, dann ermöglichen meistens Flüsse den Zu-

gang zu Seen oder zum Meer. Über die Nord- und Ostsee, das Schwarze und das Mittelmeer entwickelte sich seit dem Mittelalter ein grandioser Schiffstransport. Es waren massenhaft Schiffe mit zunehmend größeren Ladungen über große Entfernungen von Norden nach Süden und umgekehrt unterwegs, um der steigenden Nachfrage nach einer immer reichhaltiger werdenden Palette von Gütern gerecht zu werden. Der Schiffbau, das Kredit- und Bankwesen, aber auch der Wechselbetrug oder die Seeräuberei erhielten dadurch kräftige Impulse. Die wichtigsten Handelsgüter der vorindustriellen Zeit waren Holz, Getreide, Wein, Wolle und Heringe. Die italienischen Freistaaten und die deutschen Hansestädte gründeten ihren Wohlstand und Reichtum auf den Handel mit diesen Gütern, bis die Kolonialmächte Holland und England sie aus diesen lukrativen Geschäften hinausdrängten.

Ein weiterer Aspekt ist, daß die Kosten für den Transport auf Schiffen noch günstiger waren als auf Straßen, auch wenn sie nur schwer exakt zu kalkulieren oder zu berechnen sind. Aus dem Jahr 1765 ist eine Schätzung überliefert. Die kurbayerische Behörde berechnete die Kosten der Land- zur Wasserfracht und kam zu dem Ergebnis, daß sie sich stromaufwärts auf 6:1, stromabwärts sogar auf 10–12:1 beliefen.[33] Neunzig Jahre früher, 1675, hatte Sir Richard Southwell in der Londoner *Royal Society* dargelegt, daß eine Ladung Steinkohlen über eine Entfernung von 300 Meilen auf dem Seeweg die gleichen Kosten verursache wie über 15 Meilen auf dem Landweg; dies entsprach einem Kostenverhältnis von 20:1. Wir können diese Tatsachen damit erklären, daß ein Schiff eine erheblich größere Ladekapazität hatte und deshalb ein Vielfaches von einem Pferdefuhrwerk transportieren konnte. Der Transport auf der Straße war mit viel größeren Unwägbarkeiten behaftet als der auf dem Wasser. Und in ganz Europa ging der Warentransport über Land langsam vonstatten. Gleichgültig, ob man die Güter mit Wagen, Karren oder Tragtieren beförderte, die Geschwindigkeit von 30 km pro Tag wurde selten überschritten. Dagegen erreichten die Schiffe auf den Flüssen – je nach Gefälle und Strömungsgeschwindigkeit – 40 bis 60 km pro Tag. Allerdings konnten stromaufwärts geschleppte Schiffe im Treidelbetrieb, auch wenn man viele Menschen oder Tiere zum Ziehen einsetzte, nur 15 bis 20 km weit pro Tag transportiert werden.

Da es noch keine ausgebauten und befestigte Straßen (*Chaus-*

seen) gab, mußte nach starken Regen- oder Schneefällen jede Landfahrt zu einem unkalkulierbaren Wagnis werden. Der in Petersburg geborene Maler und Schriftsteller Wilhelm von Kügelgen (1802–1867) berichtete für das Jahr 1818, als er in Dresden Kunst studierte, von einer Fahrt mit der Postkutsche: »Zwischen Leipzig und Dresden gingen damals zwei Personenposten, die sogenannte gelbe und grüne Kutsche. Die erste dieser Gelegenheit stieß dermaßen, daß Leib und Seele Gefahr liefen, voneinander getrennt zu werden, daher besonnene Leute die andere, etwas gelindere zu wählen pflegten. Doch war auch diese noch immer von der Art, daß man bisweilen vor Schmerz laut aufschrie, und wenn der Schwager nicht an jeder Schänke angehalten hätte, so würde man es kaum ertragen haben.«[34] Es gab zu dieser Zeit aber auch andere Transportmittel, die offenbar weniger Leib und Seele auseinanderzureißen drohten. Ökonomisch werden solche geographischen Unwägbarkeiten viel prosaischer erfaßt. Gömmel schreibt über die Kostenvorteile des Schiffstransports: »Auch wenn das Ausmaß der integrationshemmenden Wirkung hoher absoluter und relativer Transportkosten schwer abzuschätzen ist, oft verdeckt durch eine unelastische Nachfrage, so scheint es doch, daß vor dem Eisenbahnbau einer Region, die ganz überwiegend auf den Landtransport angewiesen war, der Intensitätssteigerung wirtschaftlicher Interdependenz im Raum Grenzen gezogen waren.«[35]

Dieser These von einer ökonomisch retardierenden Wirkung der Transportkosten in Regionen, die bei der Distribution von Gütern ganz auf den Landtransport angewiesen waren, möchte ich folgendes Argument entgegenhalten. Es erscheint mir unerläßlich, dabei zu betonen und in einer quantitativen Analyse notwendig, herauszuarbeiten, daß es sowohl auf die Größe der Region als auch auf die gehandelten Produkte ankommt. Es kommt aber auch auf die Zahl und Stärke der Flüsse an, die schiff- oder flößbar waren und zum Transport genutzt werden konnten. Eine Region mit großer interner Nachfrage aufgrund einer dichten Bevölkerung, die über genügend Kaufkraft verfügt, ist viel weniger von Transportkosten abhängig, um ihren wirtschaftlichen Aufbau zu forcieren. Dagegen wird eine Region, die ihre Produkte nicht auf regionalen Binnenmärkten absetzen kann und auf den Export angewiesen ist, sich bei ihrer ökonomischen Intensivierung auf Produkte spezialisieren müssen, bei denen sie Transportkostenvorteile hat, es sei denn, sie verfügt über Produktionsmonopole. An diesem Einwand scheitert m.E. auch die Vorstellung, Europas Einzigartigkeit bestünde darin, daß die Modernisierung seines Handels mit überseeischen Territorien eine fortgeschrittene industrielle Modernisierung ausgelöst habe.[36] Wie dem auch sei, unser Fazit kann lauten: Die geographische Vielgestaltigkeit Europas war ein wichtiger Industrialisierungsfaktor.

Die produktivitätssteigernde Wirkung von räumlich begrenzter Spezialisierung ermöglichte verschiedenen Regionen unterschiedliche Wege zum wirtschaftlichen Wachstum. Sie wurden konsequent beschritten. Auch die vielfältigen innereuropäischen Kriege, vor allem um die Vorherrschaft beim Kolonialimperialismus, konnten daran nichts Wesentliches ändern. Die kriegerischen Auseinandersetzungen zwischen europäischen Staaten haben höchstens die Geschwindigkeiten dieser Prozesse beeinträchtigt; nach meiner Auffassung haben sie sie reduziert. Die Tatsache, daß die geographischen Gegebenheiten in Europa zur Erhöhung der Transportkosten beitrugen (abgesehen vom Schiffstransport), war zwar nachteilig, aber dieser Nachteil wurde offensichtlich ausgeglichen durch eine zunehmende Differenzierung der Wirtschaftsstruktur. Die geographische Vielgestaltigkeit Europas konnte trotz einiger retardierender Momente der Industrialisierung wenig Widerstand entgegensetzen; sie hat sie eher befördert. Dieses Ergebnis scheint mir auch für die Zeit vor dem Eisenbahnbau gültig zu sein. Den Eisenbahnen gelang es schließlich, nicht nur viele geographische Hürden zu überwinden, indem Täler mit Eisenbahnbrücken überspannt oder Berge mit Tunnels durchquert wurden. Mit der Erfindung und Weiterentwicklung elektrischer Bahnen war ein Tor geöffnet, durch das auch die höchsten Gipfel erreicht werden konnten. Die Natur war kein dauerhaftes Hindernis für den menschlichen Erfindergeist.

2. Die Bodenschätze

a) Unterirdische Ressourcen

Europa verfügte über eine Vielzahl von Rohstoffen und Bodenschätzen, die Hunderte von Millionen Jahren in seinem Inneren ruhten: Holz, Erze – wie Eisen-, Zinn-, Kupfer- oder Bleierze –, Kohle, Schwefel und Kali, Erdöl, Erdgas und Uran usw. Mit Ausnahme von Holz und Wasser, die zu Brenn- und Antriebszwecken schon früh verwendet wurden, blieben diese natürlichen Ressourcen jahrtausendelang gewerblich ungenutzt. Eine weitere Ausnahme bildeten Gold und Silber, die seit ihrer Entdeckung sehr begehrte Metalle waren. Die *Auri sacra fames!* (ein fluchwürdiger Hunger nach Gold) waren nicht nur dem römischen Dichter Vergil bekannt.[1] Der europäische Bergbau kann auf die »Sucht« nach Edelmetallen zurückgeführt werden, auch wenn später die Eisen- und Nichteisenmetalle eine bedeutendere Rolle spielten. Doch auch in außereuropäischen Regionen übten unterirdische Ressourcen, vor allem Gold und Silber, eine große Faszination aus. Die erste Erwähnung von Gold reicht in das 4. Jahrtausend v. Chr. zurück, und zwar in indischen Religionsschriften, den Veden. Im Zweistromland, dem Irak, wurden goldene Kult- und Kunstgegenstände der Sumerer aus dem 3. Jahrtausend ausgegraben. In Ägypten – im Blauen Nil von Nubien (»nub« ist im Ägyptischen der Ausdruck für Gold) und aus Quarzgängen wurde Gold »gewaschen« – war seit dem 2. Jahrtausend v. Chr. das Wertverhältnis von Gold zu Silber festgelegt. Aus einer Tonne Sand wurden etwa 80 g Gold gewonnen, die Ausbeute blieb also gering.

Wie sehr Gold- und Silbererwerb auch zum »Motor« des europäischen Kolonialismus seit der Eroberung der Neuen Welt werden konnte, macht das Schreiben von Christoph Columbus vom 7. Juli 1503, also mehr als vier Jahrzehnte vor der Entdeckung der damals reichsten Silbervorkommen der Welt, in Potosi, 4000 m hoch in den bolivianischen Anden, an die Katholischen Könige in Spanien deutlich: »Wer Gold hat, vermag alles, was er in der Welt nur will. Er kann selbst die armen Seelen ins Paradies bringen.«[2] (Ob allerdings Columbus sich nicht zu den »armen Seelen« zählte, darüber hat er uns keine Nachricht hinterlassen). Der Goldrausch und die Jagd nach Edelmetallen ließ auch in den folgenden Jahrhunderten nicht nach. Im 6. Jahrzehnt des 19. Jahrhunderts, besonders nach den Goldfunden in den USA und Australien, stieg die Weltgoldproduktion auf etwa 200 Tonnen jährlich. Trotzdem ist die an Richard Wagners *Ring der Nibelungen* angelehnte Aussage Werner Sombarts unhaltbar: »Ein uralter Fluch lastet auf dem Menschengeschlechte: der Fluch des Goldes.«[3] Im Gegenteil: Der Bergbau ist kein Fluch, sondern vielleicht der älteste handwerkliche Gewerbezweig der Menschheit. Er soll hier als ein natürlicher Faktor behandelt werden, auch wenn ich David Ricardo zustimme, daß Bergwerksprodukte nicht von der Natur »produziert« werden, sondern daß es *menschliche* Arbeit ist, die sie »aus dem Innern der Erde fördert und sie für unseren Dienst zubereitet«.[4]

Einen dieser Jahrmillionen im Boden ruhenden Schätze, nämlich Steinkohlen, möchte ich herausgreifen, um zu verdeutlichen, wie sehr dieser Bodenschatz die Industrialisierung beeinflußte. Die Substitution von Industrialisierungsfaktoren in den verschiedenen Stadien der Industrialisierung kann uns nämlich eine Vorstellung davon vermitteln, wie stark der Zeitpunkt des Beginns der Industrialisierung in einer Region von solchen Faktoren bestimmt wird. Ohne hier darauf näher einzugehen, ist dieser Faktor und sein Einfluß auf die europäische Industrialisierung schon deshalb interessant, weil Steinkohle im heutigen Europa meistens als Problemressource betrachtet wird. Es wird zwar immer wieder behauptet, daß natürliche Ressourcen für die Industrialisierung von Staaten oder Regionen nicht von großer Bedeutung gewesen seien, weil kostensparende Investitionen im Transportsektor als Substitute dienen konnten, doch wird hierbei Ursache und Wirkung verwechselt. Um nur einen Vertreter dieser unzutreffenden These zu Wort kommen zu lassen: »In general, however, resource location determinism is not particularly powerful in explaining the pattern of European modernization. Transportation-cost saving investments were good substitutes for the original availability of natural resources.«[5] Selbst wenn wir einräumen, daß eine drastische Reduzierung der Frachtkosten durch den Ausbau der Eisenbahnen und den Einsatz von Dampfschiffen den Transport von Massengütern stark verbilligten, so waren die Regionen mit mächtigen Steinkohlen- oder Eisenerzlagern doch deutlich begünstigt.

Für England hat bereits vor über 60 Jahren John U. Nef[6] in seiner klassischen Studie *The Rise of the British Coal Industry* dargelegt, daß zwischen 1550 und 1700 eine nationale Krise aufgrund der Holzknappheit durch die Erschließung von Steinkohlen überwunden werden konnte. Nef bezeichnete die frühe Periode der Steinkohlenproduktion als »erste industrielle Revolution« und stellte ihr eine »zweite industrielle Revolution« in Großbritannien Ende des 18. Jahrhunderts gegenüber. Eine derartige Bedeutung einem einzelnen Faktor zu geben, erscheint mir nicht nur unzweckmäßig, sondern unzutreffend zu sein.[7] Unabhängig davon ist die Auffassung, die ich teile, daß der englische Schiffbau, die Produktion von Holzkohle und der Häuserbau – vor allem durch den Wiederaufbau Londons nach dem Großen Brand von 1666 – riesige Mengen von Holz verschlang. Schließlich führte der ungeheure Brennstoffbedarf der Eisenindustrie dazu, daß zahlreiche Waldungen abgeholzt und nur unzureichend wiederaufgeforstet wurden. Die Stuarts haben große Teile ihres Waldbesitzes verkauft oder an Günstlinge verschenkt, die aus dem Holzverkauf ein schnelles Einkommen bezogen, aber nicht bereit waren, eine systematische Waldwirtschaft zu betreiben.

Bei ähnlichen ökonomischen Engpaßsituationen, wie sie im Verlauf der Industrialisierung immer wieder aufgetreten sind und auftreten, konnten Menschen, wenn ihnen keine geistigen Zwangsketten angelegt wurden, jedesmal lebenserhaltende Lösungen finden. Wo es keine Kohle gab oder ihr Transport zu kostspielig war, wurde Erdöl oder Erdgas eingesetzt. Diese Problemlösungskapazität finden wir nicht nur in Europa, sondern in der ganzen Welt. Seit der 2. Hälfte des 20. Jahrhunderts – die erste gesteuerte Kernkettenreaktion gelang am 2. Dezember 1942 in Chicago im Rahmen des Manhattan-Projekts zur Herstellung der Atombombe – diente der Bodenschatz »Uran« zur Erzeugung von Strom in Kernkraftwerken. In Brasilien werden viele Autos mit Alkohol betrieben, der aus Zuckerrohr hergestellt wird. Diese historischen Entwicklungen der Erschließung und Verwertung von Bodenschätzen nähren unseren Optimismus für die Lösung zukünftiger Probleme der Industrialisierung von unterentwickelten Staaten. Denn es ist ja gar nicht vorhersehbar, wieviel und welche Bodenschätze wir noch finden werden und wie wir sie verwenden können. Vor einigen Jahrhunderten war es undenkbar, daß wir Kohlen oder Erze aus 1000 Meter Tiefe an die Oberfläche bringen würden.

Heute dringen wir bereits mit Bohrern um das Zehnfache in die Erde ein. Solange wir die wohlbegründete Überzeugung besitzen, daß es zu unseren wissenschaftlichen wie technologischen Aufgaben gehört, praktikable Lösungen für Engpässe zu finden, und wenn wir eine entsprechende Geduld aufbringen, ist eine pessimistische Einstellung unangebracht. Um diese Gedanken einmal auf ein aktuelles Problem zu übertragen: mir erscheinen aufgrund unserer historischen Erfahrungen *Katastrophen*szenarien über den Treibhauseffekt oder die Ozonlöcher, wie sie häufig in den Medien verbreitet werden, für unverantwortlich.

b) Steinkohlen als Brennmaterial

Wir wissen aus verschiedenen Berichten, daß an mehreren Stellen in Europa Steinkohlen im 10. und 11. Jahrhundert »entdeckt« wurden. Im Unterschied zu Gold und Silber war dies kein »Erz«, das die Gemüter stark erregte. Es gibt aber die Geschichte eines Schäfers, der zum Schutz vor Wind schwarze »Steine« aufeinander stellte. Als diese auf einmal zu brennen anfingen, so heißt es, wurden Steinkohlen zum ersten Mal »entdeckt«. Das ist eine schöne Legende, die eigentlich in das Reich der Fabeln gehört, aber sie zeigt, daß der Brennwert von Kohle lange bekannt gewesen sein muß. Doch warum wurden Steinkohlen so lange nicht genutzt? Es gibt dafür technische, aber auch finanzielle Gründe. Ein technisches Problem bestand darin, daß tiefliegende Flöze nicht abgebaut werden konnten – zumindest nicht vor der Erfindung bzw. dem Einsatz von Wasserhaltungs-Dampfmaschinen –, weil Grundwasser in die Bergwerke eindrang. Die Mengen von eindringendem Grundwasser konnten meistens nicht mit den traditionellen Schöpfmethoden beseitigt werden. Der Pütt versoff, wie es in der Bergmannssprache hieß.

Dieses Problem zeigt die Bedeutung von technischem Wissen für die Industrialisierung, denn der Stollenbau zum Ableiten von Wasser erforderte bergmännische Kenntnisse, die vor dem 18. Jahrhundert keineswegs überall verbreitet waren. Finanziell war es lange Zeit günstiger, die reichen Bestände an Holz zu verwerten – als Brennmaterial in Öfen, dann aber auch immer häufiger zum Schmelzen von Eisen und von anderen

Metallen in sogenannten Meilern. Nur in England baute man seit dem 12. Jahrhundert Kohle ab, weil es reichliche Vorkommen in nicht zu großer Tiefe gab. Allerdings zeigte sich bald, daß damit Probleme verbunden waren, die nicht vorhergesehen wurden. Im Jahr 1237 zog die englische Königin Eleonore aus ihrem Schloß oberhalb der Stadt Nottingham aus, weil der städtische Kohlerauch für *sie* unerträglich wurde. Die anderen Nottinghamer mußten bleiben. Die Stadt London verbot 1301 die Benutzung von Kohlen für den Hausbrand, weil die Luftverschmutzung derart angestiegen war, daß sie die Londoner Bevölkerung zu vergiften drohte!

Die Territorialherren, denen meistens die Bergwerke und die Wälder gehörten – beides waren staatliche Regale –, waren daran interessiert, ihr anfallendes Holz zu verkaufen. Was hätten sie auch machen sollen mit Holz, das nicht zu viel anderem zu gebrauchen war als zum Verfeuern. Sie boten es den Hammerwerken und Hütten zum Kauf an, oft zu geringen Preisen. Dies änderte sich im Laufe des 18. und zu Beginn des 19. Jahrhunderts. Im Winter 1788/89 war es z.B. im Erzgebirge zu einer starken Brennmaterialknappheit wegen steigender Holzpreise gekommen. Notleidende Familien mußten Kleider, Wäsche und Betten verkaufen, um wenigstens Brot einkaufen zu können. In einem Bericht des Amtshauptmanns von Ziegesar aus Schönau vom 8. Januar 1789 an die sächsische Regierung kommt das Ausmaß der Katastrophe deutlich zum Ausdruck: »Der ganz arme Mann hat weder Geld, noch Holtz, noch Brod. Das einzige Nahrungsmittel, das ihnen hier und da noch übrig ist, sind gefrorene Erdäpfel.«[8] Im Jahr 1823 mußte eine Fuhre Holz, die aus der Gegend von Marienberg im Erzgebirge nach Chemnitz gebracht werden sollte, dreimal Geleitsabgaben entrichten: nämlich in Heinzebank, in Zschopau und in Chemnitz. Es muß andererseits berücksichtigt werden, daß vor der Industrialisierung die Eisenhütten oder Blechhämmer – ebenso wie etwa die Glashütten und Salinen – sich im Unterschied zu den Zünften und Innungen der Städte, in einer vollständigen Abhängigkeit von fürstlichen und geistlichen Waldbesitzern befanden. Die größten »Holzfresser« des Mittelalters und der Frühen Neuzeit, d.h. die Betreiber der Hütten, Hämmer und Salinen, waren somit in ihrem Entscheidungsspielraum stark eingeengt.[9] Es gab noch einen anderen Grund, Steinkohlen zu meiden. 1787 wurde im holzreichen Oberschlesien die Ansicht geäußert: »So lange ein Stück Holtz in Schlesien wüchse, jetzt wolten sie wie ihre Väter, nur bey Holtz arbeiten und sich durch den Gestank der Steinkohlen ihre Gesundheit nicht verderben.«[10]

Wir sehen, es gab lange vor unseren Umweltdiskussionen ein Gesundheitsbewußtsein. Es gab allerdings auch einen Raubbau an einer kostbaren und fast unersetzlichen Ressource – Holz! Dieser Umstand wird von folgendem Beispiel verdeutlicht: Eigentlich hätten nämlich die nördlichen Niederlande, deren ausgedehnter Schiffbau riesige Mengen von Holz verschlang, Vorreiter bei der Verwertung von Steinkohlen sein müssen. Denn man wußte nicht erst seit dem 17. Jahrhundert in den Niederlanden, daß Steinkohlen ein wirkungsvolles Substitut für Holz darstellten; dort gingen die Holzvorräte in Europa auch zuerst zur Neige. Aber bekanntlich gab es, wenn wir von den südlichen Niederlanden, die sich 1830 als selbständiger Staat Belgien konstituierten, absehen, in Holland keine Steinkohlen. Dieser Umstand ist bei Analysen der unterschiedlichen Verläufe der europäischen Industrialisierung in verschiedenen Staaten viel zu wenig beachtet worden. Er erklärt aber, warum es England war, wo man, als der Brennstoff Holz knapp wurde, diesen Engpaß durchstieß, indem man die Kohlenvorräte erschloß. Vergleichende Studien von seit der Mitte des 18. Jahrhunderts industrialisierenden Staaten erhärten den Tatbestand, daß der billige Energieträger Kohle »ein bestimmter [bzw. bestimmender, H.K.] Faktor von überragender Bedeutung war«.[11] Hätten die nördlichen Niederlande über reiche Steinkohlenlager verfügt, wer weiß, ob nicht dort die Industrielle Revolution begonnen hätte. Denn, um Sombart zu zitieren: »Holland wurde das Musterland nicht nur für alles, was bürgerliche Tugend hieß, sondern auch für rechnerische Exaktheit.«[12] Doch der »Glücklichere« war sein schärfster Rivale: England besaß den Industrialisierungsvorteil eines »zufälligen« Faktors, der zusammen mit anderen Faktoren die industrielle Revolution in Großbritannien beschleunigte.

Vielleicht kann ein Gedankenexperiment besser verdeutlichen, welche ungeheure Bedeutung dieser zufällige Faktor besaß. Ich bediene mich dabei eines Begriffs von Georg Borgstrom, der »fiktiven Nutzfläche«.[13] Er ist abgeleitet von der Überlegung Werner Sombarts, welche Flächenausdehnung eine moderne Volkswirtschaft haben müßte, um die importierte

Menge von Nahrungsmitteln aus dem Ausland auf dem eigenen Boden anzubauen. Die fiktive Fläche ist also die Anbaufläche, die nötig ist, um das Äquivalent des tierischen Eiweiß durch Fischfang und Fleischimporte zu erzeugen. Dazu muß die Fläche addiert werden, die zur Erzeugung des Äquivalents der Nettoeinfuhr an Bodenfrüchten benötigt wird, um die Ernährung der gesamten Bevölkerung zu garantieren. Anders ausgedrückt: Es ist die bebaute Bodenfläche, die für den Anbau der Summe der importierten Kalorien benötigt wird. Wenn wir diesen Gedanken auf den Kohlenbergbau übertragen, dann wäre die »fiktive Nutzfläche« die Größe des Waldbestandes, die notwendig wäre, um bei einem gegebenen Stand der Technik die Gesamtenergie zu erzeugen, die ein Äquivalent von Holzkohle, Brennholz und anderen organischen Stoffen wie Braunkohle oder Torf zur Steinkohle wären. Jones nennt dies mit einem wenig treffenden Ausdruck »Kohlefläche«. Mir erscheint die Bezeichnung »Holzersatzfläche« genauer. Wenn wir uns diese Relationen für die Mitte des 19. Jahrhunderts vorstellen, dann hätte ein ganz mit Wald bepflanztes Europa, vielleicht nicht einmal die ganze Welt, kaum ausgereicht, um die europäische Industrie und die europäischen Haushalte mit der Energie zu versorgen, die von der damals produzierten Steinkohle geliefert wurde. Ein solcher fiktiver Urwald »Europa« wäre wohl nicht einmal groß genug gewesen, um die europäische Bevölkerung nur mit Brennmaterial zu versorgen.

c) Steinkohlen als Industrialisierungsfaktor

Warum war Steinkohle, das »tägliche Brot der Industrie und des Verkehrs«,[14] denn überhaupt so wichtig für den Durchbruch der Industriellen Revolution, für das unterschiedliche regionale Wirtschaftswachstum im europäischen Maßstab? Die Meinungen sind auch darüber geteilt; z.B. begegnen wir in der neueren Literatur der Auffassung, daß »das Vorhandensein von Boden- und anderen Naturschätzen wenig zur Erklärung von Veränderungen«[15] durch die Industrialisierung beitrage. Buchheim geht sogar noch weiter und behauptet, der Rohstoffreichtum eines Landes sei weder eine hinreichende noch eine notwendige Bedingung für Industrialisierung. Rohstoffe seien vergleichbar dem Sachkapital; wenn die Entwicklungsdynamik erst einmal angestoßen sei, dann seien sie meistens ohne Schwierigkeiten verfügbar.[16] Diese Vorstellungen sind natürlich geprägt von der leichten, weltweiten Verfügbarkeit von Kapital und den geringen Kosten des Gütertransports in der 2. Hälfte des 20. Jahrhunderts. Es scheint Historikern und Ökonomen, die sich vor allem mit dem 20. Jahrhundert beschäftigen, schwer zu fallen, sich die unterschiedlichen Verhältnisse des 18. oder 19. Jahrhunderts vorzustellen. Diesen Ansichten möchte ich die These entgegenstellen, daß ohne das Vorhandensein und die Ausbeutung mächtiger regionaler Steinkohlenvorkommen die europäische Industrialisierung erheblich verzögert worden wäre. Außerdem glaube ich, daß sie beim Fehlen von Steinkohlenvorkommen oder einer anderen geographischen Distribution der Bodenschätze einen ganz anderen Verlauf genommen hätte.[17]

Wir brauchen nur die Wirtschaftsentwicklung von Großbritannien und Frankreich, von Belgien und Portugal im 18. und 19. Jahrhundert zu vergleichen, um die Bedeutung von Steinkohlen nicht nur für die Eisen- und Stahlindustrie, sondern für die gesamte Nationalökonomie zu ermessen. Die ersten europäischen *Industrie*staaten England und Belgien hätten ohne das Vorhandensein mächtiger regionaler Steinkohlenvorkommen *nicht* so früh industrialisieren können. Steinkohle hatte nämlich gegenüber Holz einige wesentliche Vorzüge, die ihren eigentlichen Industrialisierungsvorteil ausmachte. Dazu gehörte der höhere Brennwert, obwohl dieser Vorzug anfangs noch nicht von großer Bedeutung war. (Es scheint allerdings kaum realistisch anzunehmen, daß Tausende von Lokomotiven mit Holz anstatt mit Kohle geheizt worden wären. Entweder hätte das Holz dafür nicht ausgereicht oder der Holzbetrieb wäre zu teuer geworden.) Der scheinbar unerschöpfliche Reichtum an Steinkohlenflözen in immer tieferen Schichten wog schwerer. Allerdings konnte vor der Entwicklung von Dampfmaschinen zum Abpumpen des Wassers – darin bestand ihre ursprüngliche Aufgabe! – und zum Hineinpumpen von frischer, kühlender Luft, die schlagende Wetter und Sauerstoffmangel verhindern sollte, keine Grube sehr tief abgeteuft werden.

Der entscheidende Vorzug lag darin – nachdem es dem Engländer Abraham Darby 1709 in Coalbrookdale als erstem gelang –, daß Roheisen im Hochofen *mit Koks* geschmolzen werden konnte. Die Herstellung von Koks wurde wahrscheinlich zuerst in Deutschland durchgeführt. Zwar wurde 1590 dem Dekan von York ein Patent für Koksherstellung verliehen, doch erst der anhaltinische Münzmeister Daniel Stumpfelt machte 1640 eine brauchbare »Invention den Steinkohlen den Gestank, die Wildigkeit und die Unart zu benehmen«,[18] doch größere Versuche zur »Kohlenabschwefelung« begannen in Deutschland nicht vor 1750. Großbritannien nutzte auch hier seinen technologischen Vorsprung zu produktiven Zwecken. Außerdem ermöglichte die Verwendung von Kohlen bei der Glas-, Blei-, Kupfer- oder Blechschmelze die Einführung komplizierterer Techniken. In den 1760er Jahren wurde sogar ein neues Kristallglas, das sogenannte Flintglas, entwickelt, für dessen Produktion Kohle unerläßlich war. Die phänomenale Zunahme der Stahlproduktion führte schließlich zu verbesserten Ofenkonstruktionen mit größerer Hitzebeständigkeit. In diesen Öfen konnten auch nicht-eisenhaltige Metalle rentabler verarbeitet werden. Und als Thomas Newcomen 1712 auch noch die »Dampfmaschine« erfunden hatte, öffnete sich der Markt für Eisen durch das Zusammenspiel dieser Entwicklungen in einem Ausmaß, der mit einer auf Holzkohle basierenden Produktionstechnik niemals hätte befriedigt werden können.

Die Praxisnähe von Politikern und Wissenschaftlern scheint im 19. Jahrhundert größer gewesen zu sein als heute. Vor groben Fehleinschätzungen und falschen Prognosen ist allerdings niemand gefeit. Es ist zu Beginn der deutschen Industrialisierung erstaunlich, wie schnell die Bedeutung von Steinkohlen erkannt wurde. So schrieb der Nationalökonom Moriz Mohl 1828 als Referendar im Stuttgarter Finanzministerium über seine Heimat: »Wenn Württemberg gegen das steinkohlenreiche England, die gleichfalls mit diesem Schatze gesegneten Theile der Niederlande [damit meinte er Belgien, das sich von den Niederlanden abspaltete und ab 1830 einen eigenen Staat bildete, H.K.] und Rhein-Preußens, Frankreichs und Schlesiens und die ebenso steinkohlen- als holzreichen Länder Österreichs sich in dieser Beziehung gleichwohl im Nachtheile befindet, so übertrifft es dagegen die Schweiz, viele der industriösesten Departments Frankreichs und viele gewerbreichen Länder Deutschlands bedeutend an Brennmaterial-Reichthum.[Er rekurrierte dabei auf die größeren Waldbestände Württembergs, H.K.] Wäre es freilich möglich, Steinkohlen in größerer Masse in Württemberg zu finden, wozu bei den geognostischen Verhältnissen des Landes die Hoffnung keineswegs aufgegeben werden darf, so würde daraus ebensowohl für die Landwirthschaft, der ein Theil der Waldfläche überlassen werden könnte, als für die Gewerbe ein um so größerer Vortheil hervorgehen, je näher den holzarmen, aber sehr bevölkerten Gegenden des Landes, namentlich je näher dem Unterlande, die Steinkohlenlager aufgefunden würden.«[19]

Mohl hatte also mit 26 Jahren eine klare Vorstellung darüber, welchen Gewinn das Vorhandensein von Steinkohlen für die württembergische »Industrie« und Landwirtschaft bedeuten könnte. (Dagegen hatten deutsche und europäische Politiker nach 1949 zu wenig Phantasie, um erkennen zu können, daß es ökonomisch am effektivsten gewesen wäre, wenn der Steinkohlenbergbau den nationalen und internationalen Marktkräften überlassen worden wäre). In einem Realteilungsgebiet wie Württemberg, wo der Landbesitz eines Bauern im Erbfall unter allen Erben aufgeteilt wurde, hätte ein »Theil der Waldfläche« nutzbringend in Ackerland umgewandelt werden können. Und Mohl erkannte außerdem, daß zwischen Bevölkerungsdichte, Industrialisierung und der Entwicklung eines Kohlenbergbaus ein enger Zusammenhang bestand. Allerdings ging Mohls Phantasie etwas zu weit, denn seine Hoffnung, daß Steinkohlenlager gefunden würden, erfüllte sich nicht. Württemberg mußte wie andere steinkohlearme europäische Regionen das Zeitalter der Elektrizität abwarten, ehe es seine industrielle Dynamik voll entfalten konnte. Dieses Beispiel ist ein anschaulicher Beleg für die oben geäußerte Ansicht, daß zu einem späteren Zeitpunkt im Modernisierungsprozeß die Faktorensubstitution Staaten und Regionen eine Industrialisierung ermöglichte, die ihnen vorher verwehrt war.

Zehn Jahre nach Mohl erkannte ein Kemptner »Lehrer der Realien«: »Nordamerika, England, Frankreich, Belgien und Deutschland wetteifern in Errichtung der Dampfmaschinen, und nur das theils noch mangelnde oder ungleich sich vorfindende Brennmaterial macht die allgemeine Verbreitung in einigen Ländern noch unmöglich.«[20] Nach der Mitte des 19. Jahrhunderts, als bereits jedes Jahr Millionen von Tonnen Steinkohlen in Europa gefördert wurden, konnte sich einer der führenden Vertreter der jüngeren Historischen Schule der Nationalökonomie, Karl Knies (1821–1898), die moderne Industrie ohne fossiles Brennmaterial gar nicht vorstellen. Ihm war bewußt, und er belegte dies statistisch, daß »die kolossale Verschiedenheit der Steinkohlengewinnung in den einzelnen Ländern einen außerordentlich starken Einfluß auf den Stand der Bevölkerung, auf den Erfolg der wirthschaftlichen Anstrengungen der einzelnen Völker, wie für die Wahl und die Bahnen derselben«[21] ausübte. Auch Knies konstatierte also einen Zusammenhang zwischen der Größe der Steinkohlenvorkommen, der Zunahme der Bevölkerung und dem industriellen Fortschritt einer Nation. Nur drei Jahre später, 1856, stellte Adolph Wagner lapidar fest: »Ohne einen ordentlichen Kohlenbergbau kann die deutsche Industrie sich nie zu der Höhe erheben, welche die der ausländischen, Kohlen besitzenden Staaten einnimmt.«[22] Mit »ordentlich« meinte er einen ausgedehnten und ertragreichen Steinkohlenbergbau. Wir sehen somit, daß sich deutsche Wissenschaftler im 19. Jahrhundert durchaus der positiven Rolle bewußt waren, die Steinkohlen für die Durchsetzung der regionalen und nationalen Industrialisierung hatten. Über ein Jahrhundert später behauptete der Physiker Max Born (1882–1970), Begründer der Quantenmechanik und Nobelpreisträger für Physik 1954, in einem Vortrag mit dem Titel *Europäische Betrachtungen eines Naturforschers* sogar: »Die Soziologen sprechen von der industriellen Revolution, ein Wort, das an der Wurzel der Sache vorbeigeht. Es war die energetische Revolution. Alles andere war eine Folge der energetischen Umstellung.«[23]

d) Bedeutungsverlust von Steinkohlen

Im Zeitalter einer weltweit verbreiteten Mikroelektronik und des Massenverkehrs durch benzingetriebene Verbrennungsmotoren können wir uns kaum noch vorstellen, daß gerade Steinkohlen zum wichtigsten Industrialisierungsfaktor der *frühen* Industrialisierung Europas aufsteigen konnten. Angesichts des drastischen Abbaus von zehntausenden Arbeitsplätzen im deutschen Ruhrkohlenbergbau klingt diese Behauptung fast wie ein Märchen. Doch war es tatsächlich der Fall. Vielleicht wird dieser Sachverhalt deutlicher, wenn wir uns vergegenwärtigen, daß die europäischen Schwerindustriezentren dort entstanden sind, wo Steinkohlen in überreichem Maße vorhanden waren und ausgebeutet wurden: z.B. in Schlesien und im

Ruhrgebiet, in Belgien und in Nordfrankreich, in Mittelengland und im südlichen Schottland. In diesen Regionen konzentrierten sich lange Zeit riesige Bergwerks-, Hütten-, Eisen- und Stahlunternehmen, die dem Bild der Industrialisierung ihren rußigen Stempel aufdrückten. Es dauerte nicht lange, bis unternehmerische Verflechtungen über Staatsgrenzen hinweg entstanden, wie etwa zwischen dem Ruhrgebiet und Belgien, dem Saarrevier, Luxemburg und Lothringen. Diese Entwicklung trieb die europäische Industrialisierung voran und wurde geprägt von einer vorher ungeahnten Dynamik. Europa wuchs industriell zusammen!

Die Erklärung von regionalen oder nationalen Industrialisierungsvorgängen mit Hilfe eines Faktorenmodells darf folgendes nicht unberücksichtigt lassen. Obwohl ich diesen Gedanken hier nur kurz andeuten kann, möchte ich doch darauf hinweisen. Er ergänzt nämlich die These einer Substitution von Industrialisierungsfaktoren: Wir müssen uns stets vergegenwärtigen und bei einer Erklärung berücksichtigen, daß zu einem bestimmten Zeitpunkt, an dem die Industrialisierung in einer Region oder einem Staat beginnt, eine jeweils spezielle Zusammensetzung der Faktoren vorhanden ist. Je nachdem, wie weit andere, benachbarte Regionen oder Staaten den Modernisierungsprozeß und damit die Vermehrung von Wohlstand bereits vorangetrieben haben, können Konkurrenten bestimmte Fehlentwicklungen überspringen, falls es ihnen gelingt, Faktoren zu substituieren. Wenn es Freiheit des Handels gibt und die Staaten sich nicht durch protektionistische Maßnahmen gegeneinander abschotten, dann können industrielle Nachzügler, wenn andere Voraussetzungen bei ihnen bereits vorhanden sind oder sich in der Entwicklung befinden, am Technik- und Kapitaltransfer partizipieren und davon profitieren. Andererseits kann das Festhalten an einer Faktorkombination, die in einer bestimmten Periode wachstumsfördernd war, in einer späteren Periode dazu führen, daß diese Region oder dieser Staat beim internationalen Wettbewerb nicht mehr mithalten kann. Der wichtigste Grund dafür ist, daß produktive Innovationen »verschlafen« worden sind. Wir bezeichnen diesen Vorgang als *De*-Industrialisierung. Die Offenheit der Produktionsmärkte nützt deshalb vor allem industriellen Nachzüglern.

Es ist deshalb wenig verwunderlich, daß die *erste* Industrienation, England, obwohl sie über Steinkohlen in so reichem Maß verfügte, Industriespionage mit harten Strafen belegte. Henderson berichtet, daß im Jahr 1785 ein Deutscher in Lancaster zu einer Strafe von 500 englischen Pfund, ein Elsässer sogar zu dem gleichen Betrag *und* einer Gefängnisstrafe verurteilt wurden, weil sie gegen das Verbot, Maschinen zu exportieren und Arbeiter abzuwerben, verstoßen hatten.[24] Trotzdem pilgerten Hunderte, vielleicht sogar Tausende von Unternehmern, Ingenieuren und Staatsbeamte seit der 2. Hälfte des 18. Jahrhunderts in das insulare Mutterland der Industriellen Revolution, fertigten Blaupausen an, warben Mechaniker ab und schmuggelten, wenn irgend möglich, fertige Maschinen zum Nachbau auf den Kontinent. Die einzige mir bekannte Ausnahme von diesem Exportverbot vor 1825/42 – 1825 wurde das Verbot der Abwerbung von Arbeitern, 1842 das über den Maschinen-Export offiziell aufgehoben – wurde der Maschinenfabrik von Matthew Boulton in Birmingham gewährt, die 1799 Maschinen nach Rußland exportieren durfte. Außerdem durften englische Arbeiter dorthin ausreisen, um eine Münzstätte zu errichten.[25] Vielleicht hat diese fast ein Jahrhundert andauernde, überragende Stellung der englischen Industrie dazu geführt, daß der Bedeutungsverlust von Steinkohlen und der der Eisen- und Stahlindustrie in Großbritannien nicht rechtzeitig erkannt wurde.

Industrielle Nachzügler können also, wenn sie mit einer eigenen Industrialisierung beginnen, aus den technischen Entwicklungen, aber auch aus den Fehlern von Vorläufern, lernen und Nutzen ziehen. Dies ist allerdings etwas ganz anderes als eine *Nachahmung* der englischen Industrialisierung, wie fälschlicherweise in wirtschaftshistorischen Vergleichen oft behauptet wurde. Gerade die in Europa regional und in ihrer Mächtigkeit so unterschiedlich verteilten Steinkohlenvorkommen konnten nicht »nachgeahmt« oder in der ersten Phase der Industrialisierung durch einen anderen Faktor ersetzt werden. Erst wenn die nachfolgende Nation die Industrialisierungsfaktoren ihren eigenen Bedingungen anpaßt, d. h. sie dem Zeitpunkt entsprechen, an dem sie zu industrialisieren beginnt, kann sie möglicherweise Kostenvorteile gegenüber den Frühstartern erringen. Ich möchte diese Zeitvariante den »Gerschenkron-Effekt«[26] nennen, denn Alexander Gerschenkron hat für die Industrialisierung europäischer Staaten im 19. Jahrhundert eine dreistufige Typologie vorgeschlagen. Nach dieser Typologie, die allerdings der tatsächlichen Entwicklung nicht gerecht wird, haben verschiedene Staaten zu unterschiedlichen Zeitpunkten mit unterschiedlichen »Agenten« den Prozeß der industriellen Entwicklung in Gang gesetzt.

Bezogen auf den Faktor »Steinkohle« formulierte man ein sogenanntes Gesetz: »Eisenerz kommt zur Steinkohle und nicht umgekehrt«. Dieses »Gesetz« basierte auf der Erkenntnis, daß die neuen Industrien in der Nähe von Steinkohlenvorkommen entstanden. Gemeint war damit, daß wegen des relativ geringen spezifischen Gewichts von Steinkohlen im Verhältnis zu Eisenerz die Transportkosten so hoch waren, daß es unwirtschaftlich gewesen wäre, Steinkohlen zu den Erzlagern zu befördern. Die leichteren Steinkohlen beanspruchten viel mehr Raum bzw. Güterwagen als für den Transport der gleichen Menge Eisenerz. Außerdem hätten mit der stetigen Zunahme von Verwendungsmöglichkeiten für Steinkohlen immer größere Massen transportiert werden müssen. Die Vernetzung der europäischen Eisenbahnlinien und die Senkung der Gütertarife wäre diesem Massentransport zwar entgegengekommen, aber auch hier setzte sich durch, was als Leitsatz der Ökonomie angesehen werden kann: ermittle und wähle die kostengünstigste Variante. Während im ganzen Mittelalter und der frühen Neuzeit Eisen nur dort geschmolzen wurde, wo die drei Faktoren Eisenerz, Holz und Wasser räumlich nahe beieinander waren, wurde nach der Erschließung von Steinkohlenlagern das Eisenerz in diese Gebiete transportiert. Das oben erwähnte »Gesetz« war allerdings nur so lange gültig, so lange der Ausbau der Eisenbahnen und damit verbunden eine rapide Senkung der Frachtgebühren sowie eine massenhafte Herstellung von Koks noch in den Anfängen steckte. Die technischen Fortschritte bei der Koksherstellung verstärkten diese Tendenz, das leichtere Substitut für Steinkohle zu den Erzlagern zu bringen.

Mit dem Patent der Engländer Sidney Thomas und Percy Gilchrist 1877 änderte sich gerade in Deutschland die Lage grundlegend. In den zwei vorangegangenen Jahrzehnten wurden große Mengen von Roheisen nach dem sogenannten Bessemer-Verfahren – benannt nach dem englischen Ingenieur Sir Henry Bessemer (1813–1898), der 1855 ein Patent darauf erhalten hatte – zu Stahl umgewandelt. Das siliziumreiche, aber phosphor- und schwefelarme Roheisen wurde in einen fünf bis sechs Meter hohen Konverter, die Bessemer-Birne, eingefüllt, der mit einem sauren Futter ausgekleidet war. Durch Röhren wurde von unten Luft in den Konverter gepreßt, der mit bis zu 30 t Roheisen gefüllt langsam von einer schrägen in eine senkrechte Lage gebracht wurde, wobei das Silizium verbrannte und das Eisen auf die zum Härten und Schmieden gewünschten Mengenanteile von Mangan, Phosphor und Schwefel reduziert wurde. Vorher wurde Roheisen, das durch Schmelzen in Hochöfen gewonnen wurde, durch das sogenannte Puddelverfahren verbessert. In Lothringen lagerten aber riesige Mengen von (phosphorreichen) Eisenerzen, die weder für das Puddel- noch das Bessemer-Verfahren geeignet waren. Die sensationelle Erfindung von Thomas und Gilchrist machte es möglich, indem die Bessemerbirne mit Dolomitsteinen ausgefüttert wurde, wodurch der Phosphor, aufgrund des Zusatzes von Kalk, zu Phosphorpentoxid oxidierte, daß die phosphorreichen Minetteerze Lothringens zur Eisen- und Stahlherstellung verwendet werden konnten.

Das ökonomische Resultat war verblüffend, denn diese vom Deutschen Reich 1871 annektierte französische Region entwickelte sich innerhalb weniger Jahrzehnte zu einem der bedeutendsten Schwerindustriezentren Europas! Ein wichtiger Grund dafür war: die ökonomischen Randbedingungen hatten sich verändert. Ohne die Erfindung des Thomas-Verfahrens wären die lothringischen Eisenerzvorkommen ungenutzt geblieben. Und die Infrastruktur hatte sich gewandelt. Während in der ersten Hälfte des 19. Jahrhunderts noch gar nicht genügend Transportkapazitäten vorhanden waren, um große Gütermengen zu befördern, hatte sich nun ein europäischer Eisenbahnverbund etabliert – außerhalb Rußlands mit gleicher Spurweite! Außerdem benötigte man für die Herstellung einer Tonne lothringischen Roheisens drei Tonnen Minettererze und nur eine Tonne Koks. Minetteerze waren in Lothringen mehr als reichlich vorhanden. Also wurden aus dem 350 km entfernten Ruhrgebiet in immer größeren Mengen Steinkohlen und Koks geliefert. Das früher gültige »Gesetz« hatte unter anderen Bedingungen – zu einem späteren Zeitpunkt und aufgrund eines technischen Fortschritts! – seine auf anderen Prämissen beruhende Gültigkeit verloren. Trotzdem: Ohne Steinkohlen – man denke nur an die USA oder Japan – hätte keine Region und kein Staat im 19. Jahrhundert, wenn sie nicht wie die

Schweiz über eine mächtige Ersatzressource »Wasserkraft« verfügt hätten, über ein bestimmtes Maß hinaus industrialisieren können. Steinkohlen waren für die europäische Industrialisierung nicht nur *schwarzes Gold*, sondern eine unersetzliche ökonomische Ressource.

Der Bedeutungsverlust von Steinkohle, die um 1900 noch in allen Industriestaaten die wichtigste Energiequelle war, hält unvermindert an. Am Anfang dieses Jahrhunderts wurden in Westeuropa 97 % der gesamten Energie aus Kohle gewonnen. 1950 betrug der Anteil der Kohle noch 82 %, 1970 nur noch 30 % des europäischen Energieaufkommens und heute haben Erdöl und Erdgas die Kohle als Energieträger weit hinter sich gelassen. Obwohl bereits 1819 der britische Chemiker Alexander Garden Naphtalin als Bestandteil von Steinkohlenteer entdeckte, konnte die Umwandlung von Kohle in eine ganze Reihe wichtiger chemischer Produkte, wie Ammoniak für Düngemittel, Teer als Ausgangsstoff für zahlreiche chemische Stoffe, Methanol oder Oxygeniumprodukte durch Kohlevergasung etc., diesen Bedeutungsverlust nicht aufhalten. Zwar werden immer noch nahezu die gesamte Produktion an Anthracen, Chinolin und Elektrodenpech aus Kohle hergestellt – bei Naphtalin liegt dieser Anteil über 90 % –, trotzdem ist Kohle zu einer Problemressource geworden. Gerade der starke Rückgang der Kohleförderung in Deutschland, Belgien oder England ist darauf zurückzuführen, daß Kohle auf dem Weltmarkt zu einem Bruchteil des europäischen Preises gekauft werden kann. Es gibt aber auch eine weit verbreitete irrationale Angst vor Atomkraftwerken, die sich nach dem Supergau von Tschernobyl 1986 noch verstärkte. Und wenn (west-)deutsche Bundesregierungen nicht einen ökonomisch unsinnigen »Jahrhundertvertrag« für den Ruhr- und Saarkohlenbergbau abgeschlossen und immer wieder verlängert hätten, der jahrzehntelang eine marktwirtschaftliche Lösung der Arbeitskräfte- und Umstrukturierungsprobleme verhinderte, dann wären zumindest in Deutschland die Kohlekraftwerke weiter rückläufig. Der Anteil der Energieträger am Primärenergieverbrauch (in %) lag 1992 z.B. in Deutschland für 1. Kohle bei 30,5, für 2. Mineralöl bei 40,1, für 3. Gas bei 16,8, für 4. Kernenergie bei 12,2 und für 5. Wasserkraft bei 0,4 %. Die entsprechenden Anteile in Frankreich betrugen 1. 7,7; 2. 40,4; 3. 12,2; 4. 37,5; 5. 2,2 und in der Schweiz 1. 0,9; 2. 55,5; 3. 6,8; 4. 24,2; 5. 12,3, d.h., sie variieren ganz erheblich in verschiedenen europäischen Staaten. In den USA betragen die Verbrauchsanteile 24,3 % für Kohle, 39,8 % für Mineralöl, 26,1 % für Gas, 8,5 % für Kernenergie und 1,2 % für Wasserkraft.[27]

3. Das Klima

a) Unterschiedliche Klimaverhältnisse

In Europa haben unterschiedliche Klimaverhältnisse einen meßbaren Einfluß auf agrarische Nutzungssysteme gehabt.[1] Die Dauer und der Wechsel der Jahreszeiten, die Wärme des Sommers oder die Kälte des Winters, die Höhe der Niederschläge usw. wirkten direkt und indirekt auf die Ernährung bzw. Zu- oder Abnahme der Bevölkerung und damit auf die Durchsetzung eines kapitalistischen Wirtschaftssystems. Wenn wir z. B. darüber nachdenken und uns bewußt machen, welcher Anstrengungen es bedürfte, um etwa in der Sahel-Zone eine Landwirtschaft anzulegen, die die dort lebende Bevölkerung einigermaßen ernähren könnte, und auf welche einfache Weise in Europa Roggen, Weizen oder Kartoffeln angepflanzt werden konnten, dann wird uns die Bedeutung klimatischer Unterschiede als »wichtiger allgemeiner Faktor« wohl bewußt. Chisholm meint dagegen: »Climatic change in particular, and environmental change more generally, cannot be offered as an important general factor in economic affairs«.[2] Eine solche geographische und klimatische Auffassung kann m. E. zu einem tieferen Verständnis moderner ökonomischer Entwicklungen wenig beitragen. Wir werden bei der Diskussion des Faktors »Fruchtbarkeit des Bodens« zeigen, welche große Bedeutung die Landwirtschaft für jeden Industrialisierungsversuch hatte und hat. Klima und Umwelt sind keineswegs Probleme, die die Menschheit erst am Ende des 20. Jahrhunderts außer Atem bringen. Theodor Kraus hat 1959 sogar die Ansicht vertreten, daß die herrschende Vegetationsform des dichten tropischen Regenwaldes sich bis heute als kultur- und wirtschaftsfeindlich erwiesen hat. Er stellte die diskutable These auf, daß in Europa durch die Rodung der Wälder eine kulturelle und wirtschaftliche Überlegenheit gegenüber allen anderen Landschaftsgürteln erreicht wurde.³

Der Vorsokratiker Parmenides (um 515–445 v. Chr.) wollte möglicherweise in seinem Lehrgedicht *Über die Natur* die physische Wirklichkeit erfassen. Wenn wir den Überlieferungen trauen können, dann hat er nicht nur als erster die Kugelgestalt der Erde angenommen, sondern er grenzte auch fünf Klimazonen ab: drei unbewohnbare, nämlich die beiden kalten Zonen an den Polen und die heiße am Äquator und zwei bewohnbare, nämlich die beiden gemäßigten Zonen. Gemessen an dem Stand der klimatischen und geologischen »Forschung« der damaligen Zeit und obwohl einige griechische Reisende bis nach Gibraltar, Mesopotamien und Ägypten gelangt waren, war dies eine kühne und interessante Hypothese. Auch sie beruhte natürlich auf Vorläufern der griechischen Kartographie. Wenn auch nicht exakt festzustellen ist, ob diese Überlegungen von Babylon ausgingen – die früheste Erdkarte ist auf einer babylonischen Tontafel des 7./6. Jahrhunderts v. Chr. abgebildet –, so können wir vielleicht sagen, daß Parmenides diese Hypothesen ein erhebliches Stück vorantrieb, während z.B. der später in Athen lehrende Philosoph Demokrit (460–375 v. Chr.) eine ellipsoide Gestalt der Erde annahm.⁴ Mit anderen Worten: Es gab offenbar schon in der Antike eine – allerdings falsche – Vorstellung davon, daß große Temperaturunterschiede die menschliche Lebensweise beeinflussen. Gleichgültig, ob Parmenides diese Zusammenhänge korrekt erkannte, können wir vermuten, daß es bereits in der griechischen Antike eine Ahnung über den Einfluß unterschiedlicher Klimazonen auf die menschliche Lebensweise gab. Es war sicher nicht genau bekannt, daß klimatisch bedeutsame Differenzen etwa zwischen dem italienischen Süden und dem sibirischen Osten innerhalb der gemäßigten Klimazonen unserer Breiten vorhanden sind.

Der bereits erwähnte Buckle stellte in seiner *Geschichte der Civilisation* fest: »Es würde schwer sein, sich einen größern Unterschied in Regierung, Gesetzen, Religion und Sitten zu denken, als derjenige ist, welcher zwischen Schweden und Norwegen auf der einen, Spanien und Portugal auf der andern Seite besteht. Aber in einem wichtigen Punkte treffen diese vier Länder zusammen. In allen ist ein fortgesetzter Ackerbaubetrieb unthunlich. In den zwei südlichen Ländern wird die Arbeit durch die Hitze, durch die Dürre des Wetters und den daraus hervorgehenden Zustand des Bodens unterbrochen. In den zwei nördlichen Ländern wird dieselbe Wirkung durch die Strenge des Winters und die Kürze der Tage hervorgebracht.«[5] Nun sollen hier keineswegs auch noch die Politik, die Gesetze, die Religion und die Sitten in europäischen Staaten untersucht werden, doch ich halte die letzten Sätze dieses Zitats für eine »unzivilisierte« Auffassung. Denn sowohl in Schweden und Norwegen als auch in Spanien und Portugal, insofern sich die klimatischen Verhältnisse unterschieden, gilt gleichermaßen, daß erst die arbeitenden Menschen die natürlichen Voraussetzungen genutzt haben, um erstaunliche kulturelle Leistungen zu vollbringen.

Im übrigen traf schon zu Buckles Zeiten die Ansicht, daß in Schweden, Norwegen, Spanien und Portugal »Ackerbaubetrieb unthunlich« sei, nicht zu. Unter »fortgesetztem« Ackerbau können wir nämlich einen regelmäßigen, d. h. jährlichen, Anbau von Getreide verstehen. In diesem Fall betrieben alle vier Länder im 19. Jahrhundert eine zwar unterschiedliche und von der Fruchtfolge und den Fruchtarten variierende, aber zweifellos eine viel ertragreichere Landwirtschaft als z.B. im 18. oder früheren Jahrhunderten. Vielleicht wußte Buckle noch aus Berichten, daß es an der Wende vom 18. zum 19. Jahrhundert gerade im südlichen und südöstlichen Mitteleuropa »vorteilhafte« Frühjahre gegeben hatte, während die Frühjahre im nördlichen Mitteleuropa und in Skandinavien sich in der ersten Hälfte des 19. Jahrhunderts verschlechtert hatten. Aber er zog daraus falsche Schlüsse. Was Buckle richtig beobachtet hat, ist, daß die unterschiedlichen klimatischen Verhältnisse in diesen Staaten *teilweise* dazu beigetragen haben, andere politische, soziale und religiöse Systeme entstehen zu lassen. Doch ist dies ein anderes Thema.

Werner Sombart (1863–1941), gegenwärtig wieder vielbeachteter Ökonom und Soziologe, der vom Sozialismus zum Nationalsozialismus umschwenkte, hat die Bedeutung des Klimas in seiner überspitzten, ahistorischen Sichtweise 1903 auf folgenden ironischen Nenner gebracht: »Der Gedanke, daß der Mensch arbeiten, schuften müsse, ja daß er zu nichts anderem auf der Welt sei, setzt sich unendlich viel schwerer in dem Hirn eines sorglosen Südländers als in dem eines von Sorgen um das tägliche Brot schwer geplagten Hyperboräers [sagenhaftes Volk am nördlichen Rand der Welt, das in einem fruchtbaren

Land lebte und weder Krieg noch Streit, weder Krankheit noch Alter, d.h. auch keinen Tod, kannte, H.K.] fest.[6] Aber diesem wird es auch viel leichter gemacht als jenem, sich in das Joch der Arbeit zu gewöhnen. Was soll man denn den größten Teil des Jahres in einem Lande wie Deutschland anfangen, wenn man nicht arbeitet? Die Natur zwingt einen ja förmlich dazu, sich mit irgend etwas zu beschäftigen. Während im lachenden Süden die Sonne unaufhörlich zum süßen Nichtstun lockt. Nur wo der Himmel blaut, gibt es ein *dolce far niente*.«[7] In der Tat, was sollte »man« – Sombart dachte wohl nicht an das Heer von Arbeitern, die um ihre Existenz bangen mußten – zu Beginn des 20. Jahrhunderts in Deutschland anders tun als zu arbeiten, wo der Italientourismus hauptsächlich auf Künstler und Wissenschaftler beschränkt blieb.

Der »Marxist« Sombart konnte sich in seinem Breslauer Domizil wohl nur schwer vorstellen, daß Arbeit auch eine Befriedigung darstellen kann, selbst für den angeblich nichtstuenden Südländer. Man könnte ihm die Aussage des Überlinger Bürgermeisters und kaiserlichen Rats Johann Heinrich Pflaumer entgegenhalten, der 1641 unter dem Pseudonym Ivo Renatus in der Schrift *Verum patrocinium paupertatis* schrieb: »Wie der Vogel zum Fluge, wie der Fisch zum Schwimmen, also ist auch ein jeder Mensch zur Arbeit erschaffen.« Wie dem auch sei: Es ist eine historisch unhaltbare These, daß unsere Groß- und Urgroßeltern im 19. Jahrhundert sich leichter an das »Joch der Arbeit« gewöhnten, bei 12–16stündiger Arbeitszeit und Löhnen, die nicht zur Ernährung einer Familie ausreichten. Darauf kann hier nicht eingegangen werden, doch ich möchte nicht verschweigen, daß ich Sombarts Ansichten nicht nur für falsch und ironisch ansehe, sondern auch als Ausdruck eines intellektuell unredlichen Pessimisten. Wir müssen aber ebenfalls berücksichtigen, daß diese Sätze vor fast 90 Jahren geschrieben wurden, als es für die meisten Arbeiter und Arbeiterinnen noch wenig Freizeit, geringe Löhne und Einkommen und einen niedrigeren Lebensstandard gab als heute. Es gab keine Flugzeuge, keinen weltweiten Tourismus und wohl auch ein anderes Pflichtbewußtsein und Berufsethos.

Max Weber hielt die klimatischen Unterschiede für die Entstehung einer Konsumgüterproduktion ebenfalls für bedeutend, wenn er in seiner posthum veröffentlichen *Wirtschaftsgeschichte* schrieb: »Während Heizung in Italien noch heute etwas

Entbehrliches ist, das Bett in der Antike als Luxus galt und man sich zum Schlafen einfach in den Mantel eingewickelt auf die Erde legte, brauchte man im Norden Europas Öfen und Betten: die älteste Zunfturkunde, die wir besitzen, ist die der Bettziechenweber von Köln.«[8] Hier wird, in gleicher Weise wie bei Sombart, auf den Unterschied zwischen dem warmen Süden und dem kalten Norden hingewiesen. Weber wollte damit aber vor allem auf die Dringlichkeit aufmerksam machen, mit der seit dem Mittelalter Handwerker im Norden Europas die Nachfrage nach Kleidung und Kälteschutz befriedigen mußten. Aber wenn wir außerdem bedenken, daß das Bauen von Häusern mit Erde und Holz vom Mauerwerk abgelöst wurde, daß Kamine im 12. Jahrhundert in England gebaut wurden, daß verglaste Fenster – die ersten wohl in der Kirche St. Denis bei Paris – zum Abhalten der Winterkälte seit der Mitte des 14. Jahrhunderts in Nordeuropa sich verbreiteten, dann wird eher verständlich, warum ganzjährige Wohn- und Arbeitsbedingungen sich schon früh in den »gemäßigten« Breiten einbürgerten, die natürlich die Leistungsfähigkeit der arbeitenden Bevölkerung erhöhten.

Von größerer gesundheitlicher Bedeutung für die meisten Menschen ist wahrscheinlich gewesen, daß in wärmeren Gebieten die Gefahr des Befalls durch Endoparasiten, z.B. Krätzmilben oder Bandwürmer, viel größer war als in kalten Zonen. Solche schädlichen schmarotzenden Organismen, die sich im Boden oder im Wasser befinden, werden sowohl durch die nördlichen Winter als auch durch das Pflügen des Erdbodens dezimiert. Es ist deswegen wohl auch kein Zufall, daß der Ausdruck Parasit (griechisch: Tischgenosse) schon in der Antike in der negativen Bedeutung eines Schmarotzers gebraucht wurde. Tierische und pflanzliche Parasiten leben und ernähren sich ja auch von einem anderen Organismus (Wirt). Älteren Menschen wird es noch in Erinnerung sein, daß nach dem Zweiten Weltkrieg der Befall von Läusen, Flöhen oder Wanzen keine Seltenheit war. Wenn dann auch noch, wie dies in unterentwickelten Ländern bis heute praktiziert wird, menschliche Exkremente und Fäkalien in die Gewässer geleitet werden, dann können sich Cholera, Wurmkrankheiten oder chronische Krankheiten in Windeseile ausbreiten. Wir können an diesen Zitaten und Aussagen ermessen, wie gravierend die *gesamt*europäischen Lebensverhältnisse sich unter dem Einfluß der Industrialisierung angeglichen haben, d.h. auch, welche Bedeutung die Hygiene zur Ausschaltung »klimatischer« Risiken gewonnen hat. Davon unabhängig gilt, daß gerade wegen klimatischen Unterschieden bis heute unterschiedliche Freizeitformen, aber auch verschiedene Arbeitsweisen in europäischen Staaten anzutreffen sind.[9]

b) Einfluß von Naturkatastrophen

Die unvorhersehbaren Vulkanausbrüche in Japan und auf den Philippinen, die verheerenden Wirbelstürme in Bangladesh oder in Amerika, die Erdbeben in der Türkei und in vielen anderen Gebieten, aber auch die Dürrekatastrophen in weiten Teilen Afrikas, können heute von jedem Europäer fast hautnah verfolgt werden. Es sind nur wenige Beispiele dafür, daß Europa neben dem Klima, auf das ich noch eingehe, eine Reihe geophysischer Vorzüge besitzt. Wenn wir vergangene Jahrhunderte betrachten, so scheint mir diese Ansicht selbst dann noch zutreffend zu sein, wenn man die Auffassung teilt, daß der Vesuv die »Geißel der Neapolitaner« war – so Goethes Vater 1740 – oder daß das Erdbeben in Lissabon vom 1. November 1755, an Allerheiligen, die aufgeklärte Gesellschaft Europas erschütterte.[10] Als diese Stadt nach dem Erdbeben von 1344 abermals von einem furchtbaren Erdbeben heimgesucht wurde, verlor sie in kurzer Zeit über 30.000 ihrer Einwohner (manche Autoren sprechen sogar von 70.000 Todesopfern), und zwei Drittel der Stadt wurden zerstört. Eine fast ebenso harte Erschütterung erlitt dadurch der Fortschrittsglaube der Aufklärung.[11] Alle menschlichen Anstrengungen erschienen sinnlos gegenüber dem Wüten der Natur. Leibniz' nahezu unangefochtene Rechtfertigung des optimistischen Weltenplans Gottes wurde in Voltaires Roman *Candide ou l'optimisme* von 1758 leidenschaftlich bestritten.[12] Eine solch verheerende Naturkatastrophe hat Europa später nicht mehr erlebt. Etwa 30 Jahre nach dem großen Lissaboner Erdbeben wurde im *Hausbuch des Herrn Joachim von Wedel* für das Jahr 1587 berichtet: »Umb Lyon in Franckreich ist grosser hagel, blitz und donner mit solchen wassergössen vom himmel gestürtzet, daß 60 dörffer und darin viel 100 menschen umkommen.

In Siebenbürgen den 24 April grosses erdbeben.
Zu Brisach im stifft Trier fällt feuer vom himmel.«[13]

Die katastrophalen Überschwemmungen in Indien im Juli 1993 zeigen nur zu deutlich die Korrektheit der Behauptung: »In Gebieten wie den Ebenen West- und Südeuropas besteht eher die Möglichkeit [als in den Randzonen in der Nähe der polwärtigen und ariden Grenzen menschlicher Siedlung und Aktivität, H.K.], daß die Auswirkungen klimatischer Veränderungen von den Existenzkämpfen zwischen den dort lebenden Gemeinschaften und den Bewohnern noch härter betroffener Regionen weitgehend verwischt werden.«[14] Noch heute haben also Naturkatastrophen in wenig entwickelten Ländern verheerendere Auswirkungen als in europäischen Industriestaaten. Um so erstaunlicher ist, daß die USA von ähnlichen Überschwemmungen heimgesucht werden wie Indien. In Europa hatten wir vor der Industrialisierung ähnliche Probleme. So wird berichtet, daß bei einer Wasserflut Anfang November 1750 Amsterdam, Rotterdam und andere holländische Städte überschwemmt wurden, wobei über 30.000 Menschen ums Leben kamen. Auch während der »Weihnachtsflut« 1717, einer Sturmflut, die in der Nacht vom 24. auf den 25. Dezember in den deutschen Küstenländern und in den Niederlanden verheerend wütete, ertranken mindestens 11.300 Menschen. Auf einer Medaille wurde zur Mahnung an diese Katastrophe der Spruch eingraviert: »Wenn GOtt mit uns im Zorn wil zu gerichte gehen, So mus auch Wind und Meer ihm zu Gebote stehen.«[15] Auch im folgenden Jahrhundert gab es durch Sturmfluten in Sizilien und Neapel, an den englischen Küsten, in Helgoland, Nordfriesland, Schleswig etc. Tausende von Toten.[16] Gegenüber ähnlichen Katastrophen in China und Indien während der gleichen Zeit, bei denen Hunderttausende von Opfern zu beklagen waren, sind die europäischen Verluste jedoch relativ gering.

Der englische Klimaforscher Hubert Lamb richtete seine Sonde vor allem auf die Randgebiete bekannter Vegetationszonen, d.h., er untersuchte z.B. die Klimaverhältnisse des Dschungels für die Pygmäen, des Graslandes für die Nomaden und Ackerbauern oder der Eisschollen für die Eskimos. Klimatische Verschiebungen in Randgebieten dieser Zonen hätten in der Vergangenheit Probleme hervorgerufen und würden dies auch in der Gegenwart tun. Wir können somit erkennen, daß der obige Vergleich zwischen USA und Indien, selbst wenn die Opfer der Überschwemmungen genau gleich wären, nicht dasselbe bedeutet. Eine weniger entwickelte Region oder ein geringer entwickelter Staat ist in ihren/seinen »Existenzkämpfen« von den Auswirkungen klimatischer Katastrophen viel stärker betroffen als eine hochindustrialisierte Region oder ein hochindustrialisierter Staat. Diese Fragen können hier nicht diskutiert werden. Eines sollten wir jedoch in diesem Zusammenhang beachten: Europa darf nicht isoliert betrachtet werden, d.h. ohne einen entsprechenden Vergleich mit anderen Klimaten, sonst kommt man leicht zur Überzeugung, daß klimatische Veränderungen nur geringen Einfluß auf die europäische Wirtschaftsgeschichte ausübten.

Eine derartige Verwechslung kommt im folgenden Zitat zum Ausdruck: »Inadequacies of data have generally discouraged or frustrated endeavors to assess the influence of changing climatic patterns on preindustrial European society. But even if a detailed and quantitative knowledge of both the nature and extent in time and place of climatic change were available, the abundance and complexity of the variables intervening between the economy and social and individual behavior, make it extremely difficult to assess the *precise* contribution of such a change to any historical event or movement.«[17] Abgesehen davon, daß wir weder in der Klima- noch in der Wirtschaftsgeschichte in der Lage sind, die »Komplexität der Variablen« zu erfassen, kommt es gar nicht auf die Ermittlung des *exakten* Beitrags auf wirtschaftliche, soziale und individuelle Verhaltensweisen an. Ebensowenig kann ich die resignative Aussage von Anderson teilen, auch wenn keineswegs geleugnet werden soll, daß exakte klimatische Daten für vorindustrielle Epochen vielleicht nie mehr rekonstruiert werden können. Wir werden unten, Abschnitt d), sehen, daß es Christian Pfister zumindest gelungen ist, diese Daten *für die Schweiz* und für einen Zeitraum von über 300 Jahren mit ausreichend großer Präzision zu rekonstruieren. Hier soll lediglich behauptet werden, daß unsere Kenntnisse über Klimaveränderungen ausreichen, um die Situation Europas im 18. und 19. Jahrhundert mit anderen Kontinenten zu vergleichen.

Es geht nicht darum, nachzuweisen, daß längerfristige Klimaverhältnisse für die europäische Industrialisierung entscheidend waren. Ich habe bereits darauf hingewiesen, daß die isolierte Betrachtung eines einzigen Faktors höchst selten zu gehaltvollen Erklärungen führen kann. Schon Thomas R. Malthus (1766–1834), der pessimistische Theologe und Ökonom, der die europäische Bevölkerungszunahme untersuchte, hatte 1798 geschrieben: »Die furchtbarsten Naturkatastrophen, wie etwa Vulkanausbrüche und Erdbeben, üben nur einen geringen Einfluß auf die Bevölkerungszahl eines Staates aus, wenn sie sich nicht so häufig ereignen, daß sie die Einwohner vertreiben oder ihre Arbeitslust vernichten.«[18] Diese Aussage trifft wohl auch noch auf das schreckliche Erdbeben in und um die japanische Stadt Kobe am 17. Januar 1995 zu, bei dem über 6000 Menschen ums Leben kamen. Der industrielle Optimismus in Japan, nachdem es für eine kurze Zeit nach dem Erdbeben anders zu sein schien, scheint ungebrochen. Diese Fragen können und sollen hier nicht ausführlich diskutiert werden. Es scheint allerdings zutreffend zu sein, daß die Zahl der durch Kriege oder Seuchen Gestorbenen größer ist als jene durch Naturkatastrophen getöteten Menschen.

Bei unseren Überlegungen handelt es sich »lediglich« um den Nachweis, daß die Lage in einer gemäßigten Klimazone – neben vielen anderen Faktoren – die europäische Industrialisierung *begünstigte*. Nun läßt sich leicht bestreiten, daß vorübergehende Naturereignisse, auch wenn sie Tausende von Menschenleben fordern, wie das etwa im Sommer 1993 in Indien geschehen ist, ursächlich mit einer Industrialisierung in Verbindung gebracht werden können.[19] Japan ist dafür ein sehr anschauliches Beispiel. Es ist auch in der zweiten Hälfte des 19. Jahrhunderts und im 20. Jahrhundert in unregelmäßigen Abständen von schweren Erdbeben und Flutkatastrophen heimgesucht worden. Diese Naturereignisse haben weder seine Zivilisation zerstört, um Platon zu paraphrasieren, noch haben sie den »Lauf« seines industriellen Aufstiegs zu einer führenden Wirtschaftsnation wesentlich beeinträchtigt. Selbst wenn wir Anhänger des Historizismus von Platon oder Hegel sein sollten, die annahmen, daß die Vernichtung ganzer Zivilisationen den »Lauf des Universums« nicht beeinflussen könnten, so ist es uns dennoch unmöglich, zwei Tatsachen aus der Welt hinauszukatapultieren: Erstens, daß die Klimate auf unseren Kontinenten sehr verschieden sind, zweitens, daß Europa nicht immer ein und dasselbe »Wetter« hatte, d. h., das europäische Klima war längerfristig keineswegs konstant.

Es geht aber auch nicht darum, zu zeigen, daß in Asien – ganz gleich, ob wir darunter China, Indien, Japan, den Nahen oder Mittleren Osten meinen – klimatische und ökologische Bedingungen anzutreffen waren, bei denen das Katastrophenrisiko erheblich größer war als in Europa. Wir müßten sonst bis zu den Tierkreismythen der Babylonier zurückgehen, die annahmen, wie Seneca berichtete, daß auf der Erde *periodische* Brände und Überflutungen stattfänden. Wenn man die »Perioden« zeitlich nur weit genug auseinanderlegt, dann trifft diese Aussage natürlich zu. Eine solche Methode, Behauptungen über Ereignisse aufzustellen, die so weit in der Zukunft liegen, daß sie während eines Menschenlebens kaum überprüft werden können, wurde nicht nur von Babyloniern praktiziert! Es soll hier nicht einmal behauptet werden, daß die asiatische Umwelt von Natur aus biologisch weniger produktiv bearbeitet werden kann als die europäische. Im Gegenteil: Wärme und Feuchtigkeit für den mehrmaligen Anbau von Bodenfrüchten im Jahr sind in vielen Teilen Asiens reichlich vorhanden. Wenn Regen und Monsun in einer günstigen Konstellation auftraten, dann übertraf die Reichhaltigkeit der Pflanzen- und Früchteproduktion alle europäischen Vorstellungen – wie wir es heute noch in Indien oder Hawai erleben können.

Der entscheidende Unterschied zwischen Europa und Asien lag in der Unberechenbarkeit und Unsicherheit des Klimas. (Es kann hier nur beiläufig erwähnt werden, daß Berechenbarkeit und Sicherheit wesentliche Begleiterscheinungen des okzidentalen Rationalisierungsprozesses, der mit der europäischen Industrialisierung direkt verbunden war, gewesen sind). Wenn nämlich der Monsun ausblieb, dann führte die geringe Ertragsausbeute schnell zu tragischen Hungerkatastrophen. Oder wenn Überschwemmungen, Erdbeben und Vulkanausbrüche regelmäßig auftraten, die sowohl das Eigentum als auch viele Menschen vernichteten, dann stellte sich eine Apathie und Gleichgültigkeit ein, die das Risiko von langfristigen Investitionen als »unnatürlich« erscheinen ließen. Mit anderen Worten: Naturkatastrophen haben wirtschaftshistorisch betrachtet eine viel größere Wirkung, als uns die auf Menschenleben und Verwüstungen konzentrierte Berichterstattung suggerieren möchte. Damit soll keineswegs gesagt werden, daß die Rettung von Menschenleben anderen Maßnahmen zur Beseitigung der Schäden untergeordnet werden darf, sondern lediglich, daß

Europa glücklicherweise »zufällig« weniger betroffen ist als Asien, d. h., auch die gesamtwirtschaftlichen Wirkungen sind verschieden.[20]

c) Exakte Messungen

Die Bedeutung des Klimas für die vor- und industrielle Entwicklung Europas kann in einem höheren Grad von Exaktheit überprüft und gemessen werden, als dies in den vorhergehenden Ausführungen angedeutet wurde. Diese Aussage soll ein wenig untermauert werden, obwohl detaillierte Daten zur *genauen* Überprüfung von entsprechenden Hypothesen für einzelne Regionen oder gar Staaten noch fehlen. Das Thermometer ist wahrscheinlich von Galileo Galilei (1564–1641) um 1592 erfunden worden. Das war der Anfang einer Meßtechnik. Viel später, etwa ab 1659, begann man in England monatliche Temperaturdaten und ab 1699 in Paris die Lufttemperaturen und die Niederschläge regelmäßig aufzuzeichnen. Der deutsche Physiker und Instrumentenbauer Daniel Gabriel Fahrenheit (1686–1736), der in Danzig geboren wurde und in Den Haag starb, stellte seit 1714 – ab 1718 mit Quecksilber als Thermometersubstanz – genaue Thermometer her, deren Standardskala von 32 Grad – dem Schmelzpunkt von Eis – bis 96 Grad – der Körpertemperatur – reichte. Die Temperatureinheit der Fahrenheitskala beträgt 1/180 der Differenz zwischen dem Siede- (212°) und dem Gefrierpunkt von Wasser. Der schwedische Astronom Anders Celsius (1701–1744) schlug 1742 vor, den Siedepunkt von Wasser mit 0° und den Schmelzpunkt von Schnee mit 100° zu bezeichnen. Sein Landsmann Carl von Linné (1707–1778) drehte diese Skala einfach um, wodurch ihrer großen Verbreitung und ihrer allgemeinen Anwendung in Europa nichts mehr im Wege stand. In Deutschland hat wahrscheinlich Gottfried Wilhelm Leibniz (1646–1716) im Jahr 1678 in Hannover die ersten Temperaturmessungen vorgenommen; das war etwa 25 Jahre nach den ersten überhaupt in Florenz.[21]

Mit diesen Entdeckungen und Verbesserungen schuf man auch die Voraussetzungen dafür, gravierende negative klimatische Einflüsse zu mildern. Diese Aussage bezieht sich natürlich nicht auf solche Erscheinungen wie die Periode der *Kleinen Eiszeit* von etwa 1550 bis 1700, wie sie von britischen Klimahistorikern – man könnte sagen eiskalt – bezeichnet wurde.[22] Zwar wurde Europa gegen Ende der 1680er Jahre von einem Temperatursturz überrascht, der ungefähr eineinhalb Jahrzehnte anhielt und in dessen Verlauf die jährliche Durchschnittstemperatur um 0,8 bis 1,0 Grad absank, doch war dies weit von einem *Little Ice Age* entfernt.[23] Nach dem in der Schweiz geborenen US-Geologen François Emile Matthes (1874–1948) umspannt eine »Kleine Eiszeit« etwa einen Zeitraum von 4000 Jahren![24] Zu behaupten, daß eine derart kalte Klimaperiode während der Blütezeit des Kolonialismus aufgetreten ist, scheint eine große Übertreibung zu sein – es war eher eine *Zirkulationsanomalie*, d.h., eine periodisch auftretende Unregelmäßigkeit der Luftzirkulation, die durch eine Abschwächung der Sonneneinstrahlung verursacht wurde. Selbst wenn die Winter kälter waren, als wir mit den genaueren Meßinstrumenten und zahlreicheren Stationen im 20. Jahrhundert feststellen können, so scheinen es die Sommer nicht gewesen zu sein. Was die genaueren Instrumente seit dem 18. Jahrhundert jedoch ermöglichten, war, daß z.B. in Frankreich ein *Thermomètre automoteur* erfunden wurde, das bei nächtlicher Abkühlung unter ein festgelegtes Temperaturniveau – etwa 0 Grad in den Weinbergen – ein Warnsignal vor Nachtfrost abgab. Weinkenner und -trinker werden diese Erfindung zu schätzen wissen, denn sie ermöglichte die Herstellung von pikantem Eiswein, der aus vollreifen Trauben gemacht wird, die bei mindestens -7°C geerntet und im gefrorenen Zustand gepreßt werden.

Der französische Meteorologe Louis Cotte (1740–1815) veröffentlichte 1774 Regentafeln für 10 europäische Orte, wobei sich eine Abnahme der Niederschläge ostwärts abzeichnete.[25] Und der Kurfürst von Bayern (seit 1777), Karl Theodor (1724–1799), der aufgrund von Erbfolgen alle pfälzischen und bayerischen Besitzungen der Wittelsbacher vereinigte – und trotzdem Bayern gegen Belgien tauschen wollte! –, gründete 1780 in Mannheim die *Societas Meteorologica Palatina*. Der Vorschlag für diese Gründung einer meteorologischen Gesellschaft der Pfalz stammte vom Hofkaplan und Direktor des physikalischen Kabinetts am Hofe des Kurfürsten, J. Jakob Hemmer. Sie bestand bis 1795 und veröffentlichte meteorologische Beobachtungen nicht nur in der Kurpfalz, sondern in Europa, Grönland und den USA. Die Gesellschaft gab geeichte Instrumente an die verschiedenen Beobachtungsstationen aus, d. h., sie begründete die erste Sammlung vergleichbarer meteorologischer Werte, die von 1781 bis 1792 in 12 Bänden der *Ephemerides Societatis Meteorologicae Palatinae Observationes* publiziert wurden. Messungen der Niederschläge, der Temperatur, der Wasserstände von Seen und Flüssen wurden seit dem Anfang des 19. Jahrhunderts in fast allen europäischen Staaten zur Regel. Man fand heraus, daß es klimatische Perioden von etwa gleicher Länge gab: trockene 1831–1840 und 1861–1865; nasse 1846–1855 und 1876–1880; warme 1791–1805, 1821–1835 und 1851–1870; kalte 1806–1820, 1836–1850 und 1871–1880. Damit lassen sich nicht nur Erntekrisen und Erntekonjunkturen erklären, sondern auch, warum zu bestimmten Zeiten mehr Menschen auswanderten als zu anderen.

Für die erste Hälfte des 20. Jahrhunderts ergibt sich wieder ein anderes Bild, das Rudloff 1967 so zusammengefaßt hat: »Wohl die markanteste echte Klimaschwankung dürfte mit dem Jahre 1897 eingetreten sein. Sie umfaßte alle Klimaelemente, alle Jahreszeiten und den gesamten europäischen Bereich. Sie ist heute, nach rund 70 Jahren, noch nicht ganz überwunden, wenn sich auch zum Teil neuerlich entgegengesetzte Erscheinungen geltend machen. Diese letzte Klimaschwankung mit all ihren Auswirkungen auf Pflanzenwachstum, Tierwelt, Fischbestand, Wasser- und Gletscherhaushalt brachte zwar Verschiebungen und Unterschiede in den jahreszeitlichen Abweichungen sowie unterschiedliche Auswirkungen in den einzelnen Teilen Europas, doch war sie überall mehr oder weniger deutlich ausgeprägt. Obgleich die Größenordnung der Abweichungen, ihre zeitliche Andauer und räumliche Ausbreitung durchaus nicht einheitlich war, kann man diese Schwankung folgendermaßen unterteilen: Beginn um 1897, danach Verstärken der ozeanischen Merkmale, 1909–1939 Höhepunkt der Ozeanität [d. h., ein ozeanisches Klima mit milden Wintern und mäßig warmen Sommern, H.K.] oder › Kernstück‹ der Klimaschwankung, ab 1940 Abflauen der Ozeanität und Konzentration des Wärmeüberschusses auf das Sommerhalbjahr, ab 1951 erste Ansätze zu einer Abkühlung der Sommerhalbjahre, die sich in der Folgezeit verstärkten.«[26] Diese letzte Aussage eines international bedeutenden Klimaforschers zeigt, daß selbst Klimatologen, die ihren Analysen genaue statistische Daten zugrunde legen, nur unzureichende Prognosen über die Entwicklung des Klimas abgeben können.

Nicht auf allen Kontinenten verhält es sich wie in Europa. Wir wissen nämlich, daß hier die Großklimate, d.h. die weiträumigen erdnahen und sich auf die Erdoberfläche auswirkenden atmosphärischen Zustände und Witterungsvorgänge, seit etwa 800 v. Chr. weitgehend unverändert geblieben sind. Für die Landnahme und wirtschaftliche Entfaltung Europas darf dieser Umstand nicht gering geschätzt werden, denn bis zum Anbruch des Industriezeitalters waren in den meisten europäischen Staaten über 80 Prozent der arbeitenden Menschen in der Landwirtschaft beschäftigt. Die positive Wirkung der Großklimate wird nicht dadurch geschmälert, daß die Vegetation sowie die Wasser- und Bodenverhältnisse natürlich keine derartige Stabilität aufweisen. Ein Bauer, der von Überlieferungen und aus eigener Erfahrung weiß, daß sich die klimatischen Zustände über Jahrzehnte stabil erhalten, wird eher gewillt sein, in die Verbesserung seines Bodens zu investieren als einer, der eine Verringerung seiner Erträge etwa wegen zu vielen Regens oder zu starken Frostes befürchten muß. Der Hundertjährige Kalender des Abtes Mauritius Knauer (1613–1664) aus dem Kloster Langheim im Bistum Bamberg, der von diesem zwischen 1652 und 1658 durch täglich niedergeschriebene Wetterbeobachtungen angefertigt wurde, hieß nicht von ungefähr *Calendarium oeconomicum practicum perpetuum* (Immerwährender praktischer ökonomischer Kalender).[27] Selbst wenn die in ihm enthaltenen meteorologischen und astronomischen Bauernregeln keinerlei Prognosegehalt besitzen, so zeigt doch seine vielfältige Verbreitung, daß neben abergläubischen Vorstellungen ein »Denken in langen Zeiträumen« (*longue durée* oder sogar *la plus longue durée* (F. Braudel)) im Volk verwurzelt war.

Die periodischen Wechsel der Jahreszeiten üben zusätzlich einen positiven Einfluß auf den Landbau aus; manche meinen sogar, auch auf den menschlichen Energiehaushalt. Frederic L. Pryor, der den Einfluß von jährlichen Niederschlägen auf die Landwirtschaft in 30 Staaten Europas und Asiens zwischen 1930 und 1960 statistisch untersuchte, hat allerdings bestritten, daß es in den Jahrhunderten vor 1800 zwischen den beiden Erdteilen große Unterschiede gab. Doch räumt auch er ein, daß »although rainfall fluctuations were roughly the same in the Orient and Occident, the floods caused by excessive rainfall were much more destructive in the Orient«.[28] Diese Aussage gilt offensichtlich auch in der Gegenwart, selbst wenn wir berücksichtigen, daß bei den starken Regenfällen Anfang Oktober 1993 sowohl in Italien als auch in Frankreich einige Menschen und im Oktober 1994 in Griechenland sogar mehr als zehn Menschen und im November 1994 in Italien mehr als 60 Menschen ums Leben kamen. Die Menschen in asiatischen Gebieten sind zusätzlich dadurch benachteiligt, daß sie sich wegen der Überbevölkerung in katastrophengefährdeten Regionen ansiedeln müssen. Neben den Regenfällen spielen die Diskrepanzen in den Jahrestemperaturen eine wichtige Rolle, von denen Franz Tichy behauptet: »Im Vergleich zu anderen Teilen des eurasiatischen und auch des nordamerikanischen Kontinents ist es von außerordentlicher Bedeutung für alle Bereiche der Natur und Kultur, daß Europa wärmer ist, als dies seiner Breitenlage entspricht. Diese Temperaturanomalie findet in ihrem Ausmaß nirgends auf der Erde ein Gegenstück. Die Ursache dafür besteht in dem großräumigen Transport warmer, maritimer Luftmassen vom Atlantik her mit seinem relativ warmen Golfstromwasser im Vergleich zum winterlich kalten Kontinent.«[29]

d) *Witterungseinflüsse*

Wie wichtig z. B. hohe Niederschläge für die Entwicklung gewerblicher Tätigkeiten waren, zeigt ein kurzer Blick auf die Zahl der Wasserräder. Dies wird heute in hochindustrialisierten Staaten leicht übersehen, wo meist weniger als fünf Prozent der Erwerbstätigen noch in der Landwirtschaft tätig sind und Regen eher als ein störender Faktor bei der Lust nach Sonne angesehen wird. Und die meisten hölzernen Wasserräder sind längst verfault oder zerstört. (Die sogenannte Industriearchäologie bemüht sich, wenigstens vorhandene Anlagen zu erhalten und zu dokumentieren). Oft an winzigen Flüßchen in Gang gesetzt, wurden Wasserräder seit dem Mittelalter zum Antrieb von Mühlen, Textilmanufakturen oder Hammerwerken erbaut. Diese Flüßchen, die bei starken Regenfällen zu regelrechten Flüssen anschwellen konnten, wurden unter günstigen Bedingungen – wie Flüsse selbst – auch zum Transport von Holz und anderen Gütern oder zum Waschen von Textilfasern benutzt.

Wasser bedeutete für Tausende von Unternehmen die einzige Antriebsenergie. Entsprechend langwierig und unversöhnlich waren gerichtliche Auseinandersetzungen, wenn ein oder mehrere Nutzer im oberen Teil des Flußlaufes in regenarmen und heißen Sommermonaten die verbliebenen Rinnsaale ableiteten. Nicht selten mußten noch im 19. Jahrhundert Gewerbebetriebe mit Wasserantrieb monatelang schließen, obwohl eine große Nachfrage nach den hergestellten Produkten existierte, weil der »Motor« wegen Trockenheit ausgefallen war.

Feuchtigkeit hatte scheinbar eine derart durchschlagende Wirkung, daß die Behauptung aufgestellt wurde, die Wiege der Industriellen Revolution, die nordenglischen Regionen Lancashire und Yorkshire, verdanke ihren Standort wesentlich »atmosphärischen Qualitäten«.[30] In diesen Regionen wurden zwar Wolle und vor allem Baumwolle in den Prozeß der Mechanisierung hineingerissen, doch nicht wegen der Begünstigung durch *gewisse atmosphärische Qualitäten*, sondern wegen geistiger und technischer Energieleistungen, wie der Entwicklung von Dampfkraft und Maschinen. Lange Zeit wurde die These vertreten, daß die hohe Luftfeuchtigkeit dieser Gegend der ausschlaggebende Standortfaktor dafür gewesen sei, daß die maschinelle Verarbeitung von Baumwolle in derartig großem Umfang möglich war. Daran ist nicht mehr wahr als an der Behauptung, der feste Untergrund sei der »ausschlaggebende Standortfaktor« für die Aufstellung von Dampf- oder Werkzeugmaschinen gewesen, die für eine Industrielle Revolution unverzichtbar waren. Es dauerte nämlich nicht sehr lange, bis eine feuchtigkeitsspendende technische Vorrichtung natürliche Voraussetzungen abgelöst hat. Diese Technik übertraf in ihrer Effektivität die »Natur« bei weitem. »So armselig ist aber die moderne Technik nicht,« sagte bereits 1911 Josef Grunzel, »daß sie diesen Vorteil nicht auf jeden anderen Fleck der Erde hinzaubern könnte, wo eine Feinspinnerei genügenden Absatz finden kann.«[31] Ihm ist deshalb, wie vielen anderen nach ihm, von naturbegeisterten Träumern und realitätsfremden Umweltfanatikern Verherrlichung der Technik vorgeworfen worden. Dabei wird leicht übersehen, daß wir ohne den menschlichen Erfindergeist und seine Stimulanz, den finanziellen Gewinn, noch auf der Stufe primitiver Völker stünden.[32]

Ein Schweizer Wissenschaftler, Christian Pfister,[33] hat die Witterungs- und Klimaverhältnisse in der Schweiz von 1525–

1860 mit Hilfe von EDV-gestützten Analyseprogrammen genau rekonstruiert und erforscht. Es ist ihm gelungen, die vielfältigen Wechselwirkungen zwischen Klima, Bevölkerungsveränderungen und landwirtschaftlicher Modernisierung herauszuarbeiten. Damit hat er einen wichtigen wissenschaftlichen Beitrag zur Erkenntnis der vielfältigen Auswirkungen des Witterungs- und Klimaverlaufs auf sozioökonomische und demographische Entwicklungen in der Schweiz geleistet. Ich kann und brauche hier nicht auf Einzelergebnisse der funktionalen Beziehungen etwa zwischen Klimaschwankungen und Ernteergebnissen, Ausbruch von Epidemien und Subsistenzkrisen, witterungsgeschichtlichen und ökonomischen Interdependenzen einzugehen. Jeder Interessierte kann sich darüber ausführlich in den beiden Bänden *Das Klima in der Schweiz* informieren. Um jedoch zu zeigen, wie fruchtbar ein solcher Ansatz zur tieferen Erkenntnis der klimatischen Ursachen ökonomisch-industrieller Entwicklungen ist, soll mit wenigen Sätzen versucht werden, zu verdeutlichen, auf welche Weise eine solche Analyse zur langfristigen Erklärung von ökonomischen und ökologischen Prozessen beiträgt.

Einige Ergebnisse Pfisters, die für unsere Betrachtung wichtig sind, sollen hier kurz referiert werden, weil leider erst in den letzten Jahren klimatische Fragen auch von Wirtschafts- und Sozialhistorikern mehr Beachtung finden. Er nimmt an, daß meteorologische Einflüsse den Nahrungsspielraum der (Schweizer) Bevölkerung während seines Untersuchungszeitraums erweiterten oder verengten. Mit anderen Worten: diese Einflüsse führten zu Fluktuationen bei Geburten und Sterbefällen, d. h., sie hatten eine ökonomische Wirkung. Eine solche Wirkung, die uns gerade im Hinblick auf die Bevölkerungsexplosion in den Entwicklungsländern nicht gleichgültig lassen kann, wird gewöhnlich – etwa wenn wir dem Wettergott wegen zu starkem Regen oder manchmal sogar wegen zu viel Sonne gram sind – übersehen und sie ist beim Nachdenken über das Klima nicht unmittelbar einsichtig. Pfister schreibt: »Bei einem empirischen Überblick über die Teuerungen und Subsistenzkrisen der letzten Jahrhunderte fallen zwei Elemente in diesem Witterungsspektrum auf, die besonders stark gewichtet werden müssen: es sind dies *hohe Niederschläge im Hoch- und Spätsommer (vor allem im Juli) und ein großes Wärmedefizit in den Frühjahrsmonaten. Und zwar scheinen diese beiden Elemente in ihrer*

Kombination demographisch wirksam gewesen zu sein, insbesondere dann, wenn sie sich über mehrere Jahre hinweg häuften.«[34]

Hohe Niederschläge und große Wärmedefizite in den angeführten Monaten haben also – sicher nicht nur in der Schweiz – zu Ernteausfällen, damit zur Verteuerung der Nahrungsmittel und als Folge davon zu größerer Sterblichkeit bzw. zu einer verminderten Fruchtbarkeit geführt. Keine Niederschläge bzw. große Hitzewellen können zu ähnlichen Resultaten führen. Aus diesen empirisch untermauerten Zusammenhängen läßt sich erkennen, daß Witterungseinflüsse erhebliche wirtschafts- und sozialpolitische Auswirkungen haben können, die bei oberflächlicher Betrachtung nicht sichtbar werden. Wenn diese Ergebnisse auch nicht nachweisen können und wollen, daß Europa gegenüber anderen Klimaten bevorzugt war, so läßt sich doch vielleicht etwas verallgemeinernd feststellen, daß die Klimagunst in unseren Breiten – wenn wir bestimmte Perioden, wie z. B. das späte 16. Jahrhundert oder den Zeitraum von 1680 bis 1710, unberücksichtigt lassen – eine relativ schnelle Überwindung agrarischer Katastrophen ermöglichte. Es wird bei ökonomischen und wirtschaftshistorischen Analysen der europäischen Industrialisierung viel zu wenig berücksichtigt, daß die Tragfähigkeit europäischer Agrarsysteme auch – neben vielen anderen Faktoren – »von den klimatischen Gegebenheiten abhängig«[35] war. Zusammenfassend können wir also feststellen, daß das Klima in seinen verschiedenen Ausprägungen einen großen Einfluß auf die europäische Industrialisierung ausgeübt hat. Der Faktor »Klima« sollte also bei wirtschafts- und sozialgeschichtlichen Untersuchungen in Zukunft stärker in die Überlegungen mit einbezogen werden.[36]

4. Die Fruchtbarkeit des Bodens

a) Bevölkerungszunahme und Seuchen

Seit dem Beginn der Neuzeit vor ungefähr 500 Jahren hat sich die europäische Bevölkerung (einschließlich Rußlands bzw. der Sowjetunion), von kürzeren oder längeren Rückschlägen durch Kriege, Erntekatastrophen und Seuchen einmal abgesehen, fast ununterbrochen vermehrt. Um 1500 betrug sie ungefähr 82, um

1600 105, um 1700 115, um 1800 187, um 1900 401, und 1992 lag sie bei etwa 733 Millionen Einwohnern.[1] Gemessen an den vorhergehenden Jahrhunderten ist dies eine ungeheure Bevölkerungszunahme, nämlich um das Neunfache seit 1500 – die prozentuale Zunahme vom Anfang jedes Jahrhunderts bis zu seinem Ende betrug 28,8 %, 10,1 %, 62,2 %, 114,4 % und 88,2 % (bis 1992). Eine derart rapide Bevölkerungszunahme wäre nicht möglich gewesen ohne eine entsprechende Verbreiterung der Ernährungsbasis. Ein großer Teil dieser Millionen von Menschen in Europa hätte ein elendes Dasein fristen oder verhungern müssen – wir können diese Leiden noch heute z.B. in den brasilianischen Favelas von São Paulo oder Rio de Janeiro oder in vielen Teilen Afrikas und Asiens finden –, wenn eine drastische Ausdehnung der Anbauflächen nicht möglich gewesen wäre. Ein ähnliches Resultat wäre zustande gekommen, wenn ein Großteil der fruchtbaren Gebiete von wenigen skrupellosen Großgrundbesitzern dominiert worden wäre. Malthus, der am Anfang dieser *Bevölkerungsexplosion* stand, glaubte, daß die Bevölkerungszunahme seit langem »den ursprünglichen Impuls zu der geschwinden Aufeinanderfolge jener abenteuerlichen Invasionen und Wanderungen gegeben und die unerschöpfliche Hilfsquelle dazu zur Verfügung gestellt zu haben scheint, welche den Fall des römischen Reichs herbeiführten und aus den dünn bevölkerten Ländern Dänemark und Norwegen gegen 200 Jahre lang sich ergießend, späterhin einen großen Theil Europa's verwüsteten und niederwarfen«![2]

Es ist hier nicht meine Absicht, eine europäische Bevölkerungsgeschichte auch nur skizzieren zu wollen, denn dieser Abschnitt behandelt nicht die Bevölkerung, sondern die Bodenfruchtbarkeit. Die Bevölkerungswissenschaft oder Historische Demographie, Historical Demography, Démographie Historique in Europa ist inzwischen ein eigenständiges Fach mit jährlich Hunderten von Publikationen über Bevölkerungsfragen geworden.[3] Ich möchte hier lediglich auf einige Aspekte hinweisen, die auf den engen Zusammenhang von Bevölkerungswachstum und Bodenfruchtbarkeit aufmerksam machen. Mit anderen Worten: Es werden weder die Geburten, Heiraten und Sterbefälle noch die Zu- und Abwanderung oder Fragen des Demographischen Übergangs von einer vorindustriellen zu einer industriellen Bevölkerungsweise behandelt. Darüber kann man sich – zumindest für die Zeit seit dem späten 18.

Jahrhundert, als in verschiedenen westeuropäischen Ländern begonnen wurde, statistische Ämter einzurichten – in offiziellen Vitalstatistiken oder in publizierten Bevölkerungsstatistiken fast für jeden europäischen Staat oder fast jede Region detailliert informieren. Diese Angaben sind manchmal lückenhaft oder ungenau und basieren teilweise auf methodisch gewagten Schätzungen, doch es gibt in der Wirtschafts- und Sozialgeschichte Europas wohl keinen Forschungsbereich, in dem das statistische Material in solcher Fülle zur Verfügung steht.

In welchem Zusammenhang stehen aber Seuchen mit der Bodenfruchtbarkeit? Auf diese Frage möchte ich in einem kurzen historischen Exkurs eingehen. Wir können bis ins 14. Jahrhundert zurückgehen, um zu zeigen, daß die von China über Mittel- und Kleinasien nach Mitteleuropa gebrachte Pest, der *Schwarze Tod*,[4] einen unmittelbaren Einfluß auf die Ernährungsweise der europäischen Bevölkerung ausübte. Zwischen 1348 und 1352 fielen in Europa – außerhalb Rußlands – etwa 25 Millionen Menschen dieser furchtbaren Seuche zum Opfer. Die meisten Menschen starben innerhalb von drei Tagen nach Erscheinen der Pestbeulen. Ungefähr ein Drittel der gesamten europäischen Bevölkerung und fast alles Vieh wurde ausgerottet und große Teile der Landwirtschaft lagen brach. Diese heute unvorstellbare Katastrophe macht verständlich, daß zwei moderne Autoren die Wirkung dieser Epidemie mit einer »weltweiten atomaren Katastrophe unserer Zeit«[5] verglichen. Doch war dies nicht das Ende von großen Seuchen in Europa. Ähnliche Epidemien, wenn auch weniger heftig, wiederholten sich im 15., 16., 17. und 18. Jahrhundert. Und es bedarf wenig Einsicht, um zu verstehen, daß eine schlecht ernährte Bevölkerung, deren Widerstandskräfte durch ständige Unterernährung geschwächt sind, leichter von Epidemien hinweggerafft werden kann als eine mit Nahrungsmitteln ausreichend versorgte Bevölkerung.

In England gab es im 17. Jahrhundert drei große Epidemien: 1603, 1625 und 1665. Man hat errechnet, daß in diesen drei Jahren allein in London mehr als 20.000 Menschen ums Leben kamen. Aber auch Holland, Frankreich, Italien, Spanien und die Schweiz wurden während dieser Zeit von Seuchen heimgesucht. Für den Zeitraum des ganzen 17. Jahrhunderts lag die Zahl der Pestopfer in Danzig bei 86.000, in Königsberg bei 56.000 und in Breslau bei 45.000 Menschen. Nachdem zwischen

1708 und 1711 in Ostpreußen mindestens 250.000 Menschen – das waren 41 Prozent der damaligen ostpreußischen Bevölkerung – durch Hunger und Krankheit als Folge von Epidemien umgekommen waren, wurde im Habsburgerreich ein »Pestkordon« von etwa 1600 km Länge von der Adria bis nach Siebenbürgen errichtet. Er diente vor allem dazu, die Pestgefahr, die vom Osmanischen Reich ausging, fernzuhalten. Nach 1770 wurde sogar eine Kette von Wachposten im Abstand einer Musketenschußweite entlang der Militärgrenze errichtet. Die Streifen hatten den Befehl, auf Personen, die den Kordon zu durchbrechen versuchten, das Feuer zu eröffnen. (Unter anderen Umständen wurde ein solcher Befehl 200 Jahre später an der Innerdeutschen Grenze von DDR-Wachsoldaten durchgeführt). Der Grenzübergang war nur in eigens errichteten Quarantäne-Stationen gestattet, wo Waren desinfiziert, Briefe durchräuchert und Münzen in Essigwasser getaucht wurden. In Bukarest und Belgrad fiel zwischen 1812 und 1814 ein Drittel der Bevölkerung – das waren 150.000 Menschen – der Pest zum Opfer. Hinzu kam, daß diese Epidemie »die Schließung von Handelsstraßen (erzwang), das Getreide auf den Feldern ungeschnitten und das Vieh im Stall verhungern (ließ)«.[6] Die letzte große Epidemie in ganz Europa – außerhalb Rußlands, wo es noch in den 1970er Jahren zu einer durch den Erregertyp El-Tor ausgelösten Epidemie kam – war die Cholera-Epidemie von 1829 bis 1837. Ihr fielen z.B. in Frankreich etwa 100.000 und in England mehr als 50.000 Menschen zum Opfer. Obwohl Robert Koch (1843–1910) im Jahr 1883 den Choleraerreger entdeckte, kam es 1892 wegen verunreinigtem Trinkwasser in Hamburg noch einmal zu einer Epidemie, an der etwa 8000 Menschen starben.

An einem weiteren Beispiel soll der Zusammenhang von Seuchen, Ernährung und Bevölkerung verdeutlicht werden. In der ersten Hälfte des 18. Jahrhunderts wütete nämlich noch eine andere Seuche in Europa: die Rinderpest. Sie gehörte zu den verheerendsten Seuchen, von denen Haustiere betroffen wurden. Dies ist vor allem deshalb interessant, weil mit der starken Bevölkerungszunahme seit der 2. Hälfte des 18. Jahrhunderts – manchmal auch *Bevölkerungsexplosion* genannt – der durchschnittliche Fleischverbrauch dramatisch absank und sich erst seit dem letzten Drittel des 19. Jahrhunderts wieder steigerte. Die Getreideernten wurden nun fast ausschließlich zur Ernährung der rapide angestiegenen Bevölkerung benutzt und konnten nicht mehr, wie in früheren Zeiten, als Viehfutter verwendet werden. Seit dem 16. Jahrhundert verbreitete sich die Rinderpest, vor allem in Zeiten von Kriegen, in denen Rinderherden zur Versorgung von Armeen in alle Himmelsrichtungen getrieben wurden. Im Jahr 1709 brach eine solche Seuche in Rußland und Polen aus, erreichte 1711 die Schweiz und Italien, 1714 Frankreich, die südlichen Niederlande, England und Irland. Ein zweiter Seuchenzug durchquerte Europa zwischen 1742 und 1748, während des österreichischen Erbfolgekrieges, dem drei Millionen Rinder zum Opfer gefallen sein sollen. Eine dritte Epidemie folgte dem Siebenjährigen Krieg (1756–1763), durch die Hunderttausende von Rindern vernichtet wurden.

Erst nach 1815 begann man staatliche Maßnahmen zu ergreifen, um die Ansteckung und die Verschleppung des Virus in andere Länder zu verhindern. Trotzdem brach die Seuche erneut 1865 in England und Holland aus, 1870 in Deutschland und Frankreich. Der Grund für den Ausbruch der zuletzt genannten Rinderseuche lag darin, daß die Heeresverwaltung große Herden von Wiederkäuern zur Fleischversorgung der deutschen Armeen über Land treiben ließ. 1872 wurde im Deutschen Reich ein Gesetz zur Bekämpfung der Rinderseuche erlassen, das vorsah, daß dort, wo die Seuche auftrat, der gesamte Viehbestand getötet werden mußte. Ganze Ortschaften wurden vom Militär abgesperrt und jeglicher Verkehr mit den Seuchenorten unterbunden. Die Einfuhr von Rindern aus Rußland, wo die Seuche noch lange wütete, wurde verboten und bei Verdacht der Ausbreitung die Grenzgebiete mit militärischen »Rinderpestkommandos« besetzt, um Viehschmuggel zu verhindern. Am 21. Mai 1878 wurde ein Reichsgesetz erlassen, das die Verletzung der Vieheinfuhrverbote zur Abwehr der Rinderpest unter schwere Strafen stellte, zum Teil mit Zuchthaus bis zu 10 Jahren! Seit 1881 ist diese Seuche in Deutschland, seit 1883 auch in Österreich-Ungarn, nicht mehr aufgetreten. (Die Maul- und Klauenseuche, die auch später noch auftrat, ist durch vorbeugende Impfung weitgehend beseitigt). Erst nach über 100 Jahren kämpfen wir in Europa erneut gegen eine Viehseuche: den Rinderwahnsinn.

Die Überwindung von Erntekatastrophen und Seuchen verdankt Europa ganz wesentlich einer großen Fruchtbarkeit der

Böden. Dieser Sachverhalt ist bereits von Malthus 1820 sehr deutlich gesehen worden, als er darauf hinwies, »daß ein fruchtbarer Boden schon allein einem Lande die größte natürliche Fähigkeit zur Erlangung von Reichtum verleiht, die es geben kann«.[7] Und obwohl uns diese Tatsache, angesichts der gegenwärtigen Hungerkatastrophen in den wenig fruchtbaren Teilen der Welt, unmittelbar einzuleuchten scheint, wird sie weiterhin bestritten. Ein moderner Ökonom, Günter Hesse, behauptet, daß es »über Jahrtausende entwickelte Agrargesellschaften gegeben hat, die nicht industrialisiert haben, die heute mit zu den ärmsten Entwicklungsländern zählen und die über sehr fruchtbare Böden verfügen ... Der im dünn besiedelten Afrika noch weit verbreitete Wanderfeldbau (shifting cultivation) ist auch auf ›fruchtbaren‹ Böden, z. B. im Donautal, als diese noch kaum besiedelt waren, angewendet worden.«[8] Hesse scheint zu glauben, daß man mit einem einzigen Faktor wie »fruchtbare Böden« die theoretische Erklärung von Industrialisierungsvorgängen wie im Donautal widerlegen kann. Er übersieht dabei, daß ein Faktor eine Industrialisierung weder in Gang setzen noch verhindern kann. Diese Verengung ökonomischer Erklärungsmuster auf ein oder zwei Faktoren nach dem Prinzip der *ceteris-paribus-Klausel*, d. h. der Annahme, daß außer der betrachteten Einflußgröße alles andere gleich bleibt, bezeichne ich als das Erklärungsdilemma der klassischen oder neoklassischen Ökonomie, als Ökonomismus.

b) Malthus' Ernährungsfalle

Ende des 18. Jahrhunderts veröffentlichte der englische Pfarrer und spätere Ökonomieprofessor Thomas Malthus (1766–1834)[9] eine Schrift, in der er eine Theorie aufstellte, von der er annahm, daß die in ihr aufgestellten »Behauptungen unumstößliche Wahrheiten sind«. Das Wachstum der europäischen Bevölkerung erfolge in geometrischer, die Nahrungsmittelproduktion jedoch nur in arithmetischer Progression. Um es vereinfacht auszudrücken: Malthus errechnete, daß ein Ehepaar mit z. B. vier Kindern, die nach ihrer Heirat wieder vier Kinder zeugten, dazu beitrügen, daß die Bevölkerung geometrisch, d. h. um 4-8-16-32-64 usw. ansteige. Vier Kinder pro Familie war im 18. Jahrhundert eine geringe Zahl! Wenn also die verheirateten Ehepaare von Generation zu Generation eine gleich hohe Zahl von Kindern in die Welt setzten, dann würde sich die Bevölkerung exponentiell vergrößern. Die Produktion in der Landwirtschaft könne wegen der Unmöglichkeit einer beliebigen Vermehrung von Land und produktivitätsmindernden Beschränkungen durch Produktionsfaktoren nur unzureichend gesteigert werden. Aufgrund des Gesetzes vom abnehmenden Ertragszuwachs (Ertragsgesetz) ließe sich die landwirtschaftliche Produktion nur arithmetisch steigern, d. h. um 1-2-3-4 usw. Anders gewendet: die Schere zwischen Bevölkerungszunahme und Nahrungsmittelversorgung müsse sich immer weiter öffnen. Die pessimistischen Folgerungen, die aus dieser Theorie gezogen wurden, übten im 19. Jahrhundert einen ungeheuer großen Einfluß auf die Bevölkerungspolitik in verschiedenen europäischen Staaten aus und zeitigten abstruse Vorschläge.[10]

Wie aber konnte ein anglikanischer Geistlicher eine solche Theorie entwickeln? Darüber ist so viel geschrieben worden, daß ich mich kurz fassen kann. Fest steht, daß Malthus – der bereits 1796 eine zu seinen Lebzeiten unveröffentlichte Schrift *Die Krisis* verfaßt hatte – mit seinem Vater eine Reihe von Streitgesprächen führte. In diesen Diskussionen ging es u. a. darum, ob die Ansichten der sozialen Utopisten William Godwin (1756–1836) und Antoine de Condorcet (1743–1794) über die Vervollkommnungsfähigkeit der Menschen richtig seien. Während dieser Erörterungen bzw. Auseinandersetzungen – Malthus Vater war »eine etwas romantisch und sanguinisch angelegte Natur«[11] – vertrat Robert eine Reihe von Thesen, die so ungewöhnlich waren, daß sein Vater ihn aufforderte, sie niederzuschreiben und zu veröffentlichen. Dieses kleine Buch, 1798 zuerst anonym veröffentlicht, machte den 32jährigen Autor über Nacht berühmt. Die Schrift erlebte innerhalb kurzer Zeit sechs unveränderte Auflagen, und es wurden zahlreiche Gegenschriften verfaßt. Das Auffinden von Gesetzmäßigkeiten über das Bevölkerungswachstum, das *Bevölkerungsgesetz*, war aber nicht das eigentliche Anliegen von Malthus. Es ging ihm vor allem darum, die Ansichten Godwins und Condorcets zu widerlegen, daß eine Armengesetzgebung das Los der unterdrückten und hungernden Menschen verbessern könne. Malthus formulierte seine Ansichten 1798 mit drastischen Worten. Er hielt den gewöhnlichen Menschen für »träge, faul und jeder

Arbeit abhold, es sei denn, die Not zwinge ihn«, und er glaubte, wenn Bevölkerung und Nahrung in gleicher Weise zugenommen hätten, dann wäre die Menschheit nie aus dem Zustand der Wildheit herausgetreten. Nun war aber die (englische) Bevölkerung rasch gestiegen und die »Ernährungsfalle« in greifbare Nähe gerückt – was also könnte eine Regierung tun? Malthus schrieb: »Wenn in jeder Gesellschaft, die über das Stadium der Wilden hinausgekommen ist, *notwendigerweise eine Klasse der Besitzenden und eine Klasse der Arbeitenden bestehen muß*, dann herrscht, da Arbeit das einzige Eigentum der arbeitenden Klasse ist, Klarheit darüber, daß alles, was darauf angelegt ist, den Wert dieses Eigentums zu schmälern [also auch jegliche Armenversorgung, H.K.], gleichzeitig den Besitzstand dieses Teils der Gesellschaft verringert. Das einzige Mittel, über das ein Armer verfügt, um sich seine Unabhängigkeit zu erhalten, ist der Einsatz seiner körperlichen Kräfte. Nur dieses Gut hat er im Tausch für das zum Leben Notwendige zu geben. Man würde ihm kaum eine Wohltat erweisen, wenn man den Markt für dieses Gut einschränkte, indem man die Nachfrage nach Arbeit verringerte und somit den Wert des einzigen Eigentums, das er besitzt, vermindert.«[12]

Erst die heftigen Angriffe auf sein »Bevölkerungsgesetz« veranlaßten Malthus, seine Theorie genauer auszuarbeiten und empirisch zu untermauern. Er reiste in verschiedene europäische Länder, 1799 zuerst über Hamburg nach Schweden, Norwegen, Finnland und Rußland, später auch nach Frankreich, um statistisches Material zu sammeln. Schon die 2. veränderte Auflage von 1803 erschien erheblich erweitert und die 5. veränderte Auflage 1817 sogar in drei Bänden. Grundlegende Änderungen seiner Theorie nahm er jedoch nicht vor, sondern präzisierte lediglich seine Überlegungen. In der »Vorrede« zur 2. Auflage versicherte er noch einmal, daß das »entwickelte Hauptprincip«[13] unwiderleglich sei. Schon 1798 hatte er geschrieben: »Nehmen wir für die Bevölkerung der Welt eine bestimmte Zahl an, zum Beispiel 1000 Millionen, so würde die Vermehrung der Menschheit in der Reihe 1, 2, 4, 8, 16, 32, 64, 128, 256, 512 etc. vor sich gehen, die der Unterhaltsmittel in der Reihe 1, 2, 3, 4, 5, 6, 7, 8, 9, 10 etc. Nach 225 Jahren würde die Bevölkerung zu den Nahrungsmitteln in einem Verhältnis von 512 zu 10 stehen, nach 300 Jahren wie 4096 zu 13, und nach 2000 Jahren wäre es beinahe unmöglich, den Unterschied zu berechnen, obschon der Ernteertrag zu jenem Zeitpunkt zu einer ungeheuren Größe angewachsen wäre.«[14] Vielleicht ist es ein Vorrecht von Priestern und Ökonomen, Vorhersagen über 2000 Jahre zu machen. Betrachten wir nur Malthus' kürzeste Prognose in dieser Aussage, nämlich 225 Jahre, eine Zeitspanne, die 2023 abgelaufen ist, dann erkennen wir sofort, wie absurd diese Theorie ist. Beschränken wir uns auf Europa, um eine konkretere Vorstellung dieser Absurdität zu erhalten. 1798 lebten in Europa ungefähr 185 Millionen Menschen. Nach den Berechnungen von Malthus hätte sich die europäische Bevölkerung bis 1998 auf 47,36 *Milliarden* Menschen vermehrt; und die europäische Landwirtschaft wäre »höchstens« in der Lage, 1,67 Milliarden davon zu ernähren. Ich habe bereits die ungefähren europäischen Bevölkerungszahlen angegeben, und sie könnten bei optimistischer Prognose 1998 bei 750 Millionen liegen. Malthus Schätzung beträgt also mehr als das 63fache der tatsächlichen Bevölkerungszunahme! Von der Überproduktion der europäischen Landwirtschaft in den vergangenen Jahren – den Milch- und Butterbergen sowie den Weinseen – ganz zu schweigen. Und trotzdem hat diese angebliche Ernährungsfalle, wie gesagt, den Malthusianismus im 19. Jahrhundert zu den pessimistischsten Annahmen verleitet und verführt.

Malthus hatte geglaubt, daß man durch Enthaltsamkeit, späte Heirat, Kriege und Seuchen der Bevölkerungsfalle entgehen könne. Er schrieb um 1826: »Die Wirksamkeit des vorbauenden Hemmnisses (Kriege), die stille, obwohl sichere Vernichtung des Lebens in großen Städten und Fabrikbezirken und die engen Wohnungen und ungenügende Nahrung vieler Armen verhindern, daß die Bevölkerung über die Subsistenzmittel hinauswächst und beseitigen ... die Nothwendigkeit großer und verheerender Epidemieen, um den Ueberschuß zu vernichten.«[15] Offenbar nahm er dabei in Kauf, daß Kriege und Seuchen noch verheerendere Folgen nach sich ziehen konnten. Aber nun zu den »Vorschlägen« anderer: Etwa 30 Jahre nach der ersten Auflage von Malthus' Schrift, 1827, schlug ein Professor der Medizin und Chirurgie an der Universität Halle zur Lösung dieses Bevölkerungsproblems weisen und gerechten Regierungen den Erlaß eines Gesetzes vor. Carl August Weinhold war Mitglied der Kaiserlichen Akademie der Naturforscher und Ritter des roten Adlerordens 3. Klasse. In dem beabsichtigten Gesetz sollte folgendes geregelt werden: Nur solchen Menschen sei die Zeugung eines Kindes zu gestatten, die nachweisen könnten, daß sie dieses bis zu dessen eigener Arbeitsfähigkeit zu ernähren in der Lage seien.[16] Und da man besonders bei Jugendlichen den Geschlechtsverkehr vor der Ehe verhindern müsse, gab er folgenden, allerdings wohl nur schwer zu realisierenden Ratschlag: »man infibulire [d.h., man durchsticht die Vorhaut mit einer Nadel und schiebt einen verzinnten Metalldraht, die *Fibula*, hindurch, den man umbiegt und an den Enden verlötet, H. K.] sämmtliche männliche Dienstbothen, Gesellen und Lehrlinge in den Städten und auf dem Lande, und gestatte ihnen die Ehe nicht eher, als bis sie im Stande sind, außer sich, auch Frau und Kinder ernähren zu können, halte sie unter strenger medicinal-polizeylicher Aufsicht durch öftere und unvermuthete Visitationen, wegen heimlicher Eröffnung der metallischen Versiegelung, und wende im Uebertretungsfalle, die angezeigten Strafen ohne alle Ausnahme ernstlich an.«[17] Weinhold meinte dies »ernstlich«, auch wenn man sich schwer vorstellen kann, wie *sämtliche* Dienstboten, Gesellen und Lehrlinge hätten »infibuliert« und wann sie hätten kontrolliert werden sollen.

Etwa 50 Jahre später kam ein bedeutender österreichischer Erfinder und Sozialreformer, Josef Popper(-Lynkeus) (1838–1921), auf die Idee, sein Gleichheits- und Gerechtigkeitsprinzip auf diese Frage anzuwenden. In der Schrift *Das Recht zu leben und Die Pflicht zu sterben* glaubte er die allgemeine Not, die nicht zuletzt durch das explosionsartige Bevölkerungswachstum entstanden war, dadurch lindern zu können, daß er folgende Maßnahmen vorschlug: Ein spezieller Kataster sollte die Anzahl der Kinder jedes Ehepaares und alle unehelichen Geburten verzeichnen. Ergebe sich nun wegen dem Mangel an notwendigen Nahrungsmitteln der Zwang, die weitere Bevölkerungszunahme zu verhindern, »so werden Neugeburten der kinderreichsten Mütter von Staatswegen sofort getödtet«.[18] Ein merkwürdiges *Recht zu leben!* Um aber diese totalitäre Maßnahme auch »erfolgreich« praktizieren zu können, müsse die *tägliche* Anzahl aller Neugeburten sowie Todesfälle nicht nur der kinderreichsten, sondern auch der weniger kinderreichen usw. registriert werden. Erst wenn man bei dieser absteigenden Kinderzahl bei einer Geburtenrate angelangt sei, die nicht mehr verlange, *alle* Neugeburten umzubringen – wie dies ja bereits Herodes beabsichtigte –, weil wegen des Ungleichgewichts gegenüber den Sterbefällen dann vielleicht sogar die Bevölkerung sich verringern könne, dann, so Popper, »entscheidet das Loos; analog der Auslosung ins Militär, die ja auch mit Auslieferung an den Tod principiell identisch ist«. Wir können uns heute in hochindustrialisierten europäischen Staaten, die nur einen geringen oder gar keinen Geburtenüberschuß mehr aufweisen, kaum noch vorstellen, welche abstrusen Vorschläge der Malthusianismus zur Beseitigung von Elend, Krankheiten und Not als angeblich humanitäre Maßregeln in Umlauf brachte und glaubte, damit das Bevölkerungsproblem »für immer gelöst« zu haben.

c) Überwindung des Bevölkerungsdilemmas

Die Malthussche Falle läßt sich heute noch in unterentwickelten Staaten beobachten, vor allem dort, wo die explodierende Bevölkerungszunahme nicht durch empfängnisverhütende Mittel oder durch Geburtenkontrolle gebremst wird. Wir müssen uns deshalb besonders als Christen der Last der Zivilisation und der menschlichen Verantwortung bewußt bleiben. Das Kreuz der modernen Zivilisation besteht auch darin, daß wir aus der europäischen Industrialisierungsgeschichte nicht nur Lehren für uns, sondern besonders für die Ärmsten der Armen ziehen. (Darüber handle ich ausführlicher im IV. Kapitel, unten). In Europa schnappte die Ernährungsfalle am Beginn der Industrialisierungsepoche nicht zu, was vor allem auf fünf Gründe zurückzuführen ist.

1. Das Reservoir an fruchtbaren Böden war noch längst nicht erschöpft, d. h., immer mehr Land wurde unter den Pflug genommen. Dieses Land wurde vorher als unfruchtbares Moorland oder als Gemeindeland (Allmende) nicht bearbeitet oder anderen Nutzungen zugeführt. Mit der anhaltenden Zunahme der Bevölkerung mußten schließlich auch Waldstücke gerodet werden. Entscheidend jedoch war, daß die Brache der Dreifelderwirtschaft immer weiter vermindert wurde. Auch auf diesem Sektor der Agrarmodernisierung war England Vorreiter.[19]
Die feudalistische Landwirtschaft in vielen europäischen Staaten und Regionen hatte dagegen in den Jahrhunderten ihrer Blütezeit bis auf die kurze Phase des Bauernkrieges von 1525 geringen Druck verspürt, vom System der Brache, d. h. ein

Drittel ungenutzten Feldes, abzugehen. Seit Mitte des 18. Jahrhunderts zeigte sich allerdings ein immer größerer Engpaß bei der Nahrungsmittelversorgung der europäischen Bevölkerung. Damit wurde das Sterbelied des Feudalismus eingeläutet. Es ist von zweitrangiger Bedeutung, ob es der Leineweber Johann Christian Schubart (1734–1787) – geadelt 1784 zu Edler von Kleefeld – war oder nicht, der die geniale Idee gehabt haben soll, das Brachfeld mit Kopfklee oder Luzerne auf seinem eigenen Gut zu bepflanzen. Diese Idee hatte er wahrscheinlich auf seinen Reisen als Kriegs- und Marschkommissar des englischen Freimaurerbundes durch mehrere europäische Staaten kennengelernt und darüber ein Buch veröffentlicht. Trotz vielfacher Anfeindungen setzte sich der Futterkräuterbau allmählich durch und verschaffte den Bauern nicht nur höhere Erträge, sondern begünstigte auch die ganzjährige Stallfütterung.

2. Man begann Kartoffeln und Zuckerrüben verstärkt anzubauen. Angeblich ist die Kartoffel schon 1586 von Amerika nach Irland eingeführt worden, doch erst in der 2. Hälfte des 17. und seit Beginn des 18. Jahrhunderts setzte sie sich europaweit durch. Der Siebenjährige Krieg (1756–1763) und die folgenden Hungersnöte haben die Vorurteile gegenüber der Kartoffel endgültig beseitigt. Diese Frucht lieferte nicht nur ein Vielfaches des Ertrages pro ha des sonst üblichen Getreideanbaus, sondern ihr Kaloriengehalt und Nährwert lag auch über dem vergleichbarer Anbaufrüchte. Ohne die Kartoffel, die fast auf jedem Boden angebaut werden kann, hätte die starke Bevölkerungszunahme überhaupt nicht verkraftet werden können. Allerdings machte dann die Kartoffelfäulnis Mitte der 1840er Jahre eine verheerende Abhängigkeit von diesem Nahrungsmittel deutlich. Millionen Menschen verhungerten oder mußten auswandern, vor allem in Irland. Noch etwas kam hinzu. Die Ernährung mit Kartoffeln, vor allem in Notzeiten, war so verbreitet, daß folgender Vers in Umlauf kam: »Kartoffeln in der Früh, zum Mittag in der Brüh, des Abends mitsamt dem Kleid – Kartoffeln in Ewigkeit.« Diese Ernährungsweise wurde zum Kennzeichen von Armut und Elend. Im Jahr 1856 veröffentlichte ein sächsischer Unternehmer ein Buch über die *Industrielle Revolution*, in dem über die »Erdäpfel« geschrieben stand: »So unzweifelhaft wohlthätig der Zuwachs eines so bedeutenden Nahrungsmittels für die Gesellschaft im Allgemeinen auch gewesen sein möge, so hat doch anderseits die Erfah-

rung es bewiesen, daß der überreiche Genuß der Kartoffeln den Menschen nicht zuträglich ist und daß derselbe in Verbindung mit dem dadurch begünstigten Branntweintrinken ein unaufhaltsam sich vermehrendes physisch degenerirtes und moralisch versumpftes Geschlecht erzeugt«.[20] Vielleicht liegt darin ein Körnchen politischer Wahrheit, daß gerade den Deutschen im Unterschied zu anderen westeuropäischen Völkern der »überreiche Genuß« von Kartoffeln nicht zuträglich gewesen ist.

3. Die starke Bevölkerungszunahme war vielleicht die wichtigste Voraussetzung dafür, daß es nach und nach zur Auflösung des Feudalismus kam. Die Menschen auf dem Lande, wo die Geburtenrate hoch lag, konnten nicht mehr alle in der Landwirtschaft Arbeit finden. Wo sollten sie hin, da ihnen in den Städten meistens das Bürgerrecht verwehrt wurde? Und die Guts- und Grundherren waren nicht bereit, Land abzutreten. Die sogenannten Herren konnten aber ebenfalls nicht die produktionsmindernde Schraube feudaler Dienste und Abgaben weiter anziehen. Die Ideen der Aufklärung und die Prinzipien der Freiheit, Gleichheit und Brüderlichkeit konnten auch nicht von den Bauern ferngehalten werden. Seit dem Ende des 18. Jahrhunderts gerieten europäische Staaten, in denen eine starke Zunahme der Bevölkerung mit feudalistischen Strukturen zusammen existierten, in eine Sackgasse. Den land- und arbeitslosen Bauern blieben auch die Handwerksberufe weitgehend versperrt. Die Zünfte und Innungen, selbst in eine Krise geraten, verschärften immer mehr ihre Zugangsbedingungen, um ihre alten Privilegien zu sichern. Industriebeschäftigungen gab es auch nicht in ausreichendem Maße, also setzten sich seit etwa 1750 in einer Zeitspanne von etwa 100 Jahren Agrarreformen in verschiedenen europäischen Staaten durch. Das wichtigste Resultat dieser Befreiung von den feudalen Fesseln bestand darin, daß die Agrarreformen den Landwirten eine rationellere, an marktwirtschaftlichen Gesichtspunkten ausgerichtete Landwirtschaft ermöglichten.

4. Eine bessere Düngung, das Verlegen von Drainageröhren zum Ableiten des Wassers, ganzjährige Stallfütterung und eine trotz der anfänglich ablehnenden Haltung konservativer Bauern immer weiter um sich greifende Mechanisierung der Landwirtschaft erbrachte eine Steigerung der Erträge. In der ersten Hälfte des 19. Jahrhunderts hatten die Vertreter einer moder-

nen Landwirtschaft noch einen schweren Stand. Die konservativen Bauern glaubten mehr der Erfahrung als der Theorie. Hatten sie nicht jahrhundertelang ihr Land immer auf ähnliche Weise bestellt und waren sie damit nicht gut gefahren? Keine allzu großen Experimente, das war in vielen Regionen des europäischen Kontinents ihre Devise. Nach 1815 änderte sich allmählich diese Haltung. Es gab z.B. einen Vertrag, daß deutsche Knochen nach England exportiert werden mußten, wo sie zu Düngermehl verarbeitet wurden. Als der Stalldung seit den 1830er Jahren nicht mehr ausreichte, mußten deshalb deutsche Bauern aus Südamerika Guano importieren, was natürlich die Kosten erheblich vergrößerte und als Folge den finanziellen Ertrag verringerte. Die natürliche Düngung wurde teilweise noch für so wichtig gehalten, daß im Revolutionsjahr 1848 ein Paderborner Bauer folgenden Spruch in den Torbalken seines Hauses meißeln ließ:

>»Willst Du sein ein frommer Christ,
>Bauer bleib auf Deinem Mist;
>laß die Narren Freiheit singen,
>düngen geht vor allen Dingen.«[21]

Trotzdem ließen sich die ertragsfördernden Neuerungen auf lange Sicht nicht aufhalten. Sie führten zu einer besseren Ernährung der Bevölkerung in einem Umfang, der von den Malthusianern nicht für möglich gehalten wurde.

5. Der Ausbau des Eisenbahnnetzes und die Verbilligung der Frachttarife ermöglichten eine größere Mobilität von Menschen und Waren. Als Richard Trevithick 1803 die erste Dampflokomotive baute, um das Transportwesen im Cornwallschen Untertage-Erzbergbau zu verbessern, hätte wohl niemand vorhersehen können, welche revolutionäre Erfindung ihm damit gelungen war. Gewöhnlich wird George Stevenson der Ruhm zuteil, der erste Lokomotivbauer zu sein. Stevenson gelang es tatsächlich, den Eisenbahnen ein funktionierendes Antriebsaggregat zur Verfügung zu stellen. Die erste Fahrt von Stockton nach Darlington im Jahr 1825 mit seiner Lokomotive »Rocket« leitete eine raketenartige Entwicklung des europäischen und außereuropäischen Eisenbahnbaus im 19. Jahrhundert ein. Ein staatenübergreifendes Schienennetz ermöglichte den massenhaften Transport von Gütern, eine ungeheure Ausdehnung des Handels, verkürzte die Zeit zur Überwindung

von Distanzen und verbilligte die Tarife. Die europäischen Staaten waren innerhalb von wenigen Jahrzehnten mit einem Spinnennetz von Eisenbahnlinien überzogen, das selbst den großen Propagandisten von Eisenbahnbau und Zollunion, Friedrich List, der sich schon 1846 das Leben nahm, überrascht hätte. Hinzu kam die Vergrößerung der Segelschiffe und der Bau von Dampfschiffen, vor allem für den überseeischen Schiffsverkehr. Er schaffte die Möglichkeit, Getreide aus den USA, Wolle aus Australien und Fleisch aus Argentinien zu Preisen zu importieren, die kein europäischer Hersteller unterbieten konnte. Allerdings propagierte man besonders in Deutschland, aber auch in Österreich-Ungarn, Frankreich oder Rußland, zur Abwehr der Getreideeinfuhren die Einführung eines Schutzzolls und verteuerte damit die Lebenshaltungskosten der einheimischen Bevölkerung. Begründet wurden diese zollpolitischen Maßnahmen u. a. damit, daß eine autarke Landwirtschaft aufrechterhalten werden müsse, damit das Land bei einem Krieg nicht ausgehungert würde. Dies war der Anfang einer europaweiten Agrarschutzpolitik, die uns gegenwärtig in der *Europäischen Union* soviel finanzielle Probleme bereitet.

d) Agrarchemie als Ausweg

Heute beklagen wir in hochindustrialisierten westeuropäischen Staaten die Schäden der Überdüngung. Wir müssen uns aber ebenfalls darüber im klaren sein, daß während der europäischen Industrialisierung die Bodenfruchtbarkeit ein »Geschenk des Himmels« war. Hätte Europa mit ähnlich ungünstigen Bedingungen der Bodenfruchtbarkeit fertig werden müssen wie heute etwa die Staaten im Sahara-Gürtel, dann wäre eine Grundvoraussetzung jeder Industrialisierung, ihre *conditio sina qua non*, nämlich die Erweiterung des Nahrungsspielraums, gescheitert. Die europäische Landwirtschaft wäre im Sand vertrocknet. Außerdem hat die Agrarchemie wesentlich dazu beigetragen, die Ernährung der schnell wachsenden Bevölkerung zu sichern. Justus Liebig (1803–1873), der in Deutschland wegen seiner »unnatürlichen« chemischen Düngungsmethoden lange angefeindete Mineraloge, hat mit seiner Mineraltheorie die vielfältigen Bemühungen zur Steigerung der Erträge gekrönt und die Grundlagen dafür geschaffen, daß die Agrikulturchemie Eingang in die Landwirtschaft fand. Er hat gleichsam »die Chemie in den Sattel gehoben«.[22] Ich möchte hier ein paar Sätze wiedergeben, wie Liebig in einem Brief vom 26. April 1840 an seinen »väterlichen Freund« Berzelius seine Mineraltheorie beschrieben hat: »Seit 4 Monaten habe ich mich einer ganz andern Seite der Wissenschaft hingegeben, ich habe die organische Chemie in Beziehung auf ihre Gesetze studirt, die sich auf dem gegenwärtigen Standpunkte für Agrikultur und Physiologie daraus ergeben. Ich bin zu sehr merkwürdigen Resultaten gekommen. Durch die Analysen des Stroh's, Heu's und der Früchte gelangte ich zu dem Resultate, dass gleiche Flächen Wiese, Wald oder Kulturland einerlei Quantitäten Kohlenstoff produziren, ein Acker Getreide so viel wie ein Akker Runkelrüben. Das Gras, das Holz, die Frucht, die wir von einer Fläche erzielen, enthalten von 2500 Meter Fläche nahe 1000℔ Kohlenstoff. Ich war davon im hohen Grade überrascht. Die Wiese, der Wald erhalten keinen Dünger, jedes Jahr nehmen wir im Holz und Heu ein gewisses Quantum Kohlenstoff hinweg, ohne jemals etwas hinzuzufügen, jedes Jahr vermehrt sich die Kohlequantität des Bodens in dem sogenannten Humus, es ist klar dieser Kohlenstoff stammt aus der Atmosphäre.«[23]

Man gestatte mir einige Worte zur Würdigung der Leistungen dieses bedeutenden, aber zu seinen Lebzeiten angefeindeten, Menschen und Wissenschaftlers. Um nur ein Beispiel für diese Angriffe zu geben. Am 7. März 1838 schrieb Liebig an Berzelius: »Mitscherlich [der Chemiker Eilhard Alfred M. (1794–1863), der die Isomorphie bei Kristallen und die Polymorphie bei chemischen Verbindungen entdeckte, H.K.] sucht mit allen Mitteln meinen Ruf und Ehre zu vernichten, damit aber nicht befriedigt, sucht er meine Subsistenz zu untergraben. Denken Sie sich, er hat es bei dem preussischen Ministerium durchgesetzt, dass kein Preusse, kein Pharmazeut, keiner welcher Chemie studiren will, in Giessen studiren darf; wenn auch andern Studenten Giessen untersagt war, für diese beiden Klassen von Studirenden war es nie, bis er es dahingebracht hat. Giessen liegt nur 2 Schritte von der preussischen Gränze.«[24] Liebig wurde am 12. Mai 1803 im hessischen Darmstadt geboren. Mit 15 Jahren begann er eine Lehre in einer Heppenheimer Apotheke, weil er wegen unzureichenden Leistungen in Latein und Griechisch das Darmstädter Gymnasium verlassen mußte! Seit 1819 konnte er in Bonn und Erlangen Chemie studieren, ging 1822 aufgrund einer Empfehlung Alexander von Humboldts nach Paris, um bei dem französischen Chemiker Louis Jacques Thénard (1777–1857) zu arbeiten. Bereits 1826 wurde Liebig ordentlicher Professor der Chemie an der Universität Gießen, wo er das erste chemische Laboratorium für experimentellen Unterricht begründete. Sein ungestümer Forscherdrang beschränkte sich jedoch nicht nur auf das Gebiet der Chemie, sondern griff bald auch auf Physiologie und Landwirtschaft über. Er machte eine Vielzahl von Entdeckungen neuer chemischer Verbindungen; seine bedeutendste wissenschaftliche Leistung war wohl die rationelle Begründung der organischen Chemie, der Methoden zur Elementaranalyse.

Seit dem Jahr 1839 erforschte Liebig intensiv die Ernährungsweise von Pflanzen (und Tieren). Seine Mineraltheorie, die in seinem zuerst 1840 erschienenen Hauptwerk *Die Chemie in ihrer Anwendung auf Agrikultur und Physiologie* in jeder Auflage ergänzt, modifiziert und verbessert wurde, war anfänglich heftig umstritten, bedeutete aber für die Ernährung der Bevölkerung im 19. Jahrhundert eine nicht zu überschätzende Leistung. Er gilt deshalb in Fachkreisen noch heute zu Recht als der Begründer einer modernen Düngerlehre, Agrikulturchemie und Agrarwissenschaft. Die Wichtigkeit der Mineralstoffe für den Pflanzenbau und -ertrag war *vor* Liebig nur vage erahnt worden, weil damals die Humustheorie, d.h. die Annahme, daß dem Boden keine künstlichen Nährstoffe zugeführt werden müssen, allgemein akzeptiert war. Liebig wies unermüdlich auf die ungeheure Bedeutung organischer Substanzen im Boden hin. Alle Anfeindungen gegen seine Neuerungen konnten ihn zum Glück nicht entmutigen. Vielmehr dehnte er seine Untersuchungen auf den Ersatz des Blutes (Hämatopoese) durch Nahrung aus, was ihn zur »Erfindung« des Fleischextrakts – oder nach Friedrich Wöhler die »physiologischen Fleischbrühe-Kochereien«[25] – führte. Genauer: »Sein eigentliches Verdienst bestand darin, die Analyse des Fleisches und der Fleischflüssigkeiten erstmals zum Gegenstand einer besonderen ausführlichen Abhandlung gemacht zu haben, die den ganzen Stand der damaligen Forschung übersichtlich zusammenfaßte«.[26]

Aber nicht nur in Deutschland, sondern auch in Frankreich wurde er noch lange nach seinem Tod angefeindet und verhöhnt. So schrieb z.B. ein bekannter französischer Naturwissenschaftler, der seit 1856 das Jahrbuch *L'année scientifique et industrielle* herausgab, 1883 über Liebig: »D'abord, son action nutritive est à peu près nulle.«[27] Diese Äußerung bezog sich auf die fast 40 Jahre früher, 1847, noch während der letzten, furchtbaren Agrar- und Gewerbekrise in ganz Europa, erschienenen Schrift von Liebig: *Chemische Untersuchung über das Fleisch und seine Zubereitung zum Nahrungsmittel.* Darin behandelte er die chemische Zusammensetzung von Fleisch, die Bedeutung der einzelnen Bestandteile des Fleisches für die Ernährung und die Veränderungen, die beim Kochen und Braten auftreten. Dem Fleischextrakt wurden in dieser Abhandlung nur die letzten Passagen gewidmet, weil Liebig bei der quantitativen Bestimmung der chemischen Substanzen fast nebenbei die Inosinsäure, das Kreatin und das Sarkosin entdeckt hatte. *Liebigs Fleischextrakt* wird noch heute produziert und verkauft, d. h., es kann eigentlich nicht »beinahe wertlos« oder unbedeutend gewesen sein, wie Louis Figuier meinte. Daran anknüpfend entwickelte Liebig eine leichtverdauliche und nahrhafte Fleischbrühe für Kranke, eine Suppe zur Ernährung kleiner Kinder etc. Sein Forschen und Wirken stand ganz im Zeichen der Verringerung menschlicher Leiden. 1845 wurde er geadelt zum Freiherrn von, 1852 erhielt er einen Ruf an die Universität München, wurde 1860 Präsident der Akademie der Wissenschaften und starb dort am 18. April 1873. Ich halte ihn für den bedeutendsten deutschen Chemiker des 19. Jahrhunderts.

Einer der herausragenden Statistiker des 19. Jahrhunderts, Ernst Engel (1821–1896), hat die Leistungen Liebigs 1857 auf folgenden Nenner gebracht: »Es hat ein langer Streit darüber geherrscht und er herrscht noch, ob in der Landwirthschaft der Mineraltheorie oder der Stickstofftheorie die Palme gebühre. Nach langem und erbittertem Kampfe hat man gefunden, daß die Pflanzen für ihr Wachsthum weder die sogenannten mineralischen Stoffe, noch den Stickstoff entbehren können und daß nicht nur die hinreichende, und unter den gegebenen Verhältnissen nöthige Menge eines jeden Bestandtheils ein unbedingtes Erforderniß für das Wachsthum der Pflanzen ist, sondern auch, daß ein Überschuß von der einen Art, der nicht zugleich mit einem Überschuß der andern Art im harmonischen (in Zahlen ausdrückbaren) Verhältniß steht, das Wachsthum nicht befördert, sondern es eher verhindert.«[28] Und ein Schüler von Liebig, Max von Pettenkofer (1818–1901), Professor für medizinische Chemie in München, schrieb 1873 über *Liebig's Fleisch-Extract*: »Fleischbrühe ist ein uraltes, längst und viel gebrauchtes Mittel, und seine guten Wirkungen aus tausendjähriger Erfahrung bekannt und erprobt. Was sich mit dem Entstehen der ersten großen Fleischextractfabrik in Fray-Bentos [in Uruguay, H.K.] gegen früher geändert hat, ist bloß, daß eine von Baron v. *Liebig* empfohlene, ebenso vortreffliche als einfache Methode in Amerika in die Praxis übergegangen ist, um die wahre und wirkliche Essenz der Fleischbrühe herzustellen, und zwar zu Preisen, wie es aus Fleisch vom europäischen Markte unmöglich wäre.«[29]

Ich möchte abschließend einige Gedanken dieses Abschnitts kurz zusammenfassen. Die Bodenfruchtbarkeit der europäischen Landwirtschaft ist in verschiedenen Staaten zwar auf unterschiedliche Weise, aber überwiegend ertragssteigernd genutzt worden. Europa konnte durch diese Verbesserungen seine landwirtschaftlichen Erträge enorm steigern. Ohne die Kombination von Bodenfruchtbarkeit und Agrarchemie wäre eine Ertragssteigerung in diesem Ausmaß nicht möglich gewesen. Wie wahr diese Aussage ist, können wir auch heute leicht nachvollziehen, wenn wir etwa die Anstrengungen in der Sahel-Zone oder selbst jene in den israelischen Kibbuzim betrachten. Wir können, wenn wir die Wirkung dieses Faktors auf dem Hintergrund einer »Industrialisierung« der Landwirtschaft abschätzen, heute zumindest für Europa feststellen: »Das Versagen der Natur erscheint weniger gefährlich als das Versagen des Marktes.«[30] Ein Seitenblick auf die Situation in den Vereinigten Staaten von Amerika (USA) kann folgendes verdeutlichen: Die Bevölkerung der USA hätte sich ohne die im 19. Jahrhundert erfolgte Besitznahme eines fast unerschöpflichen Bodens, der nicht nur fruchtbar war, sondern eine zeitlang für die Siedler kostenlos zur Verfügung gestellt wurde, wohl nicht von 5,3 Millionen Einwohnern im Jahr 1800 auf über 150 Millionen 1950 vermehrt. Die Massen von Einwanderern aus Europa waren, ohne es genau zu wissen, angewiesen auf eine Bodenfruchtbarkeit, ohne die ihr Überleben in der »Neuen Welt« fraglich gewesen wäre.

III. Notwendige Faktoren

1. Das Kapital

a) Begriffsverwirrungen

Der Begriff »Kapital«[1] hat seit jeher viel Verwirrung gestiftet und ist stark ideologisiert worden, vor allem durch marxistische Wissenschaftler. Der unversöhnliche Streit zwischen den pro- und anti-kapitalistischen Lagern drehte sich um die Frage, ob der *Kapital*ismus die ökonomisch effektivste Wirtschaftsform sei.[2] Der Altmeister marxistischer Wirtschaftsgeschichtsschreibung in der DDR, Jürgen Kuczynski, wollte noch 1975 seine Leser von der stalinistischen Legende der ökonomischen Überlegenheit eines zentralistisch-kommunistischen Wirtschaftssystems über alle privatkapitalistischen Demokratien überzeugen. Das hatte schon über sechs Jahrzehnte früher Karl Kautsky versucht, als er schrieb: »Das Produkt des antiken Kapitalismus kann völlig nur überwunden werden durch das Produkt des modernen, industriellen Kapitalismus – durch den Sozialismus.«[3] Kuczynski ging aber weiter. Nachdem er 39 Bände über *Die Geschichte der Lage der Arbeiter unter dem Kapitalismus* veröffentlicht hatte, glaubte er immer noch, daß im Kommunismus die Arbeitsteilung völlig verschwinden werde. Sein »Reich der Freiheit« im vollendeten kommunistischen Staat sollte so aussehen: »*Alle Menschen* werden malen, dichten, singen, schriftstellern, handwerkeln, technisch basteln, philosophieren, Geschichte treiben und Mathematik und Astronomie, Chemie und Physik und Politische Ökonomie wie Soziologie – bald dieses zu dieser Zeit, bald jenes zu jener Zeit ihres Lebens und manches vielleicht ständig. Das entspricht der allseitigen Bildung des Individuums, wie sie Marx voraussah.«[4]

Was Marx »vorausgesehen« hatte, war schon lange vor dem Zusammenbruch der kommunistischen Herrschaftssysteme als eine freiheitsfeindliche Fehlentwicklung menschlicher Gesellschaften angesehen worden. Die Einsicht, daß die Marxschen Prognosen gescheitert sind, ist von Karl Popper in seinem 1945 zuerst auf Englisch veröffentlichtem Buch *Die offene Gesellschaft und ihre Feinde* ausführlich analysiert und begründet worden.[5] Im letzten Viertel des 20. Jahrhunderts zu behaupten, wie dies Kuczynski tut, daß es einer »allseitigen Bildung« entspreche, wenn Menschen alles und damit nichts *können*, offenbart entweder intellektuelle Überheblichkeit oder völlige Unkenntnis. Diese *ideologische* Verblendung marxistischer Wissenschaftler macht verständlich, warum sie antikapitalistische und antiliberale Systeme wie den Kommunismus als den Himmel auf Erden verklärten. Totalitäre Systeme haben offenbar bei Wissenschaftlern und Intellektuellen eine Anpassungsbereitschaft hervorgerufen, die mit echter Wissenschaft, die kritisch und aufklärerisch sein soll, nicht das Geringste zu tun hat. Es ist Kuczynski die Ansicht des aufgeklärten Philosophen Immanuel Kant entgegenzuhalten, daß Arbeits*teilung* zur größten Vollkommenheit von Gewerben, Handwerken und Künsten führte und daß dort, wo jeder ein Tausendkünstler ist, die Gewerbe noch »in der größten Barbarei«[6] liegen.

Nicht nur in kommunistischen und sozialistischen Staaten ist der Kapitalismus und alles, was mit dem Begriff *Kapital* zusammenhängt, beschimpft und verteufelt worden. Es gibt auch in kapitalistischen Gesellschaften am Ende des 20. Jahrhunderts viele junge Menschen, für die schon das Wort Kapitalismus ein Greuel ist. Und obwohl sie manchmal geneigt sind, dieses Wirtschaftssystem wie ein »Capital-Verbrechen« zu beurteilen, läßt sich der Begriff heute nicht mehr so weit eingrenzen, wie dies das *Wörterbuch der Hochdeutschen Mundart* 1793 getan hat, das außer für den »Capital-Hirsch« folgende »kapitalistische« Definition anbietet: »Ein Capital-Schwein, ein Hauptschwein, das wenigstens fünf Jahre alt ist, im Gegensatze der angehenden Schweine.«[7] Der Begriff ist vielleicht so alt wie der antike Handel überhaupt. Schon Aristoteles konstatierte in seiner *Politik* einen Unterschied zwischen Reichtum, der zur Hauswirtschaft gehöre, und Gelderwerb, der auf dem Handel beruhe. Und er glaubte, wenn Menschen Reichtum nicht durch Erwerbskunst erzielen könnten, strebten sie nach Geld und machten »von allen menschlichen Vermögen und Vorzügen einen widernatürlichen Gebrauch«.[8] Der moderne Begriff Kapital geht möglicherweise auf das lateinische *capital* (= Tuch) und *caput* (= Kopf) als auch auf *capitaliter* (= tödlich) zurück, aus dem im mittelalterlichen Latein der Ausdruck *capitalis pars debiti* hervorging, unter dem man eine zinstragende Geldsumme verstand. In dieser Bedeutung wird es ja im volkstümlichen Sprachgebrauch bis heute benutzt. Vielleicht geht es aber den Kritikern von kapitalistischen Gesellschaften wie der Romanfigur, die 40 Jahre Prosa gesprochen hat, ohne es zu wissen: »Sie praktizieren selbst den Kapitalismus, ohne davon eine Ahnung zu haben.«[9]

Man hat in der ökonomischen Forschung lange den Kapitalgewinn als eine Art zusätzlichen Lohn angesehen, den der Unternehmer für die Leitung und Überwachung des Betriebes erhält. Allerdings hat bereits der Stammvater aller Ökonomen, Adam Smith, 1776 festgestellt: »Er [der Gewinn, H. K.] wird allein vom Wert des eingesetzten Kapitals bestimmt und er ist abhängig von dessen Umfang.«[10] Heute würde er sagen: Die Höhe des Investitionskapitals und die Qualität seiner Verwendung entscheidet über die Gewinne eines Unternehmens. Nach Smith schrieb der durch Börsengeschäfte reich gewordene englische Theoretiker der klassischen Nationalökonomie, David Ricardo (1772–1823), 1817: »Kapital ist derjenige Teil des Reichtums eines Landes, welcher zur Produktion verwandt wird, und besteht aus Nahrungsmitteln, Kleidern, Werkzeugen, Rohstoffen, Maschinen, kurz, aus allem, was nötig ist, um die Arbeit wirksam zu machen.«[11] Und in der *Allgemeinen Encyclopaedie der Wissenschaften und Kuenste* von 1826 steht unter dem Stichwort »Capital oder Erwerbvorrath«: »Das Kapital entsteht also durch Sparsamkeit, und kann auf keine andere Weise entstehen, weil bei dem größten Erwerbe nie kapitalisirt werden kann, wenn alles Erworbene wieder verbraucht, oder zerstört wird.«[12] In neuerer ökonomischer Terminologie bezeichnen wir diesen »Reichtum« als Produktivkapital.

Diese Verwendungen des Begriffes decken sich nicht mit der Umgangssprache oder dem, was die meisten Menschen unter ›Kapital‹ verstehen. Außerdem sprechen wir heutzutage, was den ursprünglichen Begriff noch vieldeutiger macht, von »geistigem Kapital« oder von »Humankapital«. Wir können also zu Recht von einer »Heterogenität von Kapital« sprechen, um den Ausdruck des amerikanischen Wirtschaftshistorikers Rondo Cameron zu verwenden.[13] Um Klarheit über den Gebrauch zu erreichen, möchte ich zuerst definieren, wie ich den Begriff

»Kapital« hier verwende. Als *notwendigen* Faktor für die europäische Industrialisierung betrachte ich vor allem das Sachkapital, von den Ökonomen auch als Realkapital bezeichnet. Die Bildung von Realkapital erfolgt in einer liberalkapitalistischen Wettbewerbswirtschaft durch Herstellung von Sachgütern, die nicht verbraucht werden, d. h. während eines Jahres den Sachkapitalbestand eines Unternehmens vergrößern. Wie wichtig diese Abgrenzung etwa gegenüber der Vorstellung von Kapital als Geldvorrat – aber ebenso gegenüber den Produktionsfaktoren Arbeit sowie Boden (und Kapital) – ist, geht schon daraus hervor, daß die Vermehrung von Geld- oder Erwerbskapital lange vor Beginn der Industrialisierung betrieben wurde. Das Vorhandensein von Geld – in welcher Form auch immer, ob in Goldmünzen oder als Papiergeld – ist eben nur *ein* Merkmal für den Wohlstand einer Nation.[14]

Ich möchte hier, auch wenn mancher Leser die kursorische Behandlung dieses Problems kritisieren mag, auf eine tragische Folge dieser Begriffsverwirrung des Ausdruckes »Kapital« hinweisen. Schon deshalb, weil dieser Zusammenhang selten gesehen und in wirtschaftshistorischen Arbeiten gar nicht mehr behandelt wird. Es handelt sich um die von Juden praktizierte Zinsleihe seit dem Mittelalter, die durch das kanonische Recht fast zu einem Monopol wurde.[15] Die Könige, der Adel *und* die Kirche waren viele Jahrhunderte auf dieses Kapital angewiesen und nutzten die internationalen Handelsverbindungen der geldbesitzenden Juden. Selbst Kaiser Heinrich IV. oder Friedrich I. konnten ihren Truppen (Vasallen) nicht einfach befehlen, unentgeltlich länger als sechs Wochen im Krieg zu sein. Extrabezahlung oder Belohnung für einen längeren Kriegsdienst, der auf sechs Wochen festgelegt war – besonders bei Angriffskriegen – wurde zur Regel.[16] Die Juden erhielten dafür Privilegien und angesehene Stellungen, aber wegen ihres Reichtums wurden sie vom Volk beneidet und gehaßt; sie blieben Fremde in christlichen Territorien. Wegen ihres Kapitals und der finanziellen Verbindungen waren Juden jedoch bei Fürsten und Bischöfen nicht nur angesehen, sondern auch eine Quelle von Einnahmen. Deshalb zog man sie ins Land. Der Bischof Rüdiger von Speyer, der das Dorf Speyer zu einer Stadt machen wollte, siedelte dort 1084 Juden an, damit er »dadurch den Glanz des Ortes vertausendfache. Er siedelt sie außerhalb der Wohnplätze der übrigen Bürger an und zieht eine Mauer um diesen Bezirk, damit sie nicht von der Frechheit des Pöbels zu leiden haben.« Es wurde ihnen erlaubt, in ihrem Bezirk und in der Stadt Gold und Silber zu tauschen und Handel zu treiben. Der Bischof stellte ihnen über diese und andere Rechte eine Urkunde aus, damit »nicht einer seiner Nachfolger den Juden dieses Privileg mindere oder sie zu größeren Abgaben nötige«.[17] Ein anderes Beispiel: Der Herzog Ludwig von Bayern holte Juden nach Landshut, als er im Jahre 1204 die Burg und Stadt Landshut gründete. Wir wissen dies aus einer Überlieferung, weil »die Judengasse in ältester Zeit unmittelbar an den Schloßberg anstieß«.[18] Bei einer kriegerischen Auseinandersetzung mit dem Bischof von Regensburg wegen des Baus von Stadt und Burg Landshut sollen Juden den Herzog finanziell unterstützt haben. Unsicher bleibt, ob Herzog Ludwig im Jahr 1210 den Juden auch gestattete, eine Synagoge in München zu bauen.

Die tragische Folge bestand darin, daß nach dem Beginn der Industrialisierung die Geldverleihpraktiken der Juden so interpretiert wurden, als wäre großer Kapitalbesitz, Judentum und Kapitalismus dasselbe. Aus dieser Begriffsverwirrung speiste sich ein großer Haß gegen *die* Juden, der schon im frühen 19. Jahrhundert in intellektuellen Kreisen verbreitet war. Das war der Beginn eines modernen, extremen Antisemitismus. Um nur zwei Beispiele hier kurz anzuführen: Der preußische General Friedrich A. L. von der Marwitz schrieb im Mai 1811 an den König Friedrich Wilhelm III.: »Diese Juden, wenn sie ihrem Glauben treu sind, die notwendigsten Feinde eines bestehenden Staates, wenn sie ihrem Glauben nicht treu sind – Heuchler –, haben die Masse des Geldes in ihren Händen, sobald aber das Grundeigentum so in seinem Werte gesunken sein wird, daß es für sie mit Vorteil zu acquirieren ist, wird es sogleich in ihre Hände übergehen, sie werden, als Grundbesitzer die Hauptrepräsentanten des Staates, und so unser altes, ehrliches brandenburg'sches Preußen ein neumodischer Judenstaat werden.« Und Wilhelm von Humboldt, der angeblich liberale preußische Reformer, schrieb am 9. April 1816 von Frankfurt am Main an seine Frau: »Deine Tirade über die Juden, teure Seele, ist *göttlich*; ich habe Lust, sie Steinen [Frh. vom Stein, H. K.] mitzuteilen, der ganz Deine Ansichten teilt, aber noch viel *heroischere* Mittel zur Abhilfe vorschlägt, da er die Nordküste Afrikas mit ihnen bevölkern will.«[19]

Den Höhepunkt dieser tragischen Verkehrung historischer Zusammenhänge vor dem Ausbruch des staatlich-politischen Antisemitismus erklomm das »sonderbare Buch« von Werner Sombart *Die Juden und das Wirtschaftsleben*, das zuerst 1911 im Verlag Duncker & Humblot erschien und 1928 im 15. Tausend aufgelegt wurde. Sombart wollte darin zeigen, daß »am Aufbau der modernen Volkswirtschaft der Anteil der Juden weit größer sei, als man bisher geahnt hatte«.[20] Mit dem täuschenden Anspruch, daß es sich hierbei um ein *wissenschaftliches* Problem handele, das er mit »unzweifelhafter Sicherheit« gelöst habe, weist Sombart *den* Juden eine spezifische Eignung zu, nämlich die Begründer des modernen Kapitalismus zu sein. »*Denn: aus der Geldleihe ist der Kapitalismus geboren.*« Oder: »Kapitalismus, Liberalismus, Judaismus sind eng miteinander verschwistert.« Er will sich vollständig subjektiv gefärbter Werturteile enthalten und sich nur auf die »Feststellung und Erklärung von Tatsachen« beschränken, da Wissenschaft angeblich objektive Erkenntnis vermittele. Und nachdem Sombart seine Leser wortreich auf die unhaltbare Auffassung eingestimmt hat, daß deshalb »die Wissenschaft und ihre Vertreter vor der Bewertung dessen, was sie erkannt haben, fliehen (sollten) wie vor der Pest«, resümierte er: »Dieses Buch soll seine ganz eigenartige Note dadurch erhalten, daß es auf 500 Seiten von Juden spricht, ohne auch nur an einer einzigen Stelle so etwas wie eine Bewertung der Juden, ihres Wesens und ihrer Leistungen, *durchblicken* zu lassen.«[21] Es wurde bereits angedeutet, daß Sombart einige Zeit später seine nationalsozialistischen, völkischen und antisemitischen Neigungen entdeckte. Darauf kann ich hier nicht eingehen. Aber eine *einzige* Stelle möchte ich zitieren, um zu zeigen, wie bei angeblich *objektiven* Wissenschaftlern Anspruch und Wirklichkeit auseinanderklaffen. Nach Sombart erkennen *die* Juden »die Welt mit dem Verstande, nicht mit dem Blute und kommen darum leicht zu der Meinung, daß alles, was mit Hilfe des Verstandes auf dem Papier geordnet werden kann, auch im Leben sich müsse ordnen lassen ... Aller Intellektualismus ist letzten Endes Flachwurzler: er dringt nirgends in die Tiefen der Sache, nirgends in die Tiefen der Seelen, nirgends in die Tiefen der Welt.«[22] So weit der werturteilsfreie, objektive Sombart!

b) Gold und Geld als Reichtum

Reichtum an Gold und Geld – oder Kolonialbesitz – wurde in der Wirtschaftstheorie des Merkantilismus als Voraussetzung für gewerbliche Fortschritte – und für eine »Industrialisierung« angesehen. Je mehr von diesem »Reichtum« eine Nation anhäufen konnte – eine Methode war ein möglichst großer Export und möglichst geringer Import –, desto größer wurde nach dieser Theorie ihr materieller Wohlstand. Diese Vorstellungen ähnelten den von Persern oder von altägyptischen Pharaonen, die ihren lebensweltlichen Reichtum und ihre Macht auch im Jenseits noch dadurch dokumentieren zu können glaubten, daß sie ihre Grabstätten mit Gold überhäuften. Diese mythologische Faszination von übermäßigem Reichtum durch Goldbesitz hat offenbar auch alle Goldsucher beseelt. Sie traten damit die geistige Erbschaft des phrygischen Königs Midas an, dem nach einem Mythos von Dionysos der Wunsch erfüllt wurde, daß alles, was er berührte, sich in Gold verwandelte. Doch lag über der Erfüllung dieses Wunsches wie beim Goldsuchen ein schrecklicher Fluch, denn da sich auch seine Speisen in Gold verwandelten, drohte er zu verhungern. Dionysos war gnädiger als die schießwütigen Goldberauschten im 19. Jahrhundert – er ließ Midas im Fluß Paktolos baden (gehen), der seitdem Gold enthielt.[23] Mit diesen Mythen entwickelte sich wohl auch der Traum vom *Goldenen Zeitalter*.

Wir finden diese Faszination auch in der Spätantike. Als nämlich Chlothachar und Childebert Burgund erobern wollten, versuchten sie, auch ihren Bruder für diesen Beutezug zu gewinnen. Dieser war der ostgotische König Theoderich (454–526), der sich König von Italien nannte und das ostgotische Reich gründete. Die Ostfranken bzw. Ostgoten, die unter seiner Herrschaft standen, drohten ihn zu verlassen, wenn er nicht mit seinen Brüdern nach Burgund zöge. Theoderich soll ihnen deshalb eine große Beute versprochen haben: »Folgt mir, und ich werde euch in ein Land führen, wo ihr Gold und Silber finden werdet, so viel eurer Herz nur verlangen kann, da könnt ihr Herden und Sklaven und Kleider die Hülle und Fülle gewinnen; nur folgt jenen nicht.«[24] Die Ostfranken waren ihrem König »treu«, sie folgten ihm und eroberten ein reiches Land – es war das Land seines Bruders Childebert! Bischof Gregorius von Tours schilderte diese Ereignisse um 524 n. Chr. folgendermaßen: Theoderich »kam mit seinem Heere in das Gebiet der Arverner, und verheerte und plünderte das ganze Land. Indessen aber floh Arcadius, der Urheber jenes Frevels, um dessen Schlechtigkeit willen das Land verwüstet wurde, nach der Stadt Bourges, die damals im Gebiet König Childeberts lag. Seine Mutter Placidina aber und seines Vaters Schwester Alcima wurden bei der Stadt Cahors ergriffen, ihr Vermögen eingezogen und sie selbst zur Verbannung verurteilt.«[25]

Auch bei den sieben Kreuzzügen ins Heilige Land zwischen 1096 und 1270 – und Märschen bis zu 4000 km – wurden die Kreuzritter von dem Trieb erfaßt, zu erobern und zu zerstören. Manchmal standen solche Aktionen unter dem Zeichen der Rettung von christlichen Heiligtümern. Während dieser Zeit, in der innige Handelsbeziehungen zwischen Kaufleuten in Pisa und Arabern in Afrika bestanden, erfolgte die Trennung des Magreb von den übrigen arabischen Gebieten. Diese Entwicklung behinderte keineswegs den Handel mit den Arabern, wie zahlreich erhaltene Handelsverträge zeigen. »Schiffe der Genuesen brachten Wolltücher, Bauholz, Waffen und Sklaven (!) nach Syrien und Ägypten, um dagegen Spezereien und kostbare Gewänder, namentlich die purpurgefärbten von Tyrus und die golddurchwirkten von Damaskus einzutauschen«.[26] In diese Zeit fiel auch der Aufstieg der Republik Venedig zur überragenden europäischen Handelsmetropole im Mittelalter.[27] Aber wo sollte man einem Gewürztransport auflauern, wo nach dem Gold des rätselhaften Guineas suchen? (Es scheint mir als eine Bestätigung der These von den langfristigen Wirkungen der Tradition, daß 1696 bei der englischen Währungsreform nach den Vorschlägen von John Locke die neue Goldmünze »Guinea« genannt wurde). Man konnte die Steppennomaden, die Araber und Türken zu Erzfeinden erklären, denen die ewige Verdammnis sicher sei, doch ökonomisch war dies nicht sehr einträglich. Viele Kreuzritter wurden von der Aussicht angelockt, große Reichtümer zu erobern – ganz abgesehen von der Schönheit der byzantinischen Frauen, die Kaiser Alexios I. schon beim ersten Kreuzzug dem Grafen von Flandern angepriesen hatte –, die sie sich in ihren Träumen von den Schätzen Konstantinopels und der »bei allem religiösen Enthusiasmus golddurstigen Seele der Abendländer«[28] vorgaukelten. Brentano glaubte sogar, daß der vierte Kreuzzug »eine wahre Orgie des modernen Kapitalismus« gewesen sei. War denn dieser *eingeschlossene Kontinent* Europa wirklich so einzigartig?

Wäre die Auffassung, daß Goldreichtum allgemeinen, d. h. nationalen Wohlstand erzeugen kann, korrekt, dann hätten Spanien oder Portugal nach 1500 die günstigsten Voraussetzungen für eine Industrielle Revolution gehabt, denn sie eroberten die meisten Gold- und Silberschätze während dieser Zeit. Allerdings machte deren Industrialisierung nur geringe Fortschritte; das Gold floß beim Einkauf von Gütern schnell aus dem Land ab. Es hatte kaum eine Chance, in den Wirtschaftskreislauf zu investiven Zwecken einzudringen. Auf diesen Widerspruch zwischen staatlichem Goldbesitz und ökonomischer Modernisierung hat bereits Adam Smith mit aller Deutlichkeit hingewiesen: »Spanien und Portugal, die beiden Besitzer der Minen [in den amerikanischen Kolonien, H. K.] sind wahrscheinlich nach Polen die beiden ärmsten Länder Europas.«[29] Mit anderen Worten: Nicht der Besitz oder volle Tresore mit Gold (oder Edelmetallen) sind entscheidend dafür, ob ein Staat eine moderne industrielle Entwicklung einleiten kann, sondern seine Fähigkeit, ob er mit diesem Schatz brachliegendes menschliches Kapital zu produktiver Arbeit anzuregen in der Lage ist. Dazu bedarf es zuerst einmal eines Rechtssystems, das die Freiheit von Eigentums- und Verfügungsgewalt über die Verwendung von Kapital garantiert. Neuerdings werden diese Fragen in der Ökonomie und der Wirtschaftsgeschichte unter dem Stichwort *property rights* diskutiert.[30]

In der Mitte des 19. Jahrhunderts wurde klar erkannt, daß man sich mit Kapital (= Geld) alles Mögliche kaufen kann, was an tauschfähigen Produkten auf den Märkten angeboten wird. Es war auch klar, daß die Unternehmer in den Industriestaaten Kapital als Produktionsmittel benutzen und damit ihre wirtschaftliche Macht vergrößern konnten. 1855 stand in der *Zeitschrift des Statistischen Bureaus des Königlich Sächsischen Ministeriums des Innern*: »Der Umstand, daß alle industriellen Länder Europas, die mit den goldproducirenden in directer oder indirecter Verbindung standen oder stehen, für ihre Gewerbserzeugnisse die jener Länder, d. h. edle Metalle, eintauschten, führte den ersteren eine Menge von Tauschmitteln zu, deren Absatz sicher und deren Werth nur wenig Schwankungen ausgesetzt ist. Mit der Masse dieser Tauschmittel wuchs das Vertrauen auf die Stabilität und auf die möglicherweise noch bessere Gestaltung der Zustände. Das Exportgeschäft wurde immer kolossaler; mit ihm steigerte sich der Unternehmungsgeist, und unter dem günstigen Zusammenwirken der übrigen Lebensbedingungen entfaltete es sich in fast allen Zweigen der Production zum üppigsten Leben. Hunderte und Tausende von Millionen wurden allein in Deutschland für Eisenbahnen, für Dampfschiffe, für Bergwerke, für Spinnereien, für chemische Fabriken u.s.w. aufgewendet.«[31] Und so war es auch in anderen europäischen Industriestaaten.

Die moderne ökonomische Theorie der rationalen Erwartung – aber auch die neumodische *property rights*-Theorie – ist somit älter als die mit Wirtschaftsgeschichte wenig vertrauten Ökonometriker annehmen. Denn wenn das »Vertrauen auf die Stabilität« der Zustände, ganz gleich ob im Handwerk, in der Industrie oder auf den Finanzmärkten, verlorenging, dann hatten die Gewerbetreibenden, die Kaufleute oder die Geldverleiher zu allen Zeiten einen schweren Stand, wenn sie nicht gar in den Konkurs oder Ruin getrieben wurden. Es ist wegen einer zunehmenden Divergenz zwischen philosophischer Spekulation und konkreter Forschung zu wenig beachtet worden, daß diese Dinge in der Realität viel komplizierter sind als in der Theorie. Man hat sich trotzdem nicht gescheut, eine *Philosophie* des Geldes zu entwickeln, in der Geld zu jenen Gewalten gehört, »deren Eigenart gerade in dem Mangel an Eigenart besteht, die aber dennoch das Leben sehr verschieden färben können, weil das bloß Formale, Funktionelle, Quantitative, das ihre Seinsart ist, auf qualitativ bestimmte Lebensinhalte und -richtungen trifft und diese zur weiteren Zeugung qualitativ neuer Bildungen bestimmt«.[32] Georg Simmel (1858–1918), dem wir diese philosophischen Ergüsse verdanken, galt um die Jahrhundertwende als einer der einflußreichsten Intellektuellen, dem als Jude lange eine akademische Karriere verwehrt blieb. Wir sollten uns heute nicht mehr blenden lassen von solchen gewaltigen dialektischen Verdrehungen, die die Eigenarten von Geld *sehr verschieden färben*, zum Verständnis seiner Funktion jedoch denkbar wenig beitragen.

Es scheint, als ob um die Jahrhundertwende – wer weiß, was uns bald bevorsteht – die wildesten Spekulationen in Umlauf kamen. So schrieb Michael Hainisch 1907: »Der Kapitalgewinn und mit ihm der Kapitalzins fließt weder aus einer besonderen Eigenschaft der Kapitalgüter noch aus der verschiedenen Wertschätzung der Güter seitens der einzelnen Personen, er hat nichts mit der Technik und nichts mit der menschlichen Psyche zu tun.«[33] Er glaubte, daß es in modernen Volkswirtschaften zu einer immer größeren Einschränkung der Konsumwünsche und der Artikelvielfalt kommen würde und sah in einem stationären Zustand ein erstrebenswertes Ziel! Werner Sombart behauptete, »in der Verfolgung eines so unwirtschaftlichen Zieles wie dem Gewinn ist es gelungen, Hunderte von Millionen Menschen, die früher nicht da waren, zum Leben zu verhelfen, ist es gelungen, die Kultur von Grund auf umzugestalten, sind Reiche gegründet und zerstört, Zauberwelten der Technik aufgebaut, ist die Erde in ihrem Aspekt verändert worden. Alles nur, weil eine Handvoll Menschen von der Leidenschaft ergriffen war, Geld zu verdienen«.[34] Mit dieser Aussage war er nicht weit von den bezaubernden Mythen antiker Wahrsager entfernt. Denn erstens war das Erzielen von Gewinn kein unwirtschaftliches Verhalten. Zweitens hat der Gewinn weder die antiken, römischen noch neuzeitlichen »Kulturen« umgestaltet oder zerstört. Drittens mußten Leidenschaften eher gezügelt werden, wenn viel Geld verdient werden sollte. Gewinn war gerade *nicht* ein notwendiger Faktor zur Industrialisierung, denn Gewinne hat es gegeben, seit Waren mit Geld bezahlt wurden.

Diese Zusammenhänge sind auch nicht von einem so weitsichtigen Wirtschaftshistoriker wie Lujo Brentano erkannt worden, der schrieb: »Vom zweiten punischen Krieg [218–201 v. Chr., H.K.] an treffen wir römische Söldnerheere. Um dieselbe Zeit dringt der Kapitalismus ein in die Lieferung des Kriegsmaterials und den Bau von Heeresstraßen. Bald wird der Ruhm der Generäle nach der Menge Geldes geschätzt, die sie nach Rom bringen, und Generäle, Statthalter, Zöllner wetteifern, fremde Völker und die Provinzen zu plündern. Der große Reichtum Roms war das Ergebnis des kapitalistisch organisierten Kriegs. Er wurde in Prachtbauten und nicht selten in sinnlosem Luxus verschwendet.«[35] Darin bestand ja ausdrücklich der »Sinn« dieser rücksichtslosen Eroberungszüge, auch wenn es in Rom Bestrebungen gab, den Luxus und das Gewinnstreben durch umfangreiche Aufwandsgesetzgebung und einer gesetzlichen Beschränkung von Handelsgeschäften zu bremsen.[36] Brentano war offenbar davon geblendet, daß aus allen Teilen des römischen Reiches »kapitalistische« *Reich*tümer der antiken Welt zusammenströmten, z. B. englische und spanische Metalle, orientalische Parfüme, phönizischer Purpur, chinesische Seide und babylonische Teppiche wurden nach Rom gebracht. Er ging zwar nicht so weit, zu behaupten, diese Geldsucht sei ein antikes Vorstadium des merkantilistischen Zeitalters gewesen, aber die Vorgänge gleichen sich, auch wenn dieses Verhalten so wenig mit dem *modernen* Kapitalismus zu tun hat wie die Plünderung fremder Völker durch deutsche oder japanische Truppen seit den 1930er Jahren.[37]

Max Weber hat zwischen *traditionalistischem* und *modernem* Kapitalismus unterschieden und geglaubt, es gehöre in die »kulturgeschichtliche Kinderstube«, die naive Vorstellung aufzugeben, daß ein Streben nach möglichst hohem Geldgewinn irgendetwas mit dem modernen Kapitalismus zu tun habe. In den heutigen »Kinderstuben« stehen aber eher Fernsehgeräte und/oder Computer, die zwar viel Kapital verschlingen, aus denen aber wenig über die Zusammenhänge zwischen Kultur und Kapitalismus herauszulocken ist. Möglichst hoher »Geldgewinn« hat aber seit der Antike nichts an seiner Attraktivität eingebüßt. Weber läßt deshalb den *modernen* Kapitalismus erst im 16. Jahrhundert beginnen. Dagegen argumentierte Brentano: »Der moderne Kapitalismus hat also im Handel, der Geldleihe und dem Kriegswesen seinen Anfang genommen; die auf kapitalistischer Grundlage organisierten Kriegszüge der Kreuzfahrer hatten als Rückwirkung das Eindringen der kapitalistischen Wirtschaftsordnung auch in das Gewerbe und die Landwirtschaft Italiens und anderer Länder mit aufblühendem Städtewesen.«[38] Nachdem kommunistische Planwirtschaftssysteme fast nur noch nebelhafte Chimären einer längst vergangenen Zeit sind und wir vielleicht hoffen können, daß der Kapitalismus nicht mehr als Teufelswerk gilt, verschwindet möglicherweise der Makel, der so lange dem Begriff *Gewinn* angeheftet wurde.

c) Investitionen als ökonomische Triebfeder

Das Unvermögen, klar zu unterscheiden zwischen Kapital als Geldvorrat und Kapital als Möglichkeit zu Investitionen zur Vermehrung von Profit, verleitet immer wieder zu falschen Schlüssen, was die »Natur« oder das »Wesen« des Kapitalismus sei. Diese Verwechselung läßt sich auf die naturrechtliche Anschauung zurückführen, daß Zinsen unstatthaft seien, weil ein Darlehen eine unentgeltliche Überlassung von Geld oder Kapital sei. Zum Beispiel ist es unrichtig, vom modernen Kapitalismus zu behaupten: »The uniqueness of this system was not that it used money, but rather that it used it for the first time in history *as capital to make profit*.«[39] Bei einer solchen Betrachtung wird dann schnell geschlossen, wie bereits erwähnt, daß die angebliche Ausbeutung der »Dritten Welt« durch europäische Industrienationen nur aufgrund von Profitinteressen erfolgte und die einen arm, gleichzeitig die anderen reich machte: »The overseas expansion of European capitalism resulted in the emergence of the Third World through the operation of imperialism.« Diese Ansicht einer imperialistischen Ausbeutung der Dritten Welt durch *den* europäischen Kapitalismus führt dann zu der monokausalen und deshalb falschen Interpretation: »In modern times imperialism has been the inevitable by-product of capitalism as it turned from internal to external markets in its *search for profits*.«

Bei dieser Verdammung des keineswegs humanen europäischen Imperialismus, der zur Durchsetzung seiner Ziele vor vernichtenden Kriegen in den eroberten Gebieten nicht zurückschreckte, wurde allerdings bis heute viel zu wenig berücksichtigt – vor allem bei Analysen der Ursachen der unbefriedigenden Industrialisierung sozialistischer und kommunistischer Staaten –, daß freie Verfügungsrechte über Eigentum sehr viel stärker wirtschaftliches Wachstum stimulieren kann als Gewinn oder Profit. Privateigentum ist in kapitalistischen Systemen eine Voraussetzung gewinnorientierten Wirtschaftens. Obwohl es in sozialistischen Staaten individuelle Rechte gegenüber dem Staat nicht gab – wie wir es in allen totalitären Staaten antreffen, die dafür das »Gemeinwohl« als Ersatz anbieten –, fehlte doch nicht das Streben nach Gewinn. Doch reichte dies nicht aus. Man hat in diesen Gesellschaften nicht einmal die simple Regel befolgt, daß es ökonomisch schädlicher ist, die kranke Henne »Kapitalismus« zu schlachten, anstatt sie gesund zu füttern, um dann aus den gelegten Eiern Kapital zu schlagen. Die Erkenntnis, daß individuelle Verfügungsgewalt über Eigentum eine Voraussetzung für die Anhäufung von Geld und Kapital ist, hatte schon Adam Smith, wenn er schreibt: »Jemand, der kein Eigentum erwerben kann,

kann auch kein anderes Interesse haben, als möglichst viel zu essen und so wenig wie möglich zu arbeiten.«[40]

Die neue, industrialisierungsfördernde Wirkung von Kapital in unserem Sinne besteht somit nicht darin, den durch Handwerker, Kaufleute oder Geldverleiher erzielten Gewinn anzuhäufen. Diese Form der Gewinnabschöpfung hätte die europäische Industrialisierung eher behindert als gefördert. Denn ein unbegrenztes Streben nach Reichtum widerspricht wohl keineswegs der Natur des Menschen, wie noch Weber glaubte, der eine *innerweltliche Askese* als ethische Voraussetzung an dessen Stelle setzte. Nach meiner Auffassung kommt es vielmehr darauf an, den Gewinn nicht »flüssig«, sondern »fest« zu machen, d.h. zu investieren, um durch diese Investitionen weitere, noch größere Gewinne zu erzielen. (Daran schließt sich, im größeren Rahmen, die *psychologische* Frage an, welche Motive Menschen veranlassen, mehr zu produzieren als sie konsumieren können, oder anders ausgedrückt: warum sie sparen.) Es wird bei einem historischen Rückblick deutlich, daß die seit dem 12. Jahrhundert ausgebildete kanonistische Wirtschafts- oder Zinstheorie, die zinslose Darlehen vorschrieb – zwischen 1227 und 1234 wurde sogar eine päpstliche Verordnung erarbeitet, durch die verzinsliche Seedarlehen ausdrücklich verboten wurden – und die nur in Ausnahmefällen davon dispensierte, zwar als »ein Hilfsmittel gegen Mißbräuche der inzwischen aufgekommenen Geldwirtschaft«[41] betrachtet werden kann, aber der ungebremsten Vermehrung von Investitionskapital für Jahrhunderte enge Zügel anlegte.

Schon im 15. Jahrhundert war das kanonische Zinsverbot, gemessen an den ökonomischen Bedürfnissen der damaligen Zeit, überholt. Nach dem Aufbruch in die Neue Welt war es wie ein zahnloser Hai in einem Meer eroberungslustiger und geldhungriger Kaufleute. Die eigentliche Rechtfertigung des kirchlichen Zinsverbotes bestand darin, zu verhindern, daß der schwächere durch den stärkeren Partner übervorteilt und vielleicht hintergangen wurde. Bernhard Laum benennt einen solchen Abwehrversuch der katholischen Kirche: »Mit besonderer Schärfe hat der ›eiserne‹ Papst Sixtus V. in seiner berühmten Bulle ›Detestabilis‹ von 1586, die in der Geschichte des kirchlichen Zinsverbotes einen wichtigen Markstein bildet, derartige Bestrebungen verurteilt.«[42] Er konnte sich dabei auf Dtn 23, 19 und 20 berufen: »Du sollst von deinem Bruder nicht Zinsen nehmen, weder mit Geld noch mit Speise noch mit allem, womit man wuchern kann. / Von den Fremden magst du Zinsen nehmen, aber nicht von deinem Bruder, auf daß dich der Herr, dein Gott, segne in allem, was du vornimmst in dem Lande, wohin du kommst, es einzunehmen.« Gerade im Mittelalter versuchte die Gesetzgebung die mosaischen Zinsverbote für Christen aller Völker durchzusetzen. Dagegen war den Juden das Zinsnehmen gestattet und bei Kaufleuten wurde es meist stillschweigend geduldet.[43] Das Kanonische Recht (*Jus canonicum*) des Mittelalters, niedergelegt in den Beschlüssen der Konzile und den Dekreten der Päpste, enthielt eine Vielzahl von strafrechtlichen, zivilrechtlichen und prozessualen Vorschriften, was zu geschehen habe, wenn die Bestimmungen der katholischen Kirche nicht eingehalten wurden. Es begründete teilweise die weltliche Machtstellung der Kirche im Mittelalter.[44]

Die veränderten Ansichten über die Berechtigung von Zinsen in der calvinistischen Ethik seit dem Reformationszeitalter schufen dem Erwerbstrieb im Sinne einer freien Konkurrenz um die Nutzung knapper Ressourcen neue Wirkungsmöglichkeiten. Zwar hatte schon der Reichstag in Augsburg im Jahr 1500 versucht, eine fünf Jahre früher in Worms begonnene Reichs(finanz)reform abzuschließen, aber erst auf dem Reichstag 1530 rang man sich dazu durch, Fälle aufzuzählen, die zukünftig im Reich als verbotene, wucherische Kontrakte gelten sollten. Dazu gehörte z. B. die Einsetzung einer höheren Kapitalsumme in den Schuldbrief, als in Wirklichkeit gezahlt worden war; die Festsetzung ungebührlich hoher Verzugszinsen; der Zuschlag einer Provision; ein Dienstgeld für die Beschaffung des Kapitals; die Steigerung der Zinsen durch ein besonderes Aufgeld zu den vier Quartalsterminen; die Auszahlung des Darlehens in (silbernen) Münzen, wenn im Schuldschein der Betrag in Gold eingesetzt worden war; betrügerisch hohe Festsetzung von Warenpreisen oder unangemessen niedrige Preise. Solche Kontrakte sollten mit der Einziehung von einem Viertel des Kapitals bestraft werden, während bei den erlaubten Geschäften mit Realkrediten das Zinsmaximum auf fünf Prozent festgelegt wurde. Das zinstragende *Darlehen* galt weiterhin als rechtsungültig, während der »Rentkauf« – teilweise mit einer Verzinsung von 10–14 % – zulässig war. Selbst das Reichskammergericht sah bis zum Jahr 1571 jede Zinsnahme bei normalen Darlehen als Wucher an![45]

Diese Maßnahmen des Reichstags kamen jedoch zu spät, denn durch die neue »Ethik« wurden die mittelalterlichen Schranken endgültig beseitigt. Die protestantische Reformation hatte diese Reformen zwar nicht ausgelöst, aber beschleunigt. Doch innerhalb dieser Bewegung konnte man sich nicht auf ein einheitliches Konzept einigen, was als Wucher anzusehen sei. Anders als Luther argumentierte Johannes Calvin (1509-1564), daß von dem (finanziellen) Erfolg des Menschen auf seine Erwähltheit geschlossen werden könne. Der Franzose Pierre Du Moulin (1568-1658) verbreitete diese Lehre, nachdem die katholische Kirche ihn verurteilt hatte, auch in Deutschland. Dort hatte er Zuflucht gefunden und entfaltete in protestantischen Kreisen eine bedeutsame Wirksamkeit, indem er massiv gegen »unwissende Kanonisten und heuchlerische Theologaster« zu Felde zog. Die Anhäufung von Reichtümern, auch in Form von Geld und Gold, war nach dieser Lehre nicht mehr Teufelswerk, sondern konnte als Beitrag zum Ruhm Gottes auf Erden angesehen werden. Wir können aufgrund dieser wenigen Andeutungen vielleicht besser erkennen, daß sich jene Staaten, in deren Wirtschaften die Kaufleute und der Außenhandel eine große Rolle spielten, eher dem Calvinismus öffneten als Agrarstaaten.

Der niederländische Rechtsgelehrte Hugo Grotius (1583-1645) hat in seiner Schrift *De iure belli ac pacis* (Vom Recht des Krieges und des Friedens) von 1625 die Berechtigung von Zinsen beim Geldverleih mit aller Entschiedenheit verteidigt. Er stand am Anfang einer *wissenschaftlichen* Auseinandersetzung über die finanziellen Folgen von Wucherlehren, die Zinsnahmen verboten. Schon der oben erwähnte Augsburger Reichsschluß von 1530 hatte den sogenannten »Judenwucher« ausdrücklich aufgehoben, denn es lag gerade im Interesse der Städte und des Handels, daß zinsbare Darlehen anerkannt wurden, damit der Personalkredit weiter ausgedehnt werden konnte. Dazu schrieb Sombart 1911: »Diese Vergünstigungen, die den jüdischen ›Wucherern‹ während des Mittelalters zuteil werden, legen die Vermutung nahe, daß doch auch irgendwie etwas persönlich Eigenartiges an diesen Juden gehaftet habe, weshalb man gerade sie und niemand anders in der Stadt als Pfandleiher haben wollte. Gewiß bevorzugte man sie, damit die Christenmenschen nicht mit der Sünde des Zinsennehmens befleckt wurden. Aber nur darum? Waren sie nicht auch die

›geschickteren‹ Geldmänner? Läßt sich überhaupt diese jahrhundertelange *glückliche* Leiherei, die immer wieder zu Reichtum führte, begreifen, ohne daß wir auch hier eine besondere Veranlagung bei denen, die sie übten, voraussetzen? Leihen ja: das kann jeder; aber erfolgreich leihen: das ist ohne bestimmte Geistes- und Charaktereigenschaften nicht denkbar.«[46] Einer der ersten Deutschen, der auf der Grundlage einer modernen Wirtschaftsgesinnung zu ungeheurem Reichtum und politischer Macht emporstieg, war Jakob Fugger.[47] Von ihm sagte Martin Luther (1483–1546), es könne nicht christlich und rechtmäßig zugehen, »wenn in einem Menschenleben so große, königliche Güter zusammengebracht werden«.[48] Die Sündhaftigkeit, die Luther dem Zinsennehmen unterstellte, widersprach jeder liberalen oder toleranten Gesinnung seiner Zeit, etwa der eines Erasmus von Rotterdam. Luthers Vorschlag eines Vorgehens gegenüber Kapitalgesellschaften gipfelte in einer wenig christlichen Maßnahme: Man müsse ihnen »einen Zaum ins Maul legen«!

Dieser kalkulatorische Geist, wie er vom Calvinismus vertreten wurde, ist eine echt kapitalistische Wirtschaftsgesinnung. Sie gewann einen entscheidenden Einfluß auf die weitere Entwicklung des Wirtschaftslebens, denn seit dem 16. Jahrhundert durchdrang Investitionskapital immer mehr den gesamten europäischen Wirtschaftskreislauf und verbreitete dadurch einen kapitalistischen Wirtschaftsgeist. Zu jener Zeit ist diese Gesinnung nur in Europa heimisch gewesen. Sie konnte auch nicht mehr durch solche »vermittelnden« Anordnungen wie die Heinrichs IV. von 1593 verdrängt werden, der durchsetzen wollte, daß Zinsen, die über acht Prozent hinausgingen, um ein Drittel verringert würden, während der Rest innerhalb von zwei Jahren zu zahlen sei. Der Ingolstädter Professor der Rechtswissenschaft (seit 1636) und spätere pfalz-neuburgische Hofkanzler (seit Juli 1653 bis Mai 1660), Caspar Manz (1606–1677), der als Rektor der Universität Ingolstadt den unmäßigen Zech- und Saufgelagen auch in seinem Traktat *An in christiana Republica Bachanalia etc. tolerari possint et debeant* entgegentrat, nannte solche Vorgehensweisen wie die Heinrichs IV. treffend »Zinsscharmützel«.[49] Damit wollte er vor der Gefahr warnen, die »ein gerichtlicher Bürgerkrieg, der alle produktive Arbeit, die jetzt [gemeint ist die Zeit des Dreißigjährigen Krieges, H.K.] mehr als jemals vonnöten ist, lahmlegt, die eine völlig unabsehbare Eigentumsverschiebung veranlassen würde«. Dieser calvinistische Geist des Kapitalismus hatte auch nicht das Geringste zu tun mit dem ἄπειρον (apeiron) von Aristoteles, einer angeblichen »Natur des Kapitals, sich ins Grenzenlose auszudehnen«,[50] was ja bis heute in den Maximierungstheoremen (z. B. der »Profitmaximierung«) nachklingt.

Die Herabsetzung des Zinssatzes mit rückwirkender Kraft, wie es bei italienischen Staatsanleihen üblich war, konnte ebenfalls den neuen kapitalistischen Geist nicht in Fesseln schlagen. Je weiter sich nämlich Handel und Gewerbe ausdehnten, um so weniger war man in der Lage, Darlehens- bzw. Kapitalbedürfnisse mit der Androhung von Strafen oder mit Wucherlehren in Schach zu halten. Es ist das bleibende Verdienst von Max Weber, auf diese Zusammenhänge zwischen modernem Kapitalismus und moderner Zinstheorie in seiner *Protestantischen Ethik* mit allem Nachdruck hingewiesen zu haben. Weber hat klar erkannt, daß nicht das Streben nach größtmöglichem Gewinn, nach kapitalistischem Reichtum, nach sozialem Prestige und politischer Macht, sondern eine ethisch untermauerte Maxime die modern-kapitalistische Dynamik ausgelöst hat. Seine scheinbar wertfreie Analyse hat allerdings dazu geführt, anzunehmen, daß eine solche »Ethik« auch moralisch zu akzeptieren, daß Erwerbs*gier* ethisch zu verklären sei. Nicht nur deswegen hat Brentano es »als den Hauptfehler Webers bezeichnet, daß er die heidnische Emanzipation vom Traditionalismus, die von Italien ausging, ganz vernachlässigt«[51] habe. Die puritanische Ethik sei, so Brentano, die traditionalistische Wirtschaftsethik des Kleinbürgertums gewesen. Dieser »Geist« hat jedoch mit dazu beigetragen, weil er auch von Ausbeutern und Geldgierigen verantwortungslos vertreten wurde, daß die Industrielle Revolution in allen ihren vielfältigen Erscheinungen bis heute von einigen Kritikern in den dunkelsten Farben gemalt wird.

d) Sehnsucht nach (Verteilungs-)Gerechtigkeit

Die Sehnsucht nach der »guten alten Zeit« ist bei Kritikern von Europas Industrialisierung öfter, als man annehmen sollte, eine »Sehnsucht« nach den von Seuchen, Hungersnöten und Kriegen heimgesuchten vorindustriellen Perioden. So schrieb schon Eduard Gans (1797–1839), Hegelschüler und Lehrer von Karl Marx, in einem Aufsatz *Paris im Jahre 1830*, daß die mittelalterlichen Zünfte noch eine *organische* Arbeitsordnung gehabt hätten. Dagegen: »Man besuche die Fabriken Englands, und man wird Hunderte von Männern und Frauen finden, die abgemagert und elend, dem Dienste eines Einzigen ihre Gesundheit, ihren Lebensgenuß, bloß der ärmlichen Erhaltung wegen, zum Opfer bringen. Heißt das nicht Sklaverey, wenn man den Menschen wie ein Thier exploitirt, auch selbst, wenn er frei wäre sonst vor Hunger zu sterben? Soll in diese elende Proletarier kein Funke von Sittlichkeit gebracht werden können? sollen sie nicht erhoben werden dürfen zur Theilnahme an Demjenigen, was sie jetzt geist- und gesinnungslos thun müssen?«[52] Die Rousseausche Maxime »Zurück zur Natur!« hat offenbar auch Gans beseelt. Wenn wir nicht wüßten, daß Hungerkatastrophen, Seuchenepidemien, Kriege, Kreuzzüge und Hexenverbrennungen sowie Judenverfolgungen sich in den Jahrhunderten vor der Industrialisierung – nicht nur im Mittelalter – häuften, könnte diese Darstellung von Gans als der Höhepunkt der Unsittlichkeit in der Menschheitsgeschichte angesehen werden. Aber ist es denn nicht wenigstens ein bewegender Appell für mehr Gerechtigkeit?

Diese Kritik an den unmenschlichen Zuständen des kapitalistischen Systems ist von Friedrich Engels in seiner Schrift *Die Lage der arbeitenden Klassen in England*, die zuerst im Jahr 1845 erschien, mit statistischem Material ausgewalzt worden. Seit er den Mythos einer idyllischen Einfachheit und Beschaulichkeit vorindustrieller Zustände verbreitete, versuchen nicht nur marxistische Autoren die Ansicht zu popularisieren, das Arbeiterelend in fast allen europäischen Staaten während der frühen Industrialisierung sei fast ausschließlich durch die Errichtung von Fabriken entstanden. Eine objektive Analyse der Vor- und Nachteile der europäischen Industrialisierung ist dadurch lange Zeit erschwert worden. Engels schrieb: »Vor der Einführung der Maschinen geschah die Verspinnung und Verwebung der Rohstoffe im Hause des Arbeiters. Frau und Töchter spannen das Garn, das der Mann verwebte oder das sie verkauften, wenn der Familienvater nicht selbst es verarbeitete. Die Weberfamilien lebten meist auf dem Lande, in der Nähe der Städte, und konnten mit ihrem Lohn ganz gut auskommen, da der heimische Markt noch für die Nachfrage nach Stoffen entscheidend, fast der einzige Markt war und die mit der Eroberung fremder Märkte, mit der Ausdehnung des Handels später hereinbrechende Übermacht der Konkurrenz noch nicht fühlbar auf den Arbeitslohn drückte ... So kam es, daß der Weber meist imstande war, etwas zurückzulegen und sich ein kleines Grundstück zu pachten, das er in seinen Mußestunden – und deren hatte er so viele als er wollte, da er weben konnte, wann und wielange er Lust verspürte – bearbeitete ...

Auf diese Weise vegitierten die Arbeiter in einer ganz behaglichen Existenz und führten ein rechtschaffendes und geruhiges Leben in aller Gottseligkeit und Ehrbarkeit, ihre materielle Stellung war bei weitem besser als die ihrer Nachfolger; sie brauchten sich nicht zu überarbeiten, sie machten nicht mehr, als sie Lust hatten, und verdienten doch, was sie brauchten, sie hatten Muße für gesunde Arbeit in ihrem Garten oder Felde, eine Arbeit, die ihnen selbst schon Erholung war, und konnten außerdem noch an den Erholungen und Spielen ihrer Nachbarn teilnehmen; und alle diese Spiele, Kegel, Ballspiel usw., trugen zur Erhaltung der Gesundheit und zur Kräftigung ihres Körpers bei. Sie waren meist starke, wohlgebaute Leute, in deren Körperbildung wenig oder gar kein Unterschied von ihren bäurischen Nachbarn zu entdecken war. Ihre Kinder wuchsen in der freien Landluft auf, und wenn sie ihren Eltern bei der Arbeit helfen konnten, so kam dies doch nur dann und wann vor, und von einer acht- oder zwölfstündigen täglichen Arbeitszeit war keine Rede.«[53] Es kann hier nicht näher auf die Verdrehungen und Verfälschungen in Engels' Darstellung eingegangen werden.[54] Weil aber bis heute eine historisch unhaltbare Kritik an Industrialisierung und Technikentwicklung nicht verstummt ist, soll wenigstens auf einen unübersehbaren Sachverhalt hingewiesen werden: Der Wohlstandszuwachs für alle Schichten der europäischen Gesellschaft durch die Industrialisierung in einem Zeitraum von etwa 100 Jahren übertrifft bei weitem den Zuwachs in allen vergleichbaren Perioden der Menschheitsgeschichte.

Es ist vielleicht erhellend, um das Ausmaß der ideologischen Verblendung von Gans, Engels u. a. besser erkennen zu können, eine Passage aus dem Buch von Sir Edward Baines (1800–1890) *Geschichte der brittischen Baumwollenmanufactur* zu zitieren, in der dieses Mitglied des englischen Unterhauses etwa zur gleichen Zeit, 1835, solche Verdrehungen zurechtrückt.

Gleich nach Erscheinen dieses Buches ist es von Christoph Bernoulli (1782–1863), Technologe und Statistiker an der Universität Basel, Nachfahre der berühmten protestantischen Gelehrtenfamilie aus Antwerpen, die nach 1570 als Glaubensflüchtlinge über Frankfurt am Main nach Basel kamen, und der neben der Veröffentlichung vieler Bücher über Technik und Maschinenwesen das *Schweizerische Archiv für Statistik und Nationalökonomie* herausgab, ins Deutsche übersetzt worden. Baines schrieb:»Beim Regierungsantritt Georgs III (1760) ernährte die Baumwollenfabrication schwerlich mehr als 40,000 Menschen; und jetzt da Maschinen erfunden sind, mittelst deren *Ein* Arbeiter so viel Garn zu erzeugen vermag als damals 200 oder 300, Einer so viel Zeug drucken kann als damals 100, finden ihrer an 1,500,500 oder 37 mal so viel dabei ihr Brod. Und dennoch gibt es jetzt noch viele, ja Gelehrte und Parlamentsglieder, die so unwissend, oder durch Vorurtheile so verblendet sind, daß sie pathetische Klagen über die Zunahme und Ausdehnung des Maschinenwesens erheben. Man sollte glauben, die Geschichte der Kattunfabrication zumal habe längst allen diesen Jeremiaden ein Ende gemacht, oder man würde solche bloß etwa von einzelnen Arbeiterclassen zuweilen vernehmen, denen allerdings gewisse Veränderungen zunächst und vorübergehend wenigstens nachtheilig seyn können. Es gibt nämlich Leute, die, wenn sie hören, daß 150,000 Menschen in unsern Spinnereien jetzt so viel Garn erzeugen, als mit dem Handrädchen 40 Millionen kaum spinnen könnten, dieß für ein großes Übel halten. Diese Leute scheinen die abgeschmackte Meinung zu hegen, daß, wären keine Maschinen vorhanden, die Fabrication wirklich so vielen Millionen Menschen Beschäftigung gäbe, und bedenken nicht, daß ganz Europa zu dieser Arbeit nicht hinreichte, und daß sich in diesem Falle der fünfte Theil aller Bewohner bloß mit Baumwollenspinnen abgeben müßte!«[55] Unter Intellektuellen – von der breiten Öffentlichkeit gar nicht zu sprechen – scheinen pessimistische Katastrophenberichte schon immer größeren Anklang und Aufmerksamkeit gefunden zu haben als nüchterne und möglichst objektive Beschreibungen wie die von Baines. Nur aufgrund dieser geschilderten, ungeheuren Produktivitätszunahme konnte sich ein größerer Wohlstand ausbreiten. Sie war die Voraussetzung für eine größere Verteilungsgerechtigkeit.[56]

Eine wichtige Ursache für diese allgemeine Zunahme des

Wohlstands in Europa lag in der neuartigen Verwendung von Kapital. Eine andere Ursache lag darin, daß die Aufklärung die Idee der Gleichheit, im ökonomischen Sinn einer materiellen Verteilungsgerechtigkeit, propagierte. Sie war ein Teil der kapitalistischen Gesinnung, auch wenn sie nicht allgemein praktiziert wurde. Erst im 18. Jahrhundert ist diese kapitalistische Gesinnung nach Nordamerika und in der 2. Hälfte des 19. Jahrhunderts auch nach Japan verpflanzt worden. Sie hat in (West-) Europa und in anderen Industriestaaten zu einem solch hohen und weitverbreiteten Wohlstandsniveau geführt, daß wir möglicherweise die Gefahr eines Rückschlags übersehen oder für gering halten und glauben, daß uns dieser Reichtum quasi für alle Zeiten in die ökonomische Wiege gelegt sei. Schon Max Weber[57] stellte fest, daß es dem präkapitalistischen und, wie ich hinzufügen möchte, heute vielleicht manchem postkapitalistischen Menschen so rätselhaft und unfaßbar, ja verächtlich erscheint, daß es Zeitgenossen gibt, die den Sinn ihres Lebens in (fast) nichts anderem sehen, als in der unablässigen Anhäufung von materiellen Gütern, von Investitionskapital. Bei einer Kritik des Gewinnstrebens von Unternehmern, die ihre Reichtümer nicht nur für Luxuskonsum, sondern auch zu produktiven Investitionen verwenden, wird leicht übersehen, daß diese Menschen damit wesentlich zum Funktionieren und Fortschreiten unseres Industriekapitalismus beitragen.[58]

Wie groß der Unterschied in diesen Auffassungen von den Ursachen und Wirkungen von Kapital und sein Einfluß auf den Wunsch nach einer gerechten Verteilung von finanziellem Wohlstand bereits im 16. Jahrhundert gewesen ist, wird erst deutlich, wenn wir die calvinistische und lutherische Ansicht vom Wucher gegenüberstellen. So schrieb ein lutherischer Prediger aus Eisleben 1565 in einer Schrift *Wider den verfluchten Wucher*: »Die Wuecherer vnd Geitzhelse aber / machen sich selbst aus vernuenfftigen Menschen / wider die Natur zu Sewen vnd unvernuenfftigen Thieren / in dem das sie mit allen vieren / das ist mit hertz / mut / sinn / gedancken / tichten / trachten / wollen / begeren / hoeren / sehen / reden / gehen / stehen / in dem zeitlichen ligen / vnd in jren Talern vnd Goltguelden / nicht anders wie naturliche Sewe mit jren vnfletigen Roesslen / in jren Trebern vnd Kleien vmbwuelen / vnd nicht einmal uber sich sehen / vnd gedencken das ein Gott im Himmel sey / oder ein ander leben zu gewarten.«[59] Wir können nach diesen Ausführungen vielleicht leichter die Auffassung teilen, daß Investitionskapital für die europäische Industrialisierung zu einem notwendigen Faktor wurde. Ohne diesen »Schmierstoff« wären wir »unvernünftige Tiere« geblieben, von denen einige sicher viele Taler und Goldgulden angesammelt hätten. Die meisten Menschen hätten jedoch, wie heute noch in vielen Staaten der Erde, in denen der Wohlstand mindestens so ungleich verteilt ist wie in Europa zu Beginn der Industrialisierung, ein elendes Leben führen müssen.

2. Die Technik

a) Erfindungen und Neuerungen

Die Geschichte der Technik weist viele Beispiele dafür auf, daß Erfindungen zu allen Zeiten seit dem Neolithikum und nicht nur in Europa gemacht wurden.[1] Es scheint also nicht möglich, einen direkten Zusammenhang mit europäischen Entwicklungen herzustellen, um zu zeigen, daß dieser Faktor gerade in unseren Breiten eine besondere industrielle Dynamik auslöste. Worin lag, so ist deshalb zu fragen, die technologische Fortschrittlichkeit Europas, daß dieser Faktor während der beginnenden Industrialisierung herausragende Bedeutung erlangte? Es ist hier nicht der Ort, die vielverzweigten Stationen in der Geschichte der europäischen Technik nachzuzeichnen, aber eines können wir feststellen: Gewiß waren es nicht die Wasserräder oder Windmühlen, die Walken oder Schmiedehämmer, die Göpel oder Erzpochwerke, die von entscheidender Bedeutung für den Durchbruch des Industriezeitalters gewesen sind. Sonst könnten wir tatsächlich, wie dies gelegentlich getan worden ist, von Industriellen Revolutionen im Mittelalter oder in der Frühen Neuzeit sprechen.[2] Ja wir müßten sogar in die römische Kaiserzeit zurückgehen, als z. B. der römische Ingenieur Vitruv (um 84–27 v. Chr.) uns in seinem Buch *De architectura libri decem* von Wassermühlen mit Zahnrädern zum Getreidemahlen berichtet.[3] Im *Epigramm des Antipatros* von Thessalonike heißt es von einem solchen oberschlächtigen Wasserrad:

»Laßt die Hände nun ruhn, ihr Mädchen vom Mahlstein;
Schlaft länger, wenn auch das Krähen des Hahnes den
  Morgen ankündigt.
Ceres hat ihren Nymphen befohlen, eurer Hände frühere
  Arbeit zu tun.
Von oben auf das Rad springen die Geister des Wassers.
Drehen die Achse und mit ihr die Speichen des Rads, das
  wirbelnd umläuft,
Dadurch die schweren, zermalmenden Mühlsteine tan-
  zen lassend.«[4]

Im 12. Jahrhundert stimmte ein Zisterziensermönch aus dem Kloster Clairvaux einen Lobgesang auf die Benutzung der Wasserkraft zu gewerblichen Zwecken an. Moderne Technikhistoriker waren davon so begeistert, daß sie die unhaltbare These aufstellten, diese Entwicklung sei vergleichbar mit der Erfindung der Dampfmaschine. Er schrieb: »Der Teil des Flusses aber, der in die Abtei eindringt, soweit es die Mauer zuläßt, stürzt sich als erstes mit Macht auf die Mühle, wo er sich geschäftig tummelt, sowohl um das Korn unter dem Druck der Mühlsteine zu mahlen, als auch um das zarte Sieb zu bewegen, welches das Mehl von der Kleie trennt. Doch schon ist er im nächsten Haus, füllt den Kessel und übergibt sich dem Feuer, das ihn aufkochen läßt, um für die Mönche ein Getränk zu bereiten ... Er hebt und senkt im Wechsel die schweren Stampfen oder Hämmer ... und erspart den Walkern große Mühen. Gnädiger Gott!« usw.[5] Auch hier trifft zu, was schon oben gesagt wurde, daß *ein* Faktor allein nicht ausreichend sein kann, um eine ökonomische, soziale und politische Revolution solchen Ausmaßes erklären zu können. Dieser eigentlich selbstverständliche Umstand ist in ökonomischen und wirtschaftshistorischen Analysen wenig beachtet worden. Es wird noch heute häufig die Ansicht vertreten, daß die Technikrevolution die eigentliche Triebkraft der ökonomischen Umwälzungen seit dem 18. Jahrhundert gewesen sei. In neueren Studien wird zwar erkannt, daß es keine einfache Gesetzmäßigkeit gibt, mit deren Hilfe man einen Zusammenhang zwischen technischen Neuerungen und wirtschaftlichem Wachstum konstruieren könnte, doch es wird weiterhin für die Erklärung der außergewöhnlichen Prosperität westeuropäischer Industriestaaten an der These festgehalten, daß der langanhaltende wirtschaftliche

Aufschwung »eng mit dem technischen Fortschritt verknüpft«[6] sei.

Das Kriterium für die Entwicklung einer Technik, die für die Industrialisierung unabdingbar war, besteht in der Feststellung und Abgrenzung des Zeitraums, während dem von der Hand-Werkzeug-Technik zur Maschinen-Werkzeug-Technik übergewechselt wurde.[7] Der Zeitpunkt dieses Übergangs ist zwar von Staat zu Staat verschieden und es gibt zeitliche Überlappungen, in denen noch beide Techniken benutzt werden, aber als Kriterium ist diese Unterscheidung nützlich. Um dies an einigen Beispielen zu verdeutlichen. Die Techniken des Schmiedens oder Drechselns, die durch Wind, Wasser oder Göpel angetriebenen Mühlen oder Hämmer, das Uhrmacherhandwerk oder das des Instrumentenbaues, ja selbst die Herstellung von Seidenzwirnmaschinen oder Bandwebestühlen, gehören alle zur Epoche der Hand-Werkzeug-Technik. Wie der Name bereits sagt, ist diese Technik dadurch gekennzeichnet, daß Werkstoff und Werkzeug durch Menschenhände bearbeitet werden. Ähnliche technische Abläufe finden wir bei der manuellen Pulverisierung von Erzen oder dem Zermahlen von Getreide mit einem Mühlrad etc. Selbst wenn die Arbeit durch die Hilfe von Vorrichtungen erleichtert wird, wie etwa bei den Pochwerken oder beim Stampfen zum Zerkleinern von Erzen, von Lumpen in der Papierherstellung oder dem Auskeltern von Weintrauben, können wir von Hand-Werkzeug-Technik sprechen.

Eine qualitativ höhere technische Stufe beginnt mit wissenschaftlichen Überlegungen und Experimenten, deren Anfänge auf den genialen Leonardo da Vinci (1452–1519) zurückgehen. Sie führten in einem mehrhundertjährigen Entwicklungsprozeß zur vollständigen Erneuerung der Energietechnik. Es gelang dem Menschen, für den Antrieb von Vorrichtungen *mechanische* Energie zu verwenden. Leonardo steht mit seiner überschäumenden Phantasie, mit seinen Konstruktionen von Brennspiegeln, Drehbänken, Druckpumpen, Fallschirmen, Kränen, Schleudern oder Taucherglocken etc. als eine Ausnahmeerscheinung von technischer und künstlerischer Genialität an der Wende zu einem neuen Zeitalter. Doch er war nicht nur ein Protagonist von Radschiffen bis zu Flugmaschinen, sondern leider auch ein »Meister und Hersteller von Kriegsgeräten«.[8] Das kommt in einem berühmt gewordenen Entwurf eines Briefes an den Mailänder Lodovico Sforza, in dessen Dienste

Leonardo von 1483 bis 1499 trat, deutlich zum Ausdruck. Dort heißt es u. a.: »Ferner werde ich sichere und unangreifbare gedeckte Wagen bauen, die mit ihren Geschützen durch die Reihen des Feindes fahren [man wird an Panzer erinnert, H.K.] und jeden noch so großen Haufen von Bewaffneten zersprengen werden. Hinter ihnen können die Fußsoldaten fast unangefochten und völlig ungestört folgen.

Ferner werde ich, wenn nötig, Bombarden, Mörser und Pasvolanten [etwas Ähnliches wie Raketen, H.K.] von sehr schöner und zweckmäßiger Form machen, wie sie nicht allgemein gebräuchlich sind.

Wo die Wirkung der Bombarden versagt, da werde ich Katapulte, Wurf- und Schleudermaschinen (*briccole, mangani, trabucci*) und andere ungebräuchliche Geräte von wunderbarer [Kriegsgeräte sind ja immer wieder als »Wunderwaffen« angesehen worden, H.K.] Wirksamkeit herstellen. Kurzum, ich werde je nach den verschiedenen Umständen allerlei verschiedene Angriffs- und Verteidigungsmaschinen bauen.«[9] Wie wir diese Erfindungen Leonardos auch beurteilen, es scheint mir unbestreitbar, daß erst die Erfindung des mechanischen Antriebs unsere Welt grundlegend veränderte.

Da ich später, im 4. Abschnitt dieses Kapitels, die wissenschaftlich-technische Rückständigkeit in Großbritannien behandele, möchte ich hier noch einmal betonen, daß es eine bleibende, vielleicht sogar die größte Errungenschaft der Menschheitsgeschichte ist, oder in Porters pathetischen Worten, »the greatest advances in civilization that can be found recorded in the annals of mankind«,[10] daß auf der kleinen Insel England, die auch einen Isaac Newton, John Locke und Adam Smith hervorgebracht hat, die Energietechnik und die moderne Technologie zum Durchbruch kam. Viele Ursachen sind dafür verantwortlich, daß es gerade Engländer waren, die im 18. Jahrhundert die ganze übrige Welt in diesem Zweig weit hinter sich ließen. Wichtig war vor allem, daß sie die besten sozialen und ökonomischen Ausgangsbedingungen und die größten materiellen Anreize besaßen und zur Wirkung kommen lassen konnten. Schon in den 1690er Jahren – in Frankreich wurde 1791 ein Patent-Gesetz erlassen, in Deutschland erst am 25. Mai 1877 – sollen englischen Erfindern 120 Patente gewährt worden sein.[11] In dem 1830er Jahrzehnt waren es dann 2453 Patente. Wenn Arthur Shadwell, der diese Vorrangstellung Englands im

18. Jahrhundert genau kannte, noch Anfang des 20. Jahrhunderts feststellte: »Maschineller Erfindungsgeist und Initiative sind nicht unter den natürlichen Gaben der deutschen Nation«[12] zu finden, so maß er der »Natur« wohl zu großes Gewicht bei. Denn in keinem anderen Land Europas wurde der Erfindungs*druck* so stark wie in Großbritannien. Dies erkennen wir, wenn wir einige der bekanntesten Erfindungen Revue passieren lassen.

Gleichgültig, ob wir das *Statute of Monopolies* von 1624 als den Beginn der englischen Aufzeichnungen von Erfindungen ansehen, ob wir kritisch darauf hinweisen, daß die englische Gesetzgebung erst 1852 ein *Patent Office* für das ganze Königreich errichtete, oder ob wir die Ungenauigkeiten beklagen, die bei der Handhabe der Patente aufgetreten sind.[13] Es bleibt die Flut von Inventionen und Innovationen im Großbritannien des 18. Jahrhunderts. Ich möchte lediglich einige Beispiele aus dem 18. und frühen 19. Jahrhundert erwähnen: Die kolbenlose Dampfpumpe eines Thomas Savery (1650–1715), die atmosphärische Kolbendampfmaschine von Thomas Newcomen (1663–1729) – die übrigens, wie Cromptons *mule*, niemals patentiert wurde –, die Streckwalzen- und Flügelspindel-Spinnmaschine von Richard Arkwright (1732–1792), die »Jenny«-Spinnmaschine von James Hargreaves (1720–1778), die »Mule-Jenny«-Spinnmaschine von Samuel Crompton (1753–1827), der mechanische Webstuhl von Edmund Cartwright (1743–1823), die Schraubenschneidemaschine von Henry Maudslay (1771–1831), die Bohrmaschine von John Wilkinson (1728–1808), die Erfindung des Puddelprozesses und der dampfgetriebenen Eisenwalzmaschine von Henry Cort (1740–1800), die Dampfmaschine von James Watt (1736–1819) und schließlich die Dampflokomotive, die Richard Trevithick (1771–1833) mit seiner Hochdruck- und Verbunddampfmaschine vorbereitete. Trotz dieser überwältigenden englischen Erfindertätigkeit scheint es mir unkorrekt, wie dies Angus Maddison tut, zu behaupten: »Die Technik des 19. Jahrhunderts nahm ihren Ursprung zum größten Teil in England und wurde auf die *Verfolger*-Staaten *übertragen.*«[14]

Es ist aber weiterhin erstaunlich und noch längst nicht vollständig erklärt, warum fast alle bahnbrechenden Erfindungen im 18., nicht im 19. Jahrhundert ihren Ausgangspunkt auf den britischen Inseln nahmen. Neben dem großen technischen

Problemstau spielte wohl ebenfalls eine Rolle, daß England in diesem Jahrhundert vom »Handelsgeist überwuchert«[15] wurde. Viele Engländer »were proud of their country's technical achievements and a few recognized their potentiality for economic growth«.[16] Damit soll nicht gesagt werden, daß es in anderen europäischen Ländern, in Frankreich, Belgien, Österreich oder Deutschland keine hervorragenden Erfinder oder Forscher gegeben hätte. Eine solche Auffassung wäre selbst für das 18. Jahrhundert völlig unhaltbar. Vielmehr soll auf den wichtigen Umstand hingewiesen werden, daß das Zusammenwirken von Technologie und Industrieller Revolution in keinem anderen Land Europas als in England vor dem 19. Jahrhundert stattfand. England war nicht nur die *Werkstatt der Welt*, in der die neuesten Produkte auf mechanischem Wege hergestellt wurden, sondern ebenso die *Technikschmiede der Welt*. Trotzdem darf aus dieser technischen und maschinellen Vorrangstellung nicht der falsche Schluß gezogen werden: »Die Maschinentechnik führte zur Industrialisierung«.[17] Denn Technik war eben nur einer unter vielen Faktoren.

b) Sucht nach Nachahmung

Warum waren denn gerade die *technischen* Neuerungen so gefragt? Das englische Regierungssystem wollte kein kontinentaleuropäischer Staat »nachahmen«! Technik wurde zur Sucht. Hunderte oder vielleicht sogar Tausende von Handwerkern, Technikern und staatlichen Vertretern reisten im späten 18. und frühen 19. Jahrhundert in die »Werkstatt der Welt«.[18] Diese Art von frühem Techniktourismus diente fast ausschließlich dazu, neue Techniken kennenzulernen, Blaupausen von Maschinen zu ergattern oder durch Industriespionage an diesen Fortschritten partizipieren zu können. Die englische Dominanz bei der Herstellung industrieller Produkte während etwa einem Jahrhundert, von 1750 bis 1850, ist mehr als erstaunlich. Im 16. Jahrhundert waren nämlich italienische und flämische Handwerker, von Leinenwebern über Drucker bis zu Goldschmieden in England hochwillkommen. Im 17. Jahrhundert waren es holländische Gewerbetreibende, die zur Einwanderung nach England ermuntert wurden: Weber, Schiffbauer, Kaufleute oder Entwässerungsfachleute. Wir können also annehmen, daß ein

Teil der technischen Vormachtstellung Englands auf einem »Technologietransfer« vom Kontinent beruhte.[19] Die englischen Regierungen sahen jedoch vor 1825/42 keine Veranlassung, einen technischen Rücktransfer zuzulassen und verboten die Auswanderung gelernter Handwerker und Unternehmer sowie die Ausfuhr englischer Maschinen.

Es konnte trotzdem nicht verhindert werden, daß sich einige englische Unternehmer, wie etwa John Cockerill (1790–1840),[20] seit Anfang des 19. Jahrhunderts in verschiedenen kontinentaleuropäischen Staaten etablierten und Industrieimperien aufbauten. Einige Lebensstationen dieser ungewöhnlichen Unternehmerpersönlichkeit sollen hier angeführt werden. Am 3. August 1790 in Haslington in der Grafschaft Lancashire geboren, übernahm er zusammen mit seinem Bruder James eine von seinem Vater eingerichtete Maschinenfabrik in Lüttich. Seine vielverzweigte Tätigkeit lenkte er von seiner Fabrik in Seraign aus, die er mit James 1816 mit einem Anlagekapital von 16 Millionen Francs errichtete. In ihr arbeiteten 2500 Arbeiter. 1833, drei Jahre nachdem der belgische Staat gegründet worden war, wurde John alleiniger Besitzer von Seraign. Sein Bruder hatte seinen Anteil 1825 an den König von Holland verkauft, der nach 1830 in Belgien keine Verfügungsrechte mehr besaß. John Cockerill, ein »Träger der belgischen Industrie und einer der Hauptgründer der Belgischen Bank«, ging von dort nach Frankreich, Deutschland, Spanien und Polen. Er gründete 60 verschiedene Unternehmen. Sie umfaßten Kohlenbergwerke, Eisenhütten, Maschinenfabriken, Spinnereien und Webereien, eine Glas- und eine Papierfabrik. Selbst in Surinam besaß er Plantagen. Die kriegerische Auseinandersetzung in Belgien im Jahr 1838 – erst im Londoner Protokoll vom 19. April 1839 erkannten die Niederlande die Unabhängigkeit Belgiens an – erschütterten das Vertrauen in die Cockerillschen Unternehmungen. Als die Belgische Bank 1839 ihre Zahlungen einstellte, mußte Cockerill seine Besitzungen und Unternehmen, außer denen in Seraign und Lüttich, verkaufen. Er ging nach Rußland – damals ein Mekka für Investoren – und begann im Auftrag und mit Unterstützung der russischen Regierung, neue Unternehmungen zu gründen. Auf einer Rückreise starb er am 19. Juni 1840 in Warschau.

John Cockerill war zwar eine herausragende Erscheinung, was den englischen Technologietransfer auf den europäischen

Kontinent betraf, aber er war keineswegs singulär. Das wirtschaftlich und technisch überlegene England hatte bis weit ins 19. Jahrhundert hinein einen so großen Vorsprung im »knowhow« gegenüber Kontinentaleuropa, daß englische Unternehmer, die England verließen, meistens sehr erfolgreich waren. Der umgekehrte Weg war jedoch viel ausgeprägter. Dazu noch einige Beispiele. Nach dem Ende der napoleonischen Kontinentalsperre, im Sommer 1814, reisten zwei Schweizer Unternehmer, Johann Caspar Escher (1775–1859) aus Zürich und Johann Conrad Fischer (1773–1854) aus Schaffhausen, unabhängig voneinander nach England.[21] Wie viele andere vor ihnen, wollten auch sie die fortschrittliche englische Industrie kennenlernen, um diese Kenntnisse in ihren eigenen Unternehmungen nutzbringend zu verwenden. Die große Dampfmaschinenfabrik Boulton & Watt in Soho (nahe Birmingham) muß diesen kleinen schweizer Maschinenbauern und Mechanikern Ehrfurcht eingeflößt haben. Fischer vertraute nach einem solchen Besuch seinem *Tagebuch* an, daß er erstaunt sei, »wie weit Fleiß, Verstand und Beharrlichkeit den Menschen bringen können.« Und Johann C. Escher schrieb in seinen *Briefen aus England* am 30. August 1814 aus Glasgow: »Ungeheuer ausgebreitet ist der Gebrauch von Dampfmaschinen in England, alle Fabriken, in denen öfters große Lasten gehoben oder anhaltende Bewegungen hervorgebracht werden müssen, besitzen dergleichen. Selbst bei einem Bratspießmacher sah ich gestern im Vorbeigehen eine niedliche kleine Dampfmaschine, die ihm seine Drehstühle und Räderschneidzeuge in Bewegung setzte und beinahe keinen Platz verschlug.«[22] War es da noch verwunderlich, daß eine richtige Sucht nach Nachahmung bestand? Und trotzdem fragte Fischer, als er 1825 erneut nach England reiste: »Sollen wir ... selbst nur immer die Nachahmer sein, und ist es nicht möglich, daß wir auch etwas Vorzügliches und Ausgezeichnetes im Industriefach ... aus uns selbst leisten werden?« Der technologische Vorsprung Englands war zwar riesig, aber es kommt in dieser Frage auch zum Ausdruck, uneinholbar war er nicht, wenn man es nur richtig anpackte.

Es waren aber nicht nur englische Unternehmer, die Großbritannien verließen, um auf dem Kontinent ihr materielles Glück zu suchen oder technische Neuerungen dort einzuführen. Der Kreis derjenigen, die die »Sucht nach Nachahmung« befriedigen sollten, war viel größer: Es wurden englische

Handwerker, Techniker oder Lokomotivführer mit horrenden Gehaltsangeboten in sich allmählich industrialisierende Staaten auf dem europäischen Kontinent gelockt. Diese hohe Vergütung beruhte zum einen darauf, daß die kontinentaleuropäische Industrialisierung nach 1815 noch so stark in den Kinderschuhen steckte, daß sie aus eigener Kraft sehr viel länger benötigt hätte, um die Rückstände zu verringern. Zum anderen gab es keine offizielle Anwerbung ausländischer Arbeitskräfte, d.h., Löhne und Gehälter mußten frei ausgehandelt werden. Wie so oft, wenn eine Nachfrage nach einer Sache sehr groß ist, leidet darunter die Qualität des Produkts. Zumindest kam es nicht selten vor, daß englischen Handwerkern und Technikern ihre vermeintliche Unentbehrlichkeit zu Kopf stieg. Sie verlangten Spitzengehälter, aber ihre Leistungen waren nicht Spitze. Manche lebten nach dem Motto:

»Arbeit in Accord
Ist des Leibes Mord!«[23]

Es gab zu jener Zeit, seit Beginn des 19. Jahrhunderts, aber auch – obwohl nur vereinzelt – einen Technologietransfer in die andere Richtung, nämlich vom europäischen Kontinent nach Großbritannien. Dazu ein kurzes Beispiel: Am 29. November 1814 wurde die Londoner Zeitung *The Times* zum erstenmal in der Geschichte der Buchdruckerkunst mit einer dampfmaschinengetriebenen Druckpresse mit zylindrischen Walzen gedruckt. Der Eislebener Friedrich Koenig (1774–1833)[24] war im November 1806, nachdem er in Deutschland und Rußland keine finanzkräftigen Geldgeber gefunden hatte, nach England emigriert. Nach einigen Anlaufschwierigkeiten, Geldgeber zu finden, begann er zusammen mit dem Mechaniker Andreas Friedrich Bauer (1783–1860) seine Druckmaschine zu bauen. 1813 wurde aufgrund einer Bestellung des Besitzers der *Times* in einer Londoner Werkstatt mit dem Bau einer Doppeldruckmaschine begonnen. Sie wurde in 20monatiger Bauzeit für die Kaufsumme von 7.500 Pfund Sterling hergestellt und 1814 heimlich in einem Nebengebäude der Times-Druckerei aufgebaut. Die Geheimhaltung wurde damit begründet, daß man unter den Druckern Maschinenzerstörer vermutete. Die *Times* wurde in der Nacht zum 29. November 1814 erstmals auf der Koenigschen Druckmaschine gedruckt. Der Besitzer der *Times*, John Walter, schrieb in einem Leitartikel: »Unsere heutige Zeitung präsentiert der Öffentlichkeit das praktische Resultat der größten Verbesserung, die seit der Erfindung der Buchdruckerkunst gemacht worden ist.«[25] Koenig war allerdings mit seinem Technologietransfer wenig Erfolg beschieden. Er wurde in England angefeindet, seine Erfindung wurde ihm streitig gemacht, und er kehrte 1817 nach Deutschland zurück. Zusammen mit Andreas Bauer als Teilhaber errichtete er in der ehemaligen Prämonstratenserabtei Oberzell bei Würzburg eine Druckmaschinenfabrik, die heute unter dem Firmennamen *Koenig & Bauer AG* eine der führenden Spezialdruckmaschinenfirmen in der Welt ist.[26]

c) *Erfindungen als Bedürfnis*

Die Geschichte der Technik weist manche Kuriosität auf. Nicht nur, weil Erfindungen gemacht wurden, die uns heute seltsam vorkommen, sondern weil die Folgen von bedeutenden Erfindungen selten richtig eingeschätzt wurden. Von Historikern und Philosophen ist häufig die These vertreten worden, daß technische Erfindungen das Resultat eines in der Gesellschaft vorhandenen Bedürfnisses seien. Diese These unterstellt, daß die Persönlichkeit des Erfinders von untergeordneter Bedeutung sei. So schrieb schon Thomas Malthus um 1820: Erfindungen, »die menschliche Handarbeit durch Maschinen ersetzen, sind Errungenschaften menschlichen Scharfsinns, die *durch Bedürfnisse veranlaßt* werden und daher selten über das Maß dieser Bedürfnisse hinausgehen«.[27] Und Hegel sagte sogar von der Erfindung des Schießpulvers: »Die Menschheit bedurfte seiner, und alsobald war es da.«[28] Nun kann man darüber streiten, ob die Menschheit jemals des Schießpulvers »bedurfte«. Es scheint mir allerdings wenig sinnvoll, der »Menschheit« eine Verantwortung dafür aufzubürden, daß dieser Gedanke wie ein *deus ex machina* aus dem philosophischen Zylinderhut hinausgeschossen ist. Dieser Unsinn eines historizistischen Denkers war keineswegs eine philosophische Grille. Die Produktion von Gedanken, die nicht gerade von technischen Kenntnissen strotzen, war damit keineswegs beendet. Es ist nämlich von diesen »Bedürfnistheoretikern« selten der gravierende Unterschied gesehen worden, der zwischen einem *notwendigen* Bedürfnis –

z. B. dem nach Nahrungsaufnahme oder nach Zuneigung – und Problemen besteht, die von Menschen gemacht worden sind.

Der Nachfolger Heinrich von Treitschkes an der Berliner Universität, Hans Delbrück (1848–1929), schrieb in den 1880er Jahren: »Die Mutter der Erfindung ist das Bedürfniß.« Ich bin geneigt zu fragen: Und wer ist ihre Tochter? Die Klärung dieser Frage scheint mir jedoch zu ernst, um über Gebühr ironisiert zu werden. Delbrück ergänzte wenige Seiten später: »So wenig wie ein Mensch geboren werden kann, ohne eine Mutter dazu, so wenig kann die Erfindung getrennt werden von ihrer Zeit und ihren Bedürfnissen.«[29] Dieser Satz ist in einem verkorksten Jargon geschrieben worden, der uns seit Hegel bei deutschen *Geistes*wissenschaftlern immer wieder begegnet. Doch er postuliert einen kausalen Zusammenhang zwischen Bedürfnis und Erfindung. Denn wenn es keine Mütter gäbe, dann könnten auch keine »Menschen« bzw. Kinder geboren werden. Natürliche Bedürfnisse und menschliche Probleme dürfen aber nicht in einen philosophischen Topf geworfen werden. Die Richtigkeit der ersten Satzhälfte des zweiten Zitates wird allerdings auch heute niemand bestreiten wollen. Selbst dann nicht, wenn die Mutter Monate vor der Geburt des Kindes hirntot ist. Auch Tiere können nicht ohne eine Mutter geboren werden, das ist eine Banalität. Ob allerdings Erfindungen nicht abgenabelt werden können von historischen Bedürfnissen, dies gilt es ernsthaft zu diskutieren.

Anscheinend kommt die zitierte Vorstellung philosophierenden Historikern entgegen, die sich über ein Thema, das ihrem Fach nicht gerade nahesteht, äußern. Denn über Technik, technische Erfindungen und angebliche Bedürfnisse ist von Historikern viel geschrieben worden. Noch 100 Jahre nach Delbrück wird von einem Althistoriker behauptet, der technisch-zivilisatorische Fortschritt ruhe auf »so breiter Basis von Trägern wie von Nutznießern, daß sich für *jeden* früh verstorbenen Erfinder, *jeden* vorzeitig gescheiterten Entdecker ein Ersatzmann annehmen oder gar ausfindig machen läßt«.[30] Demandt geht mit dieser Ansicht weit über Hegel und Delbrück hinaus. Er stellt seine These in einen Zusammenhang mit der Industrialisierung in Europa, deren Ursachen er aber weder behandelt noch überprüft. Um es deutlich und knapp zu sagen: Solche Behauptungen zeugen nicht nur von geringer Kenntnis der Geschichte der Technik, sondern von einem intellektuellen

Vorurteil. Es wird dabei gar nicht die Frage erörtert, deren Beantwortung für eine solche Behauptung unerläßlich wäre, ob die »gescheiterten Entdecker« gerade deshalb gescheitert sind, weil ihnen die technische, ökonomische oder soziale Basis fehlte. Es wird dagegen, wie dies Demandt tut, einfach behauptet, wenn Gutenberg nicht den Buchdruck mit beweglichen Lettern erfunden hätte, dann hätten es Zainer, Caxton oder Schöffer getan. Eine solche Auffassung ist aber ebenso unhaltbar (und unbeweisbar) wie die Ansicht, daß etwa die Einsteinsche Relativitätstheorie »in der Luft« gelegen habe.

Moderne philosophierende Schriftsteller – oder ihre Epigonen – scheinen noch ein anderes Bedürfnis zu haben. Sie wollen die Technik, den technischen Fortschritt oder, wie sie es gerne nennen, der »technischen Ausbeutung der Natur«, ein ambivalentes Modell der Zukunft entgegensetzen, in der ein »menschenwürdiges Fortleben unserer Gattung« möglich ist. Als einen bekannten Repräsentanten dieser Richtung erwähne ich Hans Jonas (*1903), der in seiner Dankesrede anläßlich der Verleihung des Friedenspreises des Deutschen Buchhandels am 11. Oktober 1987 mit dem Titel »Technik, Freiheit und Pflicht«[31] folgendes behauptete: Die fortgeschrittenen Industriegesellschaften haben »den technologischen *Koloß* geschaffen und auf die Welt losgelassen« und sie verzehren nicht nur seine »Früchte«, sondern sind auch »Hauptsünder an der Erde«. Dieser unhaltbare Vorwurf wird zwar kaschiert mit der vagen Berufung auf das Prinzip Verantwortung und das Prinzip Hoffnung, aber die Stoßrichtung bleibt eindeutig. Die Technik bedroht unsere Zukunft! Tschernobyl und Waldsterben sind nur Vorboten: »Alarmierenderes wird folgen«. Und woher nimmt Jonas die pessimistische Gewißheit, daß wir »wohl in alle Zukunft im Schatten drohender Kalamität leben müssen«? Von nichts anderem als einer technikfeindlichen Philosophie oder Ideologie. Diese Ideologie will die ungeheure technische Dynamik der letzten Jahrhunderte uminterpretieren in eine zukünftige Statik des Untergangs. Jonas ist offenbar nicht bewußt, daß er damit Gedanken aufnimmt, die Oswald Spengler in seinem *Untergang des Abendlandes* verbreitete und die den Nationalsozialisten zur Etablierung ihres totalitären Systems dienten.[32]

Aber selbst moderne Autoren, die vor allem bei jungen Menschen ein Verständnis der Bedeutung von Technik wecken möchten, können sich nicht lösen von der Vorstellung, Erfindungen setzten »ein wirtschaftliches oder sonstiges Bedürfnis«[33] voraus. Zufall, Genialität des Erfinders und Bedürfnis werden hier in den einen Techniktopf geworfen, ohne zu differenzieren, was von wem beeinflußt wird. Deshalb erscheint es nur folgerichtig, daß ihnen viele Entwicklungen in der Geschichte der Technik »umso unerklärlicher« vorkommen. Es scheint mir dabei eher ein Ödipus-*Effekt*, d.h. ein Effekt, der dem Kaninchen vor der Schlange ähnelt, zu wirken als ein Bedürfnis. Denn selbst die ökonomische Umsetzung der Erfindung, die sogenannte Innovation, ist mindestens ebenso angebots- wie nachfrageorientiert. Die Vertreter der Ansicht, Erfindungen beruhten auf einem Bedürfnis, gleichen eher den beiden Höhlenbewohnern, die die Geschichte der Erfindung des Rades diskutierten. Diese Geschichte lautet etwa folgendermaßen. Der Höhlenbewohner A sagt zu dem Höhlenbewohner B: »Ich wette mit dir, daß innerhalb der nächsten zehn Jahre das Rad erfunden wird, denn es ist ja ein großes Bedürfnis dafür vorhanden.« B antwortet: »Aber wieso kannst du das wissen, wo doch anscheinend in den letzten 10.000 Jahren der Menschheitsgeschichte seit Adam und Eva überhaupt kein Bedürfnis dafür vorhanden war? Wir wissen ja gar nicht, wie das, was du »Rad« nennst, aussehen könnte und wofür es gebraucht werden sollte!« Darauf erwidert A: »Es könnte in der Mitte eine Nabe haben, die mit mehreren Speichen versehen ist. Um diese Speichen könnte man einen eisernen Radkranz legen und dann die ganze Einrichtung auf- und abrollen.« B ruft begeistert: »Mein Höhlenfreund, in diesem Augenblick hast du ja das Rad erfunden!! Aber was sollen wir denn jetzt machen, wo doch in unserer Höhle überhaupt kein ›Bedürfnis‹ dafür vorhanden ist?« A resigniert: »Wenn wir keinen Bedarf für ein Rad haben, dann müssen wir ein ›Bedürfnis‹ erfinden. Aber dafür mußt du sorgen!«

d) Problemlösende Technik

Ich möchte mich hier nicht eingehend mit diesen m.E. unhaltbaren und historizistischen Ansichten auseinandersetzen. Vielmehr will ich versuchen, im Umkehrschluß zu zeigen, daß ein noch so großes gesellschaftliches Bedürfnis und Subventionsbeträge in Milliardenhöhe nicht in jedem Fall ausreichen, um

Probleme zu lösen. Wir wissen z. B., daß in Kriegen, wenn keine Kosten-Nutzen-Rechnungen zugrunde liegen, alle möglichen Erfindungen – vom Radar bis zur Atombombe – gemacht wurden. Es gibt aber auch in Friedenszeiten »Probleme«, die das Leben von Millionen von Menschen bedrohen. Ich denke dabei vor allem an Menschheitsgeißeln wie Krebs oder Aids, die weder von ihrer Zeit noch von ihren Bedürfnissen getrennt werden können. Viel zu viele Menschen sind an diesen Krankheiten viel zu früh gestorben. Trotzdem läßt sich bisher niemand »ausfindig machen«, auch nicht mit dem Versprechen eines Nobelpreises oder Millionen von Dollar, der die »gescheiterten Entdecker« ersetzen könnte und eine erfolgreiche Therapie entdeckt oder erfindet. Pessimisten mögen an diesem Faktum, daß unsere Erkenntnismöglichkeiten begrenzt sind, irre werden. Wer aber die Geschichte der Technik oder die Geschichte der wissenschaftlichen Erfindungen und Entdeckungen überblickt, dem wird die ungeheure Problemlösungskapazität von Menschen ehrfurchtsvolle Achtung abnötigen.

Die Auffassung, daß ohne ein Bedürfnis keine Erfindung gemacht werden könne, wie ohne eine Mutter kein Kind geboren werden kann, ist nicht nur unhaltbar, sondern auch zynisch. Sie verwechselt die Ursache mit der Wirkung. Und sie fördert – vielleicht unbewußt – eine Haltung der Gleichgültigkeit oder sogar der Verachtung gegenüber der größten Leistung der Menschheitsgeschichte: der Wissenschaft. Wenn selbst »Wissenschaftler« sich an dieser Verächtlichmachung wissenschaftlicher Leistungen beteiligen, so zeigt dies lediglich, wie wenig sie ihrer intellektuellen Verantwortung gerecht werden. Karl Popper hat in seinen Schriften immer wieder darauf hingewiesen, daß die wissenschaftliche Neugier, *ins Unbekannte vorzudringen*, eines der ursprünglichen Motive jeder Problemlösung darstellt.[34] Warum aber ist die oben erwähnte Auffassung zynisch? Weil sie wie Hegel auch verantwortungslose Handlungen nicht konkreten Menschen, sondern einer anonymen Menschheit zurechnet. Und gerade die Technik ist Menschenwerk. Es gibt viele Beispiele dafür, daß neben dem Problembewußtsein der Reiz, zu Ruhm und Wohlstand zu gelangen, dazu führten, daß technisch begabte Menschen sich der Lösung eines technischen Problems zugewandt haben. Daraus resultierten zu bestimmten Zeiten sogenannte »Doppelerfindungen«, die aber niemals identisch waren, es sei denn, die Erfindung war ein Plagiat. Neben finanziellen Anreizen stand nämlich die Sucht nach der Lösung technischer oder wissenschaftlicher Probleme. Und das ist etwas ganz anderes als ein Bedürfnis, es ist eine Form von Problemverliebtheit, wie wir an den oft dürftigen Lebensbedingungen erfinderischer Einzelpersonen sehen können. Wenn das Gesellschafts- und Wirtschaftssystem es ermöglichte, auf irgendeine Weise *frei* den Lebensunterhalt zu bestreiten, dann erhöhte sich schnell die Zahl der Personen, die erfinden wollten. In Europa entwickelte sich eine spezifische Neigung, zu erfinden *um der Erfindung willen*. Dadurch wurde nicht nur ein immer größerer Fundus technischen Wissens angehäuft, sondern der Verlauf des technischen Wandels beschleunigt. Zwar gilt: Die Technik der Erfindung ist wie die Technik der Entdeckung in hohem Maß vom Zufall bestimmt, d. h. ein »Ersatzmann« ist die unwahrscheinlichste aller Möglichkeiten, aber die gesellschaftliche Duldung oder sogar Belohnung von Erfindungen wirkte sich auf das Wirtschaftswachstum positiv aus. Daran dachte wohl auch Benjamin Franklin (1706–1790), der ja nicht nur die nordamerikanische Unabhängigkeit 1776 vorbereiten half, sondern auch ein bedeutender Naturwissenschaftler und Erfinder des Blitzableiters war, als er schrieb: »Das menschliche Glück und Behagen wird nicht so sehr durch die nur selten vorkommenden großen Fälle von günstigen Schicksalsfügungen, als durch die täglich vorkommenden kleinen Vorteile hervorgebracht.«[35] Und es gibt überhaupt keinen plausiblen Grund, anzunehmen, daß unsere Problemlösungskapazität in der Zukunft abnimmt, im Gegenteil: gerade die Weiterentwicklung der Technik kann eine Hoffnung auf ein menschenwürdiges Leben begründen.

Ein weiterer Gedanke soll hier kurz angesprochen werden, weil er in Büchern über die Geschichte der Technik häufig vorgetragen wird. Es ist die Vorstellung, daß es einer starken staatlichen Zentralgewalt bedürfe, um technische Projekte in Angriff nehmen und finanzieren zu können. Anders ausgedrückt: Erst wenn die politische Zersplitterung in kleine Territorien durch einen Nationalstaat überwunden sei, könne das technische Potential sich wirklich entfalten. Diese Auffassung ist geprägt von Wissenschaftlern, die von zwei historischen Fixpunkten ausgehen, nämlich dem römischen Kaiserreich als frühe und dem zentralistischen England des 18. Jahrhunderts als späte Ausprägung eines zentralistischen Staates. Sie ist auch geprägt von der Verbindung von Militärstrategie und -technik mit Technik überhaupt, die bei Römern und Engländern eine so wichtige Rolle spielten. Selbst ein begeisterter Anhänger von Freihandel und ökonomischer Freiheit, Adam Smith, ein vorzüglicher Kenner der antiken Geschichte, schrieb: »Selbst wenn die soldatische oder kämpferische Haltung der Menschen für die Verteidigung des Landes nutzlos wäre, würde sie dennoch die ganze Aufmerksamkeit der Regierung verdienen, damit sich jede Art seelischer Verstümmelung, Entstellung und Erbärmlichkeit, welche die Feigheit *notwendigerweise* einschließt, nicht unter der Bevölkerung ausbreiten kann«.[36] Wir treffen solche Ansichten wie die, daß ein Zentralstaat technisch erfolgreicher ist als Regionen, noch heute in Frankreich an. Dort verbreiten manche Wirtschaftshistoriker eine Legende weiter, die der große Fernand Braudel erfand, nämlich daß Frankreich im 18. Jahrhundert ein Opfer seiner Ausmaße gewesen sei. Wenn Frankreich in ökonomischer Hinsicht einen nationalen Markt gebildet hätte, so lautet das Argument, dann hätte es die technologische und wirtschaftliche Rückständigkeit z. B. gegenüber England aufholen können!

Zwischen der Antike und der Neuzeit bis zum 18. Jahrhundert liegt das technisch »finstere« Mittelalter, das aber in keiner Hinsicht eine Mittelposition eingenommen hat. Wie wenig diese Vorstellung der historischen Wahrheit entspricht, d. h., wie stark diese Zwischenzeit geprägt wurde von großartigen technischen Erfindungen, können einige wenige Beispiele belegen. Die Getreide- und Walkmühle in dem Zisterzienserkloster Clairvaux aus dem 12. Jahrhundert oder die mit Wasserkraft arbeitende Drahtziehmühle in Nürnberg Anfang des 15. Jahrhunderts zeigen deutlich die Unabhängigkeit technischer Erfindungen vom Zentralstaat. Florenz mit seinen 300 Textilmanufakturen im Jahr 1306 – der Trittwebstuhl war vorher erfunden worden – oder Gent und Venedig sind weitere Beispiele. Wenn wir die wechselvolle Wanderschaft von Johannes Gutenberg (um 1397–1468) betrachten, ehe er um 1450 in der freien Reichs- und Bischofsstadt Mainz die Technik des Buchdrucks mit beweglichen, auswechselbaren und gegossenen Metallettern erfand, erkennen wir sehr deutlich die regionale oder städtische Bindung von technischen Erfindungen. Es fördert die Tendenz einer nationalistischen Auffassung von Technikgeschichte, wenn Niemann schreibt: »Die fortgeschrittensten *Staaten* des westlichen Europa verfügten um das Jahr 1500 über eine Technik, deren Niveau deutlich höher lag als jemals zuvor in der Geschichte der Menschheit.«[37] In den beiden folgenden Jahrhunderten fallen ebensowenig technische Erfindungen mit Nationalstaaten zusammen.

Wir können abschließend feststellen, daß der Faktor »Technik« im 18. Jahrhundert im Pionierland der industriellen Revolution die Industrialisierung vorantrieb. Damit hat England nicht nur Europa, sondern der ganzen Menschheit einen unschätzbaren Dienst erwiesen. Denn erst durch die Übertragung der Handarbeit auf die Maschine war es möglich, Arbeiter von sklavenähnlichen Tätigkeiten zu befreien und die Arbeitszeit zu verkürzen. Hätte irgendjemand die Macht gehabt, die technische Entwicklung zu unterbinden, so wären die meisten handarbeitenden Menschen nicht über das Stadium der völligen Abhängigkeit von ihren Arbeitgebern hinausgelangt. Darauf beruht die Hochschätzung der Technik im Industrialisierungsprozeß. Sie hat allerdings ein rationales Maß weit überstiegen, weil nach den Forschungen von Charles Darwin viele Wissenschaftler, Techniker und Politiker glaubten, daß die Evolutionstheorie auch auf die Geschichte menschlicher Zivilisation anwendbar sei, d.h., daß die Menschheit sich auf einen Zustand sittlicher Vollkommenheit zubewege und immer größere Fortschritte unaufhaltsam seien.[38] Nicht erst als Gegenbewegung gegen den Fortschrittsoptimismus wurde eine Zivilisations- und Technikfeindlichkeit populär. In Innungen, die eine rapide Industrialisierung als Bedrohung ihrer Existenz ansahen, ist diese Technikfeindlichkeit bis zum 20. Jahrhundert praktiziert worden. So hieß es bereits in einer Thorner Zunftordnung von 1523: »Kein Handwerksmann soll etwas Neues erdenken oder erfinden oder gebrauchen!« Und die Elberfelder Garnnahrung verbot 1527 die Verwendung eines fußgetriebenen Spinnrads usw. Wären die gesellschaftlichen Verhältnisse »zunftgemäß« geblieben, so können wir folgern, hätte sich der Faktor Technik im kontinentalen Europa kaum durchsetzen können.

Nach den Napoleonischen Kriegen machte sich dieser Faktor auch auf dem europäischen Kontinent immer stärker bemerkbar. Es wurde schnell erkannt, daß maschinelle Produktion den Wohlstand einer Nation in kurzer Zeit stark vergrößerte. Es verwundert deshalb nicht, daß 1828 im *Rheinisch-Westfälischen Anzeiger* geschrieben stand: »Maschinen und überall Maschinen, dies sei unser Bestreben!«[39] In der 2. Hälfte des 19. Jahrhunderts sind Deutschland und die USA aufgrund verstärkten Einsatzes von technikorientierter Wissenschaft und Forschung zu technologischen Spitzenreitern im industriellen Wettbewerb aufgestiegen. Die Fortschritte in der Technologie, die im 18. Jahrhundert überwiegend von England initiiert worden waren, hatten – vor allem, was die neuen Industrien betraf – in den USA eine große Dynamik entwickelt. Spätestens seit der Ersten Weltausstellung im Londoner Crystal-Palace 1851, wo amerikanische Unternehmer zum Erstaunen der Weltöffentlichkeit ganz neue Produkte präsentierten, wurde dieser technologische Newcomer innerhalb eines halben Jahrhunderts zur technologischen Führungsmacht in der industriellen Welt.[40] Wie die Industrialisierung hatte sich auch der Faktor »Technik« verselbständigt, wurden außerhalb Europas bessere Lösungen für technische Probleme gefunden, die in einer zweiten Stufe des Technologietransfers wieder nach Europa zurückkamen.

3. Die Unternehmerschaft

a) Genies und Führer

Der dynamische, risikofreudige, markt- und gewinnorientierte Unternehmer ist in seiner Bedeutung für den wirtschaftlichen Wachstumsprozeß während der Industrialisierung oft überschätzt und lange Zeit sogar glorifiziert worden. Dies war eine historische Erbschaft des 19. Jahrhunderts, die als Personenkult in anderer Form in totalitären Systemen des 20. Jahrhunderts wiederauferstand. Der österreichische Ökonom Joseph A. Schumpeter (1883–1950) sah 1911 die Unternehmerfunktion ununterscheidbar verwoben »mit den übrigen Elementen einer allgemeineren Führerstellung«.[1] Darin kann man ihm noch teilweise folgen, denn ein »Führer«, selbst in einem Unternehmen der Industrie, wirkt gewöhnlich auf die übrigen »Elemente« des Betriebes ein. Mit dieser Kennzeichnung gab sich Schumpeter nicht zufrieden. Er glaubte vielmehr, diese Führerstellung entspreche jener »beim Häuptling einer primitiven Horde oder beim Zentralorgan einer kommunistischen Gemeinschaft.« Nun scheint es allerdings merkwürdig, welche wirtschaftlichen Tätigkeiten einer »primitiven Horde« gemeint sein können, deren Führer vielleicht Befehlsgewalt ausüben, aber keinerlei Unternehmerfunktion. Die primitiven Völker beschäftigten sich ja ausschließlich entweder mit der Jagd oder dem Ackerbau. Es ist jedoch gänzlich unverständlich, warum dieser große Ökonom uns verschweigt, was Unternehmer, Häuptlinge oder kommunistische Generalsekretäre miteinander zu tun haben.

Schumpeter stand mit seiner Auffassung von der führerähnlichen Stellung von Unternehmern und ihrer herausragenden Bedeutung für den Industrialisierungsprozeß keineswegs allein. Nicht nur in der Geschichtsschreibung finden Politiker und Generäle, besonders wenn sie rücksichtslos und brutal vorgegangen sind, oft große Beachtung und werden manchmal sogar als Genies und vorbildhafte Führerpersönlichkeiten glorifiziert. Auch in der Ökonomie bzw. bei den Ökonomen wollte man auf »Helden« offenbar nicht verzichten. Was hat das aber mit Kultur oder Zivilisation zu tun? Etwa zur gleichen Zeit wie Schumpeter entwickelte ein Schüler von Gustav Schmoller, der Kulturhistoriker Kurt Breysig (1866–1940), eine universalhistorische Norm für Industrielle und Unternehmer: »Du sollst nicht alle deine Kraft darein setzen, immer neue Hochöfen, immer neue Maschinenhallen zu errichten, sondern daran, Lenker, Führer, Sorger deiner Helfer, deiner Mitarbeiter, deiner Werksgenossen zu werden.«[2] Unternehmer, auch und gerade kapitalistische Unternehmer, denn diese Aussage wurde schon 1912 veröffentlicht, sollten ihren wirtschaftlichen Ehrgeiz zurückstellen. Erst dann seien sie in der Lage, so Breysig, bei »mittleren und schwachen Menschen«, d.h. den schlecht bezahlten Arbeitern in ihren Fabriken, eine »unauslöschbare Freude an der Hingabe« zu wecken, weil diese ja in dem Betrieb »ihrer eigenen Hände Werk lieben«!

Noch 1929 – oder sollten wir besser sagen: schon wieder – sah Otto Hintze wegen einer Versachlichung des kapitalistischen Geistes die religiösen Motive aus der Zeit des Frühkapitalismus zurückgedrängt. Das »reine« Unternehmertum sei nun gekennzeichnet durch den Glauben an den Fortschritt, den Willen zum Erfolg, einen unerschütterlichen Optimismus, ein bürgerlich-kapitalistisches Pflichtbewußtsein und einen skrupellosen Geschäftsgeist. Natürlich war diese Entwicklung nach

Hintze verbunden mit einer nicht mehr nur an Geld gebundenen Auslese: es fand »eine rassenmäßige Verschiebung statt zu den germanisch-jüdischen Kreisen und ein Umschwung der Weltanschauung«.[3] In dem angeblich mörderischen Kampf ums Dasein schien es am Beginn der Weltwirtschaftskrise keine andere Alternative zu geben als kommunistische Planwirtschaft oder nationalsozialistisches Gemeinschaftsideal. 1956 schrieb der Münchener Wirtschaftshistoriker Heinrich Bechtel, die deutsche Industrialisierung vor 1871 sei eine Zeit gewesen, »in der neben den Entdeckern und Erfindern die Geniegeneration Industrielle Geschichte machte«.[4] Diese Geschichte war wenig ruhmvoll, wenn wir sie messen an dem Beitrag von Unternehmern zur Linderung der Not der arbeitenden Klassen. Etwa zur gleichen Zeit veröffentlichte Lutz Graf Schwerin von Krosigk, Reichsfinanzminister im Dritten Reich, eine dreibändige Geschichte des »industriellen Helden-Zeitalters«. Darin wird behauptet: »Die Industrialisierung Deutschlands [und natürlich gilt dies auch für die Industrialisierung Europas, H. K.] wäre ohne die fruchtbare Begegnung einfallsreicher, wagemutiger Unternehmer mit ebenso einfallsreichen, wagemutigen Bankiers nicht möglich gewesen.«[5] Welche Früchte aus der Begegnung *einfallsloser und ängstlicher* Unternehmer mit *skrupellosen und geldgierigen* Bankiers entstanden sind, berichtet Schwerin von Krosigk nicht. Francis Fukuyama hat 1992 die Glorifizierung auf eine religiöse Spitze getrieben, wenn er von protestantischen Unternehmern spricht, »die den europäischen Kapitalismus schufen«![6]

Es ist bei einem so brisanten und umstrittenen Thema nicht verwunderlich, daß das Gegenteil ebenfalls behauptet worden ist. Zwei marxistische Autoren aus der DDR schrieben vor etwa 15 Jahren: »Gesetzmäßig ist die Niederlage der kapitalistischen Ausbeuterordnung. Ebenso gesetzmäßig ist, daß das Proletariat als die wichtigste Frucht der Industriellen Revolution dazu berufen ist, eine von Ausbeutung und Unterdrückung befreite Gesellschaft aufzubauen. Der Schöpfer der materiellen Werte – das Proletariat, wird zugleich zum Schöpfer einer neuen, der sozialistischen Gesellschaftsordnung. Darin liegt die welthistorische Mission der Arbeiterklasse.«[7] Diese Auffassung halte ich für absurd; sie hat mit wissenschaftlicher Redlichkeit nicht das geringste zu tun. Sie offenbart einen extremen Historizismus, verbunden mit einer marxistischen Ideologie, die

die Welt nicht erklären oder verändern will, sondern die politische und ökonomische Realität hinweginterpretiert. Das Buch trägt den schönen Titel *Herkules in der Wiege*, aber bekanntlich schickte die eifersüchtige Hera zwei Schlangen kurz nach der Geburt zum griechischen Nationalheros Herakles (Herkules) und seinem Zwillingsbruder Iphikles, die Herakles erdrosselte. Die sozialistischen Gesellschaftssysteme, deren Führer so gerne ein Gesetz gefunden hätten, das die »Niederlage der kapitalistischen Ausbeuterordnung« mit absoluter Gewißheit zu prognostizieren erlaubt hätte, haben dagegen eher Selbstmord begangen. Wären die Autoren von der »Wahrheit« der marxistischen Lehre weniger verblendet gewesen, dann hätten sie von Adam Smith, der über 200 Jahre früher die Rolle des Unternehmers mit großer Präzision analysierte, wenigstens lernen können, daß Arbeiter gewöhnlich zum Unternehmer ungeeignet sind, und daß Kaufleute in gewerblichen Projekten meist viel kühner sind als etwa Gutsherren. Wie sollten sie dann in der Lage sein, ihre »welthistorische Mission« zu erfüllen und eine sozialistische Gesellschaftsordnung aufzubauen, von der sie selbst am meisten ausgebeutet wurden?

b) Fabrikgründer und Fabrikzerstörer

Um es noch einmal zu betonen: Es soll hier nicht geleugnet werden, daß Unternehmerpersönlichkeiten eine wichtige Funktion bei der Durchsetzung des Industriekapitalismus ausübten. Dies gilt ganz besonders in der frühen Phase der Industrialisierung, in der Fabriken sozusagen aus dem Boden gestampft werden mußten. Außerdem müssen wir uns folgendes ins Gedächtnis zurückrufen: Wenn wir das frühe Unternehmertum mit den meisten Vertretern des Handwerks, der Innungen und Zünfte zu Beginn der europäischen Industrialisierung vergleichen, dann waren die Unternehmer geradezu revolutionär. Dazu ein illustratives Beispiel.

James Watt (1736–1819) wurde am 19. Januar 1736 im schottischen Greenock bei Glasgow als Sohn eines Zimmermanns geboren. Durch unglückliche Umstände – der Vater von James war Schiffbauer, und er konnte den Verlust eines wertvollen Schiffes finanziell nicht verkraften – verlor dieser ein Vermögen, so daß James nicht das väterliche Geschäft übernehmen konnte. Er bildete sich schließlich seit 1754 in Glasgow und seit 1755 in London als gelernter Feinmechaniker (*mathematical instrument maker*) aus und begann damit, die Dampfmaschine zur Praxistauglichkeit zu entwickeln. Bei dieser, die Antriebstechnik revolutionierenden, Erfindung hatten ihm Denis Papin (1647–1712), Thomas Savery (1650–1715) und Thomas Newcomen (1663–1729) vorgearbeitet. Aber: »The heather was on fire within Jamie's breast.«[8] In einer auf dem Gelände der Universität Glasgow gelegenen Instrumentenbauwerkstatt arbeitete Watt seit 1757 zehn Jahre lang. Da er seinen Lebensunterhalt verdienen mußte, und die von ihm gebauten Quadranten keine Käufer fanden, begann er Angelausrüstungen, Brillen, Flöten, Gitarren und schließlich eine große Orgel zu bauen.[9] Am gleichen Tag wie Arkwright, am 5. Januar 1769, erhielt Watt sein erstes Patent auf eine Dampfmaschine. Es beanspruchte jedoch über sieben Jahre unermüdlicher Arbeit, ehe 1776 die erste Wattsche Dampfmaschine in einem Kohlenbergwerk bei Tipton (in Cornwall) eingesetzt werden konnte. Diesem später so erfolgreichen Unternehmer fehlte nicht nur genügend Eigenkapital, so daß er zwischen 1766 und 1774 als Vermessungsarbeiter tätig wurde, um seinen Lebensunterhalt zu finanzieren, sondern auch Handwerker, die die Teile der Maschine in ausreichender Qualität herstellen konnten. Daran wäre der Bau seiner Dampfmaschine fast gescheitert. Sein erster Geldgeber, der schottische Grubenbesitzer und Industrielle Dr. John Roebuck, mußte vielleicht deswegen 1773 in Konkurs gehen. Jedenfalls kam er durch den Kauf von Erzlagern und Kohlengruben in solche Zahlungsschwierigkeiten, daß er nicht einmal die fälligen Patentkosten für Watts Maschine begleichen konnte.

Die erste in Edinburgh aufgestellte Maschine war ein großer Mißerfolg, weil die Zylinder an einem Ende bis zu einem Achtel Zoll im Durchmesser größer waren als am anderen Ende. Der Schmied hatte offenbar nicht genügend technisches Geschick – vielleicht fürchtete er auch den Verlust seiner Arbeit –, um einen funktionierenden Zylinder herzustellen. Verzweifelt schrieb Watt an seinen wissenschaftlichen Mentor Joseph Black (1728–1799): »Ich bin jetzt 35 Jahre alt und habe meiner Ansicht nach der Welt noch nicht für 35 Pfennig genützt!«[10] Nach dem Zusammenbruch der Unternehmen von John Roebuck wandte sich Watt an dessen Geschäftsfreund wegen finanzieller Unterstützung. Matthew Boulton (1728–1809), der in Soho bei Birmingham große Eisen- und Metallwarenwerke besaß, bestritt nicht nur die Entwicklungskosten von 3000 englischen Pfund, sondern gab Watt ein Jahresgehalt von 330 Pfund. Er stellte die Facharbeiter seiner Gießerei in Soho zur Verfügung, die Kolben oder Ventile mit hoher Präzision herstellen konnten. Wenn Boulton nicht von dem Erfolg dieses Unternehmens überzeugt gewesen wäre, wer weiß, ob eine doppelt wirkende Dampfmaschine überhaupt entwickelt worden wäre. Boulton verlangte allerdings auch, bevor er am 1. Juni 1775 einen 25 Jahre gültigen Vertrag mit Watt abschloß, daß dessen im gleichen Jahr ablaufendes Dampfmaschinenpatent vom englischen Parlament bis zum Jahr 1800 verlängert wurde. Die erste Dampfmaschinenfabrik der Welt war also die Firma Boulton & Watt in Soho. Von den etwa 500 bis 1800 gebauten Dampfmaschinen waren über 300 doppelt wirkende Niederdruckdampfmaschinen mit rotierendem Antrieb. Die ersten dieser doppelt wirkenden Dampfmaschinen mit Fliehkraftregler und Planetenradgetriebe wurden 1882 an das Eisenwerk von John Wilkinson in Bradley und 1883 als Fördermaschine für eine Erzgrube in Cornwall geliefert. Ohne die unternehmerische Dynamik eines James Watt, der sich z. B. 1781 fünf Alternativen zur Kurbelwelle patentieren ließ, damit er nicht für ein 1780 eingereichtes Patent bezahlen mußte, wäre wohl das ganze Projekt verdampft. Auch in diesem Fall scheint mir die Ansicht, wenn Watt diese Erfindung nicht gelungen wäre, dann hätte ein anderer Erfinder sie etwas später patentiert, unhaltbar. Ist es da noch verwunderlich, daß biedere Handwerker aufbegehrten?

Ein anderes, viel umstrittenes, Beispiel eines dynamischen Fabrikgründers ist Alfred Krupp (1812–1887), der die 1811 gegründete Gußstahlfabrik seines Vaters Friedrich in Essen zum größten Stahlwerk der Welt ausbaute. Schon seine Kindheit – sein Taufname war Alfried, den er 1839 umänderte – stand unter dem Eindruck erheblicher Schwierigkeiten in der väterlichen Firma. Die großen Erwartungen des Vaters, mit Produkten aus hochwertigem Gußstahl überdurchschnittliche Gewinne zu machen, erfüllten sich nicht. Im Gegenteil: Der finanzielle Bankrott der Firma war näher als ein florierendes Unternehmen. Ende 1824 mußte der Gründer seine städtischen Ämter in Essen aufgeben und wurde 1825 sogar aus dem Register der »Kaufleute mit Rechten« gestrichen. Als Friedrich

Krupp am 8. Oktober 1826 starb, war seine »Fabrik« bestenfalls eine größere Werkstatt mit vier ständigen Arbeitern, obwohl bis dahin 80.000 Taler in das Unternehmen investiert worden waren. Die Schulden überstiegen den geschätzten Kapitalwert von Fabrikanlagen und -grundstücken; und der Jahresumsatz betrug 1826 gerade 1200 Taler. Trotzdem schrieb seine Witwe an den Geschäftsfreund Overbeck in Lüdenscheid: »Das Geschäft wird hierdurch [durch den Tod ihres Mannes, H. K.] keineswegs leiden, da mein Mann aus Vorsorge das Geheimnis der Zubereitung des Gußstahls meinem ältesten Sohn gelehrt hat, und ich dasselbe mit seiner Hilfe fortsetzen werde.«[11] Dieses »Geheimnis« war fast hundert Jahre alt.

Es war nämlich der englische Uhr- und Instrumentenmacher Benjamin Huntsman (1704–1776) aus Doncaster in der Grafschaft Yorkshire, der um 1740 in Sheffield eine Produktionsstätte zur Herstellung von Gußstahl eröffnete und trotz des anfänglichen Widerstandes Sheffielder Messerschmiede wesentlich dazu beitrug, daß diese Stadt zur Weltmetropole der Stahlwarenindustrie aufstieg. Aber er hatte vor lauter Geheimniskrämerei kein Patent genommen, so daß sein Verfahren bald überall nachgeahmt wurde. Als Alfred Krupp die erste Dampfmaschine in seiner Essener Gußstahlfabrik errichtete, 1835, gab es in Sheffield 62 Betriebe mit 534 Schmelzöfen für Gußstahl. Die überlegene englische und belgische Konkurrenz bei der Gußstahlherstellung und die Weigerung der preußischen Regierung, den Aufbau seiner Fabrik finanziell zu unterstützen, machte Alfred Krupp fast ein Vierteljahrhundert schwer zu schaffen. 1872 schrieb er über die ersten Jahre dieser langen Leidenszeit: »Dieses kleine Haus, in der Mitte der Fabrik jetzt, welches wir im Jahre 1822/23 bezogen, nachdem mein Vater ein ansehnliches Vermögen der Erfindung der Gussstahlfabrication ohne Erfolg und außerdem seine ganze Lebenskraft und Gesundheit geopfert hatte, dieses damalige einzige Wohnhaus der Familie, worin ich mit derselben eine Reihe von Jahren des Elends und Kummers durchlebt habe, von wo aus 1826 am 26. October mein Vater zur Gruft getragen wurde, wo ich in der Dachstube Hunderte von Nächten in Sorge und fieberhafter Angst mit wenig Aussicht auf die Zukunft durchgemacht habe, wo vor und nach mit geringen Erfolgen die erste Hoffnung erwachte, und worin ich die Erfüllung der kühnsten Hoffnungen erlebt habe.«[12] Für Alfred Krupp war dieses Haus offenbar so etwas wie die Geburtsstätte seiner großen ökonomischen Erfolge.

Nach der deutschen Reichsgründung konnte diese »Erfüllung« eher bei den deutschen Nachbarstaaten »Sorge und fieberhafte Angst« hervorrufen. Die Firma Krupp baute nämlich inzwischen die besten Geschütze, Gewehre und Kanonen, aus Gußstahl, wie später die *Dicke Berta*, ein 42-cm-Mörser, die im Ersten Weltkrieg in Belgien und 1916 bei Verdun eingesetzt wurde. Sie konnte schwere Panzergranaten von einem Gewicht bis zu 1160 kg über eine Distanz von 14 km verschießen. Im Jahr 1845 war die Zahl der Arbeiter der Fabrik auf 122 gestiegen; am 24. Februar 1848 übernahm Alfred die Firma, die er vorher mit seinen beiden jüngeren Brüdern geleitet hatte, in alleiniger Verantwortung. Sie fabrizierten auch den berühmten homogenen Gußstahlblock von 4500 Pfund, den Krupp 1851 auf der ersten internationalen Industrieausstellung im Londoner Crystal-Palace ausstellte. Um 1860 beschäftigte das Kruppsche Werk schon über 1000 Arbeiter, die aber neben Geschützen noch überwiegend Achsen und Federn für Eisenbahnwagen, Schiffswellen, Radbeschläge und Radreifen für Lokomotiven aus Gußstahl etc. herstellten. Die Anlage eines Bessemerwerks und mehrerer Walzwerke in den 1860er Jahren, besonders zur Herstellung von Stahlschienen, die Errichtung von Dampfhämmern von 50.000 kg Gewicht – der erste 1861 –, dann das nach dem deutsch-französischen Krieg 1870/71 angewandte Siemens-Martin-Verfahren zur Stahlfabrikation dienten immer stärker der Herstellung von Geschützen. Schon auf der Pariser Weltausstellung 1867 führte Krupp ein Riesengeschütz von etwa 1000 Zentnern Gewicht vor. Aber das war nur der Anfang.

1873 kaufte Krupp, der »Kanonenkönig«, wie er nun allgemein genannt wurde, einen großen Schießplatz bei Dülmen, 1877 einen 17 km langen Landstreifen bei Meppen zu Schießversuchen, zu denen er die Vertreter der Militärverwaltungen einladen konnte. Als Alfred Krupp am 14. Juli 1887 im Alter von 75 Jahren an Herzversagen starb, war er der größte Unternehmer in Deutschland, vielleicht sogar in Europa. Kurz vor seinem Tod, 1886, war das Grusonwerk in Buckau bei Magdeburg für 12 Millionen Mark mit 3500 Arbeitern gekauft worden, in dem täglich 5400 Zentner Hartguß produziert wurden, zehn Jahre später auch die Germaniawerft in Kiel mit 3000 Arbeitern. Ende des 19. Jahrhunderts wurden in den Kruppschen

Werken ungefähr 46.000 Menschen beschäftigt. Schließlich hatte sich die Firma Krupp seit 1890 durch die Herstellung von Panzerplatten in einem neuen Panzerplattenwalzwerk massiv im späteren deutschen Schlachtflottenbau engagiert.[13] Am 17. März 1892 übermittelte der Staatssekretär des Reichsmarineamts, Admiral Hollmann, an Friedrich August Krupp den bald in Erfüllung gegangenen – 1894 begann die Herstellung der für den Bau der Flotte notwendigen zementierten und gehärteten Nickelstahlpanzerplatten und 1898 wurde das vorher geheimgehaltene Kruppsche Verfahren patentiert – Wunsch: »Auch die Panzerplatten sollen den Ruhm Ihrer Werke weit in die Welt hinaustragen, wie es die Kanonen schon tun, das Ausland soll gezwungen werden, auch für den Schutz ihrer Schiffe – nicht allein für die Schädigung feindlicher Schiffe also – den Markt in Essen zu suchen. Glück auf!«[14] 1902 schrieb Ehrenberg: »Es gibt jetzt nur noch wenige Staaten auf der ganzen Erde, die nicht ihren Hauptbedarf an Geschützen von der Essener Fabrik bezogen haben; hat sie doch bis Ende 1898 davon über 37.000 Stück geliefert.«[15] Auch darin bestand die Dynamik gewinnorientierter europäischer Unternehmer!

Dagegen nehmen sich die »Fabrikzerstörer« fast harmlos aus, auch wenn ihr Tun überhaupt nicht zu rechtfertigen ist.[16] Ihr Handeln war unreflektierter Ausdruck irrationaler Ängste, die bis heute von Kulturpessimisten gegen neue technische Entwicklungen geschürt werden. Dieser Sachverhalt ist anschaulich zu verdeutlichen bei den Ludditen – angeblich ist diese Bezeichnung nach dem englischen »General« Ned Ludd gewählt worden, der sein Hauptquartier im Sherwood Forest gehabt haben soll[17] – oder Maschinenstürmern, die sich vor allem aus jungen Gesellen rekrutierten. Aus Furcht vor der Übermacht der Industrie glaubten sie, durch die Zerstörung von Maschinen und Unternehmen, die Gefahr beseitigen oder zumindest bannen zu können. Zu behaupten, wie dies Eric J. Hobsbawm tut: »Clearly the Luddite technique was welladapted to this stage of industrial warfare«, unterstellt, daß Zerstörungen und Kriege – und natürlich auch die Sklaverei, wie wir oben gesehen haben – zu irgend einem Zeitpunkt historisch gerechtfertigt werden könnten, weil sie »sehr geeignet« waren für die Zerstörer oder Kriegsherren. Ein solcher Gedankengang, der einem platten Relativismus Vorschub leistet, beruht auf dem dualistischen Konzept marxistischer Provenienz, für die es nur Ausbeuter und Ausgebeutete während der Industrialisierung gibt.

Ehe sich diese Bewegung des Luddismus auf dem europäischen Kontinent ausbreitete, war sie in den englischen Industrieregionen Yorkshire und Lancashire aufgeflammt, obwohl das englische Parlament schon 1662 *tumultuous petitions* verboten hatte. Zuerst natürlich bei den neuen Spinnmaschinen von James Hargreaves, Richard Arkwright (1732–1792) und Samuel Crompton (1753–1827). Schon John Kay mußte nach der Erfindung seines *fliegenden Schiffchens* die Erfahrung machen, daß die Handweber in Lancashire mehrere seiner »Maschinen« zerstörten und er nach Leeds fliehen mußte. Obwohl gar nicht genügend Garn von den Handspinnern für die Weber hergestellt werden konnte und sich dieser Engpaß seit Mitte des 18. Jahrhunderts ständig vergrößerte, zerstörten Handspinner Hargreaves *spinning-jenny*, die er 1764 gebaut hatte. Zwar ließ sich die Mechanisierung des Spinnens (und Webens) dadurch nicht aufhalten, doch zeigte sich bei den Ludditen eine fast in allen Arbeiterschichten verbreitete Modernisierungsfurcht. Und dies war keineswegs ein englisches Phänomen in der Frühzeit der Industrialisierung. Lyoner Weber verbrannten z. B. die Maschinen von Joseph Maria Jacquard (1752–1834) und schlugen den Erfinder halbtot. In England wüteten Maschinenstürmer aber besonders lange.

Shadwell hat uns überliefert, daß nach 1812 insgesamt 66 Personen in Yorkshire wegen Luddismus angeklagt und 1813 siebzehn von ihnen zum Tode verurteilt wurden: »Bisher waren Gegenstand des Hasses der Ludditen die Maschinen für Zeugappretur gewesen, jetzt kamen die Weber und der mechanische Webstuhl daran. Im Jahre 1822 wurde ein solcher im geheimen von Mr. *Warbrick* [in Bradford, H. K.] erbaut, aber die Weber bekamen Wind davon, umzingelten die Fabrik und drohten sie zu stürmen und die verhaßte Maschine zu zerstören. So wurde sie heruntergebracht und fortgeschafft, aber der Mob überfiel sie unterwegs und schlug sie in Stücke. Der Widerstand legte sich auch nicht während mehrerer Jahre. 1825 wurde ein Gewerkverein begründet und ein Streik brach aus, der 22 Wochen währte. Zu dieser Zeit waren 20.000 Weber im Distrikt, die wöchentlich 10–12 sh verdienten. Die Arbeitgeber blieben aber ebenso fest und im Jahre 1826 kamen die Dinge zur Krisis. In einer Fabrik kam es zum Kampf, bei dem zwei

Männer getötet wurden. Dies schreckte die anderen und von dieser Zeit an hielten die Maschinen mit mehr Ruhe ihren Einzug. 1834 wurde der Jacquard-Webstuhl eingeführt und eine Maschine für Kammgarnspinnerei.«[18] Entweder war es die elende Lage oder die Radikalität junger Engländer, wahrscheinlich aber beides, daß diese Maschinenstürmerei fortgeführt wurde, obwohl die Zerstörung von Webstühlen seit der *Frame-Breaking-Bill* vom 14. Februar 1812 als Kapitalverbrechen verfolgt wurde.

Noch Karl Marx mystifizierte 1867 im 1. Band von *Das Kapital* das Maschinenwesen: »Als gegliedertes System von Arbeitsmaschinen, die ihre Bewegung nur vermittelst der Transmissionsmaschinerie von einem zentralen Automaten empfangen, besitzt der Maschinenbetrieb seine entwickeltste Gestalt. An die Stelle der einzelnen Maschine tritt hier ein mechanisches Ungeheuer, dessen Leib ganze Fabrikgebäude füllt, und dessen dämonische Kraft, erst versteckt durch die fast feierlich gemeßne Bewegung seiner Riesenglieder, im fieberhaft tollen Wirbeltanz seiner zahllosen eigentlichen Arbeitsorgane ausbricht.«[19] War es in diesem Fall nicht berechtigt, diesem Ungeheuer den Garaus zu machen und seinen Erbauern, den Mechanikern oder Unternehmern, ebenfalls? Wollte Marx mit dieser Dämonisierung des Maschinenwesens den Luddismus auf den europäischen Kontinent, besonders nach Deutschland, exportieren? Dazu war wenig Anlaß. Die meisten Unternehmer der frühen Industrialisierung, so großartig ihre Leistungen auch gewesen sein mögen, wurden nämlich von den schlechtbezahlten Arbeitern mit Mißtrauen betrachtet. Wir dürfen bei dem Studium von Unternehmerkarrieren nicht vergessen, daß neben den erfolgreichen und vielgerühmten Industrieunternehmern eine viel größere Zahl gescheiterter Existenzen stand. Sie konnten sich im rauhen Klima des kapitalistischen Wettbewerbs nicht durchsetzen – dies galt damals wie heute. Dieses Heer mittlerer und kleiner Unternehmer und Unternehmen hat aber keineswegs einen geringen Beitrag zum wirtschaftlichen Wachstum geleistet, im Gegenteil, auch wenn sie heute niemand mehr kennt.[20]

c) Feudalistische Neigungen

Ich möchte hier zwei Gründe für eine ambivalente Haltung gegenüber Unternehmern in den ersten Phasen der Industrialisierung nennen. Auf der einen Seite finden wir eine distanzierte Einstellung gegenüber Unternehmern in allen europäischen Staaten im 19. Jahrhundert, aber gerade in Deutschland war sie weit verbreitet. Auf der anderen Seite wurden viele Unternehmer, vor allem von adeligen oder großbürgerlichen Kreisen, nicht nur als nicht standesgemäß, sondern sogar als minderwertig betrachtet. Die meisten von ihnen entstammten dem Handwerker- oder Kaufmannsstand und konnten deswegen nur selten höhere oder gar Universitätsbildung aufweisen. Der Zugang zu den Laufbahnen politischer Eliten, die in Deutschland überwiegend vom Adel besetzt und geprägt waren, war ihnen verschlossen. In Frankreich z. B. war es in dieser Beziehung ganz anders, dort gab es seit dem 17. Jahrhundert einen ausgedehnten Ämterhandel und Ämterkäuflichkeit. Besonders das Amt eines *Secrétaire du Roi* war sehr beliebt, weil es mit dem Erwerb des Adelstitels verbunden war. Dafür »kostete« dieses Amt um 1780 auch 120.000 livres. Die *vénalité des offices*, d. h., eine finanzielle Bestechung zur Erlangung eines Amtes oder die vererbbare Nobilitierung, wurde in Frankreich erst nach der Erstürmung der Bastille im August 1789 beseitigt.[21] Noch anders waren die Verhältnisse in England, wo Kaufleute wie Sir Josiah Child (1630–1699), der durch Kauf von Stammaktien der Ostindischen Kompagnie in kurzer Zeit über ein Einkommen von 20.000 Pfund Sterling verfügte, 1677 deren Direktor wurde und seinen Einfluß durch Geschenke an die englischen Könige Karl II. und Jakob II. dezent verstärkte. Oder der in Amsterdam geborene Sir Matthew Decker (1679–1749), der einer flämischen Handelsfamilie entstammte und 1702 nach London kam. Schnell reich geworden, wurde auch er Direktor der *East India Company* von 1713–1743. Decker bewirtete den englischen König Georg I. in seinem Landhaus in Richmond Green, in dem er angeblich zum erstenmal in England Ananas servieren ließ. Alle diese englischen Kauf- und Finanzleute erwarben ausgedehnten Landbesitz und fühlten sich als »Gründer eigener Dynastien«.[22] Im »verspäteten« Deutschland änderte sich diese reservierte Haltung gegenüber finanziellen Aufsteigern erst allmählich in der zweiten oder dritten Unternehmergeneration, nachdem diese zu Reichtum und damit auch zu einem größeren Ansehen emporgestiegen waren. Jetzt war es zumindest für den ärmeren oder niederen Adel opportun, in wohlhabende Bürgerfamilien einzuheiraten.

Ein weiterer Grund für die eigenartige Stellung der Unternehmerschaft hat mit einem verbreiteten Erscheinungsbild der Unternehmer selbst zu tun, das man »Feudalisierung«[23] genannt hat. Es war dies der Ehrgeiz vieler wohlhabender Unternehmer, durch Titel, Nobilitierungen oder dem Bau von schloßähnlichen Villen und dem Kauf von Landgütern einen pseudoadeligen Lebensstil zu pflegen. Ob dies nun Krupps »Villa Hügel« – obwohl Alfred Krupp sowohl die ihm angebotene Nobilitierung als auch Orden und Titel ablehnte[24] –, der an militärische Vorbilder erinnernde »Herr im Hause«-Standpunkt des Neunkirchener Eisenindustriellen Karl Ferdinand Stumm, der 1891 zum Freiherrn von Stumm-Halberg geadelt wurde, und von dem der Satz stammen soll: »Alles für den Arbeiter, aber nichts durch den Arbeiter«[25] oder die »feudalistischen« Neigungen des Dresdner Unternehmers Bruno Naumann,[26] Geheimer Kommerzienrat, Standesherr zu Königsbrück und Mitglied der Ersten Kammer der sächsischen Ständeversammlung, waren. Alle diese kostspieligen Bemühungen um sozialen Aufstieg und gesellschaftlicher Anerkennung führten zu einem Paradox: In adelige Kreise konnten sie nur ganz selten einheiraten und von der Arbeiterschaft distanzierten sie sich zunehmend durch dieses Verhalten.

Selbst dort, wo man es auf den ersten Blick nicht vermutet, nämlich in jüdischen Bankierskreisen, hielt diese Feudalisierung Einzug. Auch dazu ein Beispiel, das vielleicht verdeutlichen kann, daß in Unternehmerkreisen die deutschen und jüdischen Verhaltensweisen sich viel stärker ähnelten, als dies der antiindustrielle Antisemitismus seit dem frühen 19. Jahrhundert wahrhaben wollte. Nachdem der Gründer des internationalen Bankhauses Rothschild, Meyer Amschel, am 19. September 1812, bevor Napoleon I. in der Völkerschlacht bei Leipzig vernichtend geschlagen wurde, gestorben war, erhob der Kaiser von Österreich alle seine Söhne, außer Nathan in London, also Amschel (Anselm), Salomon, Karl und James auf Antrag des Finanzministers Johann Philipp Graf von Stadion durch Kabinettsschreiben vom 25. September und 30. Oktober 1816 in den Adelsstand. Diese Maßnahme erfolgte von Gebern und Nehmern keineswegs uneigennützig. Österreich hatte eine ungeheure Staatsschuld angehäuft und war so gut wie bankrott. Die Zinsen konnten nicht bezahlt werden und die Kurse der Staatspapiere und Banknoten fielen 1811 auf 10% ihres Nominalwerts. Im Jahr 1813 flüchtete sich Österreich erneut in die Vermehrung von Papiergeld, was schließlich dazu führte, daß nach den Napoleonischen Kriegen 600 Millionen Gulden Papiergeld in Umlauf waren. In dieser schwierigen Lage hatten die Rothschilds bei der Übermittlung englischer Subsidien große finanzielle Hilfen geleistet. Es war deshalb wohl nicht ohne Hintersinn, daß das den Rothschilds 1817 verliehene Wappen die Devise trug: *Concordia, Integritas, Industria!*

Der alte Rothschild hatte fünf Töchter und fünf Söhne, von denen der älteste das Stammhaus in Frankfurt am Main übernahm, während die anderen in Wien, Paris, London und Neapel neue Häuser gründeten. Den Gründer hatte Ludwig Börne als frommen und gutherzigen Mann geschildert, der den Bettlern Almosen zusteckte: »Er war ein mildthätiges Gesicht mit einem spitzigen Bärtchen, auf dem Kopfe ein dreieckig gehörnter Hut und die Kleidung mehr als bescheiden, fast ärmlich.«[27] Im Jahr 1822 wurden dagegen sämtliche Söhne in den österreichischen Freiherrnstand aufgenommen – »bescheiden, fast ärmlich« waren sie zu dieser Zeit nicht mehr. Als Friedrich Gentz als österreichischer Hofrat Anfang September 1818 im Gefolge des Fürsten Metternich zum Aachener Kongress reiste und in Frankfurt Station machte, traf er sich auch mit Karl und Anselm Rothschild. In einem Brief an Adam Müller verachtete er sie persönlich, aber bewunderte ihren ungeheuren Reichtum. Im Jahr 1820 hatte nämlich deren große Emissionstätigkeit durch zwei österreichische Lotterie-Anleihen begonnen, die David Parish und Salomon Rothschild am 4. April in Höhe von 48 Millionen Gulden abschlossen und die den österreichischen Staatshaushalt konsolidierten. 1821 übernahmen die Rothschilds eine neapolitanische Anleihe von 16 Millionen Dukaten, deren Kurs schnell anstieg. Gentz, der an beiden Anleihen beteiligt war, erhielt im April 1822 von Rothschild insgesamt 5000 Dukaten »Provision« – schon damals war Bestechung gang und gäbe! Hatten sich die Rothschilds die Erhebung in den *Frei*herrnstand nicht im wahrsten Sinne des Wortes »verdient«?

Max Weber hat diese affektierte Haltung von Unternehmern

bereits Anfang dieses Jahrhunderts scharf gegeißelt: »Und vollends das Einlaufen in den Hafen des Fideikommißbesitzes und Briefadels mit Söhnen, deren Gebarung auf der Universität und im Offizierskorps ihre Abstammung vergessen zu machen sucht, wie es der übliche Lebenslauf deutscher kapitalistischer Parvenü-Familien war, stellt ein epigonenhaftes Décadenceprodukt dar.«[28] Weber, der uns Wissenschaftlern die »Wertfreiheit« so eindringlich empfahl, während er die Leidenschaften in die Politik verbannte, geißelt hier ohne jedes Maß von kühler Bescheidenheit solche Verhaltensweisen. Er geht in der *Protestantischen Ethik* sogar soweit, zu behaupten, daß der *Idealtypus* eines kapitalistischen Unternehmers mit dieser Art von feinerem oder gröberen »Protzentum« nicht das Geringste zu tun hätte. Wenn aber der *echte* Unternehmertypus solche Demonstrationen seines Reichtums und luxeriösen Lebenswandels scheut – es braucht ja nicht gerade Gunter Sachs zu sein –, und ihm die Annahme äußerer Zeichen gesellschaftlicher Achtung unangenehm sind, dann stellt sich allerdings die Frage: Warum war gerade im hochindustrialisierten Deutschland dieser Typus so häufig anzutreffen? Hatten die deutschen Unternehmer diesen asketischen, nur auf den materiellen Gewinn ausgerichteten Lebensstil vollständig aufgegeben? Vielleicht konnte von jener »›chrematistischen‹ Lebensführung« tatsächlich im 19. Jahrhundert nicht mehr die Rede sein. Wahrscheinlich hatte sich der siegreiche moderne Unternehmer von diesen »alten Stützen« endgültig emanzipiert.

d) *Dynamik und Erschlaffung*

Es kann trotz meiner kritischen Bemerkungen nicht zweifelhaft sein, daß die Unternehmerschaft ein wichtiger und notwendiger Faktor bei der Durchsetzung der europäischen Industrialisierung war. Wir können bis zu dem schwäbischen Geschlecht der Fugger zurückgehen, um frühe Vertreter dieser Unternehmergesinnung namhaft zu machen. Sie siedelten sich seit 1367 in Augsburg an, und Richard Ehrenberg, der die Geschichte des Hauses Fugger in seinem zweibändigen Werk *Das Zeitalter der Fugger* detailliert erforscht hat, nannte sie treffend »Todtengräber des Mittelalters und Fackelträger der Neuzeit«. Jakob II. Fugger (1459–1525), der Reiche, seit 1514 Reichsgraf, machte aus dem Haus Fugger ein internationales Unternehmen. Zwischen 1474 und 1480 absolvierte er eine Lehre in Venedig, um wie seine Väter den Handel mit Spezereien, Seiden- und Wollstoffen zu erlernen. Davon emanzipierte er sich in kurzer Zeit, indem er ganz neue Bahnen einschlug und aufrollte. Er errichtete nicht nur ein Kupfermonopol in Europa durch den Ankauf der meisten Kupferbergwerke in Spanien, Tirol, Kärnten und Ungarn, sondern schaltete sich auch in den internationalen Warenhandel ein, indem er ab 1505 am ostindischen Gewürzhandel beteiligt war.

Diese profitablen Anlagen von Bergbau- und Handels-Unternehmen, die ihm seinen Beinamen eintrugen, ermöglichten die Vermittlung eines ungeheuren Geld- und Kreditverkehrs. Schon 1448 hatten sich die Fugger als Gewerken in den Schwazer Bergbau eingekauft. Es ist dies genau das Jahr, in dem die 1409 entdeckten Silbervorkommen am Falkenstein bei Schwaz in Tirol die ersten großen Erträge lieferten. Natürlich organisierten die Fugger für den Landesherrn – damals Herzog Sigmund – den Silberabsatz nach dem Ausland und schossen den Silberpreis vor, weil er selbst das Silber nicht bezahlen konnte. Dafür ließen sie sich die Ausbeute der Bergwerke vom Landesherrn verpfänden. Von 1487 bis 1511 soll sich das Vermögen der Fugger verzehnfacht und ungefähr im letztgenannten Jahr 250.000 fl. betragen haben. Bis Ende 1527 ist es auf zwei Millionen Gulden angestiegen. Dies entspricht einer Durchschnittsverzinsung über 40 Jahre von etwa 11 bis 12% pro Jahr!

Als Bankier der Päpste war Jakob II. finanziell am Ablaßhandel beteiligt. Das Haus Fugger hatte vorher Albrecht von Brandenburg Geld geliehen, damit dieser seinen »Sold« an die Kurie für die Würde eines Erzbischofs von Mainz bezahlen konnte. In seinen Verbindungen zur katholischen Kirche lag jedoch nur ein Teil seiner Geldgeschäfte. Als Geldgeber des Kaisers Maximilian I. und des spanischen Königs Karl I. brachte Fugger 1519 maßgeblich die Bestechungsgelder – von 850.000 Gulden 543.000 fl. – für die Wahl Karl I. zum Kaiser Karl V. auf, die dieser nicht zurückzahlen konnte oder wollte. Am 24. April 1523 wurde Karl in Valladolid ein Schreiben von Jakob übergeben, in dem es heißt, Fugger habe dem Kaiser eine bedeutende Summe Geldes vorgestreckt, das er selbst bei »unseren Freunden« habe aufbringen müssen. Und: »*Es ist auch bekannt und liegt am Tage, dass Eure kaiserliche Majestät die Römische Krone ohne meine Hülfe nicht hätten erlangen können,* wie ich denn solches mit eigenhändigen Schreiben der Commissare Eurer Majestät beweisen kann.«[29]

Die Dynamik, mit der dann seit der 2. Hälfte des 18. Jahrhunderts eine neue Generation von *Selfmademen* die Chancen eines liberalkapitalistischen Systems nutzten, muß jedem Achtung einflößen, der nicht durch Vorurteile geblendet ist. Dieses System hat sich bis heute bewährt, auch wenn es selbstverständlich unter Unternehmern *schwarze Schafe* gab und gibt. Es ist aber gleichermaßen daran zu erinnern, daß weder der Kapitalismus noch die Industrialisierung Europas »das Werk einzelner hervorragender Männer« (W. Sombart) war. Was ich mit der Diskussion dieses Faktors verdeutlichen wollte, war vor allem, daß es eine Tendenz gegeben hat, seine Bedeutung zu übertreiben. Wenn wir es aus heutiger Sicht betrachten, nachdem schon lange Manager und Aufsichtsräte in den meisten westeuropäischen Unternehmen nicht mehr den Typus der Schumpeterschen Unternehmerpersönlichkeiten repräsentieren, ist dies beinahe ein Allgemeinplatz. Wenn wir allerdings sozialistische Verwaltungswirtschaftssysteme mit ihren rigiden Planerfüllungsvorgaben den kapitalistischen Systemen gegenüberstellen, dann wird der Unterschied schlaglichtartig deutlich. Um es in wenigen Worten auszudrücken: Kapitalistische Unternehmer haben seit Beginn der Industrialisierung den individuellen wirtschaftlichen Erfolg erstrebt und nicht selten eine reiche Ernte eingefahren. Diese Jagd nach Gewinn durch das Ergreifen günstiger Wettbewerbschancen oder der Vermarktung neuer und kostengünstiger Produkte war nur auf dem Boden individueller Entfaltungsfreiheit möglich. Der Nachteil bestand darin: Sie mußten auch das Risiko des Scheiterns und des Kapitalverlusts tragen, und zwar in einem viel größeren Maß, als uns dies aus unserem heutigen staatlichen Auffangkapitalismus vertraut ist.

Diese Verzahnung von Dynamik und Erschlaffung ist vielleicht in einem noch stärkeren Maße als bei den Unternehmern bei den Bankiers festzustellen. Betrachten wir z.B. noch einmal die Entwicklung des Hauses Rothschild.[30] Meyer Amschel Rothschild (1743–1812), der Gründer des Stammgeschäfts, war der Sohn eines einfachen jüdischen Kaufmanns in Frankfurt am Main. Er sollte Rabbiner werden, aber seine Neigungen galten dem Geschäftsleben; deshalb trat er in Hannover eine Lehre beim Bankhaus Oppenheim an. Mit einem kleinen Vermögen kehrte er nach Frankfurt zurück und eröffnete 1766 ein Geschäft als Geldwechsler. Wegen seiner Kenntnisse im Münzwesen und weil er sich in kurzer Zeit in Frankfurt einen Namen als Geldwechsler gemacht hatte, kam er auf Empfehlung des hannoverschen Generals von Estorff um 1775 in Kontakt mit dem Erbprinzen, dem späteren Kurfürst Wilhelm I. von Hessen. Dieser residierte in der außerhalb der kurhessischen Grenze gelegenen Grafschaft Hanau-Münzenberg. Rothschild lieferte dem Erbprinzen Medaillen für dessen Münzkabinett und vermittelte Wechsel in London. Diese Wechsel dienten zur Bezahlung von Soldatenlieferungen an England zum Einsatz im nordamerikanischen Unabhängigkeitskampf. 1801 wurde Rothschild zum *Oberhofagenten* des Landgrafen ernannt und schloß ein großes Darlehensgeschäft mit dem dänischen Kabinett in Kopenhagen ab. Es belief sich bis 1806 auf 1,75 Millionen Taler mit einem Zinssatz von über sechs Prozent und kann wegen seiner langen Laufzeit fast als eine fundierte Staatsanleihe angesehen werden. Im Oktober 1806 mußte der hessische Kurfürst (seit 1803) wegen anrückender französischer Truppen sein Land verlassen und vertraute seinen Staatsschatz seinem Oberhofagenten Rothschild an. Dieser hielt ihn nicht in Frankfurt, sondern sandte 600.000 Pfund Sterling mit der Post an seinen Sohn Nathan nach London. Meyer Amschel starb, ehe der Kurfürst 1813 nach Kassel zurückkehren konnte. Wegen der vorzüglichen Geldverwaltung schenkte der Kurfürst später Nathan Rothschild »seine sämmtlichen Vorräthe an Wein und Leinen«.[31]

Nach dem Tod des Gründers übten dessen fünf Söhne das Geschäft gemeinsam aus, und zwar in den fünf Finanzhauptstädten Europas: Anselm, der älteste Sohn, übernahm die Leitung des Stammhauses in Frankfurt; Salomon, der in Frankfurt wohnen blieb, besorgte die Geschäfte in Berlin und Wien; Nathan war von Manchester nach London übergesiedelt und hatte seit 1814 fast 18 Millionen £ an englischen Subsidienzahlungen auf den Kontinent vermittelt; Karl konzentrierte seit 1820 seine finanzielle Tätigkeit auf Italien und errichtete 1821 ein Haus in Neapel; James, der jüngste Sohn, ließ sich im Alter von 20 Jahren in Paris nieder und eröffnete 1817 die Firma: de Rothschild Frères. Friedrich Gentz, der »Landsknecht der Reaction«, schrieb in einem Brief an Adam Müller vom 15. Dezember 1818 über die Rothschilds: »Sie sind gemeine, unwissende Juden, von gutem, äußeren Anstand, in ihrem Handwerk bloße Naturalisten, ohne irgend eine Ahnung eines höheren Zusammenhanges der Dinge, aber mit bewunderungswürdigem Instincte begabt, der sie immer das Rechte und zwischen zwei Rechten immer das Beste wählen heißt.«[32]

In dem folgenden halben Jahrhundert erlebten die Rothschilds einen phänomenalen Aufstieg – mit dem Aufkommen der Großbanken ging dann aber ihr Einfluß schnell zurück. Das Stammgeschäft in Frankfurt am Main erlosch 1901 und 80 Jahre später wurde die *Banque Rothschild* in Paris verstaatlicht und in *Européenne de Banque* umbenannt. Lag in der Einigkeit der Brüder bei Geldgeschäften und in dem internationalen Charakter des Hauses Rothschild fast ein Jahrhundert lang die große Stärke, so trugen Rücksichtslosigkeiten in den Mitteln und ihre jüdische Religion teilweise zum allmählichen Untergang bei. Zwar »gingen sie aus den zahlreichen schweren Krisen des 19. Jahrhunderts ungeschwächt hervor, während ihre Concurrenten rings umher verbluteten«,[33] aber der Dialektik von Dynamik und Erschlaffung mußten auch sie Tribut zollen. Otto von Bismarck schrieb über die Rothschilds: »Ich habe viele Mitglieder dieses Hauses gekannt. Auffallend ist mir bei ihnen immer das Jagen nach Gold gewesen. Das kommt daher, daß jeder von ihnen immer den Wunsch hat, *jedem* seiner Kinder *soviel* zu hinterlassen, wie sein eigenes Erbtheil gewesen, und das ist doch ein Unsinn.«[34]

Vielleicht erklärt diese Charakterisierung des Politikers Bismarck von führenden (Kapital-)Unternehmern die uns heute befremdende Selbststilisierung, die der Buchhändler Rudolf Oldenbourg am 2. Juli 1898 dem Schriftleiter der Zeitschrift *Journal für Gasbeleuchtung und Wasserversorgung* übersandte: »Wir Geschäftsleute planen und führen Unternehmungen aus zum Zwecke des *Erwerbes*, und wenn sich diese lohnen, so sind wir selbst eigentlich belohnt ohne Anspruch auf mehr. Es ist das richtig, aber es ist nicht *wahr*, denn es ist nur eine oberflächliche Anschauung des Lebens eines ernsten Geschäftsmannes. In ernster Wirklichkeit vollzieht sich dasselbe nicht wie ein fortlaufendes Rechenexempel, es stellt vielmehr so hohe Forderungen an alle seelischen Eigenschaften des Menschen, ich meine auch die edleren, wie Tatkraft, Mannesmut, Ehrlichkeit, auch in komplizierten Lagen, endlich auch Liebe zur Sache, die zu Menschen nicht ausgeschlossen. Sie wirken nur meist im Verborgenen und zeitlich so zerstreut, daß sie nicht wahrgenommen werden. Im gewöhnlichen Laufe der Dinge müssen wir auf ihre Anerkennung verzichten und uns mit dem schnöden Geldlohn begnügen.«[35] Und vielleicht ist diese Mischung aus Geschäftssinn, Tatkraft und »Liebe zur Sache« ein Grund dafür, daß der Oldenbourg Verlag nach 100 Jahren noch existiert und hoffentlich auch mit »schnödem Geldlohn« belohnt wird.

Eines gilt es am Schluß dieses Abschnittes über die Unternehmerschaft festzuhalten: Das sozialistische Kollektiv hat niemals echte unternehmerische Funktionen ausgeübt. Zwar haben die eigentlichen Nutznießer, die Funktionäre, alles getan, um den Arbeitern eine angemessene Vergütung für ihre Leistungen vorzuenthalten. Doch mit ihrer ideologischen Indoktrination sind sie auf lange Sicht gescheitert. Allerdings entschädigt diese Tatsache die Werktätigen nicht dafür, daß sie die staatlichen Fehlplanungen und Fehlinvestitionen teurer bezahlen mußten. Es ist eine Ironie der Geschichte, daß die Regierungen in sozialistischen Staaten, denen angeblich nichts mehr am Herzen lag als das Wohl der Werktätigen, in ihrer Wirtschaftspolitik einen totalitären Zentralismus praktizierten, um die Satellitenstaaten ökonomisch und politisch von sich abhängig zu machen. Gegenüber dem »System des Konzernkapitalismus« war im Sozialismus der Staat zum Unternehmensführer aufgestiegen, der 1990 als reichster und mächtigster »Kapitalist« bankrott anmeldete.

4. Die Bildung

a) Erweiterung von Angeboten

Ökonomen tendierten lange Zeit dazu, einem sogenannten exogenen Faktor, wie etwa der allgemeinen Bildung, einen geringen Stellenwert bei der *Erklärung* wirtschaftlichen Wachstums einzuräumen.[1] Hier offenbart sich erneut eine Schwäche der neoklassischen Nationalökonomie, die in ihrem Modell von Sozialprodukt, Wachstumsraten oder Pro-Kopf-Einkommen Bildung nur schwer unterbringen kann. Wie wenig es gerechtfertigt ist, Bildung als einen Faktor der europäischen Industrialisierung zu vernachlässigen, wird deutlich, wenn wir einen Zusammenhang herstellen zwischen dem Bildungsniveau unterentwickelter Staaten und ihrer Produktivität. Dabei zeigt sich, wie wir später sehen werden, eine Korrelation von geringer Bildung und niedriger Produktivität bzw. auch umgekehrt, was allerdings in diesen Staaten selten anzutreffen ist. Selbst im Mutterland der Industrialisierung, in England, war Bildung und Wissenschaft eine Voraussetzung der ökonomischen Modernisierung. Wir brauchen uns nur daran zu erinnern, daß fünf Jahre nach Gründung der *Royal Society* in London, im Jahr 1667, z. B. Isaac Newton (1642–1727) *Fellow* am Trinity College in Cambridge wurde und zwanzig Jahre später seine *Principia Mathematica* erschienen. An diesem Beispiel wird deutlich, welchen Einfluß nur dieser eine großartige Gelehrte auf die Forschungen in Astronomie, Mathematik, Mechanik, Optik oder Physik, d. h. auf die modernen Naturwissenschaften, ausübte. Auch Robert Boyle, Robert Hooke, John Houghton oder William Petty beschäftigten sich nicht ausschließlich mit theoretischen Fragen der Chemie und Physik, sondern ebenso mit dem Problem der Anwendung in der Hydrotechnik, der Landwirtschaft, dem Schiffbau oder der Textilfärberei. Das englische Bildungssystem war und blieb allerdings lange Zeit elitär.

Max Weber[2] hat bereits 1904 auf eine Begleiterscheinung des modernen Kapitalismus hingewiesen, die in unserem Zusammenhang von großer Bedeutung ist. Als nämlich die Fabrikarbeit auf Arbeiterinnen und Arbeiter nicht nur den Zwang fester Anwesenheitszeiten, sondern auch den einer größeren Intensität fabrikmäßiger Arbeit ausübte, stieß sie auf »unendlich zähen Widerstand«. Je kapitalistisch und industriell »rückständiger« die Arbeiterschaft war und ist, desto intensiver die innere Abwehr, dieses System zu akzeptieren. Dieses Verhalten äußerte sich nicht nur im *Blauen Montag* – d. h., das Fernbleiben von der Arbeit nach einem durchzechten Sonntag; angeblich zuerst erwähnt in der Wiener Maurerordnung von 1550 –, sondern in der relativ geringen Bereitschaft von Arbeitern während der Frühindustrialisierung, die – allerdings spärlichen – Bildungsmöglichkeiten wahrzunehmen. Unter diesen Voraussetzungen war es nahezu ausgeschlossen, daß Fabrikarbeiter eine große Einsicht zeigten, daß z. B. ihre Kinder ein größeres Maß an Bildung benötigten, denn damit war ja die Gefahr einer doppelten Entfremdung verbunden. Einmal dadurch, daß diese Kinder gebildeter waren als ihre Eltern und sich ihnen zwangsläufig emotional entfremdeten, zum anderen, daß sie die unumgängliche Notwendigkeit von industriellen Produktionssteigerungen akzeptierten. Beide Formen konnten zu innerfamiliären Konflikten führen.

In der europäischen Industrialisierung seit dem späten 18. Jahrhundert läßt sich mit ziemlich großer Genauigkeit nachweisen, daß es zumindest langfristig einen engen Zusammenhang zwischen der Erweiterung der Bildungsmöglichkeiten, vor allem im technischen und wissenschaftlichen Bereich, und dem Wirtschaftswachstum der Volkswirtschaften gegeben hat.[3] Bereits im Jahr 1800 stellte eine Wetzlarer Schulkommission fest, daß das Schulwesen »die sicherste Stütze von Staatenglück und Privatwohl«[4] sei. Damit war es jedoch in den meisten europäischen Städten nicht allzu gut bestellt. Wer Geld hatte, also die kleine Schicht von wohlhabenden Bürgern, ließ ihre Kinder durch Hauslehrer unterrichten. Die überwiegende Zahl der Kinder von weniger bemittelten Familien besuchte nicht einmal Elementarschulen. Meistens war die Bezahlung der Lehrer an Elementarschulen schlecht, nicht viel besser war in den unteren Schichten das Interesse an einer gründlichen Ausbildung bzw. der Bildungsstand des Lehrpersonals. Es gab Ausnahmen. Afsprung berichtete von einer guten Ausbildung von deutschen Schulmeistern in der Reichsstadt Memmingen, wo der Kirchenrat schon um 1780 einige Aspiranten nach Halle in die A.H. Franckesche Erziehungsanstalt schickte, um sie zu Lehrern ausbilden zu lassen. Er schrieb: »Diese Sorgfalt aber besser teutsche Schulmeister zu bilden ist allemal sehr lobenswerth und kann mancher Reichsstadt zur Lection dienen, wo man entweder verunglückte, verwilderte Studenten, oder solche Handwerks-Leute, die zu dumm und zu faul waren, ihr Handwerk zu treiben, zu teutschen Schulmeistern machet.«[5]

An dieser Stelle möchte ich kurz auf eine Diskussion eingehen, die seit Max Webers *Die protestantische Ethik und der Geist des Kapitalismus* nicht mehr abgerissen ist. Sie kreist um den Zusammenhang von Bildung, Industrialisierung und Religion. Es wurde gerade für das Industrialisierungszeitalter die Ansicht vertreten, daß die Konfession einer Bevölkerung und ihre ökonomische Lage stark miteinander korreliert seien. In moderner ökonomischer Terminologie könnten wir von einer religiösen Unterfütterung der Theorie des Humankapitals sprechen. Diese Theorie wurde in den 1960er Jahren u. a. von den amerikanischen Ökonomen Theodore W. Schultz und Gary S. Becker entwickelt.[6] Sie versucht zu erklären, warum das Wirtschaftswachstum zum Teil auf menschlichen Fähigkeiten beruht und nicht ausschließlich auf materiellen Investitionen. Mit anderen Worten: Das Überschreiten eines bestimmten Niveaus der Schulausbildung ist positiv verkoppelt mit höherer Arbeitsproduktivität und damit mit Einkommenszuwächsen. Korrelieren Religion und Bildung positiv miteinander, dann könnten wir nach dieser Theorie annehmen, daß solche Religionen, die Bildung höher bewerten, auch industriell erfolgreichere Mitglieder hervorbringen. Bei oberflächlicher Betrachtung könnte man deshalb glauben, daß überwiegend *protestantische* Staaten, wie England, Preußen, die USA, die Schweiz, Holland oder Dänemark gegenüber überwiegend *katholischen* Staaten, wie Frankreich, Spanien, Portugal, Polen oder Italien *auch* aufgrund ihrer Religion industriell fortschrittlicher gewesen sind. Die nationale Betrachtungsweise tendiert jedoch in diesem wie in vielen anderen Fällen zu Einseitigkeiten und Vorurteilen.

Zwar haben auch Regionalstudien, wie *Konfession und soziale Schichtung*[7] in Baden, nachzuweisen versucht, daß Protestanten gegenüber Katholiken »auch beim Kampf ums Fortkommen auf ihrer Seite den Vorteil der besseren Vorbildung« haben, aber hier wird Ursache und Wirkung verwechselt. Nach der Zählung von 1895 lebten in Baden 37,0 % Protestanten, 61,3 % Katholiken und 1,5 % Juden, dagegen in Bayern 28,2 % Protestanten, 70,7 % Katholiken und 0,9 % Juden. In Württemberg betrugen die Anteile im Jahr 1880: Protestanten 69,1 %, Katholiken 30,0 % und Juden 0,7 %, in Preußen lebten 1885 64,4 % Protestanten, 34,0 % Katholiken und 1,3 % Juden. Diese Zahlen sagen noch nichts über unternehmerische oder kapitalistische Aktivitäten und Fähigkeiten aus. Und natürlich lassen sie überhaupt keinen Rückschluß auf eine entsprechende industrielle Entwicklung in diesen vier deutschen Reichsstaaten zu. Selbst wenn wir herausfänden, daß etwa protestantische Unternehmer anteilmäßig stärker vertreten waren, so könnte dies auch dadurch erklärt werden, daß ein »unternehmerischer Charakter« weniger durch religiösen Nonkonformismus geprägt wurde als durch den materiellen Durchsetzungswillen gegenüber sozialen Widerständen, eine höhere Stufe auf der sozialen Leiter zu erklimmen. Bei einer langfristigen Betrachtung der Industrialisierung zeigt sich möglicherweise, daß protestantische Bürger zwar im Durchschnitt eine höhere Bildung erreichen als katholische, aber die Industrialisierung einen recht divergenten Verlauf nimmt. Das überwiegend katholische Ruhrgebiet im 19. und das überwiegend katholische Bayern im 20. Jahrhundert sind zu führenden deutschen Industrieregionen aufgestiegen. Ich möchte deshalb behaupten, daß zumindest im 20. Jahrhundert die Konfession keine wesentliche Rolle mehr bei der gewerblichen Bildung spielte. Andere Faktoren als die Religion spielten eine entscheidendere Rolle.

Es ist zu wenig beachtet worden, daß während des ganzen 19. Jahrhunderts private Reformkräfte und Staatsbürokratien in den entwickelteren europäischen Staaten bemüht waren, das Bildungsniveau breiter Bevölkerungsschichten anzuheben. Diese Anstrengungen wurden schon deshalb unternommen, um die *Soziale Frage* nicht noch mehr zu verschärfen. Sie waren aber ebenfalls ein Mittel, um den ständig steigenden Anforderungen eines technisch und organisatorisch immer komplizierteren Produktionsprozesses gerecht zu werden. Ohne eine fachlich hochgebildete Arbeiterschaft wäre die industrielle Umsetzung der vielfältigen technischen Erfindungen nicht möglich gewesen. Dagegen konnten auch nationalistisch und antisemitisch verblendete Forscher wie Paul Anton de Lagarde (1827–1891) nichts ausrichten, der vom »zähen Schleim der Bildungsbarbarei«[8] sprach. Allerdings wurde noch im 20. Jahrhundert gerade von Intellektuellen ein Zynismus gegenüber einer höheren Bildung von Arbeitern vertreten, der nur armselig genannt werden kann. So schrieb Franz Haiser 1923: »Wenn schon alle lesen lernen müssen, so sollten sich doch wenigstens die Wissenden einer geheimen Sprache bedienen.«[9] Und ein nach den USA emigrierter österreichischer Ökonomieprofessor veröffentlichte nach dem Zweiten Weltkrieg ein Buch über *Die Gefahr der Größe*, in dem er argumentiert, daß höhere Bildung »geistig bereits steril ist«[10] und deshalb keine zusätzlichen materiellen Vorteile mehr bieten könne.

b) Ausbildung und Industrialisierung

Es wurde im Frühstadium der (englischen) Industrialisierung die Auffassung vertreten, daß zwischen Arbeitsleistung und Lohn ein negativer Zusammenhang bestehe, d. h., ein hoher Lohn verringere die Arbeitsintensität und die Arbeitswilligkeit. Schon Adam Smith[11] wies energisch darauf hin, daß eine entsprechende Entschädigung für die Arbeitsleistung auch den einfachen Mann zu größerem Fleiß ansporne. Sein englischer Landsmann Thomas R. Malthus kämpfte dagegen an. Für ihn und andere stand folgendes außer Frage: Ein bestimmter Lohn, der für den Lebensunterhalt gerade ausreichte, müßte, wenn er überschritten würde, den Arbeiter zu der Illusion verleiten, »er sei verhältnismäßig reich und in der Lage, sich während vieler Stunden oder Tage der Muße zu ergeben«.[12] Daraus folgt, daß eine Herabsetzung der Löhne die Arbeiter dazu zwänge, zur Erhaltung ihrer Lebensbedürfnisse und ihres Verdienstes mehr zu leisten als bisher.[13] Wenn diese Ansicht zuträfe und niedrige Löhne »produktiver« sein würden als höhere, dann wäre jede Art einer höheren beruflichen Qualifizierung eine private oder öffentliche Fehlinvestition. Es hat sich aber gezeigt, daß es durchaus einen Zusammenhang zwischen guter Ausbildung, hoher Arbeitsleistung und besseren Verdienstchancen gibt. Wir können uns diesen Sachverhalt leicht verdeutlichen, wenn wir uns daran erinnern, daß die technischen Möglichkeiten und Anforderungen in fast allen Berufsbranchen im Lauf der Industrialisierung ständig gewachsen sind. Hätte die Ausbildung der Arbeiter mit diesen technischen Fortschritten nicht einigermaßen Schritt gehalten, dann wäre das wirtschaftliche Wachstum an eine Grenze gestoßen. Vielleicht hat die Entwicklungspolitik der 1960er und 1970er Jahre gerade deshalb so geringe Erfolge erzielt, weil sie der Schulbildung als notwendigen Faktor für die Industrialisierung nicht genügend Aufmerksamkeit schenkte.

Ein paar Zahlenangaben vermögen vielleicht zu verdeutlichen, daß zwischen Schulbildung und Industrialisierung ein enger Zusammenhang besteht, auch wenn eine *Erklärung* der Beziehung sehr kompliziert ist. Um 1900 konnten in den führenden europäischen Industriestaaten – Deutschland, England, Belgien, die Schweiz, Frankreich und Skandinavien – fast alle über 10 Jahre alten Menschen wenigstens einigermaßen lesen;

schreiben konnten zu diesem Zeitpunkt allerdings erst 80–90%. Die Lesefähigkeitsquote nimmt bei weniger industrialisierten Staaten analog zum Grad ihrer Wirtschaftsentwicklung ab: in Österreich lag die Quote bei 77,2%, in Italien bei 51,2%, in Spanien bei 44,0%, in Portugal bei 26,6% und in Rußland bei nur 21,0 Prozent.[14] In Finnland gab es 1910 nur noch ein Prozent unter den über zehnjährigen Einwohnern, die nicht lesen konnten – dagegen 51,2%, die nicht lesen *und* schreiben konnten. In Deutschland, Österreich, Belgien und Frankreich lag der Anteil der Lese- und Schreibunkundigen unter 20%, während es in Spanien 50% und in Portugal sogar 70% waren. Andere Indikatoren, wie die Anzahl der Primar- und Sekundarschüler folgen einem ähnlichen Trend. Im Jahr 1910 lag der Anteil aller Primarschüler in der Altersgruppe der 5–14jährigen in Deutschland bei 71,9%, in England und Wales bei 78,6%. Einen höheren Anteil hatten Schottland (81,9%) und Frankreich (85,3%), während Italien (43,3%) und Finnland (26,3%) niedrigere Werte aufwiesen. Wie dieser Sachverhalt zu beurteilen ist, möchte ich hier nicht im Detail erörtern, sondern lediglich die Ansicht Aereboes von 1929 zitieren: »Im Konkurrenzkampf der Völker muß auf die Dauer dasjenige Volk den Vorsprung bekommen, welches die besten Erzieher hat.«[15]

Diese Zusammenhänge sind erst empirisch nachweisbar in einem relativ späten Stadium der Industrialisierung der betreffenden Staaten oder Regionen. Nicht nur, weil uns vergleichende Bildungsstatistiken etwa für das 18. Jahrhundert oder früher fehlen, sondern vor allem, weil *höhere* Bildung während der Frühindustrialisierung keine entscheidende Rolle spielte. Dieser Sachverhalt wird besonders von modernen Ökonomen verkannt, die die »Bildung von Humankapital« – und das bedeutet Bildung im üblichen Sinn – als eine wichtige *Voraussetzung* für Industrialisierung ansehen.[16] Gerade in Großbritannien, wo sich der Anteil der im Gewerbe Beschäftigten an allen männlichen Erwerbstätigen zwischen 1760 und 1840, eine Periode, die allgemein als die englische Industrielle Revolution angesehen wird, von 24 auf 47 Prozent erhöhte, hatte das Prinzip *Learning-by-doing*, d.h. die Erlernung von Fähigkeiten durch Praxis, eine große Bedeutung. Es ist deshalb eine irrige Vorstellung, die mit der britischen Realität in den meisten Gewerben überhaupt nicht in Übereinstimmung zu bringen ist, daß die Arbeitskräfte in den Fabriken während des späten 18. oder frühen 19. Jahrhunderts über die Bedienung der Maschinen hinausreichende Kenntnisse der Produktionsprozesse und -techniken verfügten oder verfügen mußten. Der »geringste Teil der in der Nation liegenden geistigen und körperlichen Kräfte« (Friedrich List) war notwendig, um Industrialisierung in Gang zu setzen. List bezog diese Aussage auf den »Agrikulturstaat« und glaubte, daß diese Kräfte im frühen Industriestaat – das Buch von List: *Das Nationale System der politischen Ökonomie* erschien Ende 1840 – geweckt und ausgebildet werden. Er verkannte die eigentlichen Ursachen im ersten Industriestaat der Welt, England, ebenso wie Christoph Buchheim, der die Industrielle Revolution in Großbritannien auf den »ungemein erweiterten Raum für Humankapitalbildung, den die Gewerbetätigkeit eröffnet«, zurückführen zu können glaubt.

Wenn wir mit einem anderen Indikator den möglichen Zusammenhang von Ausbildung und Industrialisierung zu messen versuchen, dann bieten sich Statistiken und Berechnungen über das Sozialprodukt in verschiedenen europäischen Staaten an.[17] Wir können also danach fragen, wie hoch die gesamten Ausgaben für Bildung waren und welcher Anteil des Sozialprodukts in die Ausbildung geflossen ist. Selbst wenn wir einräumen, daß die Schul- und Universitätssysteme in europäischen Staaten im 19. Jahrhundert divergierten, können solche Zahlen doch einen Hinweis darauf geben, ob die betreffende Regierung auf die Ausbildung ihrer Bürger besonderen Wert legte oder nicht. Das Sozialprodukt pro Kopf (in laufenden Preisen) lag um 1880 in England und Wales (E+W) bei $ 174, in Frankreich (F) bei $ 139, in Deutschland (D) bei $ 120 und in Italien (I) bei $ 81. Gemessen am Anteil der Ausgaben für Bildung am Sozialprodukt lag Deutschland zum gleichen Zeitpunkt mit 1,6 % vor England und Wales mit 1,06 %, gefolgt von Italien mit 0,98 % und Frankreich mit 0,90 %. Die entsprechenden Anteile pro Kind in der Bevölkerung waren 7,34 % (D), 5,14 % (F), 4,88 % (I) und 4,63 % (E+W). Bezogen auf England – wie wir in den Abschnitten c) und d) genauer sehen werden – bedeutete dies, daß »by 1882 England had fallen below her potential in educational supply«.[18] Oder in anderen Worten: die englische Regierung oder die englische Industrie hielt den Einfluß von Bildung auf wirtschaftliches Wachstum für geringer als andere europäische Staaten, die als »Nachzügler« mehr in die Bildung investierten.

Wir können dagegen heute in den sogenannten postindustriellen Gesellschaften danach fragen, ob dieser Zusammenhang von Ausbildung und Industrialisierung bzw. die Bereitschaft zu intensiveren Arbeitsleistungen noch gegeben ist. Zumindest in den fortgeschrittenen europäischen Industriestaaten scheinen die verschiedenen Formen der Ausbildung mehr oder weniger vom Verwertungsprozeß der Industrie abgekoppelt. Vor allem in den Staaten, in denen alle Ausbildungsstufen bis zum Universitätsabschluß *unentgeltlich* angeboten werden, verlieren Wirtschaftlichkeitsüberlegungen immer mehr an Gewicht, und Ausbildung wird zu einem einklagbaren Grundrecht. Diese Unterschiede zwischen der Wertschätzung von Ausbildung und ihrer Verwertung in der Industrie werden noch deutlicher, wenn wir etwa die deutschen oder französischen mit den nordamerikanischen oder japanischen Universitätssystemen vergleichen. Während etwa in Deutschland die Abiturienten an allen (staatlichen)[19] Universitäten freien Zugang haben – mit Ausnahme der *Numerus clausus*-Fächer – und keine Studiengebühren entrichten müssen, so daß der Anteil der Studienanfänger sich von 3,2 % (1950) am Altersjahrgang auf 35,7 % (1992) erhöht hat, gibt es in den USA ein rigides Auswahlsystem, und an den führenden Universitäten sind Gebühren in Höhe von 20.000 US-Dollar pro Jahr keine Seltenheit. Ich kann diese Fragen hier nicht ausführlich behandeln, meine aber, daß wir uns in Deutschland auf lange Sicht darüber klar werden müssen, ob die bildungspolitische Effektivität unseres Systems noch gewährleistet ist. Nachdem der Anteil der Hochschulausgaben am Bruttosozialprodukt – trotz Verdoppelung der Studentenzahlen – von 1,19 % 1977 auf 1,12 % 1990 zurückgegangen ist, wies der Hochschulbericht des Bundesministeriums für Bildung und Wissenschaft von 1992 darauf hin, »daß die Bundesrepublik Deutschland im Vergleich mit den führenden westlichen Industrienationen mit ihrem Anteil der Hochschulausgaben hinter den USA, Japan, den Niederlanden, Norwegen, Schweden und der Schweiz deutlich zurückliegt und vor Frankreich und Großbritannien rangiert«.[20]

In sozialistischen Planwirtschaftssystemen hat das *Recht auf Arbeit* dazu geführt, daß die industrielle Produktivität nicht stark gewachsen ist und sich relativ zu kapitalistischen Staaten verringerte, was schließlich zu einem Kollaps des gesamten

Wirtschaftskreislaufs führte. In Deutschland oder Schweden kann das *Recht auf (kostenlose) Ausbildung* dazu führen, daß die Leistungsmotivation weiter absinkt. Ausbildung, die seit jeher einen Eigenwert besaß, würde dann auf Dauer von dem Verwertungsprozeß getrennt. Wenn sich im Bildungsbereich die Auffassung durchsetzt, daß mit einem Minimum an Leistung und einem Maximum an Vergnügungen industriell nützliche Ergebnisse erzielt werden können, dann kann eine solche Ausbildung nur zum »Nutzen« einer Wohlstandsverringerung führen. Sollten am Ende dieses Jahrhunderts in der Bundesrepublik Deutschland tatsächlich 40% eines Altersjahrgangs an den Hochschulen studieren, ohne daß die Qualität der Ausbildung – auch durch eine Aufstockung von finanziellen Ressourcen – erheblich verbessert würde, dann ist zu befürchten, daß unser Humankapital für industrielle Höchstleistungen nicht mehr ausreicht. Die alte Ethik muß erneuert werden! Weil aber in den rohstoffarmen und exportabhängigen europäischen Industriestaaten die industriell verwertbare Qualität der Ausbildung darüber entscheidet, ob wir im internationalen Wettbewerb konkurrenzfähig bleiben, erhöht sich die zukünftige Bedeutung von Ausbildung als ökonomisch notwendiger Faktor. Trotz vielfältiger Klagen über den zunehmenden Technisierungsgrad im täglichen Leben, dürfen wir nicht die Augen davor verschließen, daß ökonomische Leistungsfähigkeit untrennbar verbunden ist mit der Qualität der Ausbildung. In einem viel höherem Grad als früher kann – und sollte – kein vernünftiger Mensch sich der Verwissenschaftlichung unseres Lebens entziehen.

c) *Forschung und technische Bildung*

Um den Zusammenhang zwischen höherer Bildung und größeren technisch-industriellen Fortschritten etwas zu konkretisieren, werde ich auf die ökonomische Rivalität zwischen Großbritannien und Deutschland in der 2. Hälfte des 19. Jahrhunderts kurz eingehen.[21] Ich hoffe damit zeigen zu können, daß in einer zweiten Phase der Industrialisierung in allen gebiets- und bevölkerungsmäßig größeren europäischen Staaten die Verzahnung von Wissenschaft und Produktivität eine immer bedeutendere Rolle spielte, um im industriellen Konkurrenzkampf bestehen zu können. Daß Deutschland hierbei gegenüber England eine Führungsrolle übernehmen konnte, ist um so erstaunlicher, als dies in der ersten Hälfte des 19. Jahrhunderts überhaupt nicht vorauszusehen war.[22] Die Abneigung gegenüber der englischen Industrialisierung, ja gegen eine Industrialisierung generell, war nämlich in Deutschland weitverbreitet. Nach 1815 hatten sich 39 souveräne deutsche Staaten – einschließlich Österreich – zum *Deutschen Bund* vereinigt, einer lockeren Föderation, die nur geringen Einfluß auf die wirtschaftliche Entwicklung einzelner Bundesstaaten ausüben konnte. Im Gegenteil: Mit dem Ende der Kontinentalsperre im Jahr 1813, besonders aber nach 1815, wurden die kontinentalen Märkte mit auf Lager produzierten britischen Waren überschwemmt. Die zaghaften Ansätze zum Aufbau einer mechanisierten Baumwollindustrie in europäischen Regionen wurden dadurch weitgehend wieder zerstört. Englische Politiker und Unternehmer waren nicht bereit, kampflos hinzunehmen, daß sich in kontinentaleuropäischen Staaten eigene wettbewerbsfähige Industriebranchen entwickelten.

Es ist von englischen Wirtschaftshistorikern die These aufgestellt worden, daß es schon im 18. Jahrhundert in England eine Zusammenarbeit oder Verschränkung von Wissenschaft und Technologie während der Industriellen Revolution gegeben hätte.[23] Wenn diese Ansicht zuträfe, wenn also Großbritannien seine technologische Führungsposition der Anwendung *wissenschaftlicher* Forschung und Verfahren verdankte, dann müßte zusätzlich erklärt werden, warum es diese Führungsposition wieder verloren hat. Es gibt nämlich wenig Zweifel darüber, daß Deutschland gegen Ende des 19. Jahrhunderts *mit Hilfe* der Wissenschaft England industriell überholte. Andererseits waren es, wie wir gesehen haben, gerade Engländer, die nicht nur herausragende wissenschaftliche Leistungen aufzuweisen hatten, sondern vor allem auf dem Gebiet von technischen Erfindungen im 18. Jahrhundert weltweit führend waren. Die Konfusion ist also nicht »the result of a false system of categories«, sondern beruht darauf, daß die Verbindungen zwischen Wissenschaftlern und englischen Mechanikern und Erfindern im äußersten Fall als sekundär angesehen werden können. Das *Gresham College* in London, so hervorragende Mathematiker und Ingenieure dort auch gewirkt haben, hat zur Fusion zwischen Wissenschaft und Technologie wenig beigetragen. Daß großes gegenseitiges Interesse vorhanden war, bleibt zwar unbestritten; dieses Interesse sagt aber noch nichts über eine konkrete Zusammenarbeit aus. Wenn Justus Liebig am 26. November 1837 an den schwedischen Chemiker Jakob von Berzelius schrieb: »Ich bin einige Monate in England gewesen, habe ungeheuer viel gesehen und wenig gelernt, England ist nicht das Land der Wissenschaft, es existirt dorten nur ein weitgetriebener Dilettantismus«,[24] so spricht dies nicht gerade für eine enge Verzahnung von Wissenschaft und Technologie.

Es wird häufig verkannt, daß die moderne Physik keine experimentelle, sondern eine theoretische – wir könnten auch, wenn dies nicht falsch verstanden wird, sagen, »metaphysische« – Wissenschaft ist, während Erfindungen weitgehend auf experimentellen Grundlagen gemacht wurden. Der oft mißverstandene Ausdruck »angewandte Wissenschaft« bedeutet deshalb nicht, daß die theoretischen »Experimente« der Wissenschaftler in Produktionsverfahren zur Erzeugung von Gütern »angewandt« werden. (Das ist eher ein Problem von Invention und Innovation, d.h., von Erfindung und ihrer produktionsmäßigen Verwertung). Er gewinnt erst dann einen tieferen Sinn, wenn Technik theoretisch, d.h. wissenschaftlich, gesteuert wird. Francis Bacon (1561–1626), auf dessen Abhandlung *The Usefulness of Experimental Natural Philosophy* die von mir kritisierten Wirtschaftshistoriker sich gerne beziehen, hat zu diesem Mißverständnis – das durch die Gründung der *Royal Society* 1662 gleichsam institutionalisiert wurde – wesentlich beigetragen. Denn das, was die »Empiriker« als die eigentliche Praxis bezeichnen, nämlich die Methode von Versuch und Irrtum, ist nach Karl Popper die einzig erfolgreiche *wissenschaftliche* Vorgehensweise, um Theorien zu testen und zu falsifizieren. Selbst wenn es für das 18. Jahrhundert zuträfe, daß »in the pursuit of useful knowledge, in the study of the ways in which science could be applied to industry, and industry provide the material for science, class-divisions in Great Britain seem to have been largely overlooked«,[25] gegenüber dem Ausland wurde nach 1815 »klassenkämpferisch« vorgegangen.

Henry Lord Brougham, der spätere Lordkanzler und reformerisch gesinnte Politiker, stellte z.B. 1816 vor einem Komitee des *House of Commons* die Forderung auf: »Man müsse das beginnende Manufakturwesen außerhalb Englands in der Wiege ersticken, denn es sei durch den Krieg entstanden, im Gegensatz zur natürlichen Entwicklung der Dinge«.[26] Dagegen opponierten nationalistische Kreise in Frankreich oder Deutschland. Friedrich List propagierte in seiner Haßliebe zu England den wirtschaftlichen Kampf gegen die angeblichen Ausbeuterpraktiken dieser Kolonialmacht, damit Deutschland zu einer geeinten Industriemacht aufsteigen könne. Er schrieb: »Es gab eine Zeit, wo der Manufakturwarenabsatz Englands nach Deutschland zehnmal bedeutender gewesen ist als der nach seinem vielgepriesenen ostindischen Reich; dennoch wollte der alles monopolisierende Insulaner dem armen Deutschland nicht einmal vergönnen, was er dem unterworfenen Hindu verstattete – seinen Bedarf an Manufakturwaren in Agriculturprodukten zu bezahlen.«[27] Andere Autoren lehnten eine Industrialisierung konsequent ab. Noch 1880 schrieb Geyer: »Die englische Industrie nach Deutschland verpflanzt, würde unser armes Deutschland unter der Last ihres Massenelends erdrücken müssen.«[28] Diese Ansicht war stark beeinflußt von dem einseitigen und in seinen wesentlichen Aussagen falschen Buch von Friedrich Engels über *Die Lage der arbeitenden Klasse in England*.[29] Die Rivalität zwischen diesen beiden Staaten bezog sich aber auch auf das Ausmaß der Wohlstandssteigerung durch Massenproduktion, in der England einen scheinbar uneinholbaren Vorsprung errungen hatte.

Im Jahr 1850 förderte Großbritannien fast zehnmal soviel Steinkohlen wie Deutschland, beim Roheisen übertraf die britische Produktion die deutsche um das elffache und beim Rohbaumwollverbrauch waren die Unterschiede noch krasser: Großbritannien verbrauchte 267.000, Deutschland 20.000 Tonnen. In den nächsten Jahrzehnten begann Deutschland seine ökonomische Aufholjagd um einen »Platz an der Sonne«. Allgemeine und technische Bildung trugen dazu bei, daß der industrielle Nachzügler bis zum Ersten Weltkrieg zur führenden europäischen Industrienation aufsteigen konnte. Und weil »Britain neglected education and concentrated on producing low-wage factory fodder rather than high-wage technicians«,[30] hatte es geringere Raten des Produktivitätszuwachses und besaß, je länger dieser Zustand andauerte, weniger Kostenvorteile auf internationalen Märkten als Deutschland. Die Branchen, in denen Deutschland England am weitesten hinter sich gelassen hatte, waren die Elektroindustrie, die Chemieindustrie und der Werkzeugmaschinenbau.[31] Gerade auf diesen Gebieten war die Verzahnung von wissenschaftlicher Forschung und ökonomischer Praxis am weitesten vorangeschritten. Deutschlands Technische Hochschulen und Universitäten konnten die Nachfrage an gut ausgebildeten Chemikern, Elektro- und Maschinenbauingenieuren befriedigen. In England war eine solche Nachfrage gar kein Problem. Ein Grund dafür, warum die englische Industrie keine größere Nachfrage an in technischen Fächern ausgebildeten Hochschulabsolventen entfaltete, lag wohl darin, daß die englische Volkswirtschaft sich auf die Herstellung und den Export sogenannter Stapelgüter konzentrierte, deren Produktion technologisch nicht sehr anspruchsvoll war: Kohlen, Eisen und Stahl sowie Textilien. Sie hatten 1907 einen Anteil von 46% am Sozialprodukt und sogar von 70% an allen englischen Exporten, die überwiegend in die Kolonien gingen.[32]

Den Engländern war dieser Sachverhalt nicht verborgen geblieben. Zwar schrieb noch 1825 der englische General Sir Charles James Napier über die Deutschen: »Dumme, langsame, schwerfällige Tiere sind sie, die nicht einmal soviel Fingerspitzengefühl besitzen, um gut zu betrügen ... Doch die Deutschen benutzen ihre Pferde gut, was ein großes Verdienst ist, und das sei ihnen gegönnt, denn es ist ihr einziges.«[33] Diese Aussage war aber nicht im Sinne einer »Einzigartigkeit« gemeint, sondern sollte auf eine kulturelle und damit auch industrielle Rückständigkeit der Deutschen hinweisen. Und John Bowring berichtete 1840 in seiner ausführlichen Darstellung über den Deutschen Zollverein an Lord Palmerston, daß »in manchen Dingen Deutschland mit seiner Überlegenheit in der Herstellung von Fabrikaten gegenüber Großbritannien prahle«.[34] Wenn diese Aussage den Tatsachen entsprach, dann konnte sie als eine eitle Selbstbestätigung einer zurückgebliebenen Nation gewertet werden. Allerdings änderte sich die ökonomische Situation schneller, als den Engländern angenehm war. Was waren denn die eigentlichen Ursachen dafür, daß diese erste Industrienation der Welt bei ihren Einfuhren von speziellen Fertigwaren ein immer größeres Ungleichgewicht gegenüber Deutschland aufwies? Viele Gründe sind für den Verlust der englischen Führungsposition in Forschung und technischer Bildung angeführt worden. Habakkuk gibt einen weitverbreiteten Eindruck wieder, »that this lay represents the onset of deep-seated and persistent deficiencies«.[35] Zu diesen

Unzulänglichkeiten oder Mängeln werden z. B. eine veraltete Technik, das Fehlen dynamischer Unternehmer, mangelnde soziale Mobilität oder verpaßte Chancen bei den neuesten Verfahrenstechniken gezählt.

Vielleicht hat es in England tatsächlich so etwas wie einen Gerschenkron- oder Buddenbrook-Effekt gegeben, d. h., ein relatives Erlahmen der ökonomischen Dynamik gegenüber den schärfsten Konkurrenten. Darauf deutet die unten – S. 184 – angeführte Kritik Arthur Shadwells hin, der von einem Verblassen des Unternehmergeistes, von Bequemlichkeit und Gleichgültigkeit der Fabrikbesitzer gesprochen hat. Verglichen mit den USA, wo etwa Unternehmer wie Rockefeller, Morgan oder Ford nicht nur zu großer Wohlhabenheit, sondern auch zu einflußreichen Persönlichkeiten in der Politik aufstiegen, strebte man in England eher die »sichere« Karriere an. Man gab sich eher mit der Karriere eines Lehrers, Arztes, Rechtsanwaltes oder Architekten zufrieden, statt sich in das risikoreiche und kein großes soziales Prestige erheischende Dasein eines Unternehmers zu stürzen. Auch der ökonomische Nachkriegsboom nach dem Zweiten Weltkrieg war in Großbritannien keineswegs so stark ausgeprägt wie in Deutschland oder anderen europäischen und außereuropäischen Staaten. Seit den 1970er Jahren wies die wirtschaftliche und technologische Entwicklung in England nicht mehr die Dynamik auf, die man einem so hochindustrialisierten Staat zugetraut hätte. In der wissenschaftlichen Forschung versuchten daraufhin Ökonomen und Wirtschaftshistoriker die weitverbreitete Annahme von der Industriellen Revolution als einer Periode radikaler ökonomischer und technologischer Diskontinuität in Frage zu stellen.

d) Deutschlands Vorsprung gegenüber England

Die englische Industrieentwicklung – wenn wir sie langfristig betrachten – weist vielleicht wie in keinem anderen westeuropäischen Staat in den letzten 100 Jahren Merkmale einer De-Industrialisierung auf. Gerade deshalb ist der historische Vergleich zwischen England und Deutschland, dessen politische und ökonomische Entwicklung sehr viel mehr und größere Brüche aufweist als die englische, erhellend. Vergleichen wir lediglich mit Hilfe eines Indikators die Anteile der Fabrikproduktion in der Welt, dann zeigt sich, daß im Jahr 1870 Großbritannien mit 31,8 % führte, gefolgt von den USA (23,3 %), Deutschland (13,2 %) und Frankreich mit 10,3 %. Bis kurz vor dem Ersten Weltkrieg hatten sich die Anteile dramatisch verschoben. Die USA führten nun mit 35,8 %, dann folgte Deutschland (15,7 %), England (14 %) und Frankreich mit 6,4 %. Aufgrund der Weltwirtschaftskrise in den 1930er Jahren hatten bis zum Zweiten Weltkrieg alle diese Staaten Verluste bei den Anteilen in der weltweiten Produktion von Fabrikwaren hinnehmen müssen. Der große »Gewinner« war die Sowjetunion, die ihren Anteil mehr als verdreifachen konnte, von 5,5 % 1913 auf 18,5 % 1938.[36] Habakkuk bemerkt dazu m. E. unzutreffend: »That Britain's lead was sustained for so long a period was partly due to institutional features in other countries which impeded their attempts to take over the British technology.«[37] England selbst hatte diese Übernahme ja lange Zeit verhindert!

In den 1880er Jahren war England, wie wir bereits gesehen haben, in eine schwere ökonomische Stagnation und Depression hineingeraten. Einige, nicht nur deutsche, Konkurrenten etablierten sich außer auf Überseemärkten auch in europäischen Staaten mit Gewerbe- und Industrieprodukten und selbst auf dem englischen Markt für Manufakturwaren. Die Konkurrenz des industriellen Nachzüglers Deutschland wurde jedoch als besonders schmerzlich und provozierend angesehen. Und sehr schnell witterte man in England, daß sich deutsche Unternehmer unlauterer Methoden bedienten. Es war doch auch gar nicht zu begreifen – wie etwa 80 Jahre später bei der Exportoffensive der Japaner –, daß z. B. Messer, Scheren, Feilen oder Zangen irgendwo in der Welt präziser hergestellt werden konnten als durch die *Cutlers' Company* in Sheffield. Man mußte also etwas tun, um diese Importe einzudämmen. Das Schlagwort *Buy British!* war noch nicht erfunden. Der *Merchandise Marks Act* vom 23. August 1887 verpflichtete deutsche Unternehmen, auf alle ihre Waren das Handelszeichen »Made in Germany«[38] aufzudrucken. (Es war im gleichen Jahr, als in Berlin-Charlottenburg die *Physikalisch-Technische Reichsanstalt* für physikalisch-technische Untersuchungen und Messungen errichtet wurde, nachdem Werner Siemens 1884 ein Grundstück dafür gestiftet hatte). Diese Maßnahme des englischen Staates wurde damit begründet, daß minderwertige ausländische Waren nicht als britische deklariert werden sollten. Ein solches Verhalten – wie es auch noch heute bei industriellen Emporkömmlingen üblich ist – war tatsächlich von vielen deutschen Unternehmen praktiziert worden. Es wurden falsche Angaben gemacht, es wurden Marken imitiert oder es wurden Bezeichnungen erfunden, die der Originalbezeichnung zum Verwechseln ähnlich waren. »Der Ruf deutscher Waren,« so glaubte Pollard noch 1987, »... ließ, mit Ausnahme der traditionellen deutschen Handwerksprodukte, viel zu wünschen übrig.« Diese Aussage enthält mehr Nationalpatriotismus als historische Wahrheit.

Spätestens seit der Reichsgründung hatte sich Deutschland nämlich ökonomisch emanzipiert und in seinen universitären und privatwirtschaftlichen Forschungsaktivitäten England überholt. Wenn der deutsche Ingenieur Franz Reuleaux (1829-1905) deutschen Erzeugnissen auf der Weltausstellung in Philadelphia 1876 als Reichskommissar das Etikett »billig und schlecht« anhing, dann bezog sich dies wohl eher auf die deutschen Ausstellungsgegenstände als auf die Produktion in Deutschland insgesamt. Das englische Schutzgesetz von 1887 erwies sich gerade in seiner eigentlichen Intention als Bumerang. Erst jetzt erkannten nämlich englische Verbraucher an dem Aufdruck *Made in Germany*, wieviel deutsche Waren sie schon tagtäglich benutzten. So wurde diese Kennzeichnung ironischerweise nach und nach zum Garantieschein für Qualität! Und eine solche industrielle Dynamik war nicht mehr aufzuhalten. Schließlich verfügte 1898 die britische Regierung für eine kurze Zeit, daß der Kennzeichnungszwang aufgehoben wurde, der dann aber bis 1971 weiterbestehenblieb.

Diesen rasanten Aufstieg der deutschen Industrie innerhalb weniger Jahrzehnte, der nicht zuletzt auf der Grundlage intensiver wissenschaftlicher Forschung zustande gekommen war, wollte man in England zur damaligen Zeit kaum akzeptieren. Der Oxforder Ökonomieprofessor James Rogers schrieb 1890, daß Deutschen, die sich vorübergehend in England aufhielten, dadurch »eine außerordentlich praktische Lehre, die ihnen vorteilhaft sein müsse«,[39] geboten würde. Und er stand mit dieser Ansicht auf der britischen Insel nicht allein. Dagegen urteilte ein Amerikaner um 1903: »Again, we think of the Germans as the most thoroughly educated people.«[40] Die Zeit und die Veränderungen in der Industriestruktur aller europäischen Staaten arbeitete für den deutschen Nachzügler. Der Konjunkturaufschwung nach 1895 machte es unvermeidlich, daß führende industrielle und politische Kreise in England erkannten bzw. erkennen mußten, daß die Deutschen – wie auch die Amerikaner – in technisch-wissenschaftlicher und vielleicht auch in kommerzieller Beziehung einen nicht so bald einholbaren Vorsprung errungen hatten. Es war nicht mehr zu übersehen, daß immer mehr kommerzielle Güter aus deutscher Produktion in englische Märkte »eindrangen«. Psychologisch ist zu verstehen, daß führende Industriekreise auf der Insel verletzt reagierten. Im *Saturday Review* erschien am 11. September 1897 ein Artikel unter der Überschrift: »Germaniam esse delendam.«

Natürlich äußerte sich diese Rivalität auch im Bereich der Schulbildung. Obwohl England und Wales ein zentralstaatlich regiertes Gesellschaftssystem war, wurden die englischen Soziallehren des späten 18. Jahrhunderts vom liberalen Gedankengut einer möglichst großen Freiheit von zentralstaatlichen Regulierungen geprägt. So gab es z. B. keine Schulpflicht und der staatliche Einfluß blieb gering. Die etwa 45.000 Tages- und 23.000 Sonntagsschulen im Jahr 1851, deren Träger vor allem die Anglikanische Kirche war, sahen ihre Aufgabe eher in einer sozial-disziplinierenden Funktion als in einer Vermittlung von gründlichem Wissen. Um die Mitte des vorigen Jahrhunderts konnten in England und Wales 70 % der männlichen und 55 % der weiblichen Bevölkerung lesen und schreiben. Dieser Anteil erhöhte sich für englische Männer bis 1900 auf 97,2 %. Erst 1870 wurde die staatliche Elementarschule und zehn Jahre später eine allgemeine Schulpflicht eingeführt.[41] Betrachten wir die Situation in Deutschland ungefähr zur gleichen Zeit, dann können wir feststellen, Bildung war keine Frage des sozialen Status wie in England, sondern Bürgerrecht und -pflicht. Im preußischen Oberschulkollegium wurde bereits 1787 die Trennung der Schul- von den geistlichen Angelegenheiten durchgeführt. Bis etwa 1820/30 hatte sich fast überall im Deutschen Bund die allgemeine Schulpflicht – in Preußen bereits 1763 – durchgesetzt, und das System der »mittleren« und »höheren« Bildungseinrichtungen wurde in der ersten Hälfte des 19. Jahrhunderts neu geordnet. In Preußen wurde neben der Einführung einer speziellen Lehrerbildung seit 1810 das Abitur als allgemeine Zugangsvoraussetzung zur Universität ab 1834 obligatorisch.[42]

Von der »British disease«[43] wagte damals, um 1890, noch niemand zu sprechen. England galt immer noch als die führende europäische Industriemacht, die als einzige größere Nation das Freihandelsprinzip aufrechterhielt. Deutschlands Industrie wurde angeklagt, daß sie unfaire Praktiken anwenden würde, vor allem Dumping. Slogans wie »die deutsche Bedrohung«, »das deutsche Gift« oder »die deutsche Gefahr« wurden auf der Insel immer populärer.[44] Engländer selbst hielten ihren Landsleuten kritisch den Spiegel vor die Augen. Der englische Arzt Arthur Shadwell, dessen analytische Schärfe und anschauliche Darstellung unübertroffen ist, schrieb 1906: »England gleicht einer photographischen Platte, auf der zwei Bilder übereinander aufgenommen sind. Es zeigt Züge amerikanischen Unternehmungsgeistes und deutscher Ordnung, aber der Unternehmungsgeist ist verblaßt und die Ordnung verwischt. Sie verbinden sich zu einer sonderbaren Travestie, in der Rührigkeit und Ausdauer zu Bequemlichkeit und Indolenz werden. Der einstmals unternehmende Fabrikant ist gleichgültig geworden, er läßt das Geschäft für sich selbst sorgen, während er Rebhühner schießt oder im Mittelmeer eine Jachtfahrt macht. Das ist *sein* Beruf. Der Arbeiter, der einstmals in der Arbeit unerreicht dastand, hat sich das Motto zugelegt: ›So viel als möglich kriegen, so wenig als möglich leisten.‹ Sein Beruf ist Fußballspiel und wetten. Jeder schiebt die Schuld dem andern zu ... jeder denkt nur an sein Vergnügen. Das ist für alle der Beruf. Niemand kann dem andern etwas vorwerfen, sie sitzen alle im Glashaus, von der Spitze bis zum Ende der sozialen Leiter.«[45] Das war eine schonungslose Kritik der Freizeitaktivitäten seiner Landsleute, auf die er den ökonomischen Niedergang zurückführte. Beziehen wir für das relative Zurückbleiben Englands die Bildung mit ein, dann gibt es auch eine ökonomisch-technische Erklärung. Während nämlich in Englands Industrien bis zum Ersten Weltkrieg überwiegend die Methode »learning-by-doing« angewandt wurde, errang im kaiserlichen Deutschland die technische Bildung, das wissenschaftliche Experiment und die Forschungslabors in den großen Unternehmen einen immer größeren Stellenwert.

Diese außerordentliche Wertschätzung und systematische Förderung von technischer Bildung haben wesentlich zum Aufstieg Deutschlands zur führenden europäischen Industrienation beigetragen.[46] Dieser Sachverhalt wird besonders deutlich, wenn wir die Leistungskapazitäten der deutschen Universitäten im Kaiserreich etwas betrachten. Nachdem gerade in den Naturwissenschaften nach 1840 ein Aufholprozeß gegenüber England und Frankreich stattgefunden hatte, entwickelte sich die deutsche Wissenschaft nach 1860 zu höchstem internationalen Ansehen und Pionierleistungen, was sich nicht nur in der Zahl der Nobelpreise niederschlug. Die Abkapselung von Berufs- und Arbeitswelt vom traditionellen humanistischen Bildungsideal wurde immer stärker durchbrochen. Dieser, von den industriellen Wettbewerbsstrukturen ausgelöste Wandel überschritt die Barrieren, vor denen »die neuhumanistische Universität auch noch nicht voll in die Dynamik der aufsteigenden Industriegesellschaft integriert«[47] war. Spürbaren Niederschlag fand diese bildungspolitische Auseinandersetzung in der formellen Gleichstellung der Technischen Hochschulen mit den Universitäten seit 1900 und der Realgymnasien und Oberrealschulen mit den humanistischen Gymnasien seit 1900/07. Die höhere Bildung war damit der Dynamik industrieller Prozesse und ihrem Bedarf an qualifiziertem Personal sowie der Modernisierung des gesellschaftlichen Lebens angepaßt worden. In den 80 Jahren von der Gründung des Deutschen Zollvereins, 1834, bis zum Ausbruch des Ersten Weltkriegs erhöhte sich die Zahl der Studierenden an deutschen Universitäten von 12.896 auf 60.225 und die an Technischen Hochschulen von 594 auf 11.451.[48] Die Zusammengehörigkeit von wissenschaftlicher Ausbildung an der Universität oder der Technischen Hochschule und einer praxisorientierten Phase für die eigentliche Berufsausübung kann als notwendiges Kriterium für wissenschaftlich-technische Höchstleistungen angesehen werden. Es ist dabei von geringerer Bedeutung und m.E. auch fraglich, ob sie »die Rekrutierungs- und Ausbildungsverhältnisse der akademischen Karrieren zwischen den 1880er Jahren und dem Ersten Weltkrieg *reichsweit* zu einem großen *einheitlichen Funktionssystem* zusammengeschlossen und integriert haben«.[49]

IV. Europa: Ein Modell für Entwicklungsländer?

Vielleicht ist ein wenig deutlich geworden, daß ohne die über Jahrhunderte sich evolutionär entwickelnde europäische Industrialisierung und ohne das Ineinandergreifen von »zufälligen« und »notwendigen« Faktoren unser heutiges Wohlstandsniveau nicht erreicht worden wäre. Diese Faktoren waren im 18. und 19. Jahrhundert sowohl einzeln als auch zusammen in verschiedenen europäischen Regionen und Staaten zu unterschiedlichen Zeitpunkten anzutreffen. Je nachdem, welchen Einfluß sie in der betreffenden Periode auf den Industrialisierungsprozeß ausübten, konnten diese Regionen bzw. Staaten schneller oder langsamer industrialisieren. Ein Modell der wichtigsten Faktoren ist in dem Schaubild auf Seite 36 graphisch dargestellt. Dieses Faktorenmodell läßt sich m. E. auch auf die gegenwärtigen Versuche ehemals kommunistischer Staaten anwenden, um ihre ökonomische Modernisierung voranzutreiben. Und doch gilt vielleicht gerade im letzten Jahrzehnt vor der Jahrtausendwende, was ein anonymer Verfasser vor etwa 160 Jahren schrieb: »Europa, dieses sonst so mächtige Europa, scheint an einer unheilbaren Schwindsucht zu laboriren; doch schütteln sich einige Staatskörper gewaltig, um das zehrende Fieber los zu werden, und wieder andere kuriren sich nach Brownianischer Methode.«[1]

Trotz schwerwiegender ökonomischer Stagnationstendenzen in West- und in Osteuropa dürfen wir nicht die Augen davor verschließen, daß die erschreckende Unterentwicklung des größten Teils der Weltbevölkerung in der Dritten Welt anzutreffen ist. Die Seuchen, Natur- sowie Hungerkatastrophen und Kriege, denen Millionen von unschuldigen Menschen zum Opfer fallen, stellen die größte moralische Herausforderung an die hochentwickelten und vom Wohlstand fast geblendeten Industrienationen, vor allem an uns Westeuropäer dar. Wenn sowohl Kolonialländer als auch unkolonialisierte Dritte Welt-

Staaten wenigstens den Anschluß an ein *mäßiges* Wohlstandsniveau finden und nicht noch mehr verarmen sollen, dann reicht die bewundernswürdige Spendenfreudigkeit in unserer Gesellschaft bei Katastrophen und die geringe staatliche Entwicklungshilfe nicht aus. Die europäischen Politiker müssen zu der Überzeugung gelangen, daß eine wirkungsvolle Aufbauhilfe in unterentwickelten Staaten von höchster Priorität ist. Natürlich sollen dabei einzuhaltende Vorgaben gemacht werden, denn jedes Entwicklungsland benötigt zum Aufbau seiner Wirtschaft soviel Kapital, daß auch die reichen Industriestaaten überfordert wären, wenn sie *alles* finanzieren wollten. Die Öffnung unserer Märkte für deren Produkte mag zwar kurzfristig zu Reibungen in einzelnen europäischen Volkswirtschaften führen, langfristig werden von einer industriellen Entwicklung bevölkerungsreicher Staaten die hochentwickelten Industrienationen am stärksten profitieren.

Aus einem historischen Vergleich mit der europäischen Entwicklung läßt sich nämlich folgern, daß die meisten dieser gering industrialisierten Staaten nicht in dem Ausmaß wie Europa durch »zufällige« Faktoren begünstigt sind. Sie verfügen selten über natürliche Ressourcen, die industrialisierungsfördernd eingesetzt werden können wie im 19. Jahrhundert Steinkohlen. Das Klima und die Bodenfruchtbarkeit ist z. B. in großen Teilen Afrikas so ungünstig, daß nicht einmal die dort lebende Bevölkerung ausreichend mit Nahrungsmitteln versorgt werden kann, geschweige denn eine unübersehbare Bevölkerung in naher oder ferner Zukunft. Deswegen bezweifele ich auch, daß die Weltherrschaft der europäischen Kategorien das Ende der politischen Vormacht Europas überdauern kann.[2] Bei den »notwendigen« Faktoren stehen die meisten dieser Länder oft erst am Anfang, d. h., es fehlt ihnen ausreichend Kapital zum Aufbau einer adäquaten Industriestruktur; die Bildung reicht nicht aus, um eine hochkomplizierte Technik zu beherrschen und eventuell nachzubauen; es gibt zu wenig finanzielle und soziale Anreize, damit eine Unternehmerschaft entstehen kann, die ökonomische Risiken zu tragen bereit ist. Trotzdem können und sollen wir daraus nicht schließen, daß die »Einzigartigkeit« Europas darin bestünde, daß andere Staaten und Regionen nicht auch diesen ökonomischen Wachstumspfad – wenn auch unter anderen Bedingungen und mit einer veränderten Faktorenkombination – beschreiten können.

Die USA, Japan, Singapur, Taiwan oder Südkorea haben bereits gezeigt, daß die westeuropäische Industrialisierung keineswegs ein unnachahmliches Produkt darstellt. Es gibt kein Monopol auf »Industrialisierung« – gerade weil sie in Industriestaaten einen einzigartigen materiellen Wohlstand erzeugt hat. Weil aber viele der Faktoren fehlen, die in Europa zu Beginn der Industrialisierung vorhanden waren, müssen Entwicklungsländer und Staaten, die den Prozeß wirtschaftlichen Wachstums bereits begonnen haben oder beginnen wollen, stärker in eine arbeitsteilige Weltwirtschaft integriert und ihnen größere Möglichkeiten geboten werden, zuerst ihre agrarischen Produkte auf unseren Märkten abzusetzen. Europa zu einer »Festung« gegenüber dem Import landwirtschaftlicher Produkte aus außereuropäischen Regionen auszubauen und Milliardenbeträge in eine nicht konkurrenzfähige europäische Landwirtschaft hineinzupumpen, diese Brüsseler Strategie wird auch nicht dadurch vernünftiger, daß zu ihrer Rechtfertigung auf die Subventionsmentalität in den USA oder in Japan verwiesen wird. Es müssen außerdem von den reichen Industriestaaten größere Anstrengungen unternommen werden, um jene der genannten notwendigen Faktoren in Entwicklungsländern zu entwickeln. Dabei sollte berücksichtigt werden, daß sie den regionalen Traditionen und ökonomischen Verhältnissen angemessen sind. Mit dieser Art einer stärkeren ökonomischen Zusammenarbeit wäre es denkbar, daß wenig entwickelte Länder, allerdings nicht in einem kurzen Zeitraum, ihr wirtschaftliches Wachstum voranbringen können. Denn, um mit Knut Borchardt zu sprechen, die Entwicklungsländer leiden an einer ähnlichen Krankheit – oder an einer Klasse von Krankheiten –, »die in Europa noch vor 200 Jahren geherrscht hat«.[3] Und um bei diesem Bild zu bleiben: wir müssen *moderne* Medikamente verwenden, um Patienten heilen zu können.

Buckle schrieb 1857 über die ungeheure Armut in Ägypten und Indien sowie über die unüberbrückbare Kluft zwischen Armen und Reichen in diesen Ländern: »Wer sich beklagt, daß auch in Europa der Unterschied noch zu groß ist, entnehme dem Studium der alten außereuropäischen Culturzustände eine Art von Beruhigung.«[4] Mit dieser »Beruhigungspille« dürfen wir uns in Europa am Ende des 20. Jahrhunderts allerdings nicht mehr abspeisen lassen. Die weltweiten ökonomischen Interdependenzen sind so eng geworden, daß es angemessener wäre, wenn wir über das unbeschreibliche Elend in Afrika, Asien, Lateinamerika und in anderen Teilen der Welt in höchstem Maße beunruhigt sind. Neben diesen Hunger- und Erntekatastrophen, den Bürgerkriegen und ethnischen Stammeskämpfen ist die ungeheure Bevölkerungszunahme in vielen dieser Länder eine immer größer werdende Bedrohung für jede praktikable Wirtschaftspolitik. Diese Bevölkerungsexplosion führt nicht nur zu exorbitanter Arbeitslosigkeit, zur ausweglosen Flucht in die Städte, zur Kinder- und Drogenkriminalität, sondern auch zu einer Senkung des Lebensstandards und zur Gleichgültigkeit gegenüber den Notwendigkeiten eines Industrialisierungsprozesses. Wenn es eine Lehre aus der Industrialisierungsgeschichte Europas für die unterentwickelte Welt zu ziehen gibt, dann vielleicht die, daß Armut und geringes wirtschaftliches Wachstum nicht als gottgewollt hingenommen werden dürfen. Als Christen können wir bekennen, daß es vielmehr der Verwirklichung der Schöpfung dient, die jeweils vorhandenen Produktivkräfte (Faktoren) zu nutzen und zu entfalten.

Damit sind wir bei der heutigen Entwicklungshilfe bzw. Entwicklungspolitik angelangt, denen abschließend noch ein paar Gedanken gewidmet werden sollen. In den 1950er und frühen 1960er Jahren wurde auf dem Hintergrund einer nach den Zerstörungen im Zweiten Weltkrieg kaum für möglich gehaltenen Prosperität der westlichen Welt das Modell der »ökonomischen Entwicklung« geboren. Verschiedene Wachstumsmodelle für scheinbar erfolgreiche Entwicklungspolitiken für die Dritte Welt wurden wie warme Semmeln angeboten und ausprobiert. Ihre Mißerfolge haben bei Entwicklungsländern Mißtrauen gegenüber der Notwendigkeit einer Industrialisierung hervorgerufen. Das Ungleichgewicht des Wohlstands bei der ökonomischen Entwicklung verschiedener Staaten wurde von der Wachstumstheorie z.B. mit der Geschwindigkeit und dem Zeitpunkt der Industrialisierung erklärt. Vereinfacht ausgedrückt: England war die erste Industrienation, andere Staaten ahmten dieses Wachstumsmodell nach und die Dritte Welt – nachdem sie sich vom Kolonialismus befreit hatte – mußte den Prozeß nur noch nachholen. »Nachholende Industrialisierung« wurde zum Synonym für eine *richtige* Entwicklungspolitik, die den erfolgreichen Dschungelpfad der Industrialisierung beschritt. Ökonomisches Wachstum der zurückgebliebenen Staaten sollte dadurch garantiert sein; fast alle Entwicklungspolitiker folgten diesem Modell wie Odysseus den Schalmeienklängen der Sirenen. Walt W. Rostows *Stages of Economic Growth* von 1960 war die entwicklungspolitische »Bibel« aus den USA, mit der man scheinbar sicher zwischen den Wachstumsklippen von Skylla und Charybdis hindurchsegeln konnte. Gegen Ende seiner Schrift heißt es: »Wenn wir und unsere Kinder in einer Welt leben sollen, in der so etwas wie das demokratische Glaubensbekenntnis die Grundlage der Organisation für die meisten Gesellschaften einschließlich unserer eigenen ist, so müssen die Probleme des Übergangs von der traditionellen zu einer modernen Gesellschaft in Asien, dem Nahen und Mittleren Osten und in Afrika ... mit Hilfe von Mitteln gelöst werden, die die Möglichkeit einer derart menschlichen, gleichgewichtigen Evolution offenlassen.«[5]

Der »Westen« hat sich allerdings bisher als unfähig erwiesen, anhaltendes ökonomisches Wachstum in die Dritte Welt zu verpflanzen. Deshalb kann ich auch nicht die Ansicht von John H. Kautsky, einem Enkel des orthodoxen Marxisten Karl Kautsky (1854–1938), teilen: »Western European development, by spreading to the rest of the world, assured its own lasting uniqueness.«[6] Die zufälligen und notwendigen Faktoren (Vorbedingungen, Stadien) setzen sich in Entwicklungsländern im 20. und 21. Jahrhundert ganz anders zusammen als in europäischen Staaten im 18. oder 19. Jahrhundert. Der Prozeß der Entwicklung, der *Take-off*, konnte deshalb trotz massiver Kapitalspritzen nicht analog in Gang gesetzt werden. Schließlich wurde auch Entwicklungspolitikern bewußt – und Gunnar Myrdals *Asian Drama*[7] ist dafür eine ernüchternde Bilanz –, daß die Kluft zwischen armen und reichen Nationen unserer Erde immer weiter auseinanderklaffte. Es wurde deutlich, daß die unterentwickelten Staaten sich nicht *entwickeln* konnten, keine Merkmale der *klassischen* Industrialisierung zeigten, ganz zu schweigen von Multiplikatoreffekten durch Investitionen in Wachstumssektoren. Interne wie externe bzw. endogene wie exogene Erklärungsfaktoren konnten auch theoretisch nicht aus diesem Entwicklungsdilemma herausführen. Also griff man sowohl bei westlichen Theoretikern als auch bei Vertretern von nationalistischen Bewegungen in der Dritten Welt auf sogenannte »Dependenz-Theorien« zurück.

Ich habe schon in der *Einleitung* (S. 26 und Anm. 30) darauf hingewiesen, daß die Ansicht, die ökonomische Entwicklung eines führenden Landes bedeute die ökonomische *Unter*entwicklung eines anderen, weniger entwickelten Landes, weit verbreitet ist. Kurz gesagt bedeutet dies folgendes: die Entwicklungsländer konnten und können sich nicht ökonomisch entwickeln, weil sie durch imperialistische Staaten »ausgebeutet« wurden und werden. Direkte Kolonisation (formaler Imperialismus) und ökonomische Abhängigkeit (informaler Imperialismus) sind nach dieser Auffassung die beiden Strukturmerkmale politischer und ökonomischer Unterdrückung. Metropole und Peripherien wurden zu den ökonomisch betörenden Schlagworten einer weitgehend dualistischen Theorie eines »kapitalistischen Weltsystems« (I. Wallerstein).[8] Die Kernstaaten (Metropolen) entzogen angeblich den Satellitenstaaten (Peripherien) sowohl Produktionsüberschüsse als auch Profite, indem sie die letzteren zwangen, Rohmaterialien und Agrargüter zu billigen Preisen in die Metropolen zu liefern. Handel, Finanzen und gewerbliche Fabrikation werde gleichzeitig vom Kapital der Metropolen organisiert und kontrolliert. Wenn multinationale Unternehmen sich in Peripherien ansiedeln, dann bedeute dies lediglich eine Enklave ausländischer Geschäftstätigkeit, die aber keinerlei positive ökonomische Effekte oder eine Entwicklung in der Wirtschaft des Gastlandes bewirken könne. Daß auch Staaten, die gar nicht kolonialisiert waren und in keiner großen ökonomischen Abhängigkeit stehen, keine Industrialisierung durchführten, wurde, wenn man überhaupt darüber nachdachte, als Ausnahme von der Regel angesehen. Im übrigen war man davon überzeugt, daß die sozialistischen Staaten den »Westen« bald ökonomisch ein- und *über*holen werden.

Nachdem diese Illusion seit 1990 endgültig wegen des ökonomischen und politischen Zusammenbruchs dieser Staaten aufgegeben werden mußte, können wir uns vielleicht unbefangener zukünftigen entwicklungstheoretischen Fragestellungen zuwenden. Wir können danach fragen, ob die Industrialisierung in Europa im 18. und 19. Jahrhundert als eine Art Modell für die Modernisierung der Dritten Welt – was immer darunter auch subsumiert wird – angesehen und in konkreten entwicklungspolitischen Vorschlägen umgesetzt werden kann. Was in den vorhergehenden Diskussionen der verschiedenen Faktoren hoffentlich deutlich geworden ist, besteht in der modellhaften Erkenntnis, daß »Europa« eine Vielzahl unterschiedlicher Entwicklungsmuster aufweist, die von Region zu Region, von Staat zu Staat und von einer Periode zur nächsten andere Faktorkombinationen voraussetzen. Die Neigung z. B. amerikanischer Wissenschaftler, bei dem Vergleich der Industrialisierung etwa in den USA mit anderen Weltteilen von *dem* Europa zu sprechen, verdeckt diese historisch gewachsene Vielfalt. Und die Ursachen der europäischen Industrialisierung sind auf diese wechselnde Vielfalt zurückzuführen, ohne die Europa weder als erster noch als einziger Kontinent diese ökonomische Wachstumsdynamik hätte *beginnen* können. Allein aufgrund dieser Vielgestaltigkeit kann Europa eher als entwicklungspolitisches Modell betrachtet und analysiert werden als die USA, Japan, Rußland/Sowjetunion oder Australien. Dies wird sogleich einsichtig, wenn wir die Industrialisierung westeuropäischer Staaten im 19. Jahrhundert – wie England, Belgien, Frankreich oder Deutschland – mit der süd- und osteuropäischer Staaten – wie Spanien, Portugal, Polen, Rumänien oder Bulgarien – vergleichen. Beide Staatengruppen gehörten und gehören zu dem einen »einzigartigen« Europa, sie waren bis zu einem gewissen Zeitpunkt ähnlich mit zufälligen Faktoren begünstigt, aber ihre industriellen Entwicklungen nahmen einen sehr unterschiedlichen Verlauf. Zwar waren die Staaten der letzten Gruppe keineswegs typische »Exklaven-Ökonomien oder Peripherien«,[9] doch sie konnten oder wollten im Wettbewerb bei der Entwicklung der notwendigen Faktoren mit westeuropäischen Staaten nicht Schritt halten.

Was also wäre abschließend aus einer historisch-vergleichenden, auf ganz Europa gerichteten Entwicklungsforschung für und in sich entwickelnden Staaten und Regionen zu lernen? Ich möchte mich auf zehn Punkte beschränken, die mir als erste Überlegungen oder Maßnahmen für eine wachstumsdynamische Entwicklung in industriell zurückgebliebenen Gebieten unerläßlich erscheinen:

– Die Entscheidungsträger oder Regierungen gering entwickelter Staaten müssen sich darauf einstellen, daß die Mobilisierung von Faktoren, die eine Wachstumsdynamik in Gang setzen sollen, einen langen Zeitraum beansprucht. Jeder Versuch, die notwendigen Voraussetzungen zu überspringen, indem man etwa – wie in Rußland unter Jelzin – sogenannte marktwirtschaftliche Strukturen einführt, bevor ein freiheitliches Rechtssystem geschaffen ist, das z.B. wirkungsvoll »kapitalistische« Korruption und Kriminalität unterdrückt, ist zum Scheitern verurteilt. Wenn in solchen Staaten – dies gilt z.B. auch für China, was kritische Journalisten meistens übersehen – ausländische oder multinationale Unternehmen in größerem Maße investieren sollen, dann muß garantiert sein, daß sie über ihre Gewinne relativ frei verfügen können, d.h. in vielen Fällen auch, einen Teil dieser Gewinne an den Stammsitz der Unternehmen transferieren zu können. Dafür sind zuerst dauerhafte Rechts- und Finanz-Institutionen erforderlich. Die europäischen Erfahrungen während der Industrialisierung zeigen nämlich, daß neben der Langfristigkeit der Entwicklung die weitgehende Stabilität des Rechts- und Finanzsystems für die Durchsetzung eines stetigen Wirtschaftswachstums unerläßlich war. Eine *forcierte* Industrialisierung ohne ein institutionalisiertes Rechtssystem ist wie ein zu früh geborenes Kind einem großen Überlebensrisiko ausgesetzt.

– Alle Entwicklungsländer oder gering entwickelte Regionen müssen erhebliche Anstrengungen unternehmen, damit die Schere zwischen Bevölkerungszunahme und landwirtschaftlicher Produktion nicht zu weit auseinanderklafft. Sonst geraten sie in die Malthussche Falle, wie dies oben (II. Kap., 4.b)) geschildert worden ist. Um dieses Ungleichgewicht nicht so weit ausufern zu lassen, daß ökonomische Entwicklungschancen blockiert werden, müssen neben Geburtenregelungen Agrarreformen, Landumverteilungen und eine Mechanisierung der Landwirtschaft durchgeführt werden. Die Durchführung solcher Maßnahmen erweisen sich besonders dort als schwierig, wo die Regierungen oder der Großgrundbesitz ein Eigeninteresse daran haben, den status quo möglichst lange zu konservieren. Sie werden aber auch dadurch behindert, daß internationale Hilfsorganisationen bei Ernte- und Hungerkatastrophen gerade in die bevölkerungsreichsten Länder Nahrungsmittel liefern, um die schlimmsten Folgen zu verhindern. Hier stehen wir vor einem echten, menschlichen wie politischen Dilemma. Die Industrialisierung europäischer Staaten hat aber gezeigt, daß die zur Versorgung der Bevölkerung ausreichende Effektivität der Landwirtschaft nicht nur eine notwendige Bedingung jeder Industrialisierung darstellte, sondern daß diejenigen Staaten, die damit zögerten, in einen Industrialisierungsstau gerieten. Ohne eine agrarische Modernisierung hat eine gewerbliche Modernisierung wenig Chancen.

– Die Bildungsanstrengungen in den Staaten der Dritten Welt müssen auf allen Stufen des Bildungswesens erheblich intensiviert werden. Auch in Europa ist lange übersehen worden, welchen positiven Einfluß das Bildungsniveau auf die Industrialisierung ausgeübt hat. Teilweise hing diese Unterschätzung von Bildung damit zusammen, daß in vielen europäischen Staaten ein relativ hoher Bildungsstand bereits vor der Industrialisierung anzutreffen war. Es zeigte sich dann aber in der zweiten Hälfte des 19. Jahrhunderts, daß die enge Verzahnung von Wissenschaft und Industrie einigen Industriestaaten wesentliche Wettbewerbsvorteile gegenüber europäischen Konkurrenten verschaffte. Und im 21. Jahrhundert wird das *human capital* in allen industrialisierten und industrialisierenden Staaten und Regionen noch erheblich mehr wert sein als im 19. Jahrhundert. Welche ungeheuren Anstrengungen gerade solche Staaten unternehmen müßten, deren Bevölkerungszunahme weit über den Durchschnittswerten während der europäischen »Bevölkerungsexplosion« liegen, geht alleine daraus hervor, daß heute die Industriestaaten ein Hundertfaches der Beträge für Bildung und Wissenschaft ausgeben als im 19. Jahrhundert. Es sei denn, die meisten Entwicklungsländer könnten den Wachstumspfad des 622 km² großen Scheichtums Bahrain, wo es keine Schulpflicht gibt, beschreiten, was nicht – nicht nur wegen der Erdölvorräte – sehr wahrscheinlich ist.

– Industriell weniger entwickelte Staaten, die heute oder in Zukunft eine stärkere Industrialisierung durchführen wollen, sollten, wenn ihr Staatsgebiet größer als 50.000 km² ist, ein föderatives Gesellschaftsmodell errichten. Sie sollten sich von der Ideologie des Zentralstaates, die im 19. und 20. Jahrhundert unendliches Leid über die Menschheit gebracht hat, verabschieden. Es bedarf nur eines geringen bürokratischen Aufwandes, Regionen eines größeren Staatsgebietes wenigstens eine wirtschaftspolitische Autonomie zu geben. Die Analyse der europäischen Industrialisierung hat nämlich nicht nur gezeigt, daß Wirtschaftswachstum immer regional erfolgt, sondern daß jene Staaten, deren föderative Struktur den Regionen ein Mindestmaß an (wirtschafts-) politischer Autonomie zugestanden hat, langfristig gegenüber zentralistisch organisierten Staaten ökonomische Wettbewerbsvorteile und eine größere

Wachstumsdynamik aufweisen. Dies gilt im 19. und 20. Jahrhundert nicht nur, wenn wir die kleine, in 25 Kantone gegliederte, Schweiz mit dem großen zentralistischen Frankreich vergleichen, sondern noch im stärkerem Maße beim Vergleich des föderativen Deutschlands mit dem Riesenreich Rußland. Interregionaler ökonomischer Wettbewerb fördert das Wirtschaftswachstum der Regionen wie der Staaten.

– Wenn, wie wir gesehen haben, die industrialisierungsfördernde Faktorenkombination von zufälligen und notwendigen Faktoren in den meisten nichteuropäischen Staaten nicht vorhanden war oder ist, so muß dies für Entwicklungsländer nicht bedeuten, daß ihnen der Weg zum ökonomischen Wachstum verschlossen bleibt. Auch in europäischen Staaten war die Zusammensetzung der Faktoren während der Industrialisierung nicht identisch. Faktorsubstitution ist weiterhin möglich. Es erfordert allerdings, daß der Stellenwert der Landwirtschaft im Entwicklungsprozeß erkannt wird und daß die hochindustrialisierten Staaten ihre Märkte stärker für Agrarprodukte aus den Entwicklungsländern öffnen. Das heißt nicht, die Entwicklungsländer in ein weltweites Freihandelssystem zu integrieren. Industrialisierende Staaten mußten sich immer zu Beginn ihrer Entwicklung gegenüber den fortgeschritteneren Staaten durch Zölle schützen. Entscheidend war, ob die Höhe und Differenzierung der Zölle dazu beitrug, daß nach und nach eine Importsubstitution von höherwertigen Gütern möglich wurde. Eine Schutzzollpolitik von hochindustrialisierten Staaten ist allerdings ein entwicklungsfeindlicher Anachronismus. Wäre von (west-)europäischen Politikern nach 1950 nicht der Agrarprotektionismus als wirtschaftspolitische (Fehl-) Steuerung durchgesetzt worden, dann hätte während des Wachstumsbooms von 1948 bis 1973 nicht nur eine Eingliederung von freigesetzten Arbeitskräften aus der Landwirtschaft in die Industrie stattgefunden – und den Zuzug von Millionen von »Gastarbeitern« überflüssig gemacht –, sondern die Agrarüberschußländer hätten in eine arbeitsteilige Weltwirtschaft integriert werden können. Durch diese Integration hätte in vielen Entwicklungsländern eine größere industrielle Wachstumsdynamik entstehen können als es durch Entwicklungshilfe je möglich gewesen ist.

– Es ist eine der schwerwiegendsten entwicklungshemmenden Blockaden von langfristigem Wirtschaftswachstum, wenn ein sich entwickelndes Gebiet durch innere oder äußere Zwänge auf die Produktion von einem oder zwei Produkten festgelegt wird. Monokulturen, wie es in der Fachsprache heißt, lassen weder eine »kulturelle« noch eine industrielle Entwicklung zur Reife zu. Dabei ist es ziemlich gleichgültig, ob dies landwirtschaftliche oder industrielle Produkte sind. In Entwicklungsländern, die industrialisieren wollen, muß alles getan werden, um eine solche einseitige Ausrichtung auf ein oder zwei Produkte, mag sie zeitweilig auch überdurchschnittliche Gewinne abwerfen, zu überwinden. Die europäische Industrialisierung war, selbst in kleinen Staaten oder in Regionen dieser Staaten, durch eine multilaterale Produktionsstruktur gekennzeichnet. Industrialisierung wird geprägt durch Wettbewerb. Wettbewerb erzeugt einen Anpassungsdruck an die Bedingungen der Nachfrage, d. h., der Wandel der Produktionsverfahren und der Produktpalette ist ein wirkungsvoller ökonomischer Auslesemechanismus. Staaten, bei denen ein oder zwei Produkte eine überragende Bedeutung im Wirtschaftssystem oder bei den Exporterlösen erlangen, sind kaum in der Lage, sich auf veränderte Bedürfnisse der Binnen- oder Auslandsmärkte umzustellen. Die Politik in Entwicklungsländern sollte deshalb von Anfang an vermeiden, sich auf wenige Produkte – selbst bei großer in- und ausländischer Nachfrage – festzulegen oder festlegen zu lassen. Die sozialistischen Staaten sind *auch* wegen ihrer überdimensionalen Schwerindustrie kollabiert.

– Eine unerläßliche Maßnahme zur Ankurbelung wirtschafts- und wachstumsdynamischer Entwicklungen in ökonomisch unterentwickelten Staaten ist der Ausbau einer Infrastruktur. Wie der europäische Handel und die europäische Industrie erst aufblühen konnten, nachdem ein Straßen-, Kanal- und Schiffahrtssystem sowie schließlich Eisenbahnlinien geschaffen worden waren, die den Transport von Waren und Personen kostengünstig durchführten, so erfordert gerade heute eine ökonomische Entwicklung in Dritte Welt-Staaten vielfältige Infrastrukturmaßnahmen. Seit dem 16. Jahrhundert war die ständige Zunahme des internationalen Verkehrs und der internationalen Kommunikation an den Ausbau nationaler und internationaler Handelsnetze gekoppelt, die im 19. Jahrhundert in eine Transport- und Verkehrsrevolution einmündete. Davon können sich Entwicklungsländer nicht abkoppeln. Wie weit der Ausbau von Eisenbahnstrecken, der Bau von Autostraßen oder von Flughäfen vorrangig betrieben werden sollte, hängt sowohl vom Stand der Ökonomie, der Möglichkeit von Investitionen, der Größe des Territoriums bzw. der Geographie des Landes ab. Es hängt aber auch von der Zahl und Größe der Städte, d. h. der Gesamtbevölkerung ab, welcher Maßnahme Priorität eingeräumt werden sollte. Wenn z. B. in Brasilien mit mehr als 160 Millionen Einwohnern der Flugverkehr zu Lasten städtischer Kanalisationen oder Kläranlagen ausgeweitet wird, würde dies eine Reduzierung von Entwicklungsmöglichkeiten bedeuten, gleichgültig, ob diese Maßnahmen vom Staat oder von Privaten finanziert werden.

– Solange nicht die überwiegende Zahl dieser Maßnahmen wenigstens teilweise eingeleitet sind, wird ein Entwicklungsland nicht in der Lage sein, einen wohlstandsfördernden Industrialisierungsprozeß zu initiieren. Auch das ist eine Erkenntnis der europäischen Industrialisierung. Denn im 19. Jahrhundert gab es eine nicht geringe Zahl von europäischen Staaten und Regionen, die mit *einigen* zufälligen und notwendigen Faktoren ausgestattet waren, aber denen trotzdem der Durchbruch zu einem stetigen Wirtschaftswachstum nicht gelungen ist. Der Grund dafür lag und liegt nicht darin, daß die höher entwickelten Industriestaaten in einem Verdrängungswettbewerb die weniger leistungsfähigen Gesellschaften »peripherisieren«, d. h., sie zu Nahrungsmittel- und Rohstofflieferanten degradieren. Wenn dies möglich (gewesen) wäre, hätte Großbritannien niemals einen industriellen Konkurrenten zugelassen und bekommen – und die USA sich nicht zu dem größten Nahrungsmittelexporteur bei gleichzeitiger Industrialisierung entwickeln können. Vielmehr ist es von entscheidender Bedeutung, welche Faktorkombination zu welchem Zeitpunkt vorhanden oder geschaffen worden ist, um eine industrielle Wachstumsdynamik längerfristig durchsetzen zu können. Erst wenn diese Faktorkombination unzureichend oder unzeitgemäß ist, wird dieser Staat bzw. dieses Entwicklungsland einem Peripherisierungsdruck ausgesetzt und möglicherweise diese ökonomische Rückständigkeit lange Zeit nicht überwinden können. Es ist deshalb von entscheidender Bedeutung für jeden Industrialisierungsversuch – ausgenommen die erste Industrienation England –, nicht nur die entsprechenden Faktoren zu kennen, sondern auch eine wachstumsfördernde Reihenfolge einzuhalten, die für die Region und den Zeitpunkt der Industrialisierung angemessen ist. Eine *geglückte* Entwicklung erfordert deshalb zufällige und notwendige faktorielle Bedingungen.

– Wenn es einem Staat oder einer Region gelungen ist, die ersten Hürden eines wachstumsdynamischen Prozesses zu überspringen, dann wird es entscheidend davon abhängen, um stetiges Wirtschaftswachstum zu etablieren, daß es zu einer assoziativen Entwicklung zwischen landwirtschaftlichen und industriellen Produktionsformen kommt – es sei denn, dieses Gebiet ist sehr klein, hat eine geringe Bevölkerung und verfügt über außergewöhnlich reichhaltige Ressourcen, wie etwa Öl, Gold oder Diamanten. Die europäische Industrialisierung vermittelt uns die Erkenntnis, daß gerade in solchen Staaten, die mit natürlichen Ressourcen nicht reich gesegnet waren, wie etwa die Schweiz, die Niederlande oder Dänemark, die Industrialisierungsdynamik durch den Export verarbeiteter landwirtschaftlicher Güter neuen Schwung erhielt. Aber auch in England oder Deutschland – von den USA ganz zu schweigen – ist es mit fortschreitender Industrialisierung zu einer immer engeren Verzahnung von Landwirtschaft und Industrie gekommen, selbst wenn die politischen Interessen oft gegenläufig waren. Im technologischen 21. Jahrhundert, in dem Kohle- oder Eisenerz-, Öl- oder Gasvorkommen für den Industrialisierungsprozeß nicht mehr die Bedeutung gewinnen werden wie im 19. Jahrhundert – wenn sie überhaupt außerhalb der Polregionen noch im großen Umfang aufgefunden werden – kann kein industrialisierender Staat auf diese wachstumsfördernde Verkoppelung agrarischer und industrieller Exportchancen verzichten, ohne sich der Gefahr einer Deindustrialisierung auszusetzen. Auf dieser Grundlage werden Staaten und Regionen, die in der Lage sind, eine für ihre Märkte und der internationalen Wettbewerbssituation günstige Faktorkombination zu schaffen, wahrscheinlich immer stärker dem westeuropäischen Trend folgen, d. h. Verarbeitungsindustrien und Dienstleistungsunternehmen errichten und die landwirtschaftliche Erwerbstätigkeit – aber nicht deren Produktivität – kontinuierlich reduzieren.

– Schließlich muß noch vor der falschen Auffassung gewarnt werden, daß *alle* unterentwickelten oder Dritte Welt-Staaten in der Lage seien, eine Industrialisierung erfolgreich durchführen zu können. Auch in dem mit so vielen wachstumsfördernden zufälligen und notwendigen Faktoren ausgestatteten Europa gab und gibt es nicht nur riesige Wohlstandsunterschiede, sondern auch eine Reihe von Staaten und Regionen, wie etwa Rumänien, Bulgarien, Albanien oder Süditalien, die die Stufe zum stetigen Wirtschaftswachstum (noch) nicht überschritten haben. Wie sollte es dann außereuropäischen Staaten und Regionen gelingen, deren faktorielle Voraussetzungen viel ungünstiger sind. Wir müssen uns mit der – zugebenermaßen deprimierenden – Vorstellung vertraut machen, daß einige asiatische oder afrikanische Regionen darauf angewiesen sein werden, daß ihnen ein halbwegs angemessener Lebensstandard von dem wohlhabenden Teil der Weltgemeinschaft garantiert wird. Das heißt nicht, den Kopf und die Ideen in den Sand zu stecken und vertrocknen zu lassen. Karl Popper hat immer wieder betont: *die Zukunft ist offen!* Dies gilt auch und vielleicht vor allem für den industriellen Wandel. Europa in seiner Vielfalt hat in den letzten 200 Jahren gezeigt, daß neue Faktorkombinationen auftauchen und ergriffen werden können, um ständig andere Formen der Industrialisierung zu ermöglichen. Pessimismus ist deshalb falsch am Platz, vor allem in Europa. Aber wir sollten trotzdem nicht vergessen oder verdrängen, daß eine weltweit konkurrenzfähige Spezialisierung in technologischen Nischen immer schwieriger wird, je komplizierter und unnachahmlicher moderne Technologien werden, auch wenn die Kosten pro Arbeitseinheit niedrig sind. Unsere historische Einzigartigkeit erfordert aber die Verpflichtung und die Verantwortung, nach Wegen und Lösungen zu suchen, wie den weniger begünstigten Menschen in entwicklungsschwachen Regionen ein angemessener Wohlstand zu Teil werden kann. Wenn diese große Aufgabe im 21. Jahrhundert nicht gelingt, hat die Weltgemeinschaft versagt.

Anmerkungen

I. Einleitung

1 Brüder Grimm: Deutsche Sagen, Bd. 1, München 1993, S. 24. Dort auch das nächste Zitat.

2 Julius von Pflugk-Harttung: Entdeckungs- und Kolonial-Geschichte, in: Geschichte der Neuzeit. Das religiöse Zeitalter 1500–1650, Berlin 1907, S. 15.

3 Bis in die kleinsten Verästelungen dokumentiert und beschrieben in dem inzwischen auf 11 Bände angeschwollenen Mammutwerk von Joseph Needham u. a.: Science and Civilisation in China, Cambridge 1954–1985.

4 Max Weber: Wirtschaftsgeschichte. Abriß der universalen Sozial- und Wirtschaftsgeschichte (1923). Aus den nachgelassenen Vorlesungen herausgegeben von S. Hellmann und M. Palyi. 4. durchges. und erg. Aufl., besorgt von Johannes F. Winckelmann, Berlin 1981, S. 95.

5 E. L. Jones: Das Wunder Europa (wie Anm. 13), S. 185.

6 Rondo Cameron: Geschichte der Weltwirtschaft. Bd. 1: Vom Paläolithikum bis zur Industrialisierung, Stuttgart 1991, S. 124–129, besonders S. 126. Vgl. auch das faszinierende Buch von David S. Landes: Revolution in Time. Clocks and the Making of the Modern World, Cambridge (Mass.)/London 1983, S. 17ff.

7 Patricia Crone: Die vorindustrielle Gesellschaft. Eine Strukturanalyse, München 1992, S. 193 und S. 195.

8 Über die Behandlung der Heloten vgl. Stefan Link: Der Kosmos Sparta. Recht und Sitte in klassischer Zeit, Darmstadt 1994, S. 1ff., wo es auf S. 7 heißt: »Jahr für Jahr erklärten die neugewählten Ephoren als erste Amtshandlung den Heloten den Krieg, damit, wie Aristoteles festhielt, ihre Ermordung nicht gegen göttliches Recht verstoße.« Zur Krypteia Edmond Lévy: La kryptie et ses contradictions, in: Ktèma, Bd. 13, 1988, S. 245ff., mit vielen Literaturangaben.

9 E. L. Jones: Das Wunder Europa (wie Anm. 13), S. 76f.

10 M. Weber: Wirtschaftsgeschichte (wie Anm. 4), S. 117.

11 Knut Borchardt: Dreht sich die Geschichte um? Denkmodelle für Wachstumsschranken, Ebenhausen bei München 1974, S. 14.

12 Angus Maddison: Class Structure and Economic Growth. India and Pakistan since the Moghuls, London 1971, S. 15. Nächstes Zitat auf S. 17f. Meine Übersetzung. Und er fährt fort: »The living standard of the upper class was certainly high and there were bigger hoards of gold and precious

stones than in Europe, but there is substantial evidence that the mass of the population were worse off than in Europe.« (S. 18)

13 Eric L. Jones: Das Wunder Europa. Umwelt, Wirtschaft und Geopolitik in der Geschichte Europas und Asiens, Tübingen 1991, S. XVII (Vorwort zur 2. Aufl.), erklärt dies damit: »Worin sich Europa (zufällig) [dieses Wort »zufällig« steht nicht im englischen Original, 2. Aufl., Cambridge 1987, S. XIV, H.K.] von den anderen [Regionen, H.K.] unterschied, war das massierte Auftreten eines multilateralen Handels mit Massengütern, und zwar Gütern für den täglichen Gebrauch, über ziemlich große Entfernungen, und nicht nur eines Handels mit Luxusgütern, wie er im Fernhandel immer vorgeherrscht hatte.« Über die Entwicklungen in Asien siehe ebd., S. 201–254.

14 Vgl. Desmond Young: Fountain of the Elephants, London 1959, S. 51 ff.; Zitat S. 52. Und er fährt fort: »The tillers of the richest lands in India were starving. Justice existed only to be bought and sold. Exactions and oppressions by Government officials went unpunished. The roads were unsafe for travellers except in large bodies.«

15 Vgl. Clifford T. Smith: A Historical Geography of Western Europe Before 1800 (1967), London/New York 1978, Kap. 8: Expansion Overseas and its Impact on the Economic Geography of Europe, S. 403–478.

16 So Ilja Mieck im »Vorwort« zum Handbuch der europäischen Wirtschafts- und Sozialgeschichte, Bd. 4, hg. von I. Mieck, Stuttgart 1993, S. XXI. Hervorhebung von mir. Später sagt Mieck, es sei *auch* wirtschaftshistorisch berechtigt, um die Mitte des 17. Jahrhunderts »eine neue Phase der europäischen Geschichte beginnen zu lassen« (S. 10).

17 Vgl. John H. Kautsky: The Politics of Aristocratic Empires, Chapel Hill 1982, S. 348–354: »Modernization from Within and Modernization from Without.« Dort heißt es auf S. 351, daß »modernization from within developed into advanced industrialization only in Western Europe and the overseas areas settled by Western Europeans. All other areas of the world were eventually modernized from without and have become industrialized by that route, if at all.«

18 Friedrich Engels: Herrn Eugen Dühring's Umwälzung der Wissenschaft (1878), in: Marx Engels Werke (MEW), Bd. 20, Berlin 1973, S. 168.

19 Eine Engels entgegengesetzte Ansicht vertrat acht Jahre zuvor Hermann Grothe: Bilder und Studien zur Geschichte der Industrie und des Maschinenwesens, Berlin 1870, S. 6, indem er darauf hinwies, daß »das Sclaventhum eine Entwicklung des Gewerblichen in dieser angedeuteten Richtung verhinderte, wie es denn überhaupt die Blüthe Athens und Roms untergrub«. Im Dritten Reich ist Gottfried Benn: Der neue Staat und die Intellektuellen, Stuttgart/Berlin 1933, S. 18, wieder auf den Gedanken von Engels zurückgekommen: »Alles, was das Abendland berühmtgemacht hat, seine Entwicklung bestimmte, bis heute in ihm wirkt, entstand, um es einmal ganz klar auszudrücken, in Sklavenstaaten.«

20 Lujo Brentano: Die Kirche und die Entwicklung der Freiheit (1910),

in ders.: Der wirtschaftende Mensch in der Geschichte, Leipzig 1923, der diesen Brief zitiert (S. 145), schreibt später: »Die Sklaverei ist erst ausgestorben, als die Bedingungen für ihr Fortbestehen aufhörten, also einmal, als ihre Ursache aufhörte, d. h. als man aufhörte, Kriegsgefangene zu Sklaven zu machen, sodann, als es vorteilhafter wurde, statt Sklaven mehr oder minder freie Arbeiter zu verwenden.« (S. 151)

21 Thomas F. Carney: The Shape of the Past: Models and Antiquity, Lawrence (Kan.) 1975, S. 214f. Hervorhebungen von mir. In der Stadt der Publikation dieses Buches ist im Todesjahr von Abraham Lincoln die freie und demokratische *University of Kansas* gegründet worden!

22 Heinrich von Treitschke: Der Sozialismus und seine Gönner (1874), in: Wegbereiter des deutschen Sozialismus, hg. von Erich Thier, Leipzig 1943, S. 261. Die ganze Stelle lautet: »Die Menschheit hat nie wieder eine Blüte der Künste gesehen wie in den Tagen des Perikles; also in die Welt der Ideale sich zu versenken, war nur einer hocharistokratischen Gesellschaft möglich, welche alle gemeinen Sorgen des Lebens auf die geduldigen Schultern ihrer Sklaven türmte, und sicherlich sind die Tragödien des Sophokles und der Zeus des Pheidias um den Preis des Sklavenelends nicht zu teuer erkauft.« Treitschke war kein Jüngling mehr, als er dies schrieb, sondern 40 Jahre alt. Sonst hätte er vielleicht die Aussage des griechischen Schriftstellers Plutarch (um 46–120 n. Chr.) beherzigen können, der in seiner Lebensbeschreibung von *Perikles* sagte: »Kein Jüngling von großen Talenten hat noch, wenn er den Zeus in Pisa, oder die Hera in Argos sah, darum gleich ein Pheidias oder Polykleitos zu werden begehrt; und ebensowenig ein Anakreon, ein Philemon oder ein Archilochos, wenn er an den Werken dieser Dichter Geschmack fand.« Vgl. Plutarch: Lebensbeschreibungen, 1. Bd., München/Leipzig 1913, Kap. 2,1; S. 391. Phidias wurde wegen Korruption angeklagt, in ein Gefängnis gebracht, wo er möglicherweise von Gegnern des Perikles, der Phidias verteidigte, vergiftet wurde. Vgl. dazu ausführlich Charlotte Schubert: Perikles, Darmstadt 1994, S. 116–137.

23 Carl Friedrich von Weizsäcker: Wahrnehmung der Neuzeit (1983), 4. Aufl., München / Wien 1983, S. 13f. Adam Smith: Der Wohlstand der Nationen. Eine Untersuchung seiner Natur und seiner Ursachen, München 1978, erkannte bereits: »Der Reichtum des alten Ägyptens, auch der Chinas und Indiens, beweisen zur Genüge, daß ein Land einen äußerst hohen Wohlstand erlangen kann, obwohl Ausländer weitgehend seinen Ausfuhrhandel betreiben.« (III. Buch, 2. Kap., S. 314) Er wollte damit sagen, daß die Zunahme des Wohlstandes auch auf dem Einsatz von ausländischem Kapital beruhen kann, eine Ansicht, die zu seiner Zeit wenig verbreitet war.

24 Bernhard Sutor: Umbau des Sozialstaates als Institutionen- und Gesinnungsreform, in: Die neue Ordnung, 49. Jg., Heft 4, 1995, S. 248. Ich teile allerdings nicht Sutors von der christlichen Soziallehre beeinflußte Auffassung, daß die Politik vorrangig als »Sachwalterin des Gemeinwohls« (S. 244) oder gar nach »den Erfordernissen des nationalen und des internationalen Gemeinwohls« (S. 249) fungieren müsse. Dieser Begriff ist

Anmerkungen zu S. 25–26

vage. Und Sutor ist vielleicht nicht bewußt, daß Gemeinwohl gerade im Dritten Reich unter dem Schlagwort »Gemeinnutz geht vor Eigennutz« Hochkonjunktur hatte. Vgl. dazu Hubert Kiesewetter: Von Hegel zu Hitler. Die politische Verwirklichung einer totalitären Machtstaatstheorie in Deutschland (1815–1945), 2., völlig veränd. u. erw. Aufl., Frankfurt am Main 1995, S. 231ff.

25 Vgl. Karl R. Popper: Das Elend des Historizismus (1965), 6. Aufl., Tübingen 1987, S. 5ff.

26 A. Smith: Wohlstand der Nationen (wie Anm. 23), IV. Buch, 9. Kap., S. 579.

27 Vgl. Imanuel Geiss: Prometheus und Pandora. Zur Stellung der industriellen Revolution in der Weltgeschichte, in: Dirk Stegmann / Bernd-Jürgen Wendt / Peter-Christian Witt (Hg.): Industrielle Gesellschaft und politisches System. Beiträge zur politischen Sozialgeschichte. Festschrift für Fritz Fischer zum siebzigsten Geburtstag, Bonn 1978, S. 26, der sogar glaubt, die moderne technisch-naturwissenschaftliche Entwicklung »beruht in ihren Grundlagen« auf dem Alten Orient und der griechisch-römischen Antike. Ähnlich Alexander Demandt: Was wäre Europa ohne die Antike?, in: Alte Geschichte und Wissenschaftsgeschichte. Festschrift für Karl Christ zum 65. Geburtstag, hg. von Peter Kneissl und Volker Losemann, Darmstadt 1988, S. 113–129. Demandt überfrachtet sein *geistesgeschichtlich* richtiges Argument von der »Antike als die Schule Europas« erheblich. Inzwischen hat er es etwas relativiert. Vgl. Alexander Demandt: Der Idealstaat. Die politischen Theorien der Antike, Köln / Weimar / Wien 1993, S. 421: »Wenn die Antike die Schule Europas ist, so hat sie, wie jede andere Schule, gute und schlechte Lehrer, bessere und schlechtere Schüler gehabt.« Eugen Rosenstock schrieb am 19. November 1916 an Franz Rosenzweig: »Kant ist der letzte humanistische Rezipient und Scholastiker, Hegel der Historiker, d. i. der Totengräber dieses Ringkampfes Europas mit der Antike.« Vgl. Franz Rosenzweig: Briefe, hg. von Edith Rosenzweig, Berlin 1935, S. 697. Daran kann man nicht nur wegen der oben angegebenen Zitate zweifeln.

28 Jan Ross: Vernunft ist nicht Rationalität, in: Frankfurter Allgemeine Zeitung, Nr. 217 vom Montag, den 18. Sept. 1995, S. 14.

29 Lujo Brentano: Die Anfänge des modernen Kapitalismus. III. Exkurs: Handel, Puritanismus, Judentum und Kapitalismus, München 1916, S. 199.

30 Hans-Heinrich Nolte: Wie Europa reich und die Dritte Welt arm wurde, in: Geschichte in Wissenschaft und Unterricht, 32. Jg., 1981, S. 31. Vgl. dazu den kritischen Kommentar von Wolfram Fischer: »Wie Europa reich wurde und die Dritte Welt arm blieb«, in: ebd., S. 37–46. Pat Hudson: The Industrial Revolution, London 1992, S. 20, faßt diese Ansicht präzise zusammen: »Thus, according to dependency theory, one country's industrial revolution is another country's underdevelopment and these are two sides of the same coin of world capitalist development.«

Anmerkungen zu S. 26–30

31 Vgl. etwa Patrick O'Brien: European Economic Development: The Contribution of the Periphery, in: The Economic History Review, Bd. XXXV, 1982, S. 1–18; Lloyd G. Reynolds: Economic Growth in the Third World, 1850–1980, New Haven (Conn.) / London 1985.

32 So Eckart Schremmer: Auf dem Weg zu einer allgemeinen Lehre von der Entstehung moderner Industriegesellschaften? Anmerkungen zu H. Otsukas Konzept »Der <Geist> des Kapitalismus«, in: Vierteljahrschrift für Sozial- und Wirtschaftsgeschichte, 70. Bd., Heft 3, 1983, S. 376.

33 Max Weber: Die protestantische Ethik und der Geist des Kapitalismus (1904/05), in ders.: Gesammelte Aufsätze zur Religionssoziologie I, 9. Aufl., Tübingen 1988, S. 49, Anm. 2.

34 Alois Brusatti: Wirtschafts- und Sozialgeschichte des industriellen Zeitalters (1967), 3., völlig veränd. Aufl., Graz / Wien / Köln 1979, S. 10. Hervorhebung von mir. Später heißt es: »Die Leistungen der Erfinder und Entdecker trieben die Welt zum industriellen Zeitalter« (S. 117), was ebenso falsch ist, wie wir unten, III. Kapitel, Abschnitt 2., sehen werden.

35 Peter Mathias / John A. Davis: Editor's Introduction zu: The First Industrial Revolutions, hg. von P. Mathias und J. A. Davis, Oxford 1989, S. VII.

36 Ausführlich wird dieses Erklärungsschema behandelt und empirisch überprüft in Hubert Kiesewetter: Region und Nation in der europäischen Industrialisierung 1815 bis 1871, in: Deutscher Bund und deutsche Frage 1815–1866. Europäische Ordnung, deutsche Politik und gesellschaftlicher Wandel im Zeitalter der bürgerlich-nationalen Emanzipation, hg. von Helmut Rumpler, Wien / München 1990, S. 162–185.

37 Eric L. Jones: Growth Recurring. Economic Change in World History, Oxford 1988, S. 168. Siehe auch unten, II. Kap., Abschnitt 1.b), S. 41ff.

38 Vgl. dazu Hubert Kiesewetter: Zur Dynamik der regionalen Industrialisierung in Deutschland im 19. Jahrhundert – Lehren für die europäische Union?, in: Jahrbuch für Wirtschaftsgeschichte 1992/1, S. 79–112.

39 Dieses Konzept ist entwickelt in Hubert Kiesewetter: Industrialisierung und Landwirtschaft. Sachsens Stellung im regionalen Industrialisierungsprozeß Deutschlands im 19. Jahrhundert, Köln / Wien 1988, S. 7ff. Da deutsche Regionen in meinem Konzept mindestens eine Größe von 5.000 km² haben und einige Homogenitätskriterien aufweisen sollen, teile ich nicht die Ansicht von Rainer Fremdling / Toni Pierenkemper und Richard H. Tilly: Regionale Differenzierung in Deutschland als Schwerpunkt wirtschaftshistorischer Forschung, in: R. Fremdling / R. H. Tilly (Hg.): Industrialisierung und Raum. Studien zur regionalen Differenzierung im Deutschland des 19. Jahrhunderts, Stuttgart 1979, S. 17: »Wegen der strategischen Bedeutung, die der Bildung der Regionen zukommt, scheint es angeraten, möglichst kleine Regionen zu bilden, die ein großes Maß interner Differenzierungen mit erfassen können.« Auf dieser Basis lassen sich m. E. keine vergleichend aussagekräftigen Erklärungen für gleiche oder unterschiedliche ökonomische Entwicklungen finden.

40 Heinz Hartmann: Amerikanische Firmen in Deutschland, Köln 1963, S. 213. Manchmal kann man bei der Lektüre ökonomischer und wirtschaftshistorischer Bücher den Eindruck gewinnen, daß deren Autoren sich gegen *Widerspruch aus der Wirklichkeit* immunisiert haben.

41 Simon Kuznets: Die wirtschaftlichen Vorbedingungen der Industrialisierung, in: Industrielle Revolution. Wirtschaftliche Aspekte, hg. von Rudolf Braun, Wolfram Fischer, Helmut Großkreutz, Heinrich Volkmann, Köln / Berlin 1972, S. 17. Ebenso unakzeptabel, weil einseitig auf einen Faktor bezogen, ist die Ansicht von Walt W. Rostow: How it All Began. Origins of the Modern Economy, London 1975, S. 2: »What distinguishes the world since the industrial revolution from the world before is the systematic, regular, and progressive application of science and technology to the production of goods and services.« Er kehrt damit den Gedanken von Brusatti (Anm. 34) einfach um und erhebt Wissenschaft und Technologie zu den entscheidenden Faktoren.

42 Theodor Hanf: Überlegungen zu einer demokratieorientierten Dritte-Welt-Politik, in: Aus Politik und Zeitgeschichte, 30. Jg., 1980, B 23, S. 19f.

43 Gustav Schmoller: Die soziale Frage. Klassenbildung, Arbeiterfrage, Klassenkampf, München / Leipzig 1918, S. 643.

44 Henry Thomas Buckle: Geschichte der Civilisation in England. Übersetzt von Immanuel Heinrich Ritter, I. Bd., Berlin o. J. (1869), S. 7. Buckle will weder die Lehre von der Vorsehung noch die des freien Willens teilen und plädiert deshalb für eine Geschichtswissenschaft, die durch »deductive Anwendung von Gesetzen erfolgreich betrieben werden kann, die geschichtlich zu entdecken sind, d.h. die durch eine Prüfung des Ganzen jener umfassenden Erscheinungen entwickelt werden müssen, welche der weite Lauf der menschlichen Angelegenheiten unserm Gesichtskreis darbietet« (S. 13). Dazu jetzt ausführlich Eckhardt Fuchs: Henry Thomas Buckle. Geschichtsschreibung und Positivismus in England und Deutschland, Leipzig 1994, S. 29ff.

45 Vgl. Karl R. Popper: Das Elend des Historizismus (1965), 6. Aufl., Tübingen 1987; ders.: Die offene Gesellschaft und ihre Feinde (1957/58), 2 Bde., 7. Aufl., Tübingen 1992.

46 Karl R. Popper: Logik der Forschung (1934), 10., verb. Aufl., Tübingen 1994, S. 194. Popper zeigt, daß sogenannte Zufallsreihen der Statistik bzw. der Wahrscheinlichkeitsrechnung Gesetzescharakter haben können.

47 Vgl. Hubert Kiesewetter: Geschichtswissenschaft und Erkenntnistheorie, in: Zeitschrift für Geschichtswissenschaft, 43. Jg., Heft 7, 1995, S. 581–613.

48 Jacques Monod: Le hasard et la nécessité, Paris 1970. Deutsch: Zufall und Notwendigkeit. Philosophische Fragen der modernen Biologie. Deutsch von Friedrich Griese. Vorrede zur deutschen Ausgabe von Manfred Eigen, 2. Aufl., München 1975.

49 Mit der neueren ökonomischen und wirtschaftshistorischen Literatur vertraute Leser werden leicht erkennen, daß ich mich mit dieser Aus-

wahl von Faktoren von einer rein ökonomischen oder technischen Betrachtungsweise weit entferne. Ich sehe eine derart enge, auf ein oder zwei Faktoren reduzierte, Forschungsstrategie für eine allgemeine Erklärung des Industrialisierungsprozesses als unbrauchbar an. Vgl. etwa Alexander K. Cairncross: Factors in Economic Development, London 1962, S. 39ff.; Jordan Goodman / Katrina Honeyman: Gainful Pursuits. The Making of Industrial Europe 1600–1914, London / New York / Melbourne / Auckland 1988; John D. Gould: Economic Growth in History. Survey and Analysis, London 1972; Sigurd Klatt: Zur Theorie der Industrialisierung. Hypothesen über die Bedingungen, Wirkungen und Grenzen eines vorwiegend durch technischen Fortschritt bestimmten wirtschaftlichen Wachstums, Köln / Opladen 1959, S. 62ff.

50 David Hume: Über die Affekte (Of the passions), Hamburg / Leipzig 1906, Teil III, Abschn. 1: Freiheit und Notwendigkeit, S. 136ff. Hume wollte nachweisen, »wie eng *naturwissenschaftliche* und *moralische* Gewißheit ineinander greifen« (S. 143, Hervorhebungen im Original). Die Aussage über Freiheit und Zufall auf S. 150.

51 Bei diesem Modell habe ich mich angelehnt an die Vorgabe von Heiko Steuer: Determinanten der Bevölkerungsentwicklung. Abschließende Bemerkungen aus kulturhistorischer Sicht, in: Determinanten der Bevölkerungsentwicklung im Mittelalter, hg. von Bernd Herrmann und Rolf Sprandel, Weinheim 1987, S. 189. Steuer erfaßt »Vom Menschen beeinflußbare und unbeeinflußbare Determinanten der Bevölkerungsentwicklung«, die anders zusammengesetzt sind und eine andere Zielsetzung verfolgen.

II.1. Die Geographie

1 Vgl. dazu Hubert Kiesewetter: Raum und Region, in: Moderne Wirtschaftsgeschichte. Eine Einführung für Historiker und Ökonomen, hg. von G. Ambrosius, D. Petzina und W. Plumpe, München 1996, S. 105ff.

2 Vgl. Fritz Jaeger: Die klimatischen Grenzen des Ackerbaus, Zürich 1946.

3 Karl von der Aa: Volk-Raum-Wirtschaft. Lehrbuch der Wirtschaftserdkunde, Leipzig / Berlin 1943, S. III. »Vorwort« zur 1. Aufl. 1935. Hervorhebung von mir.

4 Vgl. dazu Toni Pierenkemper: Gebunden an zwei Kulturen. Zum Standort der modernen Wirtschaftsgeschichte im Spektrum der Wissenschaften, in: Jahrbuch für Wirtschaftsgeschichte 1995/2, S. 163–176.

5 Vgl. Carl Rathjens: Die Formung der Erdoberfläche unter dem Einfluß des Menschen. Grundzüge der Anthropogenetischen Geomorphologie, Stuttgart 1979, Zitat S. 13. Rathjens hebt die Bedeutung der Wirtschaftsgeschichte, der Siedlungs- und Wirtschaftsgeographie u. a. Wissenschafts-

Anmerkungen zu S. 40–43

zweige hervor, die zum Verständnis und zur Erklärung anthrogener Entwicklungen beitragen können, doch er möchte den Ausdruck »Kulturlandschaft« vermeiden (S. 130).

6 Vgl. Oscar Peschel: Völkerkunde (1874), 6. Aufl., Leipzig 1885, S. 215ff.

7 Ebd., S. 216f. Dort heißt es später: »Man wird nichts einwenden dürfen, wenn wir behaupten, daß Amerika spanisch geworden und spanisch geblieben ist, so weit die Verbreitung von Gold und Silber reicht, und daß sich nur spätere Ansiedlungen auch auf solche Räume erstreckten, wo tropische Pflanzerwirtschaft oder wo ergiebige Viehzucht getrieben werden konnte.« (S. 218)

8 Ebd., S. 221. Peschel neigte, wie viele andere nach ihm, zum europäischen Kulturpessimismus, wenn er resümierend schrieb: »So wird auch Europa selbst nur vorübergehend der Schauplatz der höchsten Leistungen des Menschengeschlechtes bleiben können.« (S. 556) Und: »Europa liegt jetzt unter dem Scheitel ihrer Bahn und drüben [in der Neuen Welt, H.K.] dämmert bereits der Morgen.« (S. 557)

9 Vgl. Industriegeographie, hg. von Karlheinz Hottes, Darmstadt 1976, mit vielfältigen bibliographischen Angaben.

10 Der *Arbeitskreis für genetische Siedlungsforschung in Mitteleuropa* gibt seit 1983 die Zeitschrift »Siedlungsforschung. Archäologie – Geschichte – Geographie« heraus, von der inzwischen, bis 1994, 12 umfangreiche Bände erschienen sind.

11 Edwin Fels: Die Umgestaltung der Erde durch den Menschen (1962), 5. Aufl., Paderborn 1976, S. 2. Allerdings kann ich den Kulturpessimismus von Fels gar nicht teilen, der schreibt: »Des geistigen Unheils Herr zu werden, das die neuzeitliche Wirtschaft mit ihrer Maschinenkultur mit sich bringt, und sich aus seinen Fesseln zu befreien, ist eine der brennendsten Gegenwartsaufgaben, die es mit allen Mitteln zu lösen gilt, wenn Schlimmes verhütet werden soll.« (S. 28)

12 Diesen Gedanken verdanke ich Sir Karl R. Popper, der mir auf einem Spaziergang im September 1991 in Grainau erzählte, daß es in Neuseeland keine Almen gäbe. Er schloß daraus, daß in Europa die Menschen die Almen selbst geschaffen haben müssen, um zu überleben, nachdem sie diesen Raum besiedelt hatten.

13 John Frödin: Zentraleuropas Alpwirtschaft, Bd. I, Oslo 1940, S. 394. Und er fuhr fort: »An anderen Stellen liegen die Wiesen am Fuß hoher Felswände, von denen durch Frostverwitterung losgesprengtes Material herabstürzt. Hier mußte oft eine ebenso mühsame Säuberungsarbeit wie im ersterwähnten Fall ausgeführt werden, bevor man ein produktives Weideland erhielt, und an mehreren Stellen fallen zuweilen neue durch die Verwitterung losgerückte Blöcke herab, so daß die Säuberungsarbeit dann und wann wiederholt werden muß.«

14 F. Jaeger: Die klimatischen Grenzen (wie Anm. 2), S. 17. Dem Thema Siedlungsprozesse an der Höhengrenze der Ökumene am Beispiel der Al-

pen ist der Band 8 der Zeitschrift »Siedlungsforschung. Archäologie – Geschichte – Geographie«, Bonn 1990, gewidmet. Für unsere Überlegungen sind besonders wichtig die Aufsätze von René Wyss: Die frühe Besiedlung der Alpen aus archäologischer Sicht, in ebd., S. 69ff. und Paul Gleirscher: Vor- und frühgeschichtliche Siedlungsprozesse im Alpenraum am Beispiel des mittleren und unteren Eisacktales aus archäologischer Sicht, in ebd., S. 107ff. Ich verdanke den Hinweis auf diesen Zeitschriftenband Dietmar Grypa.

15 Mir gelang kein Nachweis über den Ursprung dieses Spruches. Der 2. Band des »Deutschen Sprichwörter-Lexikons« von 1870, Nachdruck Darmstadt 1964, Nr. 579, Sp. 27, führt lediglich das gleichlautende Sprichwort an: »Gott hat das Meer geschaffen, aber der Holländer das Ufer.«

16 Bernhardus Varenius: Geographia Generalis, In qua affectiones generales Telluris explicantur (1650), Cambridge 1672. Die Ausgabe von 1672, die in der Bibliothek der Katholischen Universität Eichstätt vorhanden ist, ist von Isaac Newton herausgegeben worden! Vgl. dazu Friedrich Ratzel: Die Erde und das Leben. Eine vergleichende Erdkunde. I. Bd., Leipzig / Wien 1901, S. 42ff.

17 Vorläufer waren etwa Friedrich Ratzel: Die Erde und das Leben. Eine vergleichende Erdkunde. II. Bd., Leipzig / Wien 1902, S. 671, der schrieb: »Zwei Arten von Lebensweise und äußeren Umständen kommen ungemein oft nebeneinander vor und bedingen entsprechende Völker- und Staatentypen: das starke und das schwache, das herrschende und das gehorchende Volk.« Und: »Krieg wird bei allen Völkern geführt, aber mit dem großen Unterschiede, daß er bei Völkern von tiefem Kulturstand andauert, von seltenen Friedenspausen unterbrochen, während er auf höheren Kulturstufen gewittergleich losbricht, verwüstet und vorüberzieht ... Je tiefer wir in die Reihe der Völker hinabsteigen, um so ausgesprochener sind die führenden Völker kriegerische Völker.« (S. 672) Oder Rudolf Kjellén: Der Staat als Lebensform, 2. Aufl., Leipzig 1917, S. 46ff. Dort heißt es, daß durch die Organisierung der Erde die großen Staaten anwachsen, während die kleinen verdrängt werden. Von diesem »Gesetz« gebe es zwar viele Abweichungen in Europa, doch zeige dies nur, »daß große Räume langsamer organisiert werden als kleine« ... »Lebenskräftige Staaten auf begrenztem Raum gehorchen dem kategorischen politischen Imperativ, ihren Raum durch Kolonisation, Zusammenschluß oder Eroberung verschiedener Art zu erweitern.« (S. 81)

18 K. von der Aa: Volk-Raum-Wirtschaft (wie Anm. 3), S. 7. Dort auch das nächste Zitat. Entsprechend den »menschlich-völkischen Werten« des Nationalsozialismus gelte folgendes: »Mensch ist nicht gleich Mensch. Die Anschauung, daß man irgendeinem Menschen auf dieser Welt nur die nötige Erziehung und Schulung ermöglichen müsse, um ihn zum modernen Wirtschaftsmenschen zu machen, gehört für den nationalsozialistisch denkenden Deutschen der Vergangenheit an.« (S. 6)

19 Karl Haushofer: Wehr-Geopolitik. Geographische Grundlagen einer

Wehrkunde, 3., verm. Aufl., Berlin 1941, S. 161ff., Zitat S. 190. Hervorhebung von mir. Gemeint war mit dieser Aussage natürlich die 1941 noch siegreiche nationalsozialistische Bewegung, »für die zuletzt freilich die ganze Schwere der Verantwortung auf einem einzigen obersten Führerwillen ruht« (S. 194). Schon kurz nach Beginn des Dritten Reiches hatte Haushofer den »Starren, Lebensfremden unter den Staatswissenschaftlern«, den »harmlosen Empirikern« entgegengehalten, daß sie sich damit »im Gegensatz zu der Erfahrung und Prägung Adolf Hitlers, des so sehr um den Ernst des Krieges wissenden Führers bewegen«; Karl Haushofer: Erdkunde, Geopolitik und Wehrwissenschaft. Rede zur Universitäts-Jubiläums-Feier gehalten am 26. Juni 1934, München 1934, S. 3f.

20 M. Weber: Wirtschaftsgeschichte, S. 301. Hervorhebungen im Original.

21 Paul Kennedy: The Rise and Fall of Great Powers. Economic Change and Military Conflict from 1500 to 2000, New York 1987, S. 86ff. Deutsch: Aufstieg und Fall der großen Mächte. Ökonomischer Wandel und militärischer Konflikt von 1500 bis 2000. Aus dem Englischen von Catharina Jurisch, Frankfurt am Main 1989.

22 Meine Übersetzung aus: De l'Esprit des Lois, Buch XVII, Kap. VI, in: Oeuvres complètes de Montesquieu, Paris 1846, S. 325.

23 Aufsätze über den Niedergang der Wirtschaften in Rom, Byzanz, Spanien, Italien, dem Osmanischen Reich, den Niederlanden und China finden sich in: The Economic Decline of Empires, hg. von Carlo M. Cipolla, London 1970. Cipolla sagt in der »Einleitung«: »The more a mature empire is proud of its cultural heritage, the more emotionally difficult it is for its people to change to new modes of being and to new ways of doing things, under the pressure of external competition and growing difficulties. Many would feel deeply that to undergo such a change would be like admitting defeat. Then change, which would be the only hope of survival, becomes ironically equated with surrender.« (S. 11) Diese psychologische Deutung kann allerdings nicht erklären, warum etwa die stolze und traditionsreiche Nation der Briten trotz Konkurrenz und Feindschaft von allen Seiten sich so wandlungsfähig zeigte, daß sie zur führenden Industrienation aufstieg. Als Niederlage oder gar Kapitulation wurde diese Entwicklung in Großbritannien ganz gewiß nicht empfunden.

24 Ilja Mieck: Wirtschaft und Gesellschaft Europas 1650–1850, in: Handbuch der europäischen Wirtschafts- und Sozialgeschichte, Bd. 4, S. 16, behauptet sogar: »Mit dem Eintritt der Neuen Welt in den europäischen Gesichtskreis begannen sich die Vorteile dieser einmaligen geographischen Mittellage immer klarer abzuzeichnen.« Das hört sich an, als hätten die amerikanischen Eingeborenen Europa, in dessen Gesichtskreis sie eingetreten seien, erobert und nicht umgekehrt. Und es wendet positiv, was nach dem Ersten Weltkrieg für Deutschland als negativ angesehen wurde, die geographische Mittellage!

25 Darauf hat bereits E.L. Jones: Das Wunder Europa, S. XXXVI, hin-

gewiesen: »Die Nationalstaaten, die sich rund um die besseren Kerngebiete in Europa entwickelten, wurden durch die Anziehungskraft einer königlichen Justiz und die einigende Macht königlicher Kanonen konsolidiert, die beide über die Unordnung bei geringeren Landesherren obsiegten. [Diese Aussage trifft natürlich nicht auf die Hunderte von Territorien in »Deutschland« zu, H. K.] Noch wichtiger war, daß die Zahl der Staaten nie auf eins zusammenschrumpfte, auf ein einziges beherrschendes Reich – allen Ambitionen Karls des Großen, Karls V. oder Napoleons zum Trotz.«

26 P. Kennedy: Aufstieg und Fall der großen Mächte (wie Anm. 21), S. 49. Vgl. auch William H. McNeill: Krieg und Macht. Militär, Wirtschaft und Gesellschaft vom Altertum bis heute. Aus dem Englischen übersetzt von Christian Spiel, München 1984, S. 66ff.

27 Es wäre vermessen, hier mehr dazu sagen zu wollen, wo Fernand Braudel: Das Mittelmeer und die mediterrane Welt in der Epoche Philipps II., 3 Bde., Frankfurt am Main 1990 – hier vor allem der 3. Band: Ereignisse, Politik und Menschen –, seit 1923 – *La Méditerranée et le monde méditerranéen à l'époche de Philippe II* erschien zuerst 1949 – ein Lebenswerk daraus gemacht hat, diese Epoche nach allen Seiten hin zu durchleuchten und zu analysieren.

28 F. Braudel: Das Mittelmeer, 1. Bd., S. 327.

29 E. L. Jones: Das Wunder Europa, S. XXXIII, behauptet: »Für sich genommen erklärt die Geographie nichts. Es bedarf historischer Ereignisse, einschließlich spezifischer technologischer Neuerungen, um Oberflächenbeschaffenheit oder Lage in bestimmter Weise vorgegebenen Verwendungen zuzuführen.« Wenn »für sich genommen« heißt, daß Menschen keinen Einfluß auf die Anwendung und Verwertung solcher Faktoren nehmen, dann erklären auch andere Faktoren *für sich genommen* nichts. Das Zitat im Text steht auf S. XXXII.

30 Hans-Heinrich Nolte: Die eine Welt. Abriß der Geschichte des internationalen Systems (1982), 2., überarb. und erg. Aufl., Hannover 1993, S. 31. Hervorhebung von mir. Nolte schreibt aber korrekterweise: »Mit dem Scheitern der imperialen Versuche [sowohl der Könige und Kaiser als auch der Kirche, H. K.] wurde Konkurrenz zum entscheidenden politischen Prinzip Europas. Und indem Konkurrenz politisches Prinzip wurde, wurde es auch als soziales und ökonomisches Prinzip gesichert – wäre es einer universalistischen Macht gelungen, politisch eine geeinte Herrschaft durchzusetzen, dann hätte ihr eine starke Tendenz innegewohnt, auch sozial-ökonomisch regelnd und zentralisierend einzugreifen.« (ebd.)

31 Vgl. Christopher Hawkes: Britain and Julius Caesar, in: Proceedings of the British Academy, Bd. 63, 1977, S. 150ff.

32 Es sei in diesem Zusammenhang darauf hingewiesen, daß die Verbreitung von Uhren für das Zeitbewußtsein der arbeitenden Menschen von außerordentlicher Bedeutung war. Vgl. dazu D. S. Landes: Revolution in

Time (wie Anm. 6 der Einleitung), S. 189ff.; Wolfgang Ruppert: Die Fabrik. Geschichte von Arbeit und Industrialisierung in Deutschland, München 1983, S. 53ff.; Hubert Treiber / Heinz Steinert: Die Fabrikation des zuverlässigen Menschen. Über die »Wahlverwandtschaft« von Kloster und Fabrikdisziplin, München 1980.

33 Vgl. Hermann Kellenbenz: Süddeutsche Wirtschaft im Netz regionaler und überregionaler Verflechtungen – zwischen Westfälischem Frieden und Französischer Revolution, in: Gewerbe und Handel vor der Industrialisierung. Regionale und überregionale Verflechtungen im 17. und 18. Jahrhundert, hg. von Joachim Jahn und Wolfgang Hartung, Sigmaringendorf 1991, S. 24.

34 Wilhelm von Kügelgen: Jugenderinnerungen eines alten Mannes, Leipzig o.J. (1870), S. 410. Eine köstliche Satire übers Reisen zur damaligen Zeit, einen »Beitrag zur Naturgeschichte der Mollusken und Testazeen«, verfaßte 1821 Ludwig Börne: Monographie der deutschen Postschnecke, Stuttgart 1981, S. 3–31.

35 Rainer Gömmel: Transportkosten und ihr Einfluß auf die Integration von Wirtschaftsräumen, in: Economia, Aachen 1986, S. 12.

36 So J.H. Kautsky: The Politics of Aristocratic Empires, S. 352.

II.2. Die Bodenschätze

1 Vgl. Vergil: Aeneis. Lateinisch-Deutsch, 4. verb. Aufl., München 1979, III. Buch, 57, S. 96f.

2 Christoph Columbus: Das Bordbuch 1492. Leben und Fahrten des Entdeckers der Neuen Welt in Dokumenten und Aufzeichnungen (1970), hg. und bearb. von Robert Grün, 4. Aufl., Tübingen / Basel 1978, S. 271.

3 Werner Sombart: Die deutsche Volkswirtschaft im neunzehnten Jahrhundert und im Anfang des 20. Jahrhunderts (1903), 6. Aufl., Berlin 1923, S. 71.

4 David Ricardo: Grundsätze der Volkswirtschaft und Besteuerung. Aus dem englischen Original, und zwar nach der Ausgabe letzter Hand (3. Aufl. 1821) ins Deutsche übertragen und eingeleitet von Heinrich Waentig, Jena 1921, III. Kap., S. 73.

5 Joel Mokyr: Growing-Up and the Industrial Revolution in Europe, in: Explorations in Economic History, Bd. 13, 1976, S. 377.

6 John U. Nef: The Rise of the British Coal Industry, 2 Bde., London 1932. Beide im Text genannten Thesen werden kritisiert von Brinley Thomas: Towards an Energy Interpretation of the Industrial Revolution, in: Atlantic Economic Journal 8, 1, 1980, S. 1–15.

7 Vgl. dazu Hubert Kiesewetter: Industrielle Revolution in Deutschland 1815–1914, Frankfurt am Main 1989, S. 15ff., wo gezeigt wird, daß Industrialisierung nicht nur ein auf Ressourcen basierender oder technischer,

sondern auch ein rechtlicher, politischer und sozialer Umwälzungsprozeß ist, der sich über einen längeren Zeitraum erstreckt.

8 Zitiert von Hellmuth Schmidt: Die sächsischen Bauernunruhen des Jahres 1790, in: Mitteilungen des Vereins für die Geschichte der Stadt Meißen, Bd. 7, Meißen 1907, S. 269.

9 Ausführlich und mit vielfältigen Literaturangaben werden diese Fragen von Margrit Grabas: Krisenbewältigung oder Modernisierungsblockade? Die Rolle des Staates bei der Überwindung des »Holzmangels« zu Beginn der Industriellen Revolution in Deutschland, in: Jahrbuch für europäische Verwaltungsgeschichte, Bd. 7, 1995, S. 43ff., behandelt.

10 Zitiert von Konrad Fuchs: Vom Dirigismus zum Liberalismus. Die Entwicklung Oberschlesiens als preußisches Berg- und Hüttenrevier. Ein Beitrag zur Wirtschaftsgeschichte Deutschlands im 18. und 19. Jahrhundert, Wiesbaden 1970, S. 52.

11 James R. Harris: Industriespionage und der französische Staat im 18. Jahrhundert, in: Markt, Staat, Planung, hg. von S. Pollard und D. Ziegler, St. Katharinen 1992, S. 26.

12 Werner Sombart: Die Entstehung der kapitalistischen Unternehmung, in: Archiv für Sozialwissenschaft und Sozialpolitik, 41. Bd., 1915, S. 330.

13 Vgl. Georg Borgstrom: Der hungrige Planet. Welternährung von der Krise zur Katastrophe?, München/Basel/Wien 1967, 5. Kap.: Das »imaginäre Ackerland« oder die Nachschubflächen, S. 58–67. Borgstrom glaubte, »spätestens in zwei Jahrzehnten [das war 1985, H. K.] werden Europa die Augen geöffnet! Es wird dann erkennen müssen, daß es in einer Welt lebt, die dringlichere Pflichten und schwerere Aufgaben hat, als die Europäer mit den Leckerbissen der Erde zu versorgen« (S. 66).

14 So Heinrich Gebauer: Die Volkswirtschaft im Königreiche Sachsen. Historisch, geographisch und statistisch dargestellt, I. Bd., Dresden 1893, S. 546.

15 E. L. Jones: Das Wunder Europa, S. XXXI. Allerdings räumt er ein: »Im Fall Europas war das Interessanteste an der natürlichen Ausstattung wahrscheinlich die Art und Weise, wie diese über einen durch geologische und klimatische Vielfalt gekennzeichneten Kontinent verteilt war, denn das bildete einen Beweggrund für den Handel [im englischen Original, S. XXVI, heißt es: »an inducement of trade«].« Dieser »Anreiz zum Handel« war aber keineswegs das wichtigste Resultat der Ausbeutung von Bodenschätzen.

16 Christoph Buchheim: Industrielle Revolutionen. Langfristige Wirtschaftsentwicklung in Großbritannien, Europa und in Übersee, München 1994, S. 90.

17 Es ist wenig beachtet bzw. oft übersehen worden, daß M. Weber: Die protestantische Ethik, S. 203, seine Theorie von der Bedeutung der protestantischen Ethik für den Industriekapitalismus *nicht* auf das 18., 19. oder 20. Jahrhundert übertragen hat. Vielmehr betonte er ausdrücklich: »Der

Anmerkungen zu S. 63–66

Puritaner *wollte* Berufsmensch sein, – wir *müssen* es sein. Denn indem die Askese aus den Mönchszellen heraus in das Berufsleben übertragen wurde und die innerweltliche Sittlichkeit zu beherrschen begann, half sie an ihrem Teile mit daran, jenen mächtigen Kosmos der modernen, an die technischen und ökonomischen Voraussetzungen mechanisch-maschineller Produktion gebundenen, Wirtschaftsordnung erbauen, der heute den Lebensstil aller einzelnen, die in dies Triebwerk hineingeboren werden – *nicht* nur der direkt ökonomisch Erwerbstätigen –, mit überwältigendem Zwange bestimmt und vielleicht bestimmen wird, bis der letzte Zentner fossilen Brennstoffs verglüht ist.« Hervorhebungen im Original. Mit Webers letzter Aussage stimme ich nicht überein, denn es scheint in den hochindustrialisierten Gesellschaften einen immer stärkeren Trend weg von der Berufs*pflicht* und hin zu einem Freizeit*verhalten* zu geben.

In diesem Zusammenhang erscheint es mir interessant, einen Ausschnitt aus einer von Thukydides: Geschichte des Peloponnesischen Krieges. Übersetzt und mit einer Einführung und Erläuterung versehen von Georg Peter Landmann, Darmstadt 1993, I. Teil, Buch 1, 70, 8–9, S. 91, wiedergegebenen Rede der Korinther zu zitieren, in der die Athener folgendermaßen charakterisiert werden: »Und mit all dem plagen sie sich unter Mühen und Gefahren ihr ganzes Leben lang und genießen kaum, was sie haben, weil sie immer nur erwerben, von keinem andern Fest wissen, als das grad Nötige zu tun, und gelassene Muße für kein minderes Unglück halten als die geschäftige Mühsal. Wer also mit einem Wort sagen wollte, sie seien geschaffen, selbst keine Ruhe zu haben und den andern Menschen auch keine zu lassen, der spräche recht.« Diese Aussage relativiert etwas Max Webers Theorie von der *calvinistischen* Ethik!

18 Zitiert von Gustav Fester: Die Entwicklung der chemischen Technik bis zu den Anfängen der Großindustrie. Ein technologisch-historischer Versuch (1923), Neudruck Wiesbaden 1969, S. 192.

19 Moriz Mohl: Ueber die württembergische Gewerbs-Industrie. I. Abt., Stuttgart / Tübingen 1828, S. 113f.

20 Jos. Anton Geist: Ueber die Fortschritte im Maschinenwesen und deren Folgen, in: Jahresbericht 1837/38 der Landwirtschafts- und Gewerbeschule Kempten, Kempten 1838, S. 13. Dieser Aufsatz wurde mir freundlicherweise von Peter Hefele im Stadtarchiv Kempten kopiert.

21 Karl Knies: Die politische Oekonomie vom Standpunkte der geschichtlichen Methode, Braunschweig 1853, S. 45. Die Schrift ist Wilhelm Roscher gewidmet, dessen Ansichten und Urteile er nicht immer teile, von dem er aber glaube, daß er in der Geschichte der Ökonomie »nach meinem Ermessen für immer eine ausgezeichnete Stelle einnehmen« (S. V) werde.

22 Adolph Wagner: Die Kohlen und ihre Stellung in der Volkswirthschaft des deutschen Zollvereins, in: Zeitschrift für die gesammte Staatswissenschaft, XII. Bd., 1856, S. 349.

23 Max Born: Europäische Betrachtungen eines Naturforschers, in ders.: Von der Verantwortung des Naturwissenschaftlers. Gesammelte Vor-

träge, München 1965, S. 60. Daß die Erforschung von »industriellen Revolutionen« eigentlich das Arbeitsgebiet von *Wirtschaftshistorikern* und nicht von Soziologen ist, war Born offenbar unbekannt.

24 Weitere Beispiele dafür finden sich bei William O. Henderson: Britain and Industrial Europe 1750–1870. Studies in British Influence on the Industrial Revolution in Western Europe, 2. Aufl., London 1965, S. 6. Adolf Held: Zwei Bücher zur socialen Geschichte Englands. Aus dem Nachlass herausgegeben von Georg Friedrich Knapp, Leipzig 1881, S. 520, behauptete, daß nach 1815 in Dover eine Versicherungsgesellschaft existierte, die den durch Konfiskation entstandenen Schaden von geschmuggelten englischen Maschinen ersetzte.

25 Vgl. Report from the Select Committee on the Laws Relating to the Export of Tools and Machinery, London 1825, S. 9.

26 Vgl. Alexander Gerschenkron: The Typology of Industrial Development as a Tool of Analysis (1965), in ders.: Continuity in History and Other Essays, Cambridge (Mass.) 1968, S. 77–97.

27 Vgl. Statistisches Jahrbuch 1994 für das Ausland, Wiesbaden 1994, S. 371. Dort auch die entsprechenden Angaben für andere europäische und außereuropäische Staaten.

II.3. Das Klima

1 Für einen längeren Zeitraum untersucht von Emmanuel Le Roy Ladurie: Times of Feast, Times of Famine: A History of Climate since the Year 1000, Garden City (N.Y.) 1971; für das mittelmeerländische Europa vor allem im 16. und 17. Jahrhundert beschrieben von Fernand Braudel: Das Mittelmeer und die mediterrane Welt in der Epoche Philipps II., 1. Bd., Frankfurt am Main 1990, S. 330–398.

2 Michael Chisholm: Modern World Development. A geographical perspective (1982), Reprinted, London 1984, S. 172.

3 Theodor Kraus: Grundzüge der Wirtschaftsgeographie, in: Handbuch der Wirtschaftswissenschaft, hg. von Karl Hax und Theodor Wessel, Bd. II: Volkswirtschaft, Köln / Opladen 1959, S. 1450ff.

4 Vgl. Eckart Olshausen: Einführung in die Historische Geographie der Alten Welt, Darmstadt 1991, S. 93.

5 Henry Thomas Buckle: Geschichte der Civilisation in England. Übersetzt von Immanuel Heinrich Ritter, I. Bd., 2. Kap., Berlin o. J. (1869), S. 32. Dort heißt es weiter, daß von den »Ursachen der Civilisation die Fruchtbarkeit des Bodens diejenige ist, welche in der alten Welt am meisten Einfluß übte. Bei der europäischen Civilisation aber war die andre große Ursache, nämlich das Klima, bei Weitem an Macht überwiegend« (S. 36).

6 Vgl. dazu Hans von Geisau: Hyperboreioi, in: Der Kleine Pauly. Lexikon der Antike, 2. Bd., Stuttgart 1967, Sp. 1274f.

Anmerkungen zu S. 75–78

7 W. Sombart: Die deutsche Volkswirtschaft im neunzehnten Jahrhundert, S. 94.

8 M. Weber: Wirtschaftsgeschichte, S. 123. Die letzte Aussage von Weber ist nicht korrekt. Vgl. Hermann Kellenbenz: Die deutsche Wirtschaft in der Stauferzeit, in ders.: Dynamik in einer quasi-statischen Welt. Kleine Schriften II, Stuttgart 1991, S. 505, der feststellt, die älteste Zunftrolle bzw. das Zunftprivileg stammt vom »Wormser Fischhändler von 1106/07, das der Würzburger Schuhmacher von 1128, das der Kölner Bettziechenweber von 1149, während der Zusammenschluß der Mainzer Weber erst für 1175 belegt ist«.

9 M. Weber: Die protestantische Ethik, S. 55, schrieb etwa zur gleichen Zeit wie Werner Sombart: »*Das* aber ist es eben, was dem präkapitalistischen Menschen so unfaßlich und rätselhaft, so schmutzig und verächtlich erscheint. Daß jemand zum Zweck seiner Lebensarbeit ausschließlich den Gedanken machen könne, dereinst mit hohem materiellen Gewicht an Geld und Gut belastet ins Grab zu sinken, scheint ihm nur als Produkt perverser Triebe, der ›auri sacra fames‹, erklärlich.« Hervorhebung im Original. Heute würde Weber vielleicht nicht nur vom prä-, sondern auch vom postkapitalistischen Menschen sprechen.

10 Ausführlich dazu Thomas D. Kendrick: The Lisbon Earthquake, London 1956, S. 24ff.

11 E. L. Jones: Das Wunder Europa, S. 32, Tab. 2.2, gibt dagegen allein für das Erdbeben in der chinesischen Provinz Schensi im Jahr 1556 830.000 Tote an; für das in Kalkutta 1737 etwa zehnmal so viel Tote wie in Lissabon, nämlich 300.000. »Anders ausgedrückt: Für einen Asiaten war die Wahrscheinlichkeit, in einem Erdbeben umzukommen, 30mal höher als für einen Europäer.« (S. 30)

12 Charles R. Boxer: Pombal's Dictatorship and the Great Lisbon Earthquake, 1755, in: History Today, November 1955, S. 729–736, behandelt eine weitere dramatische Folge des Erdbebens, nämlich die Errichtung einer diktatorischen Herrschaft in Portugal durch Sebastião José de Carvalho e Mello Pombal. Boxer schreibt: »By virtue of his position as dictator, Pombal was able to make a better job of rebuilding Lisbon, with wide avenues and broad boulevards, than Sir Christopher Wren could do with his ambitious plans for rebuilding London after the Great Fire against the opposition or indifference of those who held the purse-strings.« (S. 733)

13 Hausbuch des Herrn Joachim von Wedel auf Krempzow Schloß und Blumberg Erbgesessen. Herausgegeben durch Julius Freiherrn von Bohlen Bohlendorf, Tübingen 1882, S. 304.

14 Ein Standardwerk für klimatische Fragen ist das 1982 zuerst in Englisch erschienene Buch von Hubert H. Lamb: Klima und Kulturgeschichte. Der Einfluß des Wetters auf den Gang der Geschichte, Reinbek bei Hamburg 1989, Zitat S. 16. Allerdings stimme ich Lamb keineswegs zu, wenn er sagt, daß die Niederlande in der ersten Hälfte des 17. Jahrhunderts ihren Wohlstand »nicht zuletzt der Verlagerung der Fischbestände in die Nord-

Anmerkungen zu S. 78–80

see und den Atlantik sowie der industriellen Revolution, die durch die Nutzung von Windmühlen einen Aufschwung erlebte« (S. 250), verdankte. Peer Schmidt: Zentralamerika 1760–1821, in: Handbuch der Geschichte Lateinamerikas, Bd. 2, Stuttgart 1992, S. 190–207, betont, daß die häufigen Erdbeben (1717, 1751, 1773/74) und das Ausbleiben der Niederschläge in der Regenzeit sich für diese zentralamerikanische Region entwicklungshemmend (S. 200) ausgewirkt habe.

15 Vgl. Manfred Jakubowski-Tiessen: Sturmflut 1717. Die Bewältigung einer Naturkatastrophe in der Frühen Neuzeit, München 1992. Die einzelnen Verluste an Menschen und Vieh sowie die an Deichen und Häusern, gegliedert nach Ämtern und Kirchspielen, werden dort auf S. 44–78 (Tabellen S. 270–284) genau beschrieben und aufgeführt. Der Spruch ist zitiert auf S. 266, Anm. 6.

16 Vgl. für genauere Angaben I. Mieck: Wirtschaft und Gesellschaft, S. 20ff.

17 Vgl. den ansonsten ausgezeichneten und informativen Aufsatz von John L. Anderson: Climatic Change in European Economic History, in: Research in Economic History, Bd. 6, 1981, S. 1–34, Zitat S. 26f. Hervorhebung von mir.

18 Thomas Robert Malthus: Das Bevölkerungsgesetz. Herausgegeben und übersetzt von Christian M. Barth, München 1977, S. 56. Und der gleiche Autor, der von der Notwendigkeit eines Zweiklassenmodells überzeugt war, sagte an einer anderen Stelle: »Die gemäßigten Zonen der Erde scheinen den geistigen und körperlichen Kräften des Menschen am förderlichsten zu sein, doch kann es nicht nur gemäßigte Zonen geben.« (S. 158)

19 Es sei hier an eine ähnliche Überlegung Platons (vgl. z. B. Platon: Timaios. Werke, Bd. 7, 2. Aufl., Darmstadt 1990, 22c–23c, S. 19f.) erinnert. Dort behauptete er, Überflutungen könnten zwar ganze Zivilisationen zerstören, aber den Lauf des Universums beeinflußten sie nicht. Karl R. Popper: Die offene Gesellschaft und ihre Feinde. 1. Bd.: Der Zauber Platons (1957), 7. Aufl., Tübingen 1992, dem ich diese Analogie verdanke, hielt es für möglich, »daß Platon durch ein Erdbeben und eine Überschwemmung, die im Jahre 373–372 vor Christus die alte Stadt Helikon zerstörten, zu dieser Lösung geführt wurde« (S. 268, Anm. 7). Der Althistoriker Gregor Weber, der dankenswerterweise meine antiken Zitate überprüft hat, äußerte Zweifel an Poppers Analogie. Thomas R. Malthus: Versuch über das Bevölkerungs-Gesetz oder eine Betrachtung über seine Folgen für das menschliche Glück in der Vergangenheit und Gegenwart, mit einer Untersuchung unserer Aussichten auf künftige Befriedigung oder Milderung der aus ihm entspringenden Uebel, Berlin 1879, S. 394, behauptete dagegen noch 1826, ähnlich wie im Text zu Anm. 18 bereits zitiert, »die furchtbarsten Erderschütterungen, wie vulkanische Eruptionen und Erdbeben, sind, wenn sie sich nicht so oft ereignen, um die Einwohner zu vertreiben oder ihren Gewerbfleiß zu vernichten, stets nur von sehr geringem Einfluß auf die durchschnittliche Bevölkerungsvermehrung eines Staats gewesen«.

20 Ausführlich dazu Anders Wijkman / Lloyd Timberlake: Die Rache der Schöpfung. Naturkatastrophen: Verhängnis oder Menschenwerk?, München 1986, S. 29ff.

21 Vgl. Hans von Rudloff: Die Schwankungen und Pendelungen des Klimas in Europa seit dem Beginn der regelmäßigen Instrumenten-Beobachtungen (1670), Braunschweig 1967, S. 16.

22 Nach Christian Pfister: Five Centuries of Little Ice Age Climate in Western Europe, in: Proceedings of the International Symposium of the Little Ice Age Climate, hg. von T. Mikami, Tokio 1992, S. 210f., begann die *Kleine Eiszeit* um 1565 und endete erst nach 1860, aber dies ändert nichts an meiner Argumentation. Philip D. Jones / Raymond S. Bradley: Climatic variations over the last 500 years, in: Climate Since 1500 A.D., London / New York 1992, S. 659f., wollen sich gar nicht auf eine Periode festlegen und »suggest that the term ›Little Ice Age‹ be used cautiously« (S. 660). Diese und andere Literaturhinweise auf neuere Klimaforschungen verdanke ich Christian Pfister.

23 Selbst Jean M. Grove: The Little Ice Age, London / New York 1988, kommt in ihrer bewundernswerten Synthese nicht zu einem eindeutigen Ergebnis. Sie neigt eher dazu, den Beginn der *Kleinen Eiszeit* in das 14. Jahrhundert vorzuverlegen (S. 1 und S. 391). Und bei den Gletschern in den europäischen Alpen scheint die Datierung noch unsicherer. »The subsequent retreat [der Gletscher um 1300, H. K.] probably did not reduce ice extent to that of the medieval warm period and this early advance phase may therefore be regarded either as a forerunner or as a part of the Little Ice Age proper.« (S. 354)

24 François E. Matthes: Report of Committee on Glaciers, April 1939, in: Transactions. American Geophysical Union, Bd. 20, 1939, S. 520. Matthes glaubte, wir lebten »in an epoch of renewed but moderate glaciation« (ebd.). Der ständige Rückgang der Länge von Gletschern in Europa im 20. Jahrhundert widerlegt diese Ansicht.

25 Vgl. Louis Cotte: Traité de Météorologie, Paris 1774; ders.: Leçons élémentaires d'histoire naturelle, Paris 1795.

26 H. v. Rudloff: Die Schwankungen und Pendelungen des Klimas (wie Anm. 21), S. 221. Im Original teilweise hervorgehoben. Rudloff nahm noch 1967 an, daß »wir künftig eher einer allmählichen Abkühlung entgegengehen werden« (S. 256). In Wirklichkeit aber erreichte das Jahrfünft 1991/95 in Europa die wärmsten durchschnittlichen Temperaturen seit der Begründung von Klimaaufzeichnungen.

27 Vgl. Hundertjähriger Kalender des Herrn Abtes Moritz Knauer, für das jetzige Jahrhundert 1800 bis 1909, Graetz 1809.

28 Frederic L. Pryor: Climatic Fluctuations as a Cause of the Differential Economic Growth of the Orient and Occident: A Comment, in: The Journal of Economic History, Bd. XLV, Nr. 3, 1985, S. 667–673; Zitat S. 673.

29 Franz Tichy: Geographisch-klimatologische Bedingungen der gesamten europäischen Geschichte, in: Handbuch der europäischen Wirt-

schafts- und Sozialgeschichte, Bd. 1: Europäische Wirtschafts- und Sozialgeschichte in der römischen Kaiserzeit, hg. von Friedrich Vittinghoff, Stuttgart 1990, S. 8. Dieser Einleitungsaufsatz von Tichy, dessen Bedeutung der Herausgeber (S. XVI) zu Recht hervorhebt, ist leider für einen Laien zum großen Teil unverständlich. Auf S. 10 heißt es etwa: »In der Karte Köppens [die nicht angegeben oder erläutert wird, H.K.] liegen die genannten Stationen auch keineswegs in einem einheitlichen Klimagebiet wie bei Troll-Paffen, gehört Emden doch dort zum Typ Cfb, Bukarest zum Typ Cfa wegen der größeren Sommerwärme (Juli über 22°C).« Was bedeutet dies?

30 Arthur Shadwell: England, Deutschland und Amerika. Eine vergleichende Studie ihrer industriellen Leistungsfähigkeit (Industrial efficiency), Berlin 1908, S. 38: »Denn diese Gegend besitzt noch außerdem gewisse atmosphärische Qualitäten, welche die Fabrikation sowohl von Wolle wie von Baumwolle in gewisser Art begünstigen und dazu beitragen, die körperliche und geistige Energie und Arbeitskraft zu erhöhen. Kein Wunder, daß sie mit der Entwicklung von Dampfkraft und Maschinen zur ›Werkstätte der Welt‹ wurde und noch heute unerreicht dasteht.«

31 Josef Grunzel: Der Sieg der Industrialismus. (Bodenemanzipation und Betriebskonzentration), Leipzig 1911, S. 42.

32 Wie sehr ethische Probleme mit technischen Problemen verknüpft sind und wie falsch es ist, Individualismus mit Egoismus zu verwechseln, wird einleuchtend von Karl R. Popper in dem Vortrag: Technologie und Ethik, Frankfurt am Main 1992, dargestellt.

33 Christian Pfister: Das Klima der Schweiz von 1525–1860 und seine Bedeutung in der Geschichte von Bevölkerung und Landwirtschaft. Bd. I: Klimageschichte der Schweiz 1525–1860; Bd. II: Bevölkerung, Klima und Agrarmodernisierung (1984), 2. Aufl., Bern / Stuttgart 1985.

34 Ch. Pfister: Das Klima der Schweiz, Bd. II, S. 62f. Hervorhebung im Original.

35 Ebd., S. 131.

36 Eine industrielle Klimatologie als selbständiger Forschungszweig könnte dazu weitere Anregungen geben. Vgl. Günter Grundke: Die Bedeutung des Klimas für den industriellen Standort. Eine Studie auf dem Gebiete der Technischen Geographie, Gotha 1955, S. 93ff. Etwa zur gleichen Zeit schreibt Gustaf Utterström: Climatic Fluctuations and Population Problems in Early Modern History, in: The Scandinavian Economic History Review, Bd. III, Nr. 1, 1955, S. 25, daß die wirtschaftlichen Folgen von klimatischen Veränderungen von Historikern vernachlässigt wurden, »a consequence of the isolation between the various branches of science caused by extensive specialisation«.

II.4. Die Fruchtbarkeit des Bodens

1 Alle Werte sind mehr oder weniger genaue Annäherungen. Vgl. Roger Mols: Die Bevölkerung Europas 1500–1700, in: Europäische Wirtschaftsgeschichte, Bd. 2: Sechzehntes und siebzehntes Jahrhundert, Stuttgart / New York 1983, S. 20; André Armengaud: Die Bevölkerung Europas von 1700–1914, in: Europäische Wirtschaftsgeschichte, Bd. 3: Die Industrielle Revolution, Stuttgart / New York 1985, S. 15; Statistisches Jahrbuch 1993 für das Ausland, hg. vom Statistischen Bundesamt, Wiesbaden 1993, S. 199.

2 T.R. Malthus: Versuch über das Bevölkerungs-Gesetz, S. 91.

3 Vgl. dazu neuerdings Christian Pfister: Bevölkerungsgeschichte und historische Demographie 1500–1800, München 1994, mit einer ausführlichen Bibliographie, S. 125ff.

4 Vgl. etwa Klaus Bergdolt: Der Schwarze Tod in Europa. Die Große Pest und das Ende des Mittelalters, München 1994; Justus F.C. Hecker: Die großen Volkskrankheiten des Mittelalters. Historisch-pathologische Untersuchungen. Gesammelt und in erweiterter Bearbeitung herausgegeben von August Hirsch (1865). Nachdruck Hildesheim 1964; Robert Hoeniger: Der Schwarze Tod in Deutschland. Ein Beitrag zur Geschichte des vierzehnten Jahrhunderts, Berlin 1882; Karl Lechner: Das große Sterben in Deutschland in den Jahren 1348 bis 1351 und die folgenden Pestepidemien bis zum Schlusse des 14. Jahrhunderts (1884), Nachdruck Walluf 1974; Johannes Nohl: Der schwarze Tod. Eine Chronik der Pest 1348 bis 1720. Unter Benutzung zeitgenössischer Quellen bearbeitet, Potsdam 1924; Manfred Vasold: Pest, Not und schwere Plagen. Seuchen und Epidemien vom Mittelalter bis heute, München 1991.

5 Jacques Ruffié / Jean-Charles Sournia: Die Seuchen in der Geschichte der Menschheit, München 1992, S. 14. Ich teile allerdings nicht diese Auffassung.

6 E.L. Jones: Das Wunder Europa, S. 208.

7 Thomas R. Malthus: Grundsätze der Politischen Ökonomie mit Rücksicht auf ihre praktische Anwendung, Berlin 1910, S. 437f. Unter Berufung auf Alexander von Humboldt und dessen Beschreibungen von südamerikanischen Staaten vertrat Malthus später allerdings die monokausale Auffassung: »Anstatt somit ein hinreichender Sporn für eine schnelle Zunahme des Reichtums und der Bevölkerung zu sein, hat die außerordentliche Fruchtbarkeit dieser Gegenden unter den dort herrschenden Verhältnissen zu einem so hohen Grad von Trägheit geführt, daß sie noch heute arm und dünn bevölkert sind.« (S. 445f.)

8 Günter Hesse: Die Entstehung industrialisierter Volkswirtschaften. Ein Beitrag zur theoretischen und empirischen Analyse der langfristigen wirtschaftlichen Entwicklung, Tübingen 1982, S. 10.

9 Thomas Robert Malthus: An Essay on the Principle of Population as it Affects the Future Improvement of Society, with Remarks on the Specu-

lations of Mr. Godwin, M. Condorcet, and other Writers, London 1798. Deutsch: Das Bevölkerungsgesetz, München 1977. Zitat im Text S. 27.

10 Vgl. zur Bevölkerungstheorie und zum Malthusianismus: The Determinants and Consequences of Population Trends. New Summary of Findings on Interaction of Demographic, Economic and Social Factors, Bd. I, New York 1973, S. 33ff.

11 So William Otter: Robert Malthus zum Gedächtnis, in: T.R. Malthus: Grundsätze der Politischen Ökonomie (wie Anm. 7), S. 29.

12 T.R. Malthus: Das Bevölkerungsgesetz (wie Anm. 9), S. 157 und S. 128. Hervorhebung von mir. Malthus ist immer wieder Menschenliebe bescheinigt worden. Sein einziger Beweggrund seiner Forschungen sei es gewesen, den materiellen, moralischen und bildungsmäßigen Zustand der Armen zu verbessern. Ich bezweifle dies energisch, denn er schrieb auch, seine Grundthese bestünde darin, »in aller Deutlichkeit zu zeigen, wie unwahrscheinlich es ist, daß die unteren Klassen des Volkes in irgendeinem Land jemals in ausreichendem Maß von Not und Mühsal befreit sind, um eine hohe Stufe der geistigen Vervollkommnung zu erklimmen« (S. 100).

13 T.R. Malthus: Versuch über das Bevölkerungs-Gesetz, S. IX. Und in einem »Anhang« heißt es: »Ich gestehe, daß ich zur Wahrheit der allgemeinen Grundsätze meines Buchs ein solches Vertrauen fühle, daß ich nicht umhin kann, sie als unwiderleglich zu betrachten, bis ganz andere Gründe gegen sie vorgebracht werden, als es bisher geschehen.« (S. 808) In der Wissenschaft ist auf das Gefühl jedoch wenig Verlaß!

14 T.R. Malthus: Das Bevölkerungsgesetz (wie Anm. 9), S. 22f. Ähnlich in der 7. Aufl. von 1872: deutsch 1879 (wie Anm. 19 in Kap. II.3.), S. 10.

15 T.R. Malthus: Versuch über das Bevölkerungs-Gesetz, S. 400.

16 Dieser Gedanke ist noch ganz Malthus nachempfunden, der ebd., S. 631, forderte: »Unsre Pflicht, nicht zu heirathen, bis wir sichere Aussicht haben, unsre Kinder ernähren zu können, verdient gewiß die Aufmerksamkeit des Moralisten«. Und er begründete diese Forderung folgendermaßen: »Eine große Klasse von Frauen und viele Männer bringen, wie ich nicht bezweifle, einen beträchtlichen Theil ihres Lebens in Keuschheit zu; aber sehr Wenige, glaub' ich, werden zu finden sein, welche die Feuerprobe schmutziger und hoffnungsloser Armuth oder auch langdauernder Dürftigkeit ohne große sittliche Erniedrigung des Charakters bestehen.« (S. 653) »Dazu kommt, daß verworfne Armuth, namentlich in Verbindung mit Müßiggang, die denkbar ungünstigste Lage für Bewahrung der Keuschheit ist.« (S. 655)

17 Carl August Weinhold: Von der Uebervölkerung in Mittel-Europa und deren Folgen auf die Staaten und ihre Civilisation, Halle 1827, S. 46f. Im Original hervorgehoben. Obwohl heute kaum zu glauben, war diese Methode, die angeblich bereits im Altertum angewandt wurde, seit Ende des 18. Jahrhunderts in Europa verbreitet. Vgl. Julius Jüthner: Infibulatio, in: Realencyclopädie der Classischen Altertumswissenschaft, Bd. IX, Teil 2, 1916, Sp. 2543–2548.

18 Josef Popper: Das Recht zu leben und Die Pflicht zu sterben. Socialphilosophische Betrachtungen. Anknüpfend an die Bedeutung Voltaire's für die neuere Zeit (1878), 3. Aufl., Dresden / Leipzig 1903, S. 159. Die beiden nächsten Zitate auf S. 160. Über Poppers Leben und Werk informiert ausführlich Ingrid Belke: Die sozialreformerischen Ideen von Josef Popper-Lynkeus (1838–1921) im Zusammenhang mit allgemeinen Reformbestrebungen des Wiener Bürgertums um die Jahrhundertwende, Tübingen 1978, S. 57ff.

19 Vgl. Joan Thirsk: Economic Policy and Projects. The Development of a Consumer Society in Early Modern England (1978), Oxford 1988; dies.: England's Agricultural Regions and Agrarian History, 1500–1750, Basingstoke / London 1987.

20 Heinrich Bodemer: Die Industrielle Revolution mit besonderer Berücksichtigung auf die erzgebirgischen Erwerbsverhältnisse, Dresden 1856, S. 14.

21 Zitiert von Josef Mooser: Ländliche Klassengesellschaft 1770–1848. Bauern und Unterschichten, Landwirtschaft und Gewerbe im östlichen Westfalen, Göttingen 1984, S. 137.

22 Vgl. Justus Liebig: Die Chemie in ihrer Anwendung auf Agricultur und Physiologie (1840), 5. umgearb. u. sehr verm. Aufl., Braunschweig 1843. Zitat in: 1815–1915. Hundert Jahre technische Erfindungen und Schöpfungen in Bayern. Jahrhundertschrift des Polytechnischen Vereins in Bayern aus Anlaß des hundertjährigen Bestehens des Vereins im Jahr 1915 herausgegeben vom Ausschuß des Polytechnischen Vereins in Bayern, München / Berlin 1922, S. 191.

23 Berzelius und Liebig (wie Anm. 24), S. 211f. Später heißt es: »Die Wirkung des Gypses auf Getreide-, Kleefeldern und Wiesen erklärt sich jetzt auf eine überraschend einfache Weise, es ist eine Fixation des kohlensauren Ammoniaks, als schwefelsaures Salz kann es nicht mehr verdunsten. Ich habe in allen Quellwassern, im Flußwasser Ammoniak gefunden.« ... »Ich kam nun durch diese Betrachtungen auf die wahre Wirkungsweise des Düngers, er wirkt durch seinen Ammoniakgehalt, durch seinen Gehalt an kieselsaurem Kali, phosphorsaurem Kalk, phosphorsaurer Bittererde, der eigentliche Werth, die Wirkung die er hat, steht in gradem Verhältniss zu der Quantität von diesen Materien, die darin enthalten sind.« (S. 213 und S. 214) Selbst Berzelius glaubte, daß Liebigs »Wissenschaft aus farbenspielenden Seifenblasen aufbauete« und schrieb am 11. Dezember 1840: »So viel will ich Dir doch im voraus sagen, dass ich mit Deiner Meinung nicht einstimme, dass Kohlensäure, Ammoniak und Wasser die eigentlichen und ausschließlichen Nahrungs-Stoffe der Pflanzen sind, und dass der Dünger im Erdboden keine andere Rolle hat als diese hervorzubringen.« (S. 219) Liebig antwortete darauf am 17. April 1841: »Dein hartes Urtheil über meine organische Chemie angewandt auf Agrikultur und Physiologie liegt mir noch in den Gliedern. Du bist gegen mich zu hart und hast sicher Unrecht, eine Meinung über den Humus zu vertheidigen.« (S. 224)

24 Berzelius und Liebig. Ihre Briefe von 1831–1845 mit erläuternden Einschaltungen aus gleichzeitigen Briefen von Liebig und Wöhler sowie wissenschaftlichen Nachweisen herausgegeben von Justus Carrière (1893), 2. Aufl., Wiesbaden 1967, S. 148.

25 Ebd., S. 259. Brief von Wöhler an Liebig vom 9. Januar 1847.

26 Hans-Jürgen Teuteberg: Die Rolle des Fleischextrakts für die Ernährungswissenschaften und den Aufstieg der Suppenindustrie. Kleine Geschichte der Fleischbrühe, Stuttgart 1990, S. 10.

27 Louis Figuier: Les Merveilles de l'industrie ou description des principales industries modernes, Bd. 1, Paris 1883, S. 659. (»Übrigens, seine Fleischbrühe ist beinahe wertlos.«)

28 Die vorherrschenden Gewerbszweige in den Gerichtsämtern mit Beziehung auf die Productions- und Consumtionsverhältnisse des Königreichs Sachsen, in: Zeitschrift des Statistischen Bureaus des Königlich Sächsischen Ministeriums des Innern III, 1857, S. 179.

29 Max von Pettenkofer: Ueber Nahrungsmittel im Allgemeinen und über den Werth des Fleischextracts als Bestandtheil der menschlichen Nahrung insbesondere, Braunschweig 1873, S. 12.

30 J. Grunzel: Der Sieg des Industrialismus, S. 37. Wie weitsichtig diese vor über 80 Jahren geäußerte Ansicht gewesen ist, geht daraus hervor, daß im Deutschen Reich um 1910 noch etwa 35 % der Erwerbstätigen in der Landwirtschaft tätig waren. Heute, 1996, sind es in der alten Bundesrepublik nur noch 1,5 %.

III.1. Das Kapital

1 Vgl. dazu die Einführung und Aufsätze in: Capital Formation in the Industrial Revolution, herausgegeben und mit einer Einführung von François Crouzet, London 1972, S. 1ff. Schon vor über hundert Jahren hat Carl Menger: Zur Theorie des Kapitals, in: Jahrbücher für Nationalökonomie und Statistik, N. F., Bd. XVII, 1888, S. 1ff., versucht, diese Verwirrung zu reduzieren.

2 Der Gipfel der Verwirrung ist dort erreicht, wo behauptet wird, *wegen* des Liberalismus erfuhr der Produktionsfaktor Kapital »eine einseitig hohe Bewertung, so daß das Kapital alle anderen Produktionsfaktoren von sich abhängig werden ließ. Diese einseitige Bewertung nennt man *Kapitalismus.*« So A. Brusatti: Wirtschafts- und Sozialgeschichte des industriellen Zeitalters, S. 90. Hervorhebung im Original. Wegen einer »Bewertung« entsteht weder eine Abhängigkeit noch ein System des Kapitalismus.

3 Karl Kautsky: »Vorrede« vom März 1912 zu Joseph Salvioli: Der Kapitalismus im Altertum. Studien über die römische Wirtschaftsgeschichte (1912), 2. Aufl., Stuttgart / Berlin 1922, S. XX.

4 Jürgen Kuczynski: Vier Revolutionen der Produktivkräfte. Theorie

und Vergleiche. Mit kritischen Bemerkungen und Ergänzungen von Wolfgang Jonas, Berlin 1975, S. 134. Hervorhebung von mir.

5 Es ist wohl wenig bekannt, daß etwa zur gleichen Zeit, als Karl Popper seine vernichtende Kritik aller totalitären, kollektivistischen Herrschaftssysteme veröffentlichte, Thomas Mann 1944 in einem Aufsatz *Schicksal und Aufgabe* schrieb, daß dem Kommunismus die Zukunft gehöre. Sie sei schwerlich ohne kommunistische Züge vorzustellen!, und dies hieße, »ohne die Grundidee des gemeinsamen Besitz- und Genußrechtes an den Gütern der Erde, ohne fortschreitende Einebnung der Klassenunterschiede, ohne das Recht auf Arbeit und die Pflicht zur Arbeit für alle«. Thomas Mann: Reden und Aufsätze II, Frankfurt am Main 1965, S. 630. Nach dem Zusammenbruch des Kommunismus hätte vielleicht auch der Großbourgeois Mann eingesehen, was 100 Jahre früher, 1848, Louis Adolphe Thiers in der französischen Nationalversammlung sagte: »Das Recht auf Arbeit bedeutet Lohn für die Faulen.«

6 Immanuel Kant: Grundlegung zur Metaphysik der Sitten (1785), in: Werke, Bd. 6, Darmstadt 1968, S. 12.

7 Johann Christoph Adelungs Auszug aus dem grammatisch-kritischen Wörterbuche der Hochdeutschen Mundart. Erster Theil, von A–E, Leipzig 1793, Spalte 1008. Dort lautet die Definition für »Capital« in Sp. 1010: »Eine Summe Geldes, so fern sie dazu bestimmt ist, Gewinn zu bringen« usw.

8 Aristoteles: Politik. Übersetzt von Eugen Rolfes, Darmstadt 1995, I 9 1258a (S. 21). Wie wenig Aristoteles den Gelderwerb schätzte, geht aus den dem Zitat folgenden Sätzen hervor: »Denn die Mannhaftigkeit z. B. soll nicht Schätze häufen, sondern Mut verleihen, und ebensowenig soll das die Feldherrnkunst und die Heilkunst, sondern die eine soll den Sieg, die andere die Gesundheit bringen. Jene Menschen aber machen aus allen diesen Dingen einen Gelderwerb, als wäre das das Ziel, worauf alles bezogen werden müßte.«

9 Lujo Brentano: Die Anfänge des modernen Kapitalismus (1913), in ders.: Der wirtschaftende Mensch (wie Anm. 28), S. 204. Mit der Romanfigur ist Monsieur Jourdain aus Molières Komödie *Le bourgeois gentil-homme* aus dem Jahr 1670 gemeint.

10 Adam Smith: Der Wohlstand der Nationen. Eine Untersuchung seiner Natur und seiner Ursachen. Aus dem Englischen übertragen und mit einer umfassenden Würdigung des Gesamtwerkes von Horst Claus Recktenwald, München 1978, I. Buch, 6. Kapitel, S. 43. Oder: »Kapital, das zu Gewinnzwecken investiert wird, bringt den größten Teil der produktiven Arbeit einer jeden Gesellschaft zum Einsatz.« (I. Buch, 11. Kap., S. 212)

11 David Ricardo: Grundsätze der Volkswirtschaft und Besteuerung. Aus dem englischen Original, und zwar nach der Ausgabe letzter Hand (3. Aufl. 1821), ins Deutsche übertragen und eingeleitet von Heinrich Waentig, 2. Aufl., Jena 1921, S. 83.

12 Rudolf H. B. Bosse: Capital, in: Allgemeine Encyclopaedie der Wissenschaften und Kuenste, 15. Theil, Leipzig 1826, S. 130.

13 Rondo Cameron: Some Lessons of History for Developing Nations, in: The American Economic Review, Bd. 57, 1967, Teil II, S. 314.

14 Auch Leonhard Miksch: Die Geldordnung der Zukunft, in: Zeitschrift für das gesamte Kreditwesen, 7. Heft, 1949, S. 157, weist darauf hin, daß die adäquate Geldordnung in einer kapitalistischen Wettbewerbsgesellschaft »eine scharfe Trennung von Geld und Kapital« voraussetze.

15 Genaugenommen entwickelte es sich folgendermaßen: Bei allen Völkern wurde die Erhebung von Zinsen von den Stammesgenossen als Wucher angesehen und meistens verboten. Im Mittelalter durften Christen von ihren Glaubensbrüdern keinen Zins nehmen, aber von Andersgläubigen. Juden konnten und durften bei Geldverleih Zinsen gegenüber Christen erheben. Siehe auch Abschnitt b).

16 Vgl. Gustav Köhler: Die Entwickelung des Kriegswesens und der Kriegführung in der Ritterzeit von Mitte des 11. Jahrhunderts bis zu den Hussitenkriegen, III. Bd., 3. Abt., Breslau 1889, S. 1ff. Friedrich I. gab 1158 dem König von Böhmen ein Zehntel der Mailänder Kontribution und 1160 dem Heer den versprochenen Beuteanteil in Gold, Silber und kostbaren Gewändern. »So wird denn«, sagt Lujo Brentano: Die Anfänge des modernen Kapitalismus, München 1916, S. 32, »schon frühzeitig das Schicksal der Schlachten wesentlich durch die Größe des Geldbeutels der Kriegsführenden bestimmt.«

17 Regesten zur Geschichte der Juden im fränkischen und deutschen Reiche bis zum Jahre 1273 (1902), Nachdruck Hildesheim / New York 1970, S. 69 und S. 70. Dort ist auch die Urkunde in lateinischer Sprache abgedruckt.

18 Ebd., S. 162.

19 Klaus Thiede: Die Widerstände gegen Steins Reformwerk für das Bauerntum und der Ausgang unter Hardenberg, in: Neues Bauerntum, Bd. XXIX, 1937, Heft 6, der diese beiden Zitate (S. 265f.) und andere antisemitischen Äußerungen wiedergibt, schrieb dazu: »Die Warnungen vor der steigenden Wirtschaftsmacht der Juden waren allerdings in jenen Jahren besonders am Platze.« (S. 266) Hervorhebungen in dem Zitat W. von Humboldts von mir. Vgl. auch Anm. 59.

20 Werner Sombart: Die Juden und das Wirtschaftsleben (1911), München / Leipzig 1928, S. V. Dort auch der Ausdruck »dieses sonderbare Buch«. Nächste Zitate S. VI, S. XI, S. 222 und S. 329. Hervorhebung im Original. Er ist in diesen abstrusen Gedanken noch viel weiter gegangen: »Aus der unendlichen Wüste, aus der Herdenwirtschaft erwächst das Widerspiel der alten bodenständigen Wirtschaftsordnung: der Kapitalismus.« (S. 425)

21 Ebd., S. XIf. Hervorhebung von mir.

22 Ebd., S. 319 und S. 323f. Und was die Juden in den Ghettos angeht, so war es für Sombart klar, daß diese Juden ihrer Natur nach dem Ghetto-

leben anheimfielen: »Es sind zum Teil die Gewohnheiten der sozial niedrig Stehenden überhaupt, die aber natürlich im jüdischen Blute ein ganz merkwürdiges Gepräge annehmen: Neigung zu kleinen Betrügereien, Aufdringlichkeit, Würdelosigkeit, Taktlosigkeit usw. Sie haben sicher eine Rolle gespielt, als die Juden daran gingen, die Feste der alten handwerksmäßigfeudalen Wirtschaftsordnung zu erobern.« (S. 432)

23 Vgl. Hans von Geisau: Midas, in: Der Kleine Pauly. Lexikon der Antike, 3. Bd., Stuttgart 1969, Sp. 1288.

24 Zitiert in Bischof Gregorius von Tours: Zehn Bücher Fränkische Geschichte, Bd. 1, Leipzig 1911, III. Buch, Kap. 11, S. 144f. Die beiden Brüder zogen nach Burgund, belagerten Autun, vertrieben den König der Burgunder, Godomar, und besetzten dieses Land.

25 Ebd., Kap. 12, S. 145. Die Geschichte der Ostgoten wird ausführlich behandelt von Herwig Wolfram: Die Goten. Von den Anfängen bis zur Mitte des sechsten Jahrhunderts. Entwurf einer historischen Ethnographie (1979), 3., neubearb. Aufl., München 1990, S. 249–300. Wolfram gibt Aussagen wieder, daß Barbaren nicht nur von grenzenloser Sauflust, sondern auch von unermeßlichem Goldhunger getrieben gewesen seien. »›Barbarisches Gold‹ ist schon bei den Griechen sprichwörtlich gewesen, die in ihren Städten keine Schätze benötigten, um beim Bäcker Brot zu kaufen und es daher höchst unpraktisch finden mußten, sich gleichsam mit einer Million-Pfund-Note aus Edelmetall zu beschweren.« (S. 19)

26 Lujo Brentano: Handel, Puritanismus, Judentum und Kapitalismus, in ders.: Die Anfänge des modernen Kapitalismus (wie Anm. 29 der Einleitung), S. 93.

27 Vgl. Reinhard Heynen: Zur Entstehung des Kapitalismus in Venedig, Stuttgart 1905, S. 42ff.

28 Lujo Brentano: Die Anfänge des modernen Kapitalismus, in ders.: Der wirtschaftende Mensch in der Geschichte. Gesammelte Reden und Aufsätze, Leipzig 1923, S. 231. Nächstes Zitat S. 250. Und Charles Diehl: Études Byzantines (1905), New York 1962, S. 12, schrieb: »Alors que les grandes villes de l'Europe moderne n'étaient pour la plupart que de tristes et médiocres villages, Constantinople était la reine des élégances.« usw. An anderer Stelle – die beiden gleichnamigen Aufsätze von Brentano aus den Jahren 1916 und 1923 unterscheiden sich inhaltlich – heißt es: »Von dem vierten Kreuzzuge datiert *nicht* der Beginn des modernen Kapitalismus; hätte dieser nicht bereits lange vorher eine hohe Ausbildung erreicht, so wäre der vierte Kreuzzug gar nicht denkbar gewesen. Statt des Beginns bedeutet er eine wahre Orgie des modernen Kapitalismus, die selbst in unseren Tagen nicht viel Ähnliches aufzuweisen hat.« Lujo Brentano: Die Anfänge des modernen Kapitalismus. Festrede gehalten in der öffentlichen Sitzung der K. Akademie der Wissenschaften am 15. März 1913, München 1916, S. 42. Hervorhebung von mir. Aus anderer Sicht kommt C. Northcote Parkinson: Asien und Europa. In den Gezeiten der Geschichte, Düsseldorf / Wien 1963, S. 184f., zu dem Ergebnis: »Erst die Kreuzzüge brachten die

französischen, deutschen und englischen Soldaten in eine von früher her noch zivilisierte Welt.« Vgl. auch das III. Kapitel, 1. Abschnitt, S. 108ff.
29 A. Smith: Der Wohlstand der Nationen (wie Anm. 10), I. Buch, 11. Kap., S. 203.
30 Vgl. z. B. Douglass C. North: Theorie des institutionellen Wandels. Eine neue Sicht der Wirtschaftsgeschichte, Tübingen 1988; Clemens Wischermann: Der Property-Rights-Ansatz und die »neue« Wirtschaftsgeschichte, in: Geschichte und Gesellschaft, 19. Jg., 1993, Heft 2, S. 239–258.
31 Zeitschrift des Statistischen Bureaus des Königlich Sächsischen Ministeriums des Innern I, 1855, S. 47.
32 Georg Simmel: Philosophie des Geldes (1900), 6. Aufl., Berlin 1958, S. 533. Simmel befürchtete, daß die Enge der Großstadt »den modernen, sensiblen und nervösen Menschen völlig verzweifeln lassen« würde, aber er entdeckte in den Geldbeziehungen einen antidepressiven Puffer: »Die entweder offenbare oder in tausend Gestalten verkleidete Geldhaftigkeit der Beziehungen schiebt eine unsichtbare, funktionelle Distanz zwischen die Menschen, die ein innerer Schutz und Ausgleichung gegen die allzu gedrängte Nähe und Reibung unseres Kulturlebens ist.« (S. 542) Erst 1914, vier Jahre vor seinem Tod, wurde Simmel auf eine Professur in Straßburg berufen.
33 Michael Hainisch: Die Entstehung des Kapitalzinses, Leipzig / Wien 1907, S. 10. Hainisch will in diesem kleinen Buch historisch nachweisen, daß der Kapitalzins älter ist als der Kapitalgewinn und eigentlich die Viehleihe der ursprüngliche Typus verzinslicher Darlehen war. Er argumentierte, wie viele moderne Begriffsfetischisten, ethymologisch:»Kapitalbesitzer war also jemand, der Viehhäupter besaß. Von dem Wort caput leiten sich auch die Worte chattel oder cheptel in der englischen beziehungsweise französischen Sprache ab.« (S. 42) Wenn diese Ableitung logisch wäre, so könnte man behaupten, daß auch Kannibalen Kapitalbesitzer gewesen sind.
34 Werner Sombart: Das Wirtschaftsleben im Zeitalter des Hochkapitalismus. Erster Halbband: Die Grundlagen – Der Aufbau, München / Leipzig 1927, S. XIV. Dagegen hat M. Weber: Die protestantische Ethik, S. 49, seine Gegenüberstellung von traditionalistischem und modernem Kapitalismus gesetzt. »Auch Wirtschaften nämlich, die von privaten Unternehmern in der Form eines Umschlags von Kapital (= Geld oder geldwerten Gütern) zu Gewinnzwecken durch Ankauf von Produktionsmitteln und Verkauf der Produkte, also zweifellos als ›kapitalistische Unternehmungen‹ geleitet werden, können gleichwohl ›traditionalistischen‹ Charakter an sich tragen.« Das folgende Zitat über die »kulturgeschichtliche Kinderstube« im Text auf S. 4.
35 Lujo Brentano: Die Anfänge des modernen Kapitalismus. Festrede gehalten in der öffentlichen Sitzung der bayrischen Akademie der Wissenschaften am 15. März 1913, in ders.: Der wirtschaftende Mensch (wie Anm. 28), S. 218f. Und später heißt es: »Ja wir finden bereits zu Anfang des 12.

Jahrhunderts bei Fürsten mit großem Geldreichtum die Ausnützung feudaler Rechtsformen in kapitalistischer Weise.« (S. 244)

36 Vgl. Jochen Bleicken: Geschichte der römischen Republik, 3., überarb. Aufl., München 1988, S. 163ff., besonders S. 164.

37 Werner Sombart: Die Entstehung der kapitalistischen Unternehmung, in: Archiv für Sozialwissenschaft und Sozialpolitik, 41. Bd., 1915, S. 306, argumentierte scholastisch, wenn er den »schlüssigen Beweis«, daß es im Altertum keinen modernen Kapitalismus gegeben habe, dadurch erbringen zu können glaubte, indem er darauf hinwies, »daß die lateinische Sprache kein Wort für Geschäft, kein Wort für Firma entwickelt hat«.

38 L. Brentano: Die Anfänge (wie Anm. 35), S. 258f.

39 Leften S. Stavrianos: Global Rift. The Third World Comes of Age, New York 1981, S. 35. Das nächste Zitat ebd., das übernächste Zitat auf S. 36. Hervorhebungen von mir.

40 A. Smith: Der Wohlstand der Nationen (wie Anm. 10), III. Buch, 2. Kap., S. 319.

41 Georg von Below: Die Entstehung des modernen Kapitalismus, in ders.: Probleme der Wirtschaftsgeschichte (1920), 2. Aufl., Tübingen 1926, S. 421.

42 Bernhard Laum: Über Ursprung und Frühgeschichte des Begriffes ›Kapital‹, in: Finanzarchiv, N.F., Bd. XV, 1954/55, S. 100. Und nachdem Laum Passagen aus der Bulle in lateinischer Sprache zitiert hat, weist er auf die soziale Gesinnung hin, die im päpstlichen Erlaß zum Ausdruck kommt: »Der Schutz der Armen und Bedrängten vor den Übergriffen der Reichen und Mächtigen gehört – in Konsequenz des Gebotes der Nächstenliebe – zu den vornehmsten Christenpflichten.« (ebd.) Schon auf dem Konzil von Vienne (16. Okt. 1311 – 6. Mai 1312) hatte Papst Clemens V. in der Konstitution *Ex gravi ad Nos* bestimmt: »Wer in jenen Irrtum verfällt, daß er sich erdreistet, hartnäckig zu behaupten, Zins zu nehmen sei keine Sünde, der ist, so Unser Beschluß, als Häretiker zu bestrafen.« Zitiert in Heinrich Denzinger: Kompendium der Glaubensbekenntnisse und kirchlichen Lehrentscheidungen, Freiburg i. Br. 1991, Nr. 906, S. 392. Den Hinweis auf diese Stelle verdanke ich Stefan Freund und Peter Hefele.

43 Der Verkauf gewerblicher Produkte in mittelalterlichen Städten ist ebenfalls stark beschränkt gewesen, entweder durch Zunftregelungen oder durch exklusive Privilegien, die geldgierige Fürsten reichen Kaufleuten gewährten. Vgl. Lujo Brentano: Über Begriff und Wandlungen der Wirtschaftseinheit, in ders.: Der wirtschaftende Mensch in der Geschichte, Leipzig 1923, S. 261–281.

44 Vgl. Harald J. Berman: Recht und Revolution. Die Bildung der westlichen Rechtstradition, Frankfurt am Main 1991, S. 307–412.

45 Vgl. Eberhard Gothein: Die deutschen Kreditverhältnisse und der dreißigjährige Krieg, Leipzig 1893, S. XIIf. Der oberste Kammerrichter, gleichzeitig geistlicher Fürst des Reiches, Bischof Marquard von Speyer (seit 1560; eigentlich Marquard von Hattstein (1529–1581)), stellte nach

1570 den »unchristlichen Wucher« in Frage. In einem Gutachten führte er aus, Zinskontrakte »widerstreiten nicht dem Gebot der Nächstenliebe, sondern sie stammen vielmehr selber aus ihm« (zitiert ebd., S. XV).

46 W. Sombart: Die Juden und das Wirtschaftsleben (wie Anm. 20), S. 376. Hervorhebungen im Original. Sombart zitierte dazu ein »altes deutsches Sprichwort« (S. 382):

> »Selten sind 7 Dinge:
> Eine Nonne, die nicht singe,
> Ein Mädchen ohne Liebe,
> Ein Jahrmarkt ohne Diebe,
> Ein Geißbock ohne Bart,
> *Ein Jude, der nicht spart,*
> Ein Kornhaus ohne Mäuse,
> Und ein Kosak ohne Läuse.«

47 Vgl. dazu die klassische Studie von Richard Ehrenberg: Das Zeitalter der Fugger. Geldkapital und Creditverkehr im 16. Jahrhundert. I. Bd.: Die Geldmächte des 16. Jahrhunderts; II. Bd.: Die Weltbörsen und Finanzkrisen des 16. Jahrhunderts (1896). Anastatischer Neudruck, Jena 1912 und Hildesheim / Zürich / New York 1990 (in einem Band).

48 Martin Luther: An den christlichen Adel deutscher Nation von des christlichen Standes Besserung (1520), in ders.: Von christlicher Freiheit. Schriften zur Reformation. Übertragen und kommentiert von Horst Beintker, Zürich 1990, S. 361, wo Luther den »Zinskauf«als ein Symbol und Zeichen dafür ansieht, »daß die Welt durch schwere Sünden dem Teufel verkauft ist ... Hier müßte man wahrlich auch den Fuggern und ähnlichen Gesellschaften einen Zaum ins Maul legen.«

49 »Zinsscharmützel« ist der deutsche Titel von zwei lateinischen Schriften von Manz in deutscher Fassung: *Praeludium belli civilis inter rigorosos creditores et calamitosos debitores* und *Conflictus creditorum inter se et cum debitore calamitoso ad pinguiorem fortunam reverso super prioritate* von 1644, die 1645 von Balthasar Lange ins Deutsche übersetzt wurden. E. Gothein: Die deutschen Kreditverhältnisse (wie Anm. 45), S. XLVI, schrieb über ihn: »Er war unstreitig der bedeutendste Jurist, den das katholische Deutschland damals zählte, auf allen Gebieten des Rechts und der Philosophie gleichmäßig thätig, eifrig auf die Reform des juristischen Unterrichtes bedacht und von umfassender praktischer Erfahrung. Seine dialektische Kunst äußert sich freilich vorwiegend in der bis aufs äußerste getriebenen Zerspaltung der Streitfragen in ihre Teile und in dem beinahe zum Schema erstarrten kontradiktorischen Verfahren, mit welchem er fortwährend Gründe und Gegengründe einander gegenüberstellt.« Nächstes Zitat auf S. LXIII.

50 So Eberhard Gothein: Die Reservearmee des Kapitals, Heidelberg 1913, S. 5.

51 L. Brentano: Handel, Puritanismus, Judentum und Kapitalismus (wie Anm. 26), S. 153. Darauf beziehen sich auch meine beiden Mottos, S. 7.

Anmerkungen zu S. 126–129

52 Eduard Gans: Rückblicke auf Personen und Zustände, Berlin 1836, S. 100.

53 Friedrich Engels: Die Lage der arbeitenden Klasse in England. Nach eigner Anschauung und authentischen Quellen, Leipzig 1845. Zitiert nach: Marx Engels Werke (MEW), Bd. 2, Berlin 1970, S. 237 und S. 238. Eine vernichtende Kritik der Anschauungen und Quellen von Engels veröffentlichte 1848 Bruno Hildebrand: Die Nationalökonomie der Gegenwart und Zukunft und andere gesammelte Schriften, hg. und eingeleitet von Hans Gehrig, Bd. I, Jena 1922, S. 125–229.

54 Vgl. dazu oben, II. Kapitel, Abschnitt 4.a), S. 89ff.

55 Edward Baines: Geschichte der brittischen Baumwollenmanufactur und Betrachtungen über ihren gegenwärtigen Zustand, Stuttgart/Tübingen 1836, S. 153f. Hervorhebung im Original.

56 Unterschiedliche Aspekte dieses Problems werden behandelt in Karl Graf Ballestrem / Bernhard Sutor (Hg.): Probleme der internationalen Gerechtigkeit, München 1993.

57 Vgl. Zitat in Anm. 9, S. 215.

58 Nach der Lektüre von Weber, Sombart und Below kann ich es nur als »lumpenhafte« (Goethe) intellektuelle Anmaßung ansehen, wenn Thomas Mann: Betrachtungen eines Unpolitischen, Berlin 1918, S. 116f., schrieb: »Ich lege einigen Wert auf die Feststellung, daß ich den Gedanken, der modern-kapitalistische Erwerbsmensch, der Bourgeois mit seiner *asketischen* Idee der Berufspflicht sei ein Geschöpf protestantischer Ethik, des Puritanismus und Kalvinismus, völlig auf eigene Hand, ohne Lektüre, durch unmittelbare Einsicht erfühlte und erfand und erst nachträglich, vor kurzem, bemerkt habe, daß er gleichzeitig von gelehrten Denkern gedacht und ausgesprochen worden ... Daß er [Werner Sombart in seinem Buch »Der Bourgeois« von 1913, H. K.] in hohem Grade recht hat, geht aus der Tatsache hervor, daß ich seine Lehre zwölf Jahre, bevor er sie aufstellte, als Romanschriftsteller gestaltet hatte: gesetzt nämlich, daß die Figur des Thomas Buddenbrook, die vorwegnehmende Verkörperung seiner Hypothese, ohne Einfluß auf Sombarts Denken gewesen ist.« Die »Figur des Thomas Buddenbrook« hat überhaupt nichts zu tun mit Webers Theorie der calvinistischen Ethik und ihrem Einfluß auf die Entstehung des modernen Kapitalismus. Thomas Mann bedient sich eines inhaltlich unhaltbaren, schon von Sombart verfälschten, Vulgärweberianismus!

59 Wolffgangum Kauffman: Wider den verfluchten Wucher. Und alle desselben anhangende Geitzhendel: Umschlege: vorteilige Wechsel: Einreittung / Leisten etc. Warhafftiger / bestendiger / vnd in Goettlichen / Natuerlichen / Keyserlichen / weltlichen geschriebenen Rechten / wol gegruendter Bericht vnd trewe Warnung / aus vieler Gelerter Buecher alt vnd new trewlich zusammen gezogen, Eisleben 1565, Blatt 91. Den Juden wurde hauptsächlich die Schuld am Wucher angelastet: »Daher pflegt der Reich Mosche Jude zu Regensburg in Beyern wenn er froelich war zusagen / O Gott ich dancke dir / wie hab ich mein tag so viel christen auffgefressen /

vnd ausgebissen /« (Blatt 4). Oder: »Solten die verzweiffelten Jueden des nicht in die faust fein dazu lachen, das wir uns so schendlich von jnen effen / vnd narren lassen / vnd unser Gelt geben / das sie im Lande bleiben moegen / und alle bosheit treiben.« (Blatt 30) Luther hat seine Ansichten zum Wucher 1519 und 1520 dargelegt im *Kleinen* und *Großen Sermon vom Wucher.* Vgl. D. Martin Luthers Werke. Kritische Gesammtausgabe, 6. Bd., Weimar 1888, S. 1–8 und S. 33–60.

III.2. Die Technik

1 Die Literatur zu diesem Thema ist unübersehbar. Einen guten Überblick findet man in: A History of Technology, 7 Bde., hg. von Charles Singer u. a., Oxford 1954–1978.

2 Vgl. etwa Jean Gimpel: La révolution industrielle du Moyen Age, Paris 1975; Friedrich Philippi: Die erste Industrialisierung Deutschlands (im Mittelalter). Ein Vortrag, Münster (Westf.) 1909; Wolfgang von Stromer: Eine »Industrielle Revolution« des Spätmittelalters?, in: Technik-Geschichte, hg. von U. Troitzsch u. G. Wohlauf, Frankfurt am Main 1980, S. 105–138.

3 Vgl. Vitruv: Zehn Bücher über Architektur (1964). Übersetzt und mit Anmerkungen versehen von Curt Fensterbusch, 2., durchges. Aufl., Darmstadt 1976, 10. Buch, IV. und V. Kap., S. 481ff.

4 Zitiert von Franz Kiechle: Sklavenarbeit und technischer Fortschritt im römischen Reich, Wiesbaden 1969, S. 119.

5 Zitiert von Achatz von Müller / Karl-Heinz Ludwig: Die Technik des Mittelalters, in: Die Technik. Von den Anfängen bis zur Gegenwart, hg. von U. Troitzsch und W. Weber, Braunschweig 1987, S. 134.

6 Nathan Rosenberg / Luther E. Birdzell jr.: Industrielle Revolution und Prosperität, in: Spektrum der Wissenschaft, 1991/1, S. 118. Wegen des Fehlens einer erklärungskräftigen Theorie ist man geneigt, auf Platitüden auszuweichen, wie: »Vielmehr ist das Zusammenspiel von Menschen, ökonomischen Strukturen, Marktwachstum und technologischem Fortschritt das Wesentliche.« (S. 120)

7 Vgl. Akos Paulinyi: Industrielle Revolution. Vom Ursprung der modernen Technik, Reinbek bei Hamburg 1989, S. 29ff.

8 Vgl. die Abbildungen im Ausstellungskatalog des Historischen Museums der Pfalz in Speyer: Leonardo da Vinci. Künstler, Erfinder, Wissenschaftler, hg. von M. M. Grewenig und O. Letze, Speyer 1995, S. 142ff.

9 Zitiert von Charles Gibbs-Smith: Die Erfindungen von Leonardo da Vinci (1978), 2. Aufl., Stuttgart / Zürich 1979, S. 7f. Erstes Zitat S. 7. Gibbs-Smith schreibt dazu verharmlosend: »Einem Staatsoberhaupt konnte er durch seine Fähigkeiten als Ingenieur *bessere* Dienste erweisen denn als Künstler.« (S. 8, Hervorhebung von mir)

10 George R. Porter: The Progress of the Nation, in its Various Social

Anmerkungen zu S. 133–137

and Economic Relations, from the Beginning of the Nineteenth Century to the Present Time. Bd. I, London 1836, S. 1.

11 Vgl. Charles Wilson: England 1650–1750, in: Handbuch der europäischen Wirtschafts- und Sozialgeschichte, Bd. 4, Stuttgart 1993, S. 385.

12 A. Shadwell: England, Deutschland und Amerika, S. 313f.

13 Ausführlich behandelt von Christine MacLeod: Inventing the Industrial Revolution. The English patent system, 1660–1800, Cambridge 1988, S. 10ff. Dort heißt es: »The patent statistics need reinterpretation, not recalculation.« (S. 7)

14 Angus Maddison: Wirtschaftswachstum und Lebensstandard im 20. Jahrhundert, in: Lebensstandard und Wirtschaftssysteme, hg. von Wolfram Fischer, Frankfurt am Main 1995, S. 112. Erste Hervorhebung im Original, zweite von mir.

15 So L. Brentano: Der wirtschaftende Mensch, S. 28.

16 C. MacLeod: Inventing the Industrial Revolution (wie Anm. 13), S. 222.

17 Georg Franz-Willing: Die technische Revolution im 19. Jahrhundert. Der Übergang zur industriellen Lebensweise, Tübingen / Zürich / Paris 1988, S. 7. Dieses Buch ist eine wissenschaftlich unbrauchbare, in vielen Details fehlerhafte, Kompilation von Daten, aber keine »Gesamtsicht technischer, sozialer und geistiger Prozesse« (Klappentext).

18 Vgl. etwa Jonathan D. Chambers: The Workshop of the World. British Economic History from 1820 to 1880, London 1961; Peter Mathias: The First Industrial Nation. An Economic History of Britain 1700–1914, London / New York 1986; Nicholas F. R. Crafts: British Economic Growth during the Industrial Revolution, Oxford 1985; Phyllis Deane: The First Industrial Revolution (1965), 2. Aufl., Cambridge 1979; zu den Reisen Martin Schumacher: Auslandsreisen deutscher Unternehmer 1750–1851 unter besonderer Berücksichtigung von Rheinland und Westfalen, Köln 1968.

19 Allgemein dazu Hans-Joachim Braun: Technologische Beziehungen zwischen Deutschland und England von der Mitte des 17. bis zum Ausgang des 18. Jahrhunderts, Düsseldorf 1974, S. 14ff.; jetzt detailliert behandelt von Margrit Schulte Beerbühl: War England ein Sonderfall der Industrialisierung? Der ökonomische Einfluß der protestantischen Immigranten auf die Entwicklung der englischen Wirtschaft vor der Industrialisierung, in: Geschichte und Gesellschaft, 21. Jg., Heft 4, 1995, S. 479–505.

20 Vgl. Rainer Fremdling: John Cockerill: Pionierunternehmer der belgisch-niederländischen Industrialisierung, in: Zeitschrift für Unternehmensgeschichte, 26. Jg., Heft 3, 1981, S. 179–193; Carola Möckel: Technologietransfer in der ersten Phase der industriellen Revolution. Die Cockerills in Preußen, in: Jahrbuch für Wirtschaftsgeschichte 1987/3, S. 9–27.

21 Ausführlich dazu Wolfram Fischer: Drei Schweizer Pioniere der Industrie. Johann Conrad Fischer (1773–1854), Johann Caspar Escher (1775–1859), Johann Georg Bodmer (1786–1864) (1958), in ders.: Wirtschaft und Gesellschaft im Zeitalter der Industrialisierung, Göttingen 1972, S. 428ff.

Anmerkungen zu S. 137–142

22 Beide Zitate aus ebd., S. 429. Das nächste Zitat S. 436.

23 Fabrikbriefe, in: Deutscher Volksspiegel, 2. Bd., Eisleben / Leipzig 1852, S. 189. Dort heißt es später: »Gotte seine Ehre; dem Arbeiter seinen Sonntag und dem Fabrikherrn die Mahnung: Wehe dem, der sein Haus mit Sünden bauet und seine Gemächer mit Unrecht!« (S. 200)
In England gab es den Vers:

> »You know that Munday is Sundayes brother;
> Tuesday is such another;
> Wednesday you must go to Church and pray;
> Thursday is half-holiday;
> On Friday it is too late to begin to spin;
> The Saturday is half-holiday agen.«

Zitiert von P. Hudson: The Industrial Revolution, S. 169f.

24 Vgl. dazu ausführlich Hubert Kiesewetter: Erfinder ohne Fortune. Friedrich Koenigs Englandaufenthalt 1806–1817, in: Zeitschrift für Unternehmensgeschichte, 37. Jg., Heft 2, 1992, S. 75-100.

25 John Walter: The Times, Nr. 9378, Dienstag, den 29. November 1814, S. 3. Meine Übersetzung.

26 Vgl. Festschrift zum 150jährigen Jubiläum 1817–1967, Würzburg 1967.

27 T.R. Malthus: Grundsätze der Politischen Ökonomie, S. 462. Hervorhebung von mir. Später sagte er: »Gleich der Fruchtbarkeit des Bodens bringt die Erfindung guter Maschinen eine außerordentliche Produktionskraft mit sich.« (S. 473) Malthus hatte also den produktiven Unterschied zwischen zufälligen und notwendigen Faktoren nicht erkannt.

28 Georg Wilhelm Friedrich Hegel: Vorlesungen über die Philosophie der Geschichte. Werke Bd. 12, Frankfurt am Main 1970, S. 481.

29 Hans Delbrück: Ueber die Bedeutung der Erfindungen in der Geschichte. Ein populärer Vortrag, in ders.: Historische und politische Aufsätze, Berlin 1887, S. 345 und S. 349.

30 Alexander Demandt: Ungeschehene Geschichte. Ein Traktat über die Frage: Was wäre geschehen, wenn ...?, Göttingen 1984, S. 30. Hervorhebungen von mir.

31 Hans Jonas: Wissenschaft als persönliches Erlebnis, Göttingen 1987, S. 32–46. Die Zitate auf S. 33, S. 46, S. 41, S. 45 und S. 46. Hervorhebung von mir.

32 Vgl. Hubert Kiesewetter: Von Hegel zu Hitler. Die politische Verwirklichung einer totalitären Machtstaatstheorie in Deutschland (1815–1945), 2., völlig veränd. u. erw. Aufl., Frankfurt am Main 1995, S. 197ff.

33 Hans-Werner Niemann: Vom Faustkeil zum Computer. Technikgeschichte – Kulturgeschichte – Wirtschaftsgeschichte, Stuttgart 1985, S. 12. Nächstes Zitat S. 59. Niemann glaubt, welche von mehreren technischen Lösungen für ein bestimmtes Problem ausgewählt und verwirklicht werde, hänge »von den wirtschaftlichen Bedürfnissen, dem gesellschaftlichen Zu-

sammenleben, der Denkart und Vorstellungswelt und manchmal auch von so scheinbar technikfernen Dingen wie dem Schönheitsideal einer historischen Epoche ab« (ebd.). Eigentümlich, warum sich dann so vielfach angefeindete Erfindungen wie die Eisenbahn oder das Auto so schnell durchsetzen konnten.

34 Vgl. etwa Karl R. Popper: Lesebuch. Ausgewählte Texte zu Erkenntnistheorie, Philosophie der Naturwissenschaften, Metaphysik, Sozialphilosophie, Tübingen 1995.

35 Benjamin Franklin: Lebenserinnerungen, hg. von Manfred Pütz, München 1983, S. 189.

36 A. Smith: Der Wohlstand der Nationen, 5. Buch, 1. Kap., S. 667. Hervorhebung von mir. Zur antiken Technik vgl. Helmuth Schneider: Einführung in die antike Technikgeschichte, Darmstadt 1992, S. 40ff.

37 H.-W. Niemann: Vom Faustkeil zum Computer (wie Anm. 33), S. 65. Hervorhebung von mir. Später heißt es allerdings: »Das städtische Bürgertum war durch seine wirtschaftliche und technische Leistung so stark geworden, daß es die bisherigen Führungsschichten, Fürsten und Adel, herausfordern konnte.« (S. 95)

38 Um nur eine solche Aussage eines englischen Gelehrten zu zitieren. Sir John Lubbock: Die Entstehung der Civilisation und der Urzustand des Menschengeschlechtes, erläutert durch das innere und äußere Leben der Wilden, Jena 1875, S. 399f., glaubte, »daß wir, falls die Geschichte des Menschengeschlechtes von einem Verfalle zeugt, jede Hoffnung auf eine einstige Veredlung fahren lassen müssen; war dieselbe dagegen eine stetig fortschreitende, so dürfen wir uns der Zuversicht hingeben, daß die Zukunft der Vergangenheit entsprechen wird; daß sich die Segnungen der Civilisation nicht nur auf andere Länder und andere Völkerschaften erstrecken werden, sondern daß sie auch in unsrem eigenen Vaterlande nach und nach zur allgemeinen, gleichmäßigen Geltung kommen; so daß uns nicht mehr stets Landsleute vor die Augen treten, die in unsrer Mitte ein schlimmeres Leben führen, als die Wilden, und welche weder die Vortheile und wahren, wenngleich einfachen Freuden genießen, die das Leben der niederen Rassen schmücken, noch die weit höheren und weit edleren Annehmlichkeiten sich zu verschaffen wissen, welche im Bereich des civilisirten Menschen liegen«.

39 Zitiert in Arthur Weichhold: Johann Andreas Schubert. Lebensbild eines bedeutenden Hochschullehrers und Ingenieurs aus der Zeit der industriellen Revolution, Leipzig / Jena 1968, S. 117.

40 Vgl. Hrothgar J. Habakkuk: American and British Technology in the Nineteenth Century (1962), Cambridge 1967.

III.3. Die Unternehmerschaft

1 Vgl. Joseph Schumpeter: Theorie der wirtschaftlichen Entwicklung. Eine Untersuchung über Unternehmergewinn, Kapital, Kredit, Zins und den Konjunkturzyklus (1911), 6. Aufl., Berlin 1964, S. 99ff. Zitat S. 129. Dort auch das nächste Zitat.

2 Kurt Breysig: Von Gegenwart und Zukunft des deutschen Menschen, Berlin 1912, S. 97. Dort auch die nächsten Zitate. Die Berechtigung dieser Forderung nach rechtloser Gefolgschaft erkennt Breysig darin, daß sich diese Arbeiter »mit einem maschinenmäßigen, fast mit Kadavergehorsam ihren sozialistischen Führern« (ebd.) unterordnen.

3 Otto Hintze: Feudalismus – Kapitalismus, hg. und eingel. von Gerhard Oestreich, Göttingen 1970, S. 139. Später hielt er im neuesten kapitalistischen Wirtschaftsleben ein Prinzip der Solidarität für möglich und glaubte, daß »statt des mörderischen Kampfes ums Dasein, der zwar nicht schrankenlos waltet, aber doch noch viele unnötige Opfer fordert, ein neues Gemeinschaftsideal auftaucht, das zur moralischen Grundlage einer den Kapitalismus überwindenden Planwirtschaft werden könnte« (S. 152).

4 Heinrich Bechtel: Wirtschaftsgeschichte Deutschlands im 19. und 20. Jahrhundert, München 1956, S. 161. Dies ist wahrscheinlich Werner Sombart: Der moderne Kapitalismus. Historisch-systematische Darstellung des gesamteuropäischen Wirtschaftslebens von seinen Anfängen bis zur Gegenwart. I. Bd. / 2. Hbb.: Einleitung – Die vorkapitalistische Wirtschaft – Die historischen Grundlagen des modernen Kapitalismus, 3. unveränd. Aufl., München / Leipzig 1919, S. 836, nachempfunden, wo es heißt: »Der Kapitalismus ist das Werk einzelner hervorragender Männer, daran kann kein Zweifel sein ... Die Entstehungsgeschichte des Kapitalismus ist eine Geschichte von Persönlichkeiten.«

5 Lutz Graf Schwerin von Krosigk: Die große Zeit des Feuers. Der Weg der deutschen Industrie, 3 Bde., Tübingen 1957–1959. Das Kapitel des »industriellen Helden-Zeitalters« steht in Bd. 1, 1957, S. 273–303; das Zitat in Bd. 2, 1958, S. 611. Krosigk war Reichsfinanzminister von 1932 bis 1945.

6 Francis Fukuyama: Das Ende der Geschichte. Wo stehen wir?, München 1992, S. 22.

7 Hans-Heinrich Müller / Hans-Joachim Rook: Herkules in der Wiege. Streiflichter zur Geschichte der Industriellen Revolution, Leipzig / Jena / Berlin 1980, S. 352f.

8 So Andrew Carnegie: James Watt, Edinburgh / London o. J. (1905), S. 13.

9 Vgl. Hans L. Sittauer: James Watt, Leipzig 1981, S. 30. Sittauer ist der irrigen Meinung, daß die Wattschen Dampfmaschinen »den Unternehmern den Einsatz weniger qualifizierter und damit billiger Arbeitskräfte« (S. 122) erlaubte.

10 Zitiert ebd., S. 60. Black lieh Watt die Summe zur Bezahlung der Patentgebühren.

11 Die Literatur über die Firma Krupp ist kaum noch überschaubar. Ich stütze mich bei meiner Darstellung im wesentlichen auf Wilhelm Berdrow: Alfred Krupp und sein Geschlecht. 150 Jahre Krupp-Geschichte 1787–1937 nach den Quellen der Familie und des Werks, Berlin 1937, ohne jedesmal die genauen Belege anzugeben. Zitat S. 26. Eine neuere Literaturauswahl gibt Uwe Malich: Alfred Krupp (1812 bis 1887), in: Biographien bedeutender Unternehmer, hg. von G. Buchheim und W. D. Hartmann, Berlin 1991, S. 117.

12 Zitiert von R. Ehrenberg: Große Vermögen (wie Anm. 31), S. 173/75.

13 Und in: Zur Hundertjahrfeier der Firma Krupp 1812–1912, Essen 1912, S. 41, heißt es: »Bis zum Schluß des Jahres 1911 hat Krupp – abgesehen vom Deutschen Reich und seinen Einzelgliedern – an 52 Staaten Geschützrohre geliefert; davon entfallen 23 auf Europa, 6 auf Asien, 5 auf Afrika und 18 auf Amerika. Sie haben bis Ende 1911 27.300 Geschütze bestellt.« Im gesamten Deutschen Reich wurden noch einmal 26.300 Geschützrohre bestellt.

14 Zitiert von Michael Epkenhans: Zwischen Patriotismus und Geschäftsinteresse. F. A. Krupp und die Anfänge des deutschen Schlachtflottenbaus 1897–1902, in: Geschichte und Gesellschaft, 15. Jg., 1989, S. 212. Ob allerdings bei F. A. Krupp ein defensiver Grundzug in seiner Geschäftspolitik bei rüstungspolitischen Weichenstellungen (S. 226) zu finden war, möchte ich anzweifeln.

15 R. Ehrenberg: Große Vermögen (wie Anm. 31), S. 190. Dort heißt es später: »Krupp ist ein classisches Beispiel dafür, daß die *höchste* Stufe des Geschäftsgeistes in ihren Ergebnissen nothwendigerweise mit denen idealer, gemeinnütziger Gesinnung übereinstimmt.«! (S. 197f.) Hervorhebung im Original.

16 Ich will damit nicht ausschließen, daß es weiterhin gerechtfertigt wird. So schreibt z. B. Eric J. Hobsbawm: The Machine Breakers, in: Past and Present, Nr. 1, 1952, S. 58, daß »the basis of power [der Arbeiter, H. K.] lay in machine-wrecking, rioting and the destruction of property in general«. Zitat im Text auf S. 61.

17 Allgemein dazu Malcolm I. Thomis: The Luddites. Machine-Breaking in Recency England, New York 1972, S. 11ff.

18 A. Shadwell: England, Deutschland und Amerika, S. 81.

19 Karl Marx: Das Kapital. Kritik der politischen Ökonomie. 1. Bd., Werke Bd. 23, Berlin 1962, S. 402.

20 Diese kleinen und mittleren Unternehmen zu vernachlässigen und trotzdem davon zu sprechen, die »underlying dynamic in the development of modern industrial capitalism« erforscht und dargelegt zu haben, erscheint mir der größte Fehler der bewundernswerten Arbeit von Alfred D. Chandler, Jr.: Scale und Scope. The Dynamics of Industrial Capitalism, Cambridge (Mass.) / London 1990, Zitat S. 593.

21 Roland Mousnier: La vénalité des offices sous Henri IV et Louis XIII, Paris 1971, S. 13ff., führt sie noch viel weiter zurück. Und Mousnier schreibt: »La vénalité des charges, si elle a été plus développée en France qu'ailleurs, n'est pas spéciale à la France. Elle a été signalée en Espagne, au Portugal, en Italie, en Allemagne, en Angleterre, dans l'Empire ottoman, dans l'Empire chinois.« (S. 668)

22 Charles Wilson: England 1650-1750, in: Handbuch der europäischen Wirtschafts- und Sozialgeschichte, Bd. 4, hg. von I. Mieck, Stuttgart 1993, S. 375.

23 Vgl. Hartmut Kaelble: Wie feudal waren die deutschen Unternehmer im Kaiserreich? Ein Zwischenbericht, in: Richard Tilly (Hg.): Beiträge zur quantitativen vergleichenden Unternehmensgeschichte, Stuttgart 1985, S. 148–171.

24 Vgl. etwa W. Berdrow: Alfred Krupp und sein Geschlecht (wie Anm. 11), S. 27ff.

25 Zitiert bei Franz F. Wurm: Wirtschaft und Gesellschaft in Deutschland 1848–1948 (1969), 2. Aufl., Opladen 1975, S. 61. Friedrich Zunkel: Der Rheinisch-Westfälische Unternehmer 1834–1879. Ein Beitrag zur Geschichte des deutschen Bürgertums im 19. Jahrhundert, Köln / Opladen 1962, S. 240, charakterisiert ihn folgendermaßen: »Carl Stumm, dem seine Belegschaft als eine Armee unter seinem Kommando erschien, in der alle wie ein Mann zusammenstehen sollten, um ebenso wie die Konkurrenz auch die sozialistische Agitation und die finsteren Mächte des Umsturzes abzuwehren, hielt seine Arbeiter sowohl von Gewerkschaften wie von Sozialdemokratie und Linksliberalismus fern und verbot ihnen sogar das Lesen von Zeitungen dieser Parteien.«

26 Vgl. Hubert Kiesewetter: Bruno Naumann – ein feudalisierter Unternehmer?, in: Sächsische Heimatblätter, 37. Jg., Heft 1, 1991, S. 32–35.

27 Zitiert von R. Ehrenberg: Große Vermögen (wie Anm. 31), S. 56.

28 M. Weber: Die protestantische Ethik, S. 55. Das nächste Zitat über die Lebensführung auf S. 56.

29 Zitiert von Richard Ehrenberg: Das Zeitalter der Fugger. Geldkapital und Kreditverkehr im 16. Jahrhundert. Bd. I: Die Geldmächte des 16. Jahrhunderts (1896). Nachdruck Hildesheim / Zürich / New York 1990, S. 112. Hervorhebung im Original.

30 Ausführlich dokumentiert in den beiden Ausstellungsbänden »Die Rothschilds. Eine europäische Familie« und »Die Rothschilds. Beiträge zur Geschichte einer europäischen Familie«, hg. von Georg Heuberger, Sigmaringen 1994.

31 Zitiert von Richard Ehrenberg: Große Vermögen. Ihre Entstehung und ihre Bedeutung, Jena 1902, S. 53.

32 Zitiert ebd., S. 100. Charakterisierung von Gentz auf S. 99.

33 Ebd., S. 151. Ehrenberg schreibt: »Soweit sich beurtheilen läßt, hatten sie persönlich von ihren Reichthümern nur wenig Freude.« (S. 159)

34 Zitiert in ebd., S. 157. Hervorhebungen im Original.

35 Zitiert in: 500 Jahre Buch und Druck. Zum Jahre 1940 herausgegeben von den graphischen Betrieben R. Oldenbourg in München, München 1940, S. 61. Hervorhebungen im Original.

III.4. Die Bildung

1 Sigurd Klatt: Zur Theorie der Industrialisierung. Hypothesen über die Bedingungen, Wirkungen und Grenzen eines vorwiegend durch technischen Fortschritt bestimmten wirtschaftlichen Wachstums, Köln / Opladen 1959, widmet dem Verhältnis von »Erziehung und Industrialisierung« gerade vier von 424 Seiten Text. Charles P. Kindleberger: Economic Development (1958), 2. Aufl., New York / St. Louis / San Francisco / Toronto / London / Sidney 1965, S. 107–115, nicht viel mehr. In älteren ökonomischen Lehrbüchern bleibt Bildung ganz ausgespart. Dagegen schrieb R. Cameron: Some Lessons of History, bereits 1967: »A modern, widespread, and variegated educational system, far from being a luxury which only wealthy nations can afford, is more of a necessary cost which developing nations must incur if their plans and aspirations are to be achieved.« (S. 319)

2 M. Weber: Die protestantische Ethik, S. 45.

3 Vgl. Peter Lundgreen: Bildung und Wirtschaftswachstum im Industrialisierungsprozeß des 19. Jahrhunderts. Methodische Ansätze, empirische Studien und internationale Vergleiche, Berlin 1973; sowie Fritz K. Ringer: Education and Society in Modern Europe, Bloomington / London 1979, S. 2ff.

4 Obrigkeitlich befohlener Abdruck des von der Schulkommission erstatteten Berichts über die von einem Theil der Wetzlarischen Bürgerschaft angefochtenen neuen Schulanstalten, Wetzlar 1800, S. 1. Zitiert in Hans-Werner Hahn: Altständisches Bürgertum zwischen Beharrung und Wandel. Wetzlar 1689–1870, München 1991, S. 199. Hahn glaubt, daß die Mehrheit der Stadtbürger Wetzlars um 1800 lesen und schreiben konnte, obwohl Angaben über den Alphabetisierungsgrad fehlen.

5 Johann Michael Afsprung: Reise durch einige Cantone der Eidgenossenschaft (1784). Herausgegeben von Thomas Höhle, Leipzig 1900, S. 11.

6 Vgl. dazu ausführlich Harry Maier: Bildungsökonomie. Die Interdependenz von Bildungs- und Beschäftigungssystem, Stuttgart 1994, S. 43ff.

7 Martin Offenbacher: Konfession und soziale Schichtung. Eine Studie über die wirtschaftliche Lage der Katholiken und Protestanten in Baden, Tübingen 1901, Zitat S. 17.

8 Vgl. Fritz Stern: Kulturpessimismus als politische Gefahr. Eine Analyse nationaler Ideologie in Deutschland, Bern / Stuttgart / Wien 1963, S. 99–110. Dies erinnert an den Ausspruch von Franz Grillparzer aus dem Jahr 1849: »Der Weg der neueren Bildung geht / Von Humanität / Durch Nationalität / zur Bestialität.«

9 Franz Haiser: Die Sklaverei, ihre biologische Begründung und sittliche Rechtfertigung. Zwei Vorlesungen, München 1923, S. 14. Später heißt es: »Das Abendland ist todkrank, sein angeblicher Fortschritt hat sich als das größte Gift erwiesen.« (S. 29)

10 Leopold Kohr: Die »Überentwickelten« oder Die Gefahr der Größe, Düsseldorf / Wien 1962, S. 54.

11 A. Smith: Wohlstand der Nationen, I. Buch, 8. Kap., S. 70f., wo er unmißverständlich die moderne Ansicht vertritt: »Dort, wo die Löhne hoch sind, finden wir daher die Arbeiter immer fleißiger, gewissenhafter und auch schneller bei der Hand als dort, wo sie niedrig sind.« (S. 71)

12 T.R. Malthus: Das Bevölkerungsgesetz, S. 43.

13 Margrit Schulte Beerbühl: Die Konsummöglichkeiten und Konsumbedürfnisse der englischen Unterschichten im 18. Jahrhundert, in: Vierteljahrschrift für Sozial- und Wirtschaftsgeschichte, 82. Bd., Heft 1, 1995, S. 1–28, konnte dagegen zeigen, daß englische Unterschichten auch während dieser frühen Zeit in Hochlohnphasen in der Lage waren, gehobenere Konsumwaren, wie silberne und goldene Uhren, hochwertige Kleidungsstücke, Porzellan oder Zinn-, Kupfer- und Silberwaren, zu kaufen.

14 Vgl. Peter Flora u.a.: State, Economy, and Society in Western Europe 1815–1975. A Data Handbook in two Volumes. Bd. I: The Growth of Mass Democracies and Welfare States, Frankfurt / London / Chicago 1983, S. 72ff.

15 Friedrich Aereboe: Allgemeiner Überblick über die heutige Lage der deutschen Landwirtschaft, in: Strukturwandlungen der Deutschen Volkswirtschaft. Vorlesungen gehalten in der Deutschen Vereinigung für Staatswissenschaftliche Fortbildung, hg. von Bernhard Harms, 2. Aufl., I. Bd., Berlin 1929, S. 135.

16 Christoph Buchheim: Überlegungen zur Industriellen Revolution und langfristigen Wachstumsprozessen, in: Jahrbuch für Wirtschaftsgeschichte, 1995/1, S. 209ff. Zitate von List und Buchheim auf S. 213. Später heißt es: »Das Lernen durch gewerbliche Praxis, learning-by-doing, ist eben ein äußerst wichtiger und durch nichts anderes ersetzbarer Aspekt der Humankapital*bildung*.« (S. 216). Hervorhebung von mir. Durch diese Begriffskonfusion werden die Aussagen inhaltsleer.

17 John B. Knight / Richard H. Sabot: Education, Productivity, and Inequality. The East African Natural Experiment, Washington, D.C. 1990, haben die Hypothese eines Zusammenhangs von Bildung und Produktivität im Industriesektor der beiden Entwicklungsländer Kenia und Tansania überprüft. Während das sozialistische Tansania die Grundschulen ausbaute und das Englische zugunsten Kiswahili als Unterrichtssprache aufgab, setzte Kenia auf eine Ausweitung des höheren Schulwesens und behielt die englische Sprache bei. Knight und Sabot kommen bei ihrer Analyse zu dem erstaunlichen Ergebnis, daß sich innerhalb eines guten Jahrzehnts bis 1980 der Vorsprung der wirtschaftlichen Produktivität Kenias gegenüber Tansania von 10 auf 50% erhöht hat, und sie führen es zu einem großen Teil auf die kensianische Bildungspolitik zurück. Sie schreiben:

»Because secondary education imparts cognitive skills that increase labor productivity, investment in secondary education yields a high rate of return, and its expansion contributes substantially to economic growth« (S. 307).

18 Edward G. West: Education and the Industrial Revolution, London/ Sidney 1975, S. 203f. Die Sozialproduktsdaten ebd., Tab. IV, S. 201f. West schreibt: »There was an Educational Revolution as well as an Industrial Revolution; and both were interrelated.« (S. 256)

19 Es gab im Wintersemester 1994/95 in der Bundesrepublik Deutschland 76 staatliche Universitäten und Technische Hochschulen, fünf private Hochschulen – Private Wissenschaftliche Hochschule Bierbronnen; Europäische Wirtschaftshochschule Berlin; European Business School Oestrich-Winkel; Private Hochschule Witten Herdecke; Private Wissenschaftliche Hochschule für Unternehmensführung Vallendar – sowie die Katholische Universität Eichstätt. Vgl. Statistisches Jahrbuch 1995 für die Bundesrepublik Deutschland, Wiesbaden 1995, S. 396f.

20 Zitiert von H. Maier: Bildungsökonomie (wie Anm. 6), S. 223f.

21 Ausführlicher wird diese Frage behandelt in Hubert Kiesewetter: Competition for Wealth and Power. The Growing Rivalry between Industrial Britain and Industrial Germany 1815–1914, in: The Journal of European Economic History, Bd. 20, Nr. 2, 1991, S. 271–299.

22 Vgl. dazu Wolfgang König: Technical education and industrial performance in Germany: a triumph of heterogeneity, in: Education, technology and industrial performance in Europe, 1850–1939, hg. von R. Fox und A. Guagnini, Cambridge 1993, S. 65ff.

23 Albert E. Musson/Eric Robinson: Science and Technology in the Industrial Revolution, Manchester 1969. Zitat im Text S. 11. Das Mißverständnis von »reiner« und »angewandter« Wissenschaft, S. 27ff.

24 Berzelius und Liebig, S. 134. Und Liebig fuhr fort: »Mit dem Volke war ich ausserordentlich zufrieden, Zuvorkommenheit, Gastfreiheit, kurz ich habe sonst an ihnen alle Tugenden gefunden.« T. R. Malthus: Versuch über das Bevölkerungs-Gesetz, S. 701, schrieb vorher: »Wir haben ungeheure Summen an die Armen verschwendet, die, wie wir allen Grund anzunehmen haben, ihre Noth nur beständig verschärften. Aber für ihre Bildung und für die Verbreitung der wichtigsten politischen Wahrheiten, die sie sehr nahe angehen und vielleicht die einzigen Mittel sind, ... haben wir jämmerlich wenig gethan. Es ist sicherlich eine große nationale Schande, daß die Bildung der niederen Volksklassen in England lediglich einigen Sonntagsschulen überlassen ist, die durch Subscription einzelner Privatleute unterhalten werden, welche mithin dem Unterrichte jede beliebige Grundlage geben können.«

25 A. E. Musson/E. Robinson: Science and Technology (wie Anm. 23), S. 59.

26 Speech of Henry Brougham, Esg. M. P. on Tuesday, the 9th of April, 1816; in the Committee of the whole House, upon the State of the Agricultu-

ral Distresses, London 1816, S. 24. Meine Übersetzung. Noch 1828 sprach der Liberale Joseph Hume im englischen Parlament von der »Strangulierung der Fabriken auf dem Kontinent«. Zitiert von Friedrich List: Das Nationale System der Politischen Ökonomie (1844), in: Schriften / Reden / Briefe, Bd. VI, Berlin 1930, S. 123, Anm. 1.

27 F. List: Das Nationale System (wie Anm. 26), S. 388.

28 Philipp Geyer: Untersuchungen über Quellen und Umfang des allgemeinen Wohlstandes in Deutschland, in: Jahrbuch für Gesetzgebung, Verwaltung und Volkswirthschaft im Deutschen Reich, N. F., IV. Jg., 1880, S. 53. Geyer wandte sich gegen alles Große und sah in den kleinen Bauerngütern die Garanten einer wohlanständigen Lebensweise. »Ein richtiger Bauer läßt sich auf ausgedehnteren Anbau von Handelspflanzen eben wegen der Unsicherheit und der großen Schwankungen ihres Ertrags überhaupt nicht ein« (ebd., S. 167). Sein Motto war: »Gott bewahre uns vor den Segnungen einer allzustark geschwollenen Großindustrie!« (ebd., S. 53).

29 Vgl. F. Engels: Die Lage der arbeitenden Klasse in England. Engels glaubte: »Ist ein Land dazu begabt, das industrielle Monopol an sich zu reißen, so ist es Amerika. Wird also auf diese Weise die englische Industrie geschlagen – wie dies in den nächsten zwanzig Jahren, wenn die jetzigen sozialen Zustände bleiben, wohl nicht anders geschehen kann, so wird die Majorität des Proletariats auf immer ›überflüssig‹ und hat keine andre Wahl als zu verhungern oder – zu revolutionieren.« (S. 503) Vor allem das revolutionäre Potential wollte Engels mit dieser Schrift entfachen: »Der Krieg der Armen gegen die Reichen, der jetzt schon im einzelnen und indirekt geführt wird, wird auch im allgemeinen, im ganzen und direkt in England geführt werden. Es ist zu spät zur friedlichen Lösung.« (S. 506) Welch ein Selbstbetrug, denn gerade in England hatten sich die Reformkräfte durchgesetzt!

30 Pat Hudson: The Industrial Revolution, London 1992, S. 35. Hudson zieht daraus m. E. den falschen Schluß: »Thus Britain has *always* had the disease of a slow-growing economy because industry has *always* been sacrificed to the needs of international finance and the rentier interest.« (S. 36, Hervorhebungen von mir)

31 Vgl. Hubert Kiesewetter: Industrielle Revolution in Deutschland 1815–1914, 3. Aufl., Frankfurt am Main 1996, S. 64ff.

32 Vgl. Derek H. Aldcroft: Introduction: British Industry and Foreign Competition, 1875–1914, in: The Development of British Industry and Foreign Competition 1875–1914, hg. von D. H. Aldcroft, London 1968, S. 23.

33 Zitiert in Sir W. Napier: The Life and Opinions of General Sir Charles James Napier, G. C. B. In Four Volumes, Bd. I, London 1857, S. 346f. Meine Übersetzung.

34 John Bowring: Report on the Prussian Commercial Union. Addressed to the Right Hon. Lord Viscount Palmerston, Her Majesty's Secretary of State for Foreign Affairs, London 1840, S. 55. Meine Übersetzung. Und Sir John Clapham: An Economic History of Modern Britain. Free Trade and

Steel 1850–1886. Nachdruck Cambridge 1952, S. 112, war davon überzeugt, daß vor 1851: »Indisputably, Britain still led the world's industrial motion.«

35 H. J. Habakkuk: American and British Technology, S. 189. Dort heißt es später: »A society in which the main emphasis is placed on success in one's job as measured by income is more favourable to the full exercise of business abilities, and for this reason England was less favourably placed than the U.S.A.« (S. 192)

36 Folke Hilgerdt: Industrialization and Foreign Trade, New York 1945, S. 13, Tab. 1.

37 H. J. Habakkuk: American and British Technology, S. 204.

38 Vgl. Entwurf zu einem Gesetz über den Schutz von Mustern und Modellen der Fabrikindustrie für die deutschen Zollvereinsstaaten, aufgestellt von mehrern Fabrikanten des Wiesenthals im Amtsbezirke Lörrach, Großherzogthum Baden, Lörrach. Januar 1855 (Als Manuscript gedruckt); George Webb Medley: The German Bogey. »Made in Germany« (1896), in ders.: Pamphlets and Addresses, London 1899, S. 309–413; Sidney Pollard: »Made in Germany« – die Angst vor der deutschen Konkurrenz im spätviktorianischen England, in: Technikgeschichte, Bd. 54, 1987, Nr. 3, S. 183–195, Zitat im Text S. 186; Sigfrid Weiher: 100 Jahre »Made in Germany«. Absicht und Auswirkung des englischen Gesetzes, in ebd., S. 175–182; Ernest E. Williams: »Made in Germany.« Der Konkurrenzkampf der deutschen Industrie gegen die englische, Dresden / Leipzig 1896.

39 James E. Thorold Rogers: The Industrial and Commercial History of England (Lectures Delivered to the University of Oxford), Bd. II, 2. Aufl., London 1894, S. 313. Meine Übersetzung. Und er fuhr fort: »To such people England offers many attractions. If they prosper, they have a far wider field than they would have at home, and the opportunities of a far pleasanter life.« Die Realität sah allerdings ganz anders aus.

40 Johan Graham Brooks: The Social Unrest. Studies in Labor and Socialist Movements, New York 1903, S. 98.

41 Vgl. Gottfried Niedhart: Großbritannien 1750–1850, in: Handbuch der europäischen Wirtschafts- und Sozialgeschichte. Bd. 4, Stuttgart 1993, S. 453.

42 Vgl. Karl Heinrich Kaufhold: Deutschland 1650–1850, in: Handbuch der europäischen Wirtschafts- und Sozialgeschichte. Bd. 4, Stuttgart 1993, S. 548f.

43 Vgl. George C. Allen: The British Disease. A short essay on the nature and causes of the nation's lagging wealth, London 1976; Alan Sked: Britain's Decline. Problems and Perspectives, Oxford 1988; Martin J. Wiener: English Culture and Decline of the Industrial Spirit, 1850–1980, Cambridge 1981.

44 Umgekehrt wurde England von Deutschen porträtiert als »the great robber-State«, vgl. J. A. Cramb: Germany and England, London 1914, S. 22.

45 A. Shadwell: England, Deutschland und Amerika, S. 599f. Bereits 1886 hatte die Kommission über die Handelsdepression festgestellt: »In

every quarter of the world the perseverance and enterprise of the Germans are making themselves felt. In the actual production of commodities we have now few, if any, advantages over them; and in a knowledge of the markets of the world, a desire to accomodate themselves to local tastes or idiosyncracies, a determination to obtain a footing wherever they can, and a tenacy in maintaining it, they appear to be gaining ground upon us.« Vgl. Reports of the Royal Commission Appointed to Inquire Into the Depression of Trade and Industry, London 1887, S. 48.

46 So sagt William H. Dawson: The Evolution of Modern Germany, London 1908, S. VI: »Science, education, application, and an equal regard for small as for large things – these, in the main, are the causes of Germany's success as a rival in the markets of the world.«

47 Hartmut Titze: Wachstum und Differenzierung der deutschen Universitäten 1830–1945, Göttingen 1995, S. 19.

48 Vgl. Hartmut Titze u. a.: Das Hochschulstudium in Preußen und Deutschland 1820–1944, Göttingen 1987, S. 27ff.

49 H. Titze: Wachstum (wie Anm. 47), S. 24f. Hervorhebungen im Original.

IV. Europa: Ein Modell für Entwicklungsländer?

1 Wie ist Armuth in den deutschen Staaten zu verhüten und dagegen allgemeiner Wohlstand zu verbreiten, trotz aller Einwendungen? Nebst vorangehenden allgemeinen Bemerkungen über den gegenwärtigen Zustand der Menschen in Europa, mit besonderer Bezugnahme auf Deutschland, Quedlinburg / Leipzig 1836, S. 1. John Brown (1735–1788), ein englischer Mediziner, entwickelte eine Theorie, nach der sich lebende Organismen von leblosen Substanzen nur durch den Besitz der Reizbarkeit unterscheiden. Diese Reizbarkeit sei Ursache aller physiologischen und pathologischen Erscheinungen, d.h. zu schwacher oder zu starker Reize.

2 So Josef Isensee: Nachwort. Europa – die politische Erfindung eines Erdteils, in: P. Kirchhof / H. Schäfer / H. Tietmeyer: Europa als politische Idee und als rechtliche Form, 2. Aufl., Berlin 1994, S. 116.

3 Knut Borchardt: Europas Wirtschaftsgeschichte – ein Modell für Entwicklungsländer? (1967), in ders.: Wachstum, Krisen, Handlungsspielräume der Wirtschaftspolitik, Göttingen 1982, S. 17. Borchardt hatte sich 1967 noch nicht vom Modell des europäischen Wachstumsparadigmas gelöst. Deshalb gab er Entwicklungsländern den (falschen) Rat, sie müßten, um Stagnation zu überwinden, »*dieses* [das europäische, H. K.] Modell kopieren« (S. 18, Hervorhebung im Original). Später, S. 27, nimmt er allerdings diesen Gedanken wieder zurück, wenn er sagt, daß sie »heute vielfach einen *anderen* Weg als ihre Modelle gehen können und müssen« (Hervorhebung im Original).

Anmerkungen zu S. 188–192

4 H.T. Buckle: Geschichte der Civilisation in England (wie Anm. 44 der Einleitung), S. 67, Anm. 120.

5 Walt W. Rostow: The Stages of Economic Growth. A Non-Communist Manifesto, Cambridge 1960; deutsch: Stadien wirtschaftlichen Wachstums. Eine Alternative zur marxistischen Entwicklungstheorie, Göttingen 1967, Zitat S. 196; ders.: Politics and the Stages of Growth, Cambridge 1971; vgl. auch die Bücher der amerikanischen Nobelpreisträger für Ökonomie W. Arthur Lewis: Die Theorie des wirtschaftlichen Wachstums, Tübingen / Zürich 1956; Simon Kuznets: Modern Economic Growth. Rate, Structure, and Spread (1966), New Haven / London 1976.

6 J.H. Kautsky: The Politics of Aristocratic Empires (wie Anm. 17 der Einleitung), S. 353.

7 Gunnar Myrdal: Asian Drama. An Inquiry Into the Poverty of Nations, 3 Bde., New York 1968.

8 Vgl. Immanuel Wallerstein: The Modern World-System, 3 Bde., New York u.a. 1974–1989. Natürlich werden in einem solchen umfangreichen Werk, zusammen fast 900 Seiten Text, hierarchische Strukturen entwickelt, die scheinbar das dualistische Schema überwinden: wie core, periphery, semi-periphery usw.

9 So Dieter Senghaas: Von Europa lernen. Entwicklungsgeschichtliche Betrachtungen, Frankfurt am Main 1982, S. 8. Deswegen ist auch unzutreffend, was Senghaas bei der entwicklungstheoretischen (Re-) Interpretation von Sozialismus behauptet: »Je unentwickelter und unterentwickelter die Produktivkräfte sind, um so unausweichlicher ist eine nachholende sozialistische Entwicklung« (S. 304). Oder: Die ökonomischen Probleme der Dritten Welt seien »das folgerichtige Ergebnis der Eingliederung dieser Länder in eine asymmetrisch strukturierte internationale Wirtschaft« (S. 331).

Literatur

Aa, Karl von der: Volk-Raum-Wirtschaft. Lehrbuch der Wirtschaftserdkunde. Herausgegeben von Hans Perl (18., überarb. Aufl. des »Grundrisses der Wirtschaftsgeographie«), Leipzig / Berlin 1943.

Adelung, Johann Christoph: Auszug aus dem grammatisch-kritischen Wörterbuch der Hochdeutschen Mundart. Erster Teil, von A–E, Leipzig 1793.

Aereboe, Friedrich: Allgemeiner Überblick über die heutige Lage der deutschen Landwirtschaft, in: Strukturwandlungen der Deutschen Volkswirtschaft. Vorlesungen gehalten in der Deutschen Vereinigung für Staatswissenschaftliche Fortbildung, hg. von Bernhard Harms, 2. Aufl., I. Bd., Berlin 1929, S. 111–138.

Afsprung, Johann Michael: Reise durch einige Cantone der Eidgenossenschaft (1784). Herausgegeben von Thomas Höhle, Leipzig 1900.

Allen, George C.: The British Disease. A short essay on the nature and causes of the nation's lagging wealth, London 1976.

Anderson, John L.: Climatic Change in European Economic History, in: Research in Economic History, Bd. 6, 1981, S. 1–34.

Aristoteles: Politik. Übersetzt von Eugen Rolfes, Darmstadt 1995 (Philosophische Schriften, Bd. 4).

Armengaud, André: Die Bevölkerung Europas von 1700–1914, in: Europäische Wirtschaftsgeschichte, Bd. 3: Die Industrielle Revolution, Stuttgart / New York 1985, S. 11–46.

Baines, Edward d. j.: Geschichte der brittischen Baumwollenmanufactur und Betrachtungen über ihren gegenwärtigen Zustand. Aus dem Englischen frei bearbeitet von Dr. Christoph Bernoulli, Professor der industriellen Wissenschaften zu Basel, Stuttgart / Tübingen 1836.

Bairoch, Paul: Commerce extérieur et développement économique de l'Europe au XIXe siècle, Paris / La Haye 1976 (École des Hautes Études en Sciences Sociales. Civilisations et Sociétés 53).

Ders.: Europe's Gross National Product: 1800–1975, in: The Journal of European Economic History, Bd. 5, 1976, S. 273–340.

Ballestrem, Karl Graf / Sutor, Bernhard (Hg.): Probleme der internationalen Gerechtigkeit, München 1993 (Otto von Freising-Vorlesungen der Katholischen Universität Eichstätt, Bd. 7).

Bauer, Leonhard / Matis, Herbert: Geburt der Neuzeit. Vom Feudalsystem zur Marktgesellschaft, München 1989.

Bechtel, Heinrich: Wirtschaftsgeschichte Deutschlands im 19. und 20. Jahrhundert, München 1956.

Belke, Ingrid: Die sozialreformerischen Ideen von Josef Popper-Lynkeus (1838–1921) im Zusammenhang mit allgemeinen Reformbestrebungen des Wiener Bürgertums um die Jahrhundertwende, Tübingen 1978.

Below, Georg von: Probleme der Wirtschaftsgeschichte (1920), 2. Aufl., Tübingen 1926.

Benn, Gottfried: Der neue Staat und die Intellektuellen, Stuttgart /Berlin 1933.

Berdrow, Wilhelm: Alfred Krupp und sein Geschlecht. 150 Jahre Krupp-Geschichte 1787–1937 nach den Quellen der Familie und des Werks, Berlin 1937.

Bergdolt, Klaus: Der Schwarze Tod in Europa. Die Große Pest und das Ende des Mittelalters (1994), 2., unveränd. Aufl., München 1994.

Berman, Harald J.: Recht und Revolution. Die Bildung der westlichen Rechtstradition. Übersetzt von Hermann Vetter, Frankfurt am Main 1991.

Berzelius und Liebig. Ihre Briefe von 1831–1845 mit erläuternden Einschaltungen aus gleichzeitigen Briefen von Liebig und Wöhler sowie wissenschaftlichen Nachweisen herausgegeben mit Unterstützung der kgl. bayer. Akademie der Wissenschaften von Justus Carrière (1893), 2. Aufl., Neudruck Wiesbaden 1967.

Birnie, Arthur: An Economic History of Europe 1760–1939 (1930), 7., verb. Aufl., London 1957.

Blanqui, Adolphe-Jérôme: Histoire de l'économie politique en Europe depuis les anciens jusqu' à nos jours (1837), Genf 1980 (Nachdruck der 5. Aufl. 1882).

Bleicken, Jochen: Geschichte der römischen Republik, 3., überarb. Aufl., München 1988 (Grundriß der Geschichte, Bd. 2).

Bodemer, Heinrich: Die Industrielle Revolution mit besonderer Berücksichtigung auf die erzgebirgischen Erwerbsverhältnisse, Dresden 1856.

Börne, Ludwig: Monographie der deutschen Postschnecke (1821), Stuttgart 1981.

Borchardt, Knut: Europas Wirtschaftsgeschichte – ein Modell für Entwicklungsländer? (1967), in ders.: Wachstum, Krisen, Handlungsspielräume der Wirtschaftspolitik. Studien zur Wirtschaftsgeschichte des 19. und 20. Jahrhunderts, Göttingen 1982, S. 13–27 und S. 227–237.

Ders.: Dreht sich die Geschichte um? Denkmodelle für Wachstumsschranken, Ebenhausen bei München 1974.

Borgstrom, Georg: Der hungrige Planet. Welternährung von der Krise zur Katastrophe?, München / Basel / Wien 1967.

Born, Max: Von der Verantwortung des Naturwissenschaftlers. Gesammelte Vorträge, München 1965.

Bosse, Rudolf Heinrich Bernhard (von): Capital, in: Allgemeine Encyclopaedie der Wissenschaften und Kuenste, 15. Theil, Leipzig 1826, S. 130–132.

Bowden, Witt / Karpovich, Michael / Usher, Abbott Payson: An Economic History of Europe Since 1750 (1937), New York 1970.

Bowring, John: Report on the Prussian Commercial Union. Addressed to the Right Hon. Lord Viscount Palmerston, Her Majesty's Secretary of State for Foreign Affairs, London 1840.

Boxer, Charles R.: Pombal's Dictatorship and the Great Lisbon Earthquake, 1755, in: History Today, November 1955, S. 729–736.

Brachelli, Hugo Franz: Die Staaten Europa's. Vergleichende Statistik (1867), 4., neu bearb. Aufl., Brünn 1884.

Braudel, Fernand: Das Mittelmeer und die mediterrane Welt in der Epoche Philipps II. 1.–3. Bd., übersetzt von Grete Osterwald und Günter Seib, Frankfurt am Main 1990.

Braun, Hans-Joachim: Technologische Beziehungen zwischen Deutschland und England von der Mitte des 17. bis zum Ausgang des 18. Jahrhunderts, Düsseldorf 1974 (Geschichte und Gesellschaft. Bochumer Historische Studien).

Brentano, Lujo: Die Anfänge des modernen Kapitalismus. Festrede gehalten in der öffentlichen Sitzung der K. Akademie der Wissenschaften am 15. März 1913, München 1916.

Ders.: Der wirtschaftende Mensch in der Geschichte. Gesammelte Reden und Aufsätze, Leipzig 1923.

Breysig, Kurt: Von Gegenwart und Zukunft des deutschen Menschen, Berlin 1912.

Brooks, Johan Graham: The Social Unrest. Studies in Labor and Socialist Movements, New York 1903.

Brusatti, Alois: Wirtschafts- und Sozialgeschichte des industriellen Zeitalters (1967), 3., völlig veränd. Aufl., Graz / Wien / Köln 1979.

Buchheim, Christoph: Industrielle Revolutionen. Langfristige Wirtschaftsentwicklung in Großbritannien, Europa und in Übersee, München 1994.

Ders.: Überlegungen zur Industriellen Revolution und langfristigen Wachstumsprozessen, in: Jahrbuch für Wirtschaftsgeschichte, 1995/1, S. 209–219.

Buckle, Henry Thomas: Geschichte der Civilisation in England. Übersetzt von Immanuel Heinrich Ritter, I. Bd., Berlin o. J. (1869).

Cairncross, Alexander K.: Factors in Economic Development, London 1962.

The Cambridge Economic History of Europe, Bd. IV: The Economy of Expanding Europe in the Sixteenth and Seventeenth Centuries, hg. von E. E. Rich und C. H. Wilson, Cambridge u. a. 1967; Bd. V: The Economic Organization of Early Modern Europe, hg. von E. E. Rich und C. H. Wilson, Cambridge u. a. 1977; Bd. VI: The Industrial Revolutions and After: Incomes, Population and Technological Chance, hg. von H. J. Habakkuk und M. Postan, Cambridge 1965; Bd. VII: The Industrial Economies: Capital, Labour, and Enterprise, hg. von Peter Mathias und M. M. Postan, Cambridge u. a. 1978; Bd. VIII: The Industrial Economies: The Development of Economic and Social Policies, hg. von Peter Mathias and Sidney Pollard, Cambridge u. a. 1989.

Cameron, Rondo: Some Lessons of History for Developing Nations, in: The American Economic Review, Bd. 57, 1967, Teil II, S. 312–324.

Ders.: A New View of European Industrialization, in: The Economic History Review, Bd. XXXVIII, 1985, S. 1–23.

Ders.: Geschichte der Weltwirtschaft. Bd. 1: Vom Paläolithikum bis zur Industrialisierung, Stuttgart 1991.

Capital Formation in the Industrial Revolution, hg. und mit einer Einführung von François Crouzet, London 1972 (Debates in Economic History).

Carnegie, Andrew: James Watt, Edinburgh / London o. J. (1905) (Famous Scots Series).

Carney, Thomas F.: The Shape of the Past: Models and Antiquity, Lawrence (Kan.) 1975.

Chambers, Jonathan D.: The Workshop of the World. British Economic History from 1820 to 1880, London 1961 (The Home University Library of Modern Knowledge, 246).

Chandler, Alfred D., Jr.: Scale and Scope. The Dynamics of Industrial Capitalism, Cambridge (Mass.) / London 1990.

Chisholm, Michael: Modern World Development. A geographical perspective (1982). Reprinted, London 1984.

Cipolla, Carlo M.: Before the Industrial Revolution. European Society and Economy, 1000–1700 (1976), 3. Aufl., London 1993.

Clapham, Sir John: An Economic History of Modern Britain. Free Trade and Steel 1850–1886. Nachdruck Cambridge 1952.

Clough, Shephard Bancroft / Cole, Charles Woolsey: Economic History of Europe (1941), 3. Aufl., Boston 1952.

Clough, Shephard B.: European Economic History: The Economic Development of Western Civilization (1959), 2. Aufl., New York u.a. 1968.

Columbus, Christoph: Das Bordbuch 1492. Leben und Fahrten des Entdeckers der Neuen Welt in Dokumenten und Aufzeichnungen (1970), hg. und bearb. von Robert Grün, 4. Aufl., Tübingen / Basel 1978.

Cotte, Louis: Traité de Météorologie, Paris 1774.

Ders.: Leçons élémentaires d'histoire naturelle, Paris 1795.

Crafts, Nicholas F.R.: Gross National Product in Europe 1870–1910: Some New Estimates, in: Explorations in Economic History, Bd. 20, 1983, S. 387–401.

Ders.: British Economic Growth during the Industrial Revolution, Oxford 1985.

Cramb, John A.: Germany and England, London 1914.

Crome, August Friedrich Wilhelm: Allgemeine Uebersicht der Staatskräfte von den sämtlichen europäischen Reichen und Ländern, mit einer Verhältniß-Charte von Europa, zur Uebersicht und Vergleichung des Flächen-Raums, der Bevölkerung, der Staats-Einkünfte und der bewaffneten Macht, Leipzig 1818.

Crone, Patricia: Die vorindustrielle Gesellschaft. Eine Strukturanalyse, München 1992.

Dawson, William H.: The Evolution of Modern Germany, London 1908.

Deane, Phyllis: The First Industrial Revolution (1965), 2. Aufl., Cambridge 1979.

Delbrück, Hans: Historische und politische Aufsätze, Berlin 1887.

Demandt, Alexander: Ungeschehene Geschichte. Ein Traktat über die Frage: Was wäre geschehen, wenn ...?, Göttingen 1984.

Ders.: Was wäre Europa ohne die Antike?, in: Alte Geschichte und Wissenschaftsgeschichte. Festschrift für Karl Christ zum 65. Geburtstag, hg. von Peter Kneissl und Volker Losemann, Darmstadt 1988, S. 113–129.

Ders.: Der Idealstaat. Die politischen Theorien der Antike, Köln / Weimar / Wien 1993.

Demangeon, Albert: Le déclin de l'Europe (1920), 2. Aufl., Paris 1975.

Denzinger, Heinrich: Kompendium der Glaubensbekenntnisse und kirchlichen Lehrentscheidungen. Verbessert, erweitert, ins Deutsche übertragen und unter Mitarbeit von Helmut Hoping herausgegeben von Peter Hünermann, 37. Aufl., Freiburg i. Br. 1991.

The Determinants and Consequences of Population Trends. New Summary of Findings on Interaction of Demographic, Economic and Social Factors, Bd. I, New York 1973.

Deutsches Sprichwörter-Lexikon. Ein Hausschatz für das deutsche Volk. Herausgegeben von Karl Friedrich Wilhelm Wander. 2. Bd. (1870). Unveränderter fotomechanischer Nachdruck, Darmstadt 1964.

The Development of British Industry and Foreign Competition 1875–1914, hg. von Derek H. Aldcroft, London 1968.

Diehl, Charles: Études Byzantines (1905), New York 1962 (Burt Franklin Research and Source Works Series No. 39).

The Economic Decline of Empires, hg. von Carlo M. Cipolla, London 1970.

Ehrenberg, Richard: Das Zeitalter der Fugger. Geldkapital und Creditverkehr im 16. Jahrhundert. I. Bd.: Die Geldmächte des 16. Jahrhunderts; II. Bd.: Die Weltbörsen und Finanzkrisen des 16. Jahrhunderts (1896). Anastatischer Neudruck, Jena 1912 und Hildesheim / Zürich / New York 1990 (in einem Band).

Ders.: Große Vermögen. Ihre Entstehung und ihre Bedeutung. Die Fugger – Rothschild – Krupp, Jena 1902.

Engels, Friedrich: Die Lage der arbeitenden Klasse in England. Nach eigner Anschauung und authentischen Quellen (1845), in: Marx Engels Werke (MEW), Bd. 2, Berlin 1970, S. 225–506.

Ders.: Herrn Eugen Dühring's Umwälzung der Wissenschaft (1878), in: Marx Engels Werke (MEW), Bd. 20, Berlin 1973, S. 1–303.

Entwurf zu einem Gesetz über den Schutz von Mustern und Modellen der Fabrikindustrie für die deutschen Zollvereinsstaaten, aufgestellt von mehrern Fabrikanten des Wiesenthals im Amtsbezirke Lörrach, Großherzogthum Baden, Lörrach. Januar 1855.

Epkenhans, Michael: Zwischen Patriotismus und Geschäftsinteresse. F. A. Krupp und die Anfänge des deutschen Schlachtflottenbaus 1897–1902, in: Geschichte und Gesellschaft, 15. Jg., 1989, S. 196–226.

Essays in European Economic History 1789–1914, hg. von F. Crouzet, W. H. Chaloner und W. M. Stern, London 1969.

Europäische Wirtschaftsgeschichte, Bd. 2: Sechzehntes und siebzehntes Jahrhundert, Stuttgart / New York 1983; Bd. 3: Die Industrielle Revolution, Stuttgart / New York 1985; Bd. 4: Die Entwicklung der industriellen Gesellschaften, Stuttgart / New York 1985.

Europe and the Industrial Revolution, hg. von S. Lieberman, Cambridge (Mass.) 1972.

Europe and the Rise of Capitalism, hg. von J. Baechler, J. A. Hall und M. Mann, Oxford 1988.

Fabrikbriefe, in: Deutscher Volksspiegel, 2. Bd., Eisleben / Leipzig 1852, S. 189–207.

Fels, Edwin: Die Umgestaltung der Erde durch den Menschen (1962), 5. Aufl., Paderborn 1976 (Fragenkreise 23130).

Fester, Gustav: Die Entwicklung der chemischen Technik bis zu den Anfängen der Großindustrie. Ein technologisch-historischer Versuch (1923), Neudruck Wiesbaden 1969.

Festschrift zum 150jährigen Jubiläum (der Schnellpressenfabrik Koenig & Bauer AG) 1817–1967, Würzburg 1967.

Figuier, Louis: Les Merveilles de l'industrie ou description des principales industries modernes. Tome 1: Industries chimiques, Paris 1883.

The First Industrial Revolutions, hg. von Peter Mathias and John A. Davis, Oxford 1989.

Fischer, Wolfram: Drei Schweizer Pioniere der Industrie. Johann Conrad Fischer (1773–1854), Johann Caspar Escher (1775–1859), Johann Georg Bodmer (1786–1864) (1958), in ders.: Wirtschaft und Gesellschaft im Zeitalter der Industrialisierung. Aufsätze – Studien – Vorträge, Göttingen 1972, S. 428–442.

Ders.: »Wie Europa reich wurde und die Dritte Welt arm blieb.« Ein Kommentar zu Hans-Heinrich Nolte: »Wie Europa reich und die Dritte Welt arm wurde«, in: Geschichte in Wissenschaft und Unterricht, 32. Jg., 1981, S. 37–46.

Ders.: Wirtschaft und Gesellschaft Europas 1850–1914, in: Handbuch der europäischen Wirtschafts- und Sozialgeschichte, Bd. 5, Stuttgart 1985, S. 1–207.

Flora, Peter u. a.: State, Economy and Society in Western Europe 1815–1975. A Data Handbook in two Volumes, Frankfurt am Main 1983 und 1987.

Franklin, Benjamin: Lebenserinnerungen. Herausgegeben von Manfred Pütz, München 1983.

Franz-Willing, Georg: Die technische Revolution im 19. Jahrhundert. Der Übergang zur industriellen Lebensweise, Tübingen / Zürich / Paris 1988.

Fremdling, Rainer / Tilly, Richard H. (Hg.): Industrialisierung und Raum. Studien zur regionalen Differenzierung im Deutschland des 19. Jahrhunderts, Stuttgart 1979.

Fremdling, Rainer: John Cockerill: Pionierunternehmer der belgisch-niederländischen Industrialisierung, in: Zeitschrift für Unternehmensgeschichte, 26. Jg., Heft 3, 1981, S. 179–193.

Fremdling, Rainer / O'Brien, Patrick K. (Hg.): Productivity in the Economies of Europe, Stuttgart 1983 (Historisch-Sozialwissenschaftliche Forschungen, Bd. 15).

Freudenberger, Herman / Redlich, Fritz: The Industrial Development of Europe: Reality, Symbols, Images, in: Kyklos. Internationale Zeitschrift für Sozialwissenschaften, Bd. XVII, 1964, S. 372– 403.

Frödin, John: Zentraleuropas Alpwirtschaft, Bd. 1, Oslo 1940.

Fuchs, Eckhardt: Henry Thomas Buckle. Geschichtsschreibung und Positivismus in England und Deutschland, Leipzig 1994 (Beiträge zur Universalgeschichte und vergleichenden Gesellschaftsforschung 9).

Fuchs, Konrad: Vom Dirigismus zum Liberalismus. Die Entwicklung Oberschlesiens als preußisches Berg- und Hüttenrevier. Ein Beitrag zur Wirtschaftsgeschichte Deutschlands im 18. und 19. Jahrhundert, Wiesbaden 1970.

500 Jahre Buch und Druck. Zum Jahre 1940 herausgegeben von den graphischen Betrieben R. Oldenbourg in München, München 1940.

Fukuyama, Francis: Das Ende der Geschichte. Wo stehen wir?, München 1992.

Gans, Eduard: Rückblicke auf Personen und Zustände, Berlin 1836.

Gebauer, Heinrich: Die Volkswirtschaft im Königreiche Sachsen. Historisch, geographisch und statistisch dargestellt, I. Bd., Dresden 1893.

Geisau, Hans von: Hyperboreioi, in: Der Kleine Pauly. Lexikon der Antike, 2. Bd.: Dicta Catonis bis Iuno, Stuttgart 1967, Sp. 1274f.

Ders.: Midas, in ebd., 3. Bd.: Iuppiter bis Nasidienus, Stuttgart 1969, Sp. 1287–1289.

Geiss, Imanuel: Prometheus and Pandora. Zur Stellung der industriellen Revolution in der Weltgeschichte, in: Dirk Stegmann / Bern-Jürgen Wendt / Peter-Christian Witt (Hg.): Industrielle Gesellschaft und politisches System. Beiträge zur politischen Sozialgeschichte. Festschrift für Fritz Fischer zum siebzigsten Geburtstag, Bonn 1978, S. 21–36.

Geist, Jos. Anton: Ueber die Fortschritte im Maschinenwesen und deren Folgen, in: Jahresbericht 1837 / 38 der Landwirtschafts- und Gewerbeschule Kempten, Kempten 1838, S. 11–15.

Gerschenkron, Alexander: Continuity in History and Other Essays, Cambridge (Mass.) 1968.

Ders.: Die Vorbedingungen der Europäischen Industrialisierung im 19. Jahrhundert, in: Wirtschafts- und sozialgeschichtliche Probleme der frühen Industrialisierung, hg. von W. Fischer, Berlin 1968, S. 21–28.

Geyer, Philipp: Untersuchungen über Quellen und Umfang des allgemeinen Wohlstandes in Deutschland, in: Jahrbuch für Gesetzgebung, Verwaltung und Volkswirtschaft im Deutschen Reich, N. F., IV. Jg., 1880, S. 1–53 und S. 161–190.

Gibbs-Smith, Charles (unter Mitarbeit von Gareth Rees): Die Erfindungen von Leonardo da Vinci (1978), 2. Aufl., Stuttgart / Zürich 1979.

Gimpel, Jean: La révolution industrielle du Moyen Age, Paris 1975.

Gleirscher, Paul: Vor- und frühgeschichtliche Siedlungsprozesse im Alpenraum am Beispiel des mittleren und unteren Eisacktales aus archäologischer Sicht, in: Siedlungsforschung. Archäologie – Geschichte – Geographie, Bd. 8, 1990, S. 107–121.

Gömmel, Rainer: Transportkosten und ihr Einfluß auf die Integration von Wirtschaftsräumen, in: Economica, Aachen 1986, S. 1–23.

Goodman, Jordan / Honeyman, Katrina: Gainful Pursuits. The Making of Industrial Europe 1600–1914, London / New York / Melbourne / Auckland 1988.

Gothein, Eberhard: Die deutschen Kreditverhältnisse und der dreißigjährige Krieg, Leipzig 1893.

Ders.: Die Reservearmee des Kapitals. Vortrag gehalten in der Gesamtsitzung der Akademie am 21. Juni 1913, Heidelberg 1913 (Sitzungsberichte der Heidelberger Akademie der Wissenschaften. Philosophischhistorische Klasse, Jg. 1913, 7. Abhdlg.).

Gould, John D.: Economic Growth in History. Survey and Analysis, London 1972.

Grabas, Margrit: Krisenbewältigung oder Modernisierungsblockade? Die Rolle des Staates bei der Überwindung des »Holzmangels« zu Beginn der Industriellen Revolution in Deutschland, in: Jahrbuch für europäische Verwaltungsgeschichte, Bd. 7, 1995, S. 43–75.

Grimm, Brüder: Deutsche Sagen, Bd. 1: Herausgegeben von Hans-Jörg Uther, München 1993.

Grothe, Hermann: Bilder und Studien zur Geschichte der Industrie und des Maschinenwesens, Berlin 1870.

Grove, Jean M.: The Little Ice Age, London / New York 1988.

Grundke, Günter: Die Bedeutung des Klimas für den industriellen Standort. Eine Studie auf dem Gebiete der Technischen Geographie, Gotha 1955 (Petermanns Geographische Mitteilungen, Ergänzungsheft Nr. 255).

Grunzel, Josef: Der Sieg des Industrialismus. (Bodenemanzipation und Betriebskonzentration), Leipzig 1911.

Gutmann, Myron P.: Toward the Modern Economy. Early Industry in Europe 1500–1800, New York 1988.

Habakkuk, Hrothgar J.: American and British Technology in the Nineteenth Century. The Search for Labour-Saving Inventions (1962), Cambridge 1967.

Hahn, Hans-Werner: Altständisches Bürgertum zwischen Beharrung und Wandel. Wetzlar 1689–1870, München 1991.

Hainisch, Michael: Die Entstehung des Kapitalzinses, Leipzig / Wien 1907.

Haiser, Franz: Die Sklaverei, ihre biologische Begründung und sittliche Rechtfertigung. Zwei Vorlesungen, München 1923.

Handbuch der europäischen Wirtschafts- und Sozialgeschichte, Bd. 3: Europäische Wirtschafts- und Sozialgeschichte vom ausgehenden Mittelalter bis zur Mitte des 17. Jahrhunderts, Stuttgart 1986; Bd. 4: Europäische Wirtschafts- und Sozialgeschichte von der Mitte des 17. Jahrhunderts bis zur Mitte des 19. Jahrhunderts, Stuttgart 1993; Bd. 5: Europäische Wirtschafts- und Sozialgeschichte von der Mitte des 19. Jahrhunderts bis zum Ersten Weltkrieg, Stuttgart 1985.

Hanf, Theodor: Überlegungen zu einer demokratieorientierten Dritte-Welt-Politik, in: Aus Politik und Zeitgeschichte, 30. Jg., 1980, B 23, S. 11–23.

Harris, James R.: Industriespionage und der französische Staat im 18. Jahrhundert, in: Markt, Staat, Planung. Historische Erfahrungen mit Regulierungs- und Deregulierungsversuchen der Wirtschaft, hg. von Sidney Pollard und Dieter Ziegler, St. Katharinen 1992, S. 25–49.

Hartmann, Heinz: Amerikanische Firmen in Deutschland, Köln 1963.

Hassel, Georg: Statistischer Umriß der sämmtlichen Europäischen Staaten in Hinsicht ihrer Größe, Bevölkerung, Kulturverhältnisse, Handlung, Finanz- und Militärverfassung und ihrer außereuropäischen Besitzungen, 2 Teile, Braunschweig 1805.

Hausbuch des Herrn Joachim von Wedel auf Krempzow Schloß und

Blumberg Erbgesessen. Herausgegeben durch Julius Freiherrn von Bohlen Bohlendorf, Tübingen 1882.

Haushofer, Karl: Wehr-Geopolitik. Geographische Grundlagen einer Wehrkunde, 3., verm. Aufl., Berlin 1941.

Ders.: Erdkunde, Geopolitik und Wehrwissenschaft. Rede zur Universitäts-Jubiläums-Feier gehalten am 26. Juni 1934, München 1934 (Münchener Universitätsreden, Heft 28).

Hawkes, Christopher: Britain and Julius Caesar (Mortimer Wheeler Archaeological Lecture. Read 10 December 1975), in: Proceedings of the British Academy, Bd. 63, 1977, S. 125–192.

Heaton, Herbert: Economic History of Europe (1936), 2. Aufl., New York 1948 (Harper's Historical Series).

Hecker, Justus Friedrich Carl: Die großen Volkskrankheiten des Mittelalters. Historisch-pathologische Untersuchungen (1865). Gesammelt und in erweiterter Bearbeitung herausgegeben von August Hirsch. Nachdruck Hildesheim 1964.

Hegel, Georg Wilhelm Friedrich: Vorlesungen über die Philosophie der Geschichte. Werke Bd. 12, Frankfurt am Main 1970.

Held, Adolf: Zwei Bücher zur socialen Geschichte Englands. Aus dem Nachlass herausgegeben von Georg Friedrich Knapp, Leipzig 1881.

Henderson, William O.: Britain and Industrial Europe 1750–1870. Studies in British Influence on the Industrial Revolution in Western Europe, 2. Aufl., London 1965.

Ders.: The Industrialization of Europe: 1780–1914, London 1969 (deutsch: Wien / München / Zürich 1971).

Hesse, Günter: Die Entstehung industrialisierter Volkswirtschaften. Ein Beitrag zur theoretischen und empirischen Analyse der langfristigen wirtschaftlichen Entwicklung, Tübingen 1982.

Heynen, Reinhard: Zur Entstehung des Kapitalismus in Venedig, Stuttgart 1905 (Inaugural-Dissertation der staatswirtschaftlichen Fakultät der Kgl. Ludwig-Maximilians-Universität zu München).

Hildebrand, Bruno: Die Nationalökonomie der Gegenwart und Zukunft und andere gesammelte Schriften, hg. und eingeleitet von Hans Gehrig, Bd. I, Jena 1922.

Hilgerdt, Folke: Industrialization and Foreign Trade, New York 1945 (Series of League of Nations Publications II.A.10).

Hintze, Otto: Feudalismus – Kapitalismus. Herausgegeben und eingeleitet von Gerhard Oestreich, Göttingen 1970.

A History of Technology, 7 Bde., hg. von Charles Singer u. a., Oxford 1954–1978.

Hobsbawm, Eric J.: The Machine Breakers, in: Past and Present. A journal of scientific history, Nr. 1, Febr. 1952, S. 57–70.

Hoeniger, Robert: Der Schwarze Tod in Deutschland. Ein Beitrag zur Geschichte des vierzehnten Jahrhunderts (1882). Neudruck Schaan 1981.

Hohenberg, Paul: A Primer on the Economic History of Europe, Washington 1968.

Hudson, Pat: The Industrial Revolution, London 1992 (Reading History).

Hume, David: Über die Affekte (Of the passions). Über Moral (Of morals). Deutsch mit Anmerkungen und einem Index von Theodor Lipps, Hamburg / Leipzig 1906.

Hundert Jahre technische Erfindungen und Schöpfungen in Bayern. Jahrhundertschrift des Polytechnischen Vereins in Bayern aus Anlaß des hundertjährigen Bestehens des Vereins im Jahr 1915 herausgegeben vom Ausschuß des Polytechnischen Vereins in Bayern, München / Berlin 1922.

Hundertjähriger Kalender des Herrn Abtes Moritz Knauer, für das jetzige Jahrhundert 1800 bis 1909. Nebst einem vollständigen monatlichen Landwirthschafts-Kalender, welcher die monathlichen Beschäftigungen eines Landmannes in allen Fächern der Landwirthschaft und mehrere Abhandlungen über die Verbauung der Erde mit Pflanzen, Bäumen, Gräsern, u.s.w. enthält, und einem durch lange Erfahrung bewährten medicinischen Noth- und Hülfsbüchlein, in welchem die Zubereitungen der vorzüglichsten Heilsmittel, die man in jedem Hause selbst leicht machen kann, erklärt, die Art des Gebrauches bey den gewöhnlichsten äußerlichen und innerlichen Krankheiten der Menschen und des Viehes abgehandelt, die Einrichtung einer Hausapotheke gelehret und die Krankheiten des Federviehes, der Bienen u.s.w. beschrieben und auch ihre Heilungen angegeben werden. Dritte zum Gebrauche für das Landvolk neu eingerichtete, verbesserte, vermehrte und mit neuen Holzstichen verschönerte Ausgabe, Graetz 1809.

L'Industrialisation en Europe au XIXe siècle, hg. von P. Léon, F. Crouzet und R. Gascon, Paris 1972 (Colloques Internationaux du Centre National de la Recherche Scientifique, Nr. 540).

Industrialisierung und »Europäische Wirtschaft« im 19. Jahrhundert, hg. von O. Büsch, W. Fischer und H. Herzfeld, Berlin / New York 1976 (Veröffentlichungen der Historischen Kommission zu Berlin, Bd. 46. Publikationen zur Geschichte der Industrialisierung, Bd. 5).

The Industrial Revolution and Work in Nineteenth-Century Europe, hg. von L. R. Berlanstein, London / New York 1992 (Rewriting Histories).

Industriegeographie, hg. von Karlheinz Hottes, Darmstadt 1976 (Wege der Forschung, Bd. CCCXXIX).

Isensee, Josef: Nachwort. Europa – die politische Erfindung eines Erdteils, in: Paul Kirchhof / Hermann Schäfer / Hans Tietmeyer: Europa als politische Idee und als rechtliche Form (1993), 2., unveränd. Aufl., Berlin 1994, S. 103–138.

Jaeger, Fritz: Die klimatischen Grenzen des Ackerbaus, Zürich 1946 (Denkschriften der Schweizerischen Naturforschenden Gesellschaft, Bd. LXXVI, Abh. 1).

Jakubowski-Tiessen, Manfred: Sturmflut 1717. Die Bewältigung einer Naturkatastrophe in der Frühen Neuzeit, München 1992 (Ancien Régime. Aufklärung und Revolution, Bd. 24).

Jonas, Hans: Wissenschaft als persönliches Erlebnis, Göttingen 1987.

Jones, Eric Lionel: Das Wunder Europa. Umwelt, Wirtschaft und Geopolitik

in der Geschichte Europas und Asiens, Tübingen 1991 (Die Einheit der Gesellschaftswissenschaften, Bd. 72). Zuerst englisch, Cambridge 1981.
Ders.: Growth Recurring. Economic Change in World History, Oxford 1988.
Jones, Philip D. / Bradley, Raymond S.: Climatic variations over the last 500 years, in: Climate Since 1500 A. D., hg. von R. S. Bradley und P. D. Jones, London / New York 1992, S. 649–665.
Jüthner, Julius: Infibulatio, in: Realencyclopädie der Classischen Altertumswissenschaft, Bd. IX, Teil 2, 1916, Sp. 2543–2548.
Kaelble, Hartmut: Wie feudal waren die deutschen Unternehmer im Kaiserreich? Ein Zwischenbericht, in: Richard Tilly (Hg.): Beiträge zur quantitativen vergleichenden Unternehmensgeschichte, Stuttgart 1985, S. 148–171.
Kant, Immanuel: Grundlegung zur Metaphysik der Sitten (1785), in: Werke, Bd. 6: Schriften zur Ethik und Religionsphilosophie, 1. Teil, Darmstadt 1968, S. 5–102.
Kauffman, Wolffgangum: Wider den verfluchten Wucher. Und alle desselben anhangende Geitzhendel: Umschlege: vorteilige Wechsel: Einreittung / Leisten etc., Warhafftiger / bestendiger / vnd in Goettlichen / Natuerlichen / Keyserlichen / weltlichen geschriebenen Rechten / wol gegruendter Bericht vnd trewe Warnung / aus vieler Gelerter Buecher alt vnd new trewlich zusammen gezogen, Eisleben 1565.
Kaufhold, Karl Heinrich: Deutschland 1650–1850, in: Handbuch der europäischen Wirtschafts- und Sozialgeschichte. Bd. 4, Stuttgart 1993, S. 523–588.
Kautsky, John H.: The Politics of Aristocratic Empires, Chapel Hill 1982.
Kellenbenz, Hermann: Wirtschaft und Gesellschaft Europas 1350– 1650, in: Handbuch der europäischen Wirtschafts- und Sozialgeschichte, Bd. 3, Stuttgart 1986, S. 1–387 (auch erschienen als Buch mit dem Titel: Die Wiege der Moderne. Wirtschaft und Gesellschaft Europas 1350–1650, Stuttgart 1991).
Ders.: Süddeutsche Wirtschaft im Netz regionaler und überregionaler Verflechtungen – zwischen Westfälischem Frieden und Französischer Revolution, in: Gewerbe und Handel vor der Industrialisierung. Regionale und überregionale Verflechtungen im 17. und 18. Jahrhundert, hg. von Joachim Jahn und Wolfgang Hartung, Sigmaringendorf 1991, S. 9–26.
Ders.: Die deutsche Wirtschaft in der Stauferzeit, in ders.: Dynamik in einer quasi-statischen Welt. Kleine Schriften II, Stuttgart 1991, S. 489–511.
Kemp, Tom: Industrialization in Nineteenth-century Europe (1969), 9. Aufl., London 1980.
Kendrick, Thomas D.: The Lisbon Earthquake, London 1956.
Kennedy, Paul: The Rise and Fall of Great Powers. Economic Change and Military Conflict from 1500 to 2000, New York 1987. Deutsch: Aufstieg und Fall der großen Mächte. Ökonomischer Wandel und militärischer Konflikt von 1500 bis 2000. Aus dem Englischen von Catharina Jurisch, Frankfurt am Main 1989.
Kiechle, Franz: Sklavenarbeit und technischer Fortschritt im römischen Reich, Wiesbaden 1969 (Forschungen zur antiken Sklaverei, Bd. III).

Kiesewetter, Hubert: Industrialisierung und Landwirtschaft. Sachsens Stellung im regionalen Industrialisierungsprozeß Deutschlands im 19. Jahrhundert, Köln / Wien 1988 (Mitteldeutsche Forschungen, Bd. 94).

Ders.: Industrielle Revolution in Deutschland 1815–1914, Frankfurt am Main 1989, 3. Aufl. 1996.

Ders.: Region und Nation in der europäischen Industrialisierung 1815 bis 1871, in: Deutscher Bund und deutsche Frage 1815–1866. Europäische Ordnung, deutsche Politik und gesellschaftlicher Wandel im Zeitalter der bürgerlich-nationalen Emanzipation, hg. von Helmut Rumpler, Wien / München 1990, S. 162–185.

Ders.: Competition for Wealth and Power. The Growing Rivalry between Industrial Britain and Industrial Germany 1815–1914, in: The Journal of European Economic History, Bd. 20, Nr. 2, 1991, S. 271–299.

Ders.: Bruno Naumann – ein feudalisierter Unternehmer?, in: Sächsische Heimatblätter, 37. Jg., Heft 1, 1991, S. 32–35.

Ders.: Erfinder ohne Fortune. Friedrich Koenigs Englandaufenthalt 1806–1817, in: Zeitschrift für Unternehmensgeschichte, 37. Jg., Heft 2, 1992, S. 75–100.

Ders.: Zur Dynamik der regionalen Industrialisierung in Deutschland im 19. Jahrhundert – Lehren für die europäische Union?, in: Jahrbuch für Wirtschaftsgeschichte 1992 / 1, S. 79–112.

Ders.: Von Hegel zu Hitler. Die politische Verwirklichung einer totalitären Machtstaatstheorie in Deutschland (1815–1945), 2., völlig veränderte und erweiterte Aufl., Frankfurt am Main 1995.

Ders.: Geschichtswissenschaft und Erkenntnistheorie, in: Zeitschrift für Geschichtswissenschaft, 43. Jg., Heft 7, 1995, S. 581–613.

Ders.: Raum und Region, in: Moderne Wirtschaftsgeschichte. Eine Einführung für Historiker und Ökonomen. Herausgegeben von Gerold Ambrosius, Dietmar Petzina und Werner Plumpe, München 1996, S. 105–118.

Kindleberger, Charles P.: Economic Development (1958), 2. Aufl., New York / St. Louis / San Francisco / Toronto / London / Sidney 1965.

Kjellén, Rudolf: Der Staat als Lebensform, 2. Aufl., Leipzig 1917.

Klatt, Sigurd: Zur Theorie der Industrialisierung. Hypothesen über die Bedingungen, Wirkungen und Grenzen eines vorwiegend durch technischen Fortschritt bestimmten wirtschaftlichen Wachstums, Köln / Opladen 1959 (Die industrielle Entwicklung. Abteilung A: Untersuchungen zur Volkswirtschaftspolitik, Bd. 1).

Knies, Karl: Die politische Oekonomie vom Standpunkte der geschichtlichen Methode, Braunschweig 1853.

Knight, John B. / Sabot, Richard H.: Education, Productivity, and Inequality. The East African Natural Experiment, Washington, D. C. 1990.

Köhler, Gustav: Die Entwickelung des Kriegswesens und der Kriegführung in der Ritterzeit von Mitte des 11. Jahrhunderts bis zu den Hussitenkriegen. Dritter Band, Dritte Abtheilung: Die Entwickelung der Kriegführung in der Ritterzeit, Breslau 1889.

König, Wolfgang: Technical education and industrial performance in

Germany: a triumph of heterogeneity, in: Education, technology and industrial performance in Europe, 1850–1939. Edited by Robert Fox and Anna Guagnini, Cambridge 1993, S. 65–87.

Kohr, Leopold: Die »Überentwickelten« oder die Gefahr der Größe, Düsseldorf / Wien 1962.

Kraus, Theodor: Grundzüge der Wirtschaftsgeographie, in: Handbuch der Wirtschaftswissenschaft, hg. von Karl Hax und Theodor Wessel, Bd. II: Volkswirtschaft, Köln / Opladen 1959, S. 1445–1542.

Kriedte, Peter: Spätfeudalismus und Handelskapital. Grundlinien der europäischen Wirtschaftsgeschichte vom 16. bis zum Ausgang des 18. Jahrhunderts, Göttingen 1980.

Kuczynski, Jürgen: Vier Revolutionen der Produktivkräfte. Theorien und Vergleiche. Mit kritischen Bemerkungen und Ergänzungen von Wolfgang Jonas, Berlin 1975 (Forschungen zur Wirtschaftsgeschichte, Bd. 8).

Kügelgen, Wilhelm von: Jugenderinnerungen eines alten Mannes, Leipzig o. J. (1870).

Kuznets, Simon: Modern Economic Growth. Rate, Structure, and Spread (1966), New Haven / London 1976 (Studies in Comparative Economics 7).

Ders.: Die wirtschaftlichen Vorbedingungen der Industrialisierung, in: Industrielle Revolution. Wirtschaftliche Aspekte, hg. von Rudolf Braun, Wolfram Fischer, Helmut Großkreutz, Heinrich Volkmann, Köln / Berlin 1972.

Lamb, Hubert H.: Klima und Kulturgeschichte. Der Einfluß des Wetters auf den Gang der Geschichte, Reinbek bei Hamburg 1989 (zuerst englisch 1982).

Landes, David S.: Der entfesselte Prometheus. Technologischer Wandel und industrielle Entwicklung in Westeuropa von 1750 bis zur Gegenwart, Köln 1973 (zuerst englisch, Cambridge 1969).

Ders.: Revolution in Time. Clocks and the Making of the Modern World, Cambridge (Mass.) / London 1983.

Laum, Bernhard: Über Ursprung und Frühgeschichte des Begriffes ›Kapital‹, in: Finanzarchiv, N. F., Bd. XV, 1954/55, S. 72–112.

Lechner, Karl: Das große Sterben in Deutschland in den Jahren 1348 bis 1351 und die folgenden Pestepidemien bis zum Schlusse des 14. Jahrhunderts (1884). Neudruck Walluf 1974.

Leonardo da Vinci: Künstler, Erfinder, Wissenschaftler. Herausgegeben von Meinrad Maria Grewenig und Otto Letze, Speyer 1995.

Le Roy Ladurie, Emmanuel: Times of Feast, Times of Famine: A History of Climate Since the Year 1000. Translated by Barbara Bray, Garden City (N.Y.) 1971.

Lévy, Edmond: La kryptie et ses contradictions, in: Ktèma, Bd. 13, 1988, S. 245–252.

Lewis, W. Arthur: Die Theorie des wirtschaftlichen Wachstums, Tübingen / Zürich 1956 (Hand- und Lehrbücher aus dem Gebiet der Sozialwissenschaften).

Liebig, Justus: Die Chemie in ihrer Anwendung auf Agricultur und Physiologie (1840), 5., umgearb. und sehr verm. Aufl., Braunschweig 1843.

Link, Stefan: Der Kosmos Sparta. Recht und Sitte in klassischer Zeit, Darmstadt 1994.

List, Friedrich: Das Nationale System der Politischen Ökonomie (1844), in: Schriften / Reden / Briefe, Bd. VI, Berlin 1930.

Lubbock, Sir John: Die Entstehung der Civilisation und der Urzustand des Menschengeschlechtes, erläutert durch das innere und äußere Leben der Wilden. Autorisirte Ausgabe für Deutschland. Nach der dritten vermehrten Auflage aus dem Englischen von A. Passow. Nebst einleitendem Vorwort von Rudolf Virchow, Jena 1875.

Lundgreen, Peter: Bildung und Wirtschaftswachstum im Industrialisierungsprozeß des 19. Jahrhunderts. Methodische Ansätze, empirische Studien und internationale Vergleiche, Berlin 1973 (Historische und Pädagogische Studien, Bd. 5).

Luther, Martin: Kleiner (1519) und Großer Sermon vom Wucher (1520), in: D. Martin Luthers Werke. Kritische Gesammtausgabe, 6. Bd., Weimar 1888, S. 1–8 und S. 33–60.

Ders.: An den christlichen Adel deutscher Nation von des christlichen Standes Besserung (1520) in ders.: Von christlicher Freiheit. Schriften zur Reformation. Übertragen und kommentiert von Horst Beintker, Zürich 1990, S. 277–365.

MacLeod, Christine: Inventing the Industrial Revolution. The English patent system, 1660–1800, Cambridge 1988.

Maddison, Angus: Class Structure and Economic Growth. India and Pakistan since the Moghuls, London 1971.

Ders.: Wirtschaftswachstum und Lebensstandard im 20. Jahrhundert, in: Lebensstandard und Wirtschaftssysteme. Studien im Auftrage des Wissenschaftsfonds der DG Bank. Herausgegeben von Wolfram Fischer, Frankfurt am Main 1995, S. 103–140.

Maier, Harry: Bildungsökonomie. Die Interdependenz von Bildungs- und Beschäftigungssystem, Stuttgart 1994.

Malchus, C. A. Frh. von: Statistik und Staatenkunde. Ein Beitrag zur Staatenkunde von Europe, Stuttgart / Tübingen 1826.

Malich, Uwe: Alfred Krupp (1812 bis 1887), in: Biographien bedeutender Unternehmer. Eine Sammlung von Biographien. Herausgegeben von Gisela Buchheim und Wolf D. Hartmann, Berlin 1991, S. 107–117.

Malthus, Thomas Robert: An Essay on the Principle of Population as it Affects the Future Improvement of Society, with Remarks on the Speculations of Mr. Godwin, M. Condorcet, and other Writers, London 1798. Deutsch: Das Bevölkerungsgesetz. Herausgegeben und übersetzt von Christian M. Barth, München 1977.

Ders.: Versuch über das Bevölkerungs-Gesetz oder eine Betrachtung über seine Folgen für das menschliche Glück in der Vergangenheit und Gegenwart, mit einer Untersuchung unserer Aussichten auf künftige Befriedigung oder Milderung der aus ihm entspringenden Uebel. Nach der siebten Ausgabe des englischen Originals [1872] übersetzt von F. Stöpel, Berlin 1879 (Bibliothek der Volkswirthschaftslehre und Gesellschaftswissenschaft).

Ders.: Grundsätze der Politischen Ökonomie mit Rücksicht auf ihre praktische Anwendung. Nach der zweiten sehr vermehrten Auflage des englischen Originals [1836] übersetzt von V. Marinoff, Berlin 1910 (Bibliothek der Volkswirtschaftslehre und Gesellschaft XIX).

Mann, Thomas: Betrachtungen eines Unpolitischen, Berlin 1918.

Ders.: Schicksal und Aufgabe (1944), in ders.: Reden und Aufsätze II, Frankfurt am Main 1965, S. 613–634.

Marx, Karl: Das Kapital. Kritik der politischen Ökonomie. 1. Bd., Werke Bd. 23, Berlin 1962.

Mathias, Peter: The First Industrial Nation. An Economic History of Britain 1700–1914, London / New York 1986.

Matthes, François E.: Report of Committee on Glaciers, April 1939, in: Transactions. American Geophysical Union, Bd. 20, 1939, S. 518–523.

McNeill, William H.: Krieg und Macht. Militär, Wirtschaft und Gesellschaft vom Altertum bis heute. Aus dem Englischen übersetzt von Christian Spiel, München 1984.

Medley, George Webb: The German Bogey. »Made in Germany« (1896) in ders.: Pamphlets and Addresses, London 1899.

Menger, Carl: Zur Theorie des Kapitals, in: Jahrbücher für Nationalökonomie und Statistik, N. F., Bd. XVII, 1888, S. 1–49.

Mieck, Ilja: Wirtschaft und Gesellschaft Europas 1650–1850, in: Handbuch der europäischen Wirtschafts- und Sozialgeschichte, Bd. 4, Stuttgart 1993, S. 1–233.

Miksch, Leonhard: Die Geldordnung der Zukunft, in: Zeitschrift für das gesamte Kreditwesen, 7. Heft, 1949, S. 155–158.

Milward, Alan S. / Saul, S. B.: The Economic Development of Continental Europe 1780–1870, London 1973.

Dies.: The Development of the Economies of Continental Europe 1850–1914, London 1977.

Mitchell, B. R.: European Historical Statistics 1750–1975 (1975), 2., erw. Aufl., London / Basingstoke 1981.

Möckel, Carola: Technologietransfer in der ersten Phase der industriellen Revolution. Die Cockerills in Preußen, in: Jahrbuch für Wirtschaftsgeschichte 1987/3, S. 9–27.

Mohl, Moriz: Ueber die württembergische Gewerbs-Industrie. I. Abt., Stuttgart / Tübingen 1828.

Mokyr, Joel: Growing-Up and the Industrial Revolution in Europe, in: Explorations in Economic History, Bd. 13, 1976, S. 371–396.

Mols, Roger: Die Bevölkerung Europas 1500–1700, in: Europäische Wirtschaftsgeschichte, Bd. 2: Sechzehntes und siebzehntes Jahrhundert, Stuttgart / New York 1983, S. 5–49.

Monod, Jacques: Le hasard et la nécessité, Paris 1970. Deutsch: Zufall und Notwendigkeit. Philosophische Fragen der modernen Biologie. Deutsch von Friedrich Griese. Vorrede zur deutschen Ausgabe von Manfred Eigen, 2. Aufl., München 1975.

Montesquieu, Charles de: Oeuvres complètes de Montesquieu, avec de notes de Dupin, Crevier, Voltaire, Mably, Servan, La Harpe, etc. etc., Paris 1846.

Mooser, Josef: Ländliche Klassengesellschaft 1770–1848. Bauern und Unterschichten, Landwirtschaft und Gewerbe im östlichen Westfalen, Göttingen 1984 (Kritische Studien zur Geschichtswissenschaft, Bd. 64).

Mousnier, Roland: La vénalité des offices sous Henri IV et Louis XIII (1971), 2., erw. Aufl., Paris 1971 (Collection hier).

Müller, Achatz von / Ludwig, Karl-Heinz: Die Technik des Mittelalters, in: Die Technik. Von den Anfängen bis zur Gegenwart. Herausgegeben von Ulrich Troitzsch und Wolfhard Weber, Braunschweig 1987, S. 121–181.

Müller, Hans-Heinrich/Rook, Hans-Joachim: Herkules in der Wiege. Streiflichter zur Geschichte der Industriellen Revolution, Leipzig / Jena / Berlin 1980.

Musson, Albert E. / Robinson, Eric: Science and Technology in the Industrial Revolution, Manchester 1969.

Myrdal, Gunnar: Asian Drama. An Inquiry Into the Poverty of Nations. 3 Bände, New York 1968 (The Twentieth Century Fund).

Napier, Sir W.: The Life and Opinions of General Sir Charles James Napier, G. C. B. In Four Volumes, Bd. I, London 1857.

Needham, Joseph u. a.: Science and Civilisation in China, 11 Bände, Cambridge 1954–1985.

Nef, John U.: The Rise of the British Coal Industry, 2 Bde., London 1932 (Studies in Economic and Social History, Bd. VI und VII).

Niedhart, Gottfried: Großbritannien 1750–1850, in: Handbuch der europäischen Wirtschafts- und Sozialgeschichte. Bd. 4, Stuttgart 1993, S. 401–461.

Niemann, Hans-Werner: Vom Faustkeil zum Computer. Technikgeschichte – Kulturgeschichte – Wirtschaftsgeschichte, Stuttgart 1985.

Nohl, Johannes: Der schwarze Tod. Eine Chronik der Pest 1348 bis 1720. Unter Benutzung zeitgenössischer Quellen bearbeitet, Potsdam 1924 (Der Kulturspiegel, 2. Bd.).

Nolte, Hans-Heinrich: Wie Europa reich und die Dritte Welt arm wurde, in: Geschichte in Wissenschaft und Unterricht, 32. Jg., 1981, S. 24–36.

Ders.: Die eine Welt. Abriß der Geschichte des internationalen Systems (1982), 2., überarb. und erg. Aufl., Hannover 1993.

North, Douglass C.: Theorie des institutionellen Wandels. Eine neue Sicht der Wirtschaftsgeschichte, Tübingen 1988 (Die Einheit der Gesellschaftswissenschaften, Bd. 56).

O'Brien, Patrick: European Economic Development: The Contribution of the Periphery, in: The Economic History Review, Bd. XXXV, 1982, S. 1–18.

Obrigkeitlich befohlener Abdruck des von der Schulkommission erstatteten Berichts über die von einem Theil der Wetzlarischen Bürgerschaft angefochtenen neuen Schulanstalten, Wetzlar 1800.

Offenbacher, Martin: Konfession und soziale Schichtung. Eine Studie über die wirtschaftliche Lage der Katholiken und Protestanten in Baden (Diss. Heidelberg), Tübingen 1901.

Ogg, Frederic Austin: Economic Development of Modern Europe (1917). With supplementary chapters by Walter Rice Sharp, New York 1926.

Olshausen, Eckart: Einführung in die Historische Geographie der Alten Welt, Darmstadt 1991 (Die Altertumswissenschaft).

Oppenheimer, Franz: Abriß einer Sozial- und Wirtschaftsgeschichte Europas von der Völkerwanderung bis zur Gegenwart (1935). 3. Teil: Stadt und Bürgerschaft. Die Neuzeit, 2. Aufl., Stuttgart 1964 (System der Soziologie, Bd. IV / 3).

Otter, William: Robert Malthus zum Gedächtnis, in: Thomas R. Malthus: Grundsätze der Politischen Ökonomie mit Rücksicht auf ihre praktische Anwendung, Berlin 1910, S. 1–44.

Parker, William N.: Europe, America, and the Wider World. Essays on the Economic History of Western Capitalism. Bd. 1: Europe and the World Economy, Cambridge 1984 (Studies in Economic History and Policy: The United States in the Twentieth Century).

Parkinson, C. Northcote: Asien und Europa. In den Gezeiten der Geschichte, Düsseldorf / Wien 1963.

Patterns of European Industrialization. The nineteenth century, hg. von R. Sylla und G. Toniolo, London / New York 1991.

Paulinyi, Akos: Industrielle Revolution. Vom Ursprung der modernen Technik, Reinbek bei Hamburg 1989 (Kulturgeschichte der Naturwissenschaften und der Technik).

Perroux, François: L'Europe sans rivages. Ouvrage et articles. Textes complémentaires réunis par Renato di Ruzza, Grenoble 1990.

Peschel, Oscar: Völkerkunde (1874). Bearbeitet von Alfred Kirchhoff, 6. Aufl., Leipzig 1885.

Pettenkofer, Max von: Ueber Nahrungsmittel im Allgemeinen und über den Werth des Fleischextracts als Bestandtheil der menschlichen Nahrung insbesondere. Briefliche Mittheilung an Herrn Joseph Bennert in Antwerpen, Braunschweig 1873.

Pfister, Christian: Das Klima der Schweiz von 1525–1860 und seine Bedeutung in der Geschichte von Bevölkerung und Landwirtschaft. Bd. I: Klimageschichte der Schweiz 1525–1860; Bd. II: Bevölkerung, Klima und Agrarmodernisierung (1984), 2. Aufl., Bern / Stuttgart 1985.

Ders.: Five Centuries of Little Ice Age Climate in Western Europe, in: Proceedings of the International Symposium of the Little Ice Age Climate. Herausgegeben von T. Mikami, Tokio 1992, S. 208–212.

Ders.: Bevölkerungsgeschichte und historische Demographie 1500–1800, München 1994 (Enzyklopädie deutscher Geschichte, Bd. 28).

Pflugk-Harttung, Julius von: Entdeckungs- und Kolonial-Geschichte, in: Geschichte der Neuzeit. Das religiöse Zeitalter 1500–1650, Berlin 1907, S. 1–115.

Philippi, Friedrich: Die erste Industrialisierung Deutschlands (im Mittelalter). Ein Vortrag, Münster (Westf.) 1909.

Pierenkemper, Toni: Gebunden an zwei Kulturen. Zum Standort der modernen Wirtschaftsgeschichte im Spektrum der Wissenschaften, in: Jahrbuch für Wirtschaftsgeschichte 1995 / 2, S. 163–176.

Platon: Timaios. Werke, Bd. 7, 2. Aufl., Darmstadt 1990.

Plutarch: Lebensbeschreibungen. Mit Anmerkungen nach der Übersetzung von Kaltwasser bearbeitet von Hanns Floerke. 1. Bd., München / Leipzig 1913 (Klassiker des Altertums. II. Reihe, 1. Bd.).

Pollard, Sidney: Industrialization and the European Economy, in: The Economic History Review, Bd. XXVI, 1973, S. 636–648.

Ders.: European Economic Integration 1815–1970, London 1974.

Ders.: Peaceful Conquest. The Industrialization of Europe 1760–1970 (1981), Nachdruck Oxford 1986.

Ders.: »Made in Germany« – die Angst vor der deutschen Konkurrenz im spätviktorianischen England, in: Technikgeschichte, Bd. 54, 1987, Nr. 3, S. 183–195.

Popper(-Lynkeus), Josef: Das Recht zu leben und Die Pflicht zu sterben. Socialphilosophische Betrachtungen. Anknüpfend an die Bedeutung Voltaire's für die neuere Zeit (1878), 3. Aufl., Dresden / Leipzig 1903.

Popper, Karl R.: Logik der Forschung (1934), 10., verb. Aufl., Tübingen 1994.

Ders.: Die offene Gesellschaft und ihre Feinde (1957 / 58), 2 Bde., 7. Aufl., Tübingen 1992.

Ders.: Das Elend des Historizismus (1965), 6. Aufl., Tübingen 1987.

Ders.: Technologie und Ethik, Frankfurt am Main 1992.

Ders.: Lesebuch. Ausgewählte Texte zu Erkenntnistheorie, Philosophie der Naturwissenschaften, Metaphysik, Sozialphilosophie. Herausgegeben von David Miller, Tübingen 1995.

Porter, George R.: The Progress of the Nation, in its Various Social and Economic Relations, from the Beginning of the Nineteenth Century to the Present Time. Bd. I, London 1836.

Pounds, Norman J. G.: An historical geography of Europe 1800–1914, Cambridge 1985.

Pryor, Frederic L.: Climatic Fluctuations as a Cause of the Differential Economic Growth of the Orient and Occident: A Comment, in: The Journal of Economic History, Bd. XLV, Nr. 3, 1985, S. 667–673.

Rathjens, Carl: Die Formung der Erdoberfläche unter dem Einfluß des Menschen. Grundzüge der Anthropogenetischen Geomorphologie, Stuttgart 1979 (Studienbücher der Geographie).

Ratzel, Friedrich: Die Erde und das Leben. Eine vergleichende Erdkunde. I. Bd., Leipzig / Wien 1901.

Ders.: Die Erde und das Leben. Eine vergleichende Erdkunde. II. Bd., Leipzig / Wien 1902.

Regesten zur Geschichte der Juden im fränkischen und deutschen Reiche bis zum Jahre 1273, Berlin 1902. Herausgegeben im Auftrage der Historischen Commission für Geschichte der Juden in Deutschland. Bearbeitet unter Mitwirkung von Albert Dresdner und Ludwig Lewinski von Julius Aronius. Reprografischer Nachdruck, Hildesheim / New York 1970.

Report from the Select Committee on the Laws Relating to the Export of Tools and Machinery, London 1825.

Reports of the Royal Commission Appointed to Inquire Into the Depression of Trade and Industry, London 1887.

Reynolds, Lloyd G.: Economic Growth in the Third World, 1850–1980, New Haven (Conn.) / London 1985.

Ricardo, David: Grundsätze der Volkswirtschaft und Besteuerung. Aus dem englischen Original, und zwar nach der Ausgabe letzter Hand (3. Aufl. 1821) ins Deutsche übertragen und eingeleitet von Heinrich Waentig, Jena 1921 (Sammlung sozialwissenschaftlicher Meister, Bd. 5).

Ringer, Fritz K.: Education and Society in Modern Europe, Bloomington / London 1979.

Rogers, James E. Thorold: The Industrial and Commercial History of England (Lectures Delivered to the University of Oxford), Bd. II, 2. Aufl., London 1894.

Rosenberg, Nathan / Birdzell, Luther E. jr.: How the West Grew Rich. The Economic Transformation of the Industrial World, New York 1986.

Dies.: Industrielle Revolution und Prosperität, in: Spektrum der Wissenschaft 1991 / 1, S. 108–120.

Rosenzweig, Franz: Briefe, hg. von Edith Rosenzweig, Berlin 1935.

Ross, Jan: Vernunft ist nicht Rationalität. Ernest Gellners anregender und vergeblicher Versuch, ein Max Weber der Philosophie zu sein, in: Frankfurter Allgemeine Zeitung, Nr. 217 vom Montag, den 18. September 1995, S. 14.

Rostow, Walt W.: The Stages of Economic Growth. A Non-Communist Manifesto, Cambridge 1960.

Ders.: Stadien wirtschaftlichen Wachstums. Eine Alternative zur marxistischen Entwicklungstheorie, Göttingen 1967.

Ders.: Politics and the Stages of Growth, Cambridge 1971.

Ders.: The Beginnings of Modern Growth in Europe: An Essay in Synthesis, in: The Journal of Economic History, Bd. XXXIII, 1973, S. 547–579.

Ders.: How it All Began. Origins of the Modern Economy, London 1975.

Die Rothschilds. Eine europäische Familie (Begleitbuch). Herausgegeben von Georg Heuberger, Sigmaringen 1994.

Die Rothschilds. Beiträge zur Geschichte einer europäischen Familie (Essayband). Herausgegeben von Georg Heuberger, Sigmaringen 1994.

Rudloff, Hans von: Die Schwankungen und Pendelungen des Klimas in Europa seit dem Beginn der regelmäßigen Instrumenten-Beobachtungen (1670), Braunschweig 1967 (Die Wissenschaft, Bd. 122).

Ruffié, Jacques / Sournia, Jean-Charles: Die Seuchen in der Geschichte der Menschheit. Aus dem Französischen von Brunhild Seeler, München 1992.

Ruppert, Wolfgang: Die Fabrik. Geschichte von Arbeit und Industrialisierung in Deutschland, München 1983.

Salvioli, Joseph: Der Kapitalismus im Altertum. Studien über die römische Wirtschaftsgeschichte (1912), 2. Aufl., Stuttgart / Berlin 1922. »Vorrede« von Karl Kautsky, S. VII–XX.

Schmidt, Hellmuth: Die sächsischen Bauernunruhen des Jahres 1790, in: Mittheilungen des Vereins für die Geschichte der Stadt Meißen, Bd. 7, Meißen 1907, S. 261–428.

Schmidt, Peer: Zentralamerika 1760–1821, in: Handbuch der Geschichte Lateinamerikas, Bd. 2, Stuttgart 1992, S. 190–207.

Schmoller, Gustav: Die soziale Frage. Klassenbildung, Arbeiterfrage, Klassenkampf, München / Leipzig 1918.

Schneider, Helmuth: Einführung in die antike Technikgeschichte, Darmstadt 1992 (Altertumswissenschaft).

Schremmer, Eckart: Auf dem Weg zu einer allgemeinen Lehre von der Entstehung moderner Industriegesellschaften? Anmerkungen zu H. Otsukas Konzept »Der <Geist> des Kapitalismus«, in: Vierteljahrschrift für Sozial- und Wirtschaftsgeschichte, 70. Bd., Heft 3, 1983, S. 363–378.

Schubert, Charlotte: Perikles, Darmstadt 1994 (Erträge der Forschung, Bd. 285).

Schulte Beerbühl, Margrit: Die Konsummöglichkeiten und Konsumbedürfnisse der englischen Unterschichten im 18. Jahrhundert, in: Vierteljahrschrift für Sozial- und Wirtschaftsgeschichte, 82. Bd., Heft 1, 1995, S. 1–28.

Dies.: War England ein Sonderfall der Industrialisierung? Der ökonomische Einfluß der protestantischen Immigranten auf die Entwicklung der englischen Wirtschaft vor der Industrialisierung, in: Geschichte und Gesellschaft, 21. Jg., Heft 4, 1995, S. 479–505.

Schumacher, Martin: Auslandsreisen deutscher Unternehmer 1750–1851 unter besonderer Berücksichtigung von Rheinland und Westfalen, Köln 1968 (Schriften zur rheinisch-westfälischen Wirtschaftsgeschichte, Bd. 17).

Schumpeter, Joseph: Theorie der wirtschaftlichen Entwicklung. Eine Untersuchung über Unternehmergewinn, Kapital, Kredit, Zins und den Konjunkturzyklus (1911), 6. Aufl., Berlin 1964.

Schwerin von Krosigk, Lutz Graf: Die große Zeit des Feuers. Der Weg der deutschen Industrie, 3 Bde., Tübingen 1957–1959.

Senghaas, Dieter: Von Europa lernen. Entwicklungsgeschichtliche Betrachtungen, Frankfurt am Main 1982.

Shadwell, Arthur: England, Deutschland und Amerika. Eine vergleichende Studie ihrer industriellen Leistungsfähigkeit (Industrial efficiency), Berlin 1908 (Moderne Wirtschaftsprobleme, Bd. II).

Simmel, Georg: Philosophie des Geldes (1900), 6. Aufl., Berlin 1958 (Gesammelte Werke, 1. Bd.).

Sittauer, Hans L.: James Watt, Leipzig 1981 (Biographien hervorragender Naturwissenschaftler, Techniker und Mediziner, Bd. 53).

Sked, Alan: Britain's Decline. Problems and Perspectives, Oxford 1988 (Historical Association Studies).

Smith, Adam: Der Wohlstand der Nationen. Eine Untersuchung seiner Natur und seiner Ursachen. Aus dem Englischen übertragen mit einer umfassenden Würdigung des Gesamtwerkes von Horst Claus Recktenwald, München 1978.

Smith, Clifford T.: A Historical Geography of Western Europe Before 1800 (1967), London / New York 1978 (Geographies for advanced study).

Sombart, Werner: Die deutsche Volkswirtschaft im neunzehnten Jahrhundert und im Anfang des 20. Jahrhunderts (1903), 6. Aufl., Berlin 1923.

Ders.: Die Juden und das Wirtschaftsleben (1911), München / Leipzig 1928.

Ders.: Die Entstehung der kapitalistischen Unternehmung, in: Archiv für Sozialwissenschaft und Sozialpolitik, 41. Bd., 1915, S. 299–334.

Ders.: Der moderne Kapitalismus. Historisch-systematische Darstellung des gesamteuropäischen Wirtschaftslebens von seinen Anfängen bis zur Gegenwart. I. Bd. / 2. Hbb.: Einleitung – Die vorkapitalistische Wirtschaft – Die historischen Grundlagen des modernen Kapitalismus, 3., unveränd. Aufl., München / Leipzig 1919.

Ders.: Das Wirtschaftsleben im Zeitalter des Hochkapitalismus. Erster Halbband: Die Grundlagen – Der Aufbau, München / Leipzig 1927 (Der moderne Kapitalismus, III. Bd., 1. Hbb.).

Speech of Henry Brougham, Esg. M. P. on Tuesday, the 9th of April, 1816; in the Committee of the whole House, upon the State of the Agricultural Distresses, London 1816.

Statistisches Jahrbuch 1993 (und 1994) für das Ausland, hg. vom Statistischen Bundesamt, Wiesbaden 1993 (1994).

Statistisches Jahrbuch 1995 für die Bundesrepublik Deutschland, Wiesbaden 1995.

Stavrianos, L. S.: Global Rift. The Third World Comes of Age, New York 1981.

Stern, Fritz: Kulturpessimismus als politische Gefahr. Eine Analyse nationaler Ideologie in Deutschland, Bern / Stuttgart / Wien 1963.

Steuer, Heiko: Determinanten der Bevölkerungsentwicklung. Abschließende Bemerkungen aus kulturhistorischer Sicht, in: Determinanten der Bevölkerungsentwicklung im Mittelalter, hg. von Bernd Herrmann und Rolf Sprandel, Weinheim 1987, S. 181–192.

Stromer, Wolfgang von: Eine »Industrielle Revolution« des Spätmittelalters?, in: Technik – Geschichte, hg. von U. Troitzsch und G. Wohlauf, Frankfurt am Main 1980, S. 105–138.

Sutor, Bernhard: Umbau des Sozialstaates als Institutionen- und Gesinnungsreform. Zum Sozialwort der beiden Kirchen, in: Die neue Ordnung, 49. Jg., Heft 4, 1995, S. 244–254.

Teuteberg, Hans-Jürgen. Unter Mitarbeit von Karl-Peter Ellerbrock, Uwe Spiekermann, Ulrike Thoms und Angela Zatsch: Die Rolle des Fleischextrakts für die Ernährungswissenschaften und den Aufstieg der Suppenindustrie. Kleine Geschichte der Fleischbrühe, Stuttgart 1990 (Zeitschrift für Unternehmensgeschichte, Beiheft 70).

Théry, Edmond: L'Europe économiques, Paris 1911 (Études économique et financières).

Thiede, Klaus: Die Widerstände gegen Steins Reformwerk für das Bauerntum und der Ausgang unter Hardenberg, in: Neues Bauerntum, Bd. XXIX, 1937, Heft 6, S. 257–274.

Thirsk, Joan: Economic Policy and Projects. The Development of a Consumer Society in Early Modern England (1978), Oxford 1988.

Dies.: England's Agricultural Regions and Agrarian History, 1500–1750, Basingstoke / London 1987 (Studies in Economic and Social History).

Thomas, Brinley: Towards an Energy Interpretation of the Industrial Revolution, in: Atlantic Economic Journal 8, 1, 1980, S. 1–15.

Thomis, Malcolm I.: The Luddites. Machine-Breaking in Recency England (1970), New York 1972 (Schocken Books 369).

Thukydides: Geschichte des Peloponnesischen Krieges. Übersetzt und mit einer Einführung und Erläuterung versehen von Georg Peter Landmann, Darmstadt 1993.

Tichy, Franz: Geographisch-klimatologische Bedingungen der gesamten europäischen Geschichte, in: Handbuch der europäischen Wirtschafts- und Sozialgeschichte, Bd. 1: Europäische Wirtschafts- und Sozialgeschichte in der römischen Kaiserzeit, hg. von Friedrich Vittinghoff, Stuttgart 1990, S. 1–15.

Titze, Hartmut (unter Mitarbeit von Hans-Georg Herrlitz, Volker Müller-Benedict und Axel Nath): Das Hochschulstudium in Preußen und Deutschland 1820–1944, Göttingen 1987 (Datenhandbuch zur deutschen Bildungsgeschichte, Bd. I: Hochschulen, 1. Teil).

Dies.: Wachstum und Differenzierung der deutschen Universitäten 1830–1945, Göttingen 1995 (Datenhandbuch zur deutschen Bildungsgeschichte, Bd. I: Hochschulen, 2. Teil).

Tours, Bischof Gregorius von: Zehn Bücher Fränkischer Geschichte, Bd. 1. Übersetzt von Wilhelm von Giesebrecht. 4., vollkommen neubearbeitete Aufl. von Siegmund Hellmann, Leipzig 1911 (Die Geschichtschreiber der deutschen Vorzeit. Zweite Gesamtausgabe, Bd. 8).

Trebilcock, Clive: The Industrialization of the Continental Powers 1780–1914 (1981), 3. Aufl., London / New York 1985.

Treiber, Hubert / Steinert, Heinz: Die Fabrikation des zuverlässigen Menschen. Über die »Wahlverwandtschaft« von Kloster und Fabrikdisziplin, München 1980.

Treitschke, Heinrich von: Der Sozialismus und seine Gönner (1874), in: Wegbereiter des deutschen Sozialismus. Eine Auswahl aus ihren Schriften, herausgegeben und eingeleitet von Erich Thier (1940), Leipzig 1943, S. 226–266.

Utterström, Gustaf: Climatic Fluctuations and Population Problems in Early Modern History, in: The Scandinavian Economic History Review, Bd. III, Nr. 1, 1955, S. 3–47.

Varenius, Bernhardus: Geographia Generalis, In qua affectiones generales Telluris explicantur (1650), Cambridge 1672.

Vasold, Manfred: Pest, Not und schwere Plagen. Seuchen und Epidemien vom Mittelalter bis heute, München 1991.

Vergil: Aeneis. Lateinisch-Deutsch (1955). In Zusammenarbeit mit Maria Götte herausgegeben und übersetzt von Johannes Götte, 4., verb. Aufl., München 1979 (Tusculum-Bücherei).

Vitruv: Zehn Bücher über Architektur (1964). Übersetzt und mit Anmerkungen versehen von Curt Fensterbusch, 2., durchges. Aufl., Darmstadt 1976.

Die vorherrschenden Gewerbszweige in den Gerichtsämtern mit Beziehung auf die Productions- und Consumtionsverhältnisse des Königreichs Sachsen, in: Zeitschrift des Statistischen Bureaus des Königlich Sächsischen Ministeriums des Innern III, 1857, S. 129–182.

Vries, Jan de: The Economy of Europe in an Age of Crisis, 1600–1750, Cambridge 1980.

Wagner, Adolph: Die Kohlen und ihre Stellung in der Volkswirthschaft des deutschen Zollvereins, in: Zeitschrift für die gesammte Staatswissenschaft, XII. Bd., 1856, S. 313–349.

Wallerstein, Immanuel: The Modern World-System. Capitalist Agriculture and the Origins of the European World-Economy in the Sixteenth Century, New York / San Francisco / London 1974 (Studies in Social Discontinuity).

Ders.: The Modern World-System II. Mercantilism and the Consolidation of the European World-Economy, 1600–1750, New York / London / Toronto / Sydney / San Francisco 1980 (Studies in Social Discontinuity).

Ders.: The Modern-System III. The Second Era of Great Expansion of the Capitalist World-Economy, 1730–1840s, San Diego / New York / Berkeley / Boston / London / Sydney / Tokyo / Toronto 1989 (Studies in Social Discontinuity).

Walter, John: Leitartikel, in: The Times, Nr. 9378, Dienstag, den 29. November 1814, S. 3.

Weber, Max: Die protestantische Ethik und der Geist des Kapitalismus (1904 / 05), in ders.: Gesammelte Aufsätze zur Religionssoziologie I, 9. Aufl., Tübingen 1988, S. 17–206.

Ders.: Wirtschaftsgeschichte. Abriß der universalen Sozial- und Wirtschaftsgeschichte (1923). Aus den nachgelassenen Vorlesungen herausgegeben von S. Hellmann und M. Palyi. 4., durchges. und erg. Aufl., besorgt von Johannes F. Winckelmann, Berlin 1981.

Weichhold, Arthur: Johann Andreas Schubert. Lebensbild eines bedeutenden Hochschullehrers und Ingenieurs aus der Zeit der industriellen Revolution, Leipzig / Jena 1968.

Weiher, Sigfrid: 100 Jahre »Made in Germany.« Absicht und Auswirkung des englischen Gesetzes, in: Technikgeschichte, Bd. 54, 1987, Nr. 3, S. 175–182.

Weinhold, Carl August: Von der Uebervölkerung in Mittel-Europa und deren Folgen auf die Staaten und ihre Civilisation, Halle 1827.

Weizsäcker, Carl Friedrich von: Wahrnehmung der Neuzeit (1983), 4. Aufl., München / Wien 1983.

West, Edward G.: Education and the Industrial Revolution, London / Sidney 1975 (Studies in Economic and Social History).

Wie ist Armuth in den deutschen Staaten zu verhüten und dagegen allgemeiner Wohlstand zu verbreiten, trotz aller Einwendungen? Nebst vorangehenden allgemeinen Bemerkungen über den gegenwärtigen Zustand der Menschen in Europa, mit besonderer Bezugnahme auf Deutschland, Quedlinburg / Leipzig 1836.

Wiener, Martin J.: English Culture and Decline of the Industrial Spirit, 1850–1980, Cambridge 1981.

Wijkman, Anders / Timberlake, Lloyd: Die Rache der Schöpfung. Naturkatastrophen: Verhängnis oder Menschenwerk? Aus dem Englischen von Christiane Spelsberg und Roger Willemsen, München 1986.

Williams, Ernst E.: »Made in Germany.« Der Konkurrenzkampf der deutschen Industrie gegen die englische, Dresden / Leipzig 1896.

Wilson, Charles: England 1650–1750, in: Handbuch der europäischen Wirtschafts- und Sozialgeschichte. Bd. 4, Stuttgart 1993, S. 364–400.

Wischermann, Clemens: Der Property-Rights-Ansatz und die »neue« Wirtschaftsgeschichte, in: Geschichte und Gesellschaft, 19. Jg., 1993, Heft 2, S. 239–258.

Wolfram, Herwig: Die Goten. Von den Anfängen bis zur Mitte des sechsten Jahrhunderts. Entwurf einer historischen Ethnographie (1979), 3., neubearb. Aufl., München 1990 (Reihe ›Frühe Völker‹).

Woodruff, William: Impact of Western Man. A Study of Europe's Role in World Economy 1750–1960, New York 1967.

Woytinsky, Wladimir: Tatsachen und Zahlen Europas, Wien 1930.

Wurm, Franz F.: Vom Hakenpflug zur Fabrik. Wirtschafts- und Sozialgeschichte Mitteleuropas bis 1850, Frankfurt am Main u. a. 1966.

Ders.: Wirtschaft und Gesellschaft in Deutschland 1848–1948 (1969), 2. Aufl., Opladen 1975.

Wyss, René: Die frühe Besiedlung der Alpen aus archäologischer Sicht, in: Siedlungsforschung. Archäologie – Geschichte – Geographie, Bd. 8, 1990, S. 69–86.

Young, Desmond: Fountain of the Elephants, London 1959.

Zeitschrift des Statistischen Bureaus des Königlich Sächsischen Ministeriums des Innern I (und III), Dresden 1855 (1857).

Zunkel, Friedrich: Der Rheinisch-Westfälische Unternehmer 1834– 1879. Ein Beitrag zur Geschichte des deutschen Bürgertums im 19. Jahrhundert, Köln / Opladen 1962 (Dortmunder Schriften zur Sozialforschung, Bd. 19).

Zur Hundertjahrfeier der Firma Krupp 1812–1912, Essen 1912.

Personenregister

Die Seitenzahlen des Anmerkungsteils im Personen- und Geographischen Register sind kursiv gesetzt.

Aa, Karl von der 206, 208
Abahai (Kaiser Da Qing) 16
Adam und Eva 142
Adelung, Johann C. 223
Aereboe, Friedrich 172, 238
Afsprung, Johann M. 168, 237
Albrecht II. (Erzbischof und Kurfürst) 162
Alcima 115
Aldcroft, Derek H. 240
Alexander III. (der Große, König) 49
Alexander VII. (Papst) 23
Alexios I. Komnenos 115
Allen, George C. 241
Anakreon 202
Anderson, John L. 79, 216
Antipater von Thessalonike 130
Archilochos 202
Aristoteles 23, 109, 125, 200, 223
Arkadios (oström. Kaiser) 115
Arkwright, Richard 134, 151, 156
Armengaud, André 219
Asaf-ud-daulah 20
Athena 24
Aurangseb (Großmogul) 20

Bach, Johann S. 41
Bacon, Francis 15, 177
Bahadur Schah II. (Großmogul) 20
Baines, Edward 127f., 229
Balazs, Etienne 27
Ballestrem, Karl Graf 229
Bauer, Andreas F. 138f.
Bechtel, Heinrich 149, 234
Becker, Gary S. 169

Belke, Ingrid 221
Below, Georg von 227, 229
Benn, Gottfried 201
Berdrow, Wilhelm 235f.
Bergdolt, Klaus 219
Berman, Harald J. 227
Bernoulli, Christoph 128
Berzelius, Jakob von 104, 177, 221f., 239
Bessemer, Henry 69f.
Birdzell, Luther E. jr. 230
Bismarck, Otto von 165
Black, Joseph 151, 235
Bleicken, Jochen 227
Bodemer, Heinrich 221
Börne, Ludwig 160, 211
Borchardt, Knut 18, 188, 200, 242
Borgstrom, Georg 61, 212
Born, Max 66, 213f.
Bosse, Rudolf H. B. 224
Boulton, Matthew 68, 137, 152
Bowring, John 179, 240
Boxer, Charles R. 215
Boyle, Robert 167
Bradley, Raymond S. 217
Braudel, Fernand 50, 85, 145, 210, 214
Braun, Hans-Joachim 231
Brentano, Lujo 26, 115, 118f., 125, 201, 203, 223–228, 231
Breysig, Kurt 148, 234
Brooks, Johan G. 241
Brougham, Henry P. 177, 239
Brown, John 186, 242
Brusatti, Alois 204f., 222
Buchheim, Christoph 62, 173, 212, 238

Buckle, Henry T. 32, 73f., 188, 205, 214, 243
Buddenbrook, Thomas 180, 229
Buddha (Siddhartha Gautama) 21

Caesar, Gaius Julius 51
Cairncross, Alexander K. 206
Calvin, Johannes 122f., 125, 129
Cameron, Rondo 15, 110, 200, 224, 237
Carnegie, Andrew 234
Carney, Thomas F. 24, 202
Carpzow, Benedikt 23
Cartwright, Edmund 134
Caxton, William 141
Celsius, Anders 82
Ceres 131
Chambers, Jonathan D. 231
Chandler, Alfred D. 235
Child, Josiah 158
Childebert (Childerich I.) 114f.
Chisholm, Michael 72, 214
Chlothachar (Chlotar I.) 114
Christus (siehe Jesus)
Cipolla, Carlo M. 209
Clapham, John 240
Clemens V. (Papst) 227
Cockerill, James 136
Cockerill, John 136
Colón (siehe Columbus)
Columbus, Christoph 40, 56, 211
Condorcet, Antoine de 95
Cort, Henry 134
Cotte, Louis 83, 217
Crafts, Nicholas F. R. 231
Cramb, John A. 241
Crompton, Samuel 134, 156
Crone, Patricia 15f., 200
Crouzet, François 222

Darby, Abraham 63
Dareios I. (der Große, König) 51
Darwin, Charles 146
Davis, John A. 204
Dawson, William H. 242

Deane, Phyllis 231
Decker, Matthew 158
Delbrück, Hans 140, 232
Demandt, Alexander 140f., 203, 232
Demokrit 73
Denzinger, Heinrich 227
Diehl, Charles 225
Dionysos 114
Dschingis Khan 15
Du Moulin, Pierre 123

Edler von Kleefeld (siehe Schubart)
Ehrenberg, Richard 155, 161, 228, 235f.
Einstein, Albert 141
Eleonore de Provence (engl. Königin) 60
Elisabeth von Valois (Königin) 49
Engel, Ernst 106
Engels, Friedrich 22–25, 126f., 178, 201, 229, 240
Epkenhans, Michael 235
Erasmus von Rotterdam 124
Escher, Johann C. 137
Estorff, Albrecht von 164
Euripides 23
Eva (siehe Adam)

Fahrenheit, Daniel G. 82
Fels, Edwin 42, 207
Fester, Gustav 213
Figuier, Louis 106, 222
Fischer, Johann C. 137
Fischer, Wolfram 203, 231
Flik, Reiner 11
Flora, Peter 238
Ford, Henry 180
Fourier, Charles 31
Francke, August H. 168
Franklin, Benjamin 144, 233
Franz-Willing, Georg 231
Fremdling, Rainer 204, 231
Freund, Stefan 227
Friedrich I. Barbarossa 111, 224

Friedrich Wilhelm III. (preuß. König) 112
Frödin, John 42, *207*
Fuchs, Eckhardt *205*
Fuchs, Konrad *212*
Fugger, Jakob II. 124, 161f., *228*
Fukuyama, Francis 149, *234*

Galilei, Galileo 22, 82
Gans, Eduard 126f., *229*
Garden, Alexander 71
Gebauer, Heinrich *212*
Geisau, Hans von *214*, *225*
Geiss, Imanuel *203*
Geist, Jos. Anton *213*
Gentz, Friedrich 160, 164, *236*
Georg I. (engl. König) 158
Georg III. (engl. König) 128
Gerschenkron, Alexander 68, 180, *214*
Geyer, Philipp 178, *240*
Gibbs-Smith, Charles *230*
Gilchrist, Percy 69f.
Gimpel, Jean *230*
Gleirscher, Paul *208*
Godomar (König der Burgunder) *225*
Godwin, William 95
Gömmel, Rainer 54, *211*
Goethe, Johann W. von 13, 77, *229*
Goodman, Jordan *206*
Gothein, Eberhard *227f.*
Gott 129, 131, *229*, *232*, *240*
Gould, John D. *206*
Grabas, Margit *212*
Gregorius von Tours (Bischof) 114, *225*
Gresham, Thomas 176
Grillparzer, Franz *237*
Grimm, Jacob 13, *200*
Grimm, Wilhelm 13, *200*
Grothe, Hermann *201*
Grotius, Hugo 123
Grove, Jean M. *217*
Grundke, Günter *218*
Grunzel, Josef 87, *218*, *222*

Grypa, Dietmar 11, *208*
Gutenberg, Johannes 141, 145

Habakkuk, Hrothgar J. 179, 181, *233*, *241*
Hahn, Hans-Werner *237*
Hainisch, Michael 117, *226*
Haiser, Franz 170, *238*
Hanf, Theodor 31, *205*
Hargreaves, James 134, 156
Harris, James R. *212*
Hartmann, Heinz 30, *205*
Haushofer, Karl 45, *208f.*
Hawkes, Christopher *210*
Hecker, Justus F. C. *219*
Hefele, Peter 11, *213*, *227*
Hegel, Georg W. F. 80, 126, *139f.*, 143, *203*, *232*
Heinrich II. (frz. König) 49
Heinrich IV. (Kaiser) 111, 124
Held, Adolf *214*
Hemmer, J. Jakob 83
Henderson, William O. 68, *214*
Hera 150, *202*
Herakles (Herkules) 150
Heraklit 23
Herodes I. (der Große) 98
Herzog von Medina-Sidonia (siehe Pérez de Guzmán)
Hess, Klaus 11
Hesse, Günter 94, *219*
Heuberger, Georg *236*
Heynen, Reinhard *225*
Hildebrand, Bruno *229*
Hilgerdt, Folke *241*
Hintze, Otto 148f., *234*
Hitler, Adolf 46, 51, *209*
Hobsbawm, Eric J. 155, *235*
Hoeniger, Robert *219*
Hollmann, Friedrich 155
Honeyman, Katrina *206*
Hooke, Robert 167
Hottes, Karlheinz *207*
Houghton, John 167
Hudson, Pat *203*, *232*, *240*
Humboldt, Alexander von 105, *219*

Humboldt, Wilhelm von 112, 224
Hume, David 25, 34, *206*
Hume, Joseph *240*
Huntsman, Benjamin 153

Iphikles 150
Isensee, Josef *242*

Jacquard, Joseph M. 156f.
Jaeger, Fritz 206f.
Jahan I. (Schah) 20
Jakob II. (engl. König) 158
Jakubowski-Tiessen, Manfred *216*
Jelzin, Boris N. 192
Jesus Christus 23
Jonas, Hans 141, *232*
Jones, Eric L. 15, 18, 50, 62, *200f., 204, 209f., 212, 215, 219*
Jones, Philip D. *217*
Jüthner, Julius *220*

Kaelble, Hartmut *236*
Kant, Immanuel 46, 109, *203, 223*
Karl I. (der Große) 49, *210*
Karl I. (span. König) 162
Karl II. (engl. König) 158
Karl V. (Kaiser) 23, 49, 162, *210*
Karl Theodor (bayer. Kurfürst) 83
Kauffman, Wolffgangum *229*
Kaufhold, Karl H. *241*
Kautsky, John H. 190, *201, 211, 243*
Kautsky, Karl 108, 190, *222*
Kay, John 156
Kellenbenz, Hermann *211, 215*
Kendrick, Thomas D. *215*
Kennedy, Paul 46–49, *209f.*
Kiechle, Franz *230*
Kiesewetter, Hubert 11, *203–206, 211, 232, 236, 239f.*
Kindleberger, Charles P. *237*
Kjellén, Rudolf *208*
Klatt, Sigurd *206, 237*
Knauer, Mauritius (Moritz) 85, *217*

Knies, Karl 65f., *213*
Knight, John B. *238*
Koch, Robert 92
Köhler, Gustav *224*
Koenig, Friedrich 138f.
König, Wolfgang *239*
Köppen, Wladimir P. *218*
Kohr, Leopold *238*
Konfuzius 14, 16
Kopernikus, Nikolaus 22
Kraus, Theodor 72, *214*
Krupp, Alfred 152–154, 159, *235*
Krupp, Friedrich 152f.
Krupp, Friedrich A. 155, *235*
Kuczynski, Jürgen 108f., *222*
Kügelgen, Wilhelm von 54, *211*
Kuznets, Simon 30, *205, 243*

Lagarde, Paul A. de 170
Lamb, Hubert H. 78, *215*
Landes, David S. *200, 210*
Lange, Balthasar *228*
Las Casas, Bartholomé de 23
Laum, Bernhard 121, *227*
Lechner, Karl *219*
Leibniz, Gottfried W. 77, 82
Leo XIII. (Papst) 23
Leonardo da Vinci 132f., *230*
Le Roy Ladurie, Emmanuel *214*
Lévy, Edmond *200*
Lewis, W. Arthur *243*
Liebig, Justus (Frh. von) 103–107, 177, *221f., 239*
Lincoln, Abraham 24, *202*
Link, Stefan *200*
Linné, Carl von 82
List, Friedrich 103, 173, 178, *238, 240*
Locke, John 115, 133
Lubbock, John *233*
Ludd, Ned 155
Ludwig, Karl-Heinz *230*
Ludwig I., der Kelheimer (Herzog) 112
Lundgreen, Peter *237*
Luther, Martin 123f., 129, *228, 230*

MacLeod, Christine 231
Maddison, Angus 19, 134, *200*, *231*
Maier, Harry *237*, *239*
Malich, Uwe *235*
Malthus, Thomas R. 80, 90, 94–97, 99, 139, 171, 193, *216*, *219f.*, *232*, *238f.*
Mann, Thomas *223*, *229*
Manz, Caspar 124, *228*
Marquard von Hattstein (Bischof von Speyer) *227*
Marwitz, Friedrich A. L. von der 112
Marx, Karl 108f., 126, 157, *235*
Mathias, Peter *204*, *231*
Matthes, François E. 83, *217*
Maudslay, Henry 134
Maximilian I. (Kaiser) 162
McNeill, William H. *210*
Medley, George W. *241*
Menger, Carl *222*
Mephisto 13
Metternich, Klemens W. Fürst von 160
Midas (König von Phrygien) 114
Mieck, Ilja *201*, *209*, *216*
Miksch, Leonhard *224*
Minos 48
Mitscherlich, Eilhard A. 104
Möckel, Carola *231*
Mohl, Moriz 64f., *213*
Mokyr, Joel *211*
Molière, Jean-Baptiste P. *223*
Mols, Roger *219*
Monod, Jacques 33, *205*
Montesquieu, Charles de S. 46f., *209*
Mooser, Josef *221*
Morgan, John P. 180
Mousnier, Roland *236*
Müller, Achatz von *230*
Müller, Adam 160, 164
Müller, Hans-Heinrich *234*
Musson, Albert E. *239*
Myrdal, Gunnar 190, *243*

Napier, Charles J. 179
Napier, William F. P. *240*
Napoleon I. (Kaiser) 51, 146, 159f., *210*
Naumann, Bruno 159
Needham, Joseph *200*
Nef, John U. 57f., *211*
Newcomen, Thomas 64, 134, 151
Newton, Isaac 35, 133, 167, *208*
Niedhart, Gottfried *241*
Niemann, Hans-Werner 146, *232f.*
Nohl, Johannes *219*
Nolte, Hans-Heinrich 26, *203*, *210*
North, Douglass C. *226*

O'Brien, Patrick K. *204*
Odysseus 190
Ödipus 142
Offenbacher, Martin *237*
Oldenbourg, Rudolf 165
Olshausen, Eckart *214*
Otter, William *220*
Overbeck, 153
Owen, Robert 31

Paffen, Karl H. *218*
Palmerston, Henry J. 179
Papin, Denis 151
Parish, David 160
Parkinson, C. Northcote *225*
Parmenides 73
Paulinyi, Akos *230*
Pérez de Guzmán, Alonso 50
Perikles 24, *202*
Peschel, Oscar 40, *207*
Pettenkofer, Max von 106, *222*
Petty, William 167
Pfister, Christian 11, 79, 87f., *217*–*219*
Pflaumer, Johann H. (Ivo Renatus) 75
Pflugk-Harttung, Julius von *200*
Phidias 24, *202*
Philemon *202*
Philipp II. (span. König) 49f.

Philippi, Friedrich 230
Pierenkemper, Toni 204, 206
Pirenne, Henri 11
Placidina 115
Platon 23, 25, 80, 216
Plutarch 202
Pollard, Sidney 182, 241
Polyklet 202
Pombal, Sebastião José de Carvalho e Mello 215
Popper (-Lynkeus), Josef 98f., 221
Popper, Karl R. 7, 11, 25, 32f., 42, 109, 143, 177, 199, 203, 205, 207, 216, 218, 223, 233
Porter, George R. 133, 230
Pryor, Frederic L. 85, 217

Rathjens, Carl 40, 206
Ratzel, Friedrich 208
Reinwald, Gertraud 11
Reuleaux, Franz 182
Reynolds, Lloyd G. 204
Rhadamanthys 48
Ricardo, David 57, 110, 211, 223
Ringer, Fritz K. 237
Robinson, Eric 239
Rockefeller, John D. 180
Roebuck, John 151
Rogers, James E. T. 182, 241
Rook, Hans-Joachim 234
Roscher, Wilhelm 213
Rosenberg, Nathan 230
Rosenstock, Eugen 203
Rosenzweig, Franz 203
Ross, Jan 203
Rostow, Walt W. 190, 205, 243
Rothschild, Amschel (Anselm) 159f., 164
Rothschild, James 159, 164
Rothschild, Karl 159f., 164
Rothschild, Meyer Amschel 159f., 163f.
Rothschild, Nathan 159, 164
Rothschild, Salomon 159f., 164
Rousseau, Jean-Jacques 126
Rudloff, Hans von 84, 217

Rüdiger von Speyer (Bischof) 111f.
Ruffié, Jacques 219
Ruppert, Wolfgang 211

Sabot, Richard H. 238
Sachs, Gunter 161
Salvioli, Joseph 222
Sarpedon 48
Savery, Thomas 134, 151
Schi Huang Ti 14
Schmidt, Hellmuth 212
Schmidt, Peer 216
Schmoller, Gustav (von) 32, 148, 205
Schneider, Helmuth 233
Schöffer, Peter d. Ä. 141
Schremmer, Eckart 204
Schubart, Johann C. 100
Schubert, Charlotte 202
Schubert, Franz 41
Schulte Beerbühl, Margrit 231, 238
Schultz, Theodore W. 169
Schumacher, Martin 231
Schumpeter, Joseph A. 147f., 163, 234
Schwerin von Krosigk, Lutz Graf 149, 234
Seneca, Lucius A. d. J. 81
Senghaas, Dieter 243
Sforza, Lodovico 132
Shadwell, Arthur 133, 156, 180, 184, 218, 231, 235, 241
Siemens, Werner 181
Sigmund der Münzreiche (Herzog) 162
Simmel, Georg 117, 226
Singer, Charles 230
Sittauer, Hans L. 234
Sixtus V. (Papst) 50, 121
Sked, Alan 241
Smith, Adam 25, 52, 110, 116, 120, 133, 145, 150, 171, 202f., 223, 226f., 233, 238
Smith, Clifford T. 201
Sombart, Werner 7, 57, 61, 74–76, 113, 118, 123, 163, 211f., 215, 224, 226–229, 234

Sophokles 202
Sournia, Jean-Charles 219
Southwell, Richard 53
Spengler, Oswald 32, 141
Stadion, Johann P. Graf von 159
Stalin, Jossif W. 108
Stavrianos, Leften S. 227
Stein, Heinrich F. K. Frh. vom und zum 112
Steinert, Heinz 211
Stern, Fritz 237
Steuer, Heiko 206
Stevenson, George 102
Stromer, Wolfgang von 230
Stumm (-Halberg), Karl F. (Frh. von) 159, 236
Stumpfelt, Daniel 64
Sutor, Bernhard 202f., 229
Suttner, Bertha von 46

Teuteberg, Hans-Jürgen 222
Thénard, Louis J. 105
Theoderich (der Große, König) 114f.
Thiede, Klaus 224
Thiers, Louis A. 223
Thirsk, Joan 221
Thomas, Brinley 211
Thomas, Sidney 69f.
Thomas von Aquin 23
Thomis, Malcolm I. 235
Thukydides 213
Tichy, Franz 86, 217f.
Tilly, Richard H. 204
Timberlake, Lloyd 217
Titze, Hartmut 242
Treiber, Hubert 211
Treitschke, Heinrich von 24, 140, 202
Trevithick, Richard 102, 134
Troll, Carl 218

Utterström, Gustaf 218

Varenius, Bernhard 44, 208
Vasold, Manfred 219
Vergil 56, 211
Vitruv 130, 230
Voltaire, François M. 77

Wagner, Adolph 66, 213
Wagner, Richard 57
Wallerstein, Immanuel 191, 243
Walter, John 138, 232
Warbrick, 156
Watt, James 134, 137, 150–152, 234f.
Weber, Gregor 11, 216
Weber, Max 7, 14, 18, 27, 46, 75f., 119, 121, 125, 129, 160f., 167f., 200, 204, 209, 212f., 215, 226, 229, 236f.
Wedel, Joachim von 77, 215
Weichhold, Arthur 233
Weiher, Sigfrid 241
Weinhold, Carl A. 97f., 220
Weizsäcker, Carl F. von 25, 202
West, Edward G. 239
Wiener, Martin J. 241
Wijkman, Anders 217
Wilberforce, William 23
Wilhelm I. (Kurfürst von Hessen) 164
Wilkinson, John 134, 152
Williams, Ernest E. 241
Wilson, Charles 231, 236
Wischermann, Clemens 226
Wöhler, Friedrich 105, 222
Wolfram, Herwig 225
Wren, Christopher 215
Wurm, Franz F. 236
Wyss, René 208

Young, Desmond 201

Zainer, Günter 141
Zeus 48, 202
Ziegesar, Wilhelm A. C. von 60
Zunkel, Friedrich 236

Geographisches Register

Aachen 160
Adria 92
Ägypten 14, 26, 56, 73, 115, 188, *202*
Ärmelkanal 50
Afrika 10, 13, 23, 41, 48, 77, 90, 94, 112, 115, 187, 189f., 199, *235*
Albanien 199
Alpen 42f., 49, 51, *207f.*, *217*
Amerika (siehe auch Südamerika und USA) 40, 77, 100, 107, 116, *207, 216, 235*
Amsterdam 78, 158
Anden 56
Anhalt 64
Antarktis 44
Antwerpen 128
Argentinien 103
Argos *202*
Asien 10, 13–15, 27, 46–48, 81f., 85, 90f., 189f., 199, *201, 235*
Athen 23f., 73, *201*
Atlantik 86, *216*
Augsburg 122f., 161
Australien 10, 57, 103, 192
Autun *225*

Babylonien 73
Baden 169
Bahrain 194
Bamberg 85
Bangladesh 77
Basel 128
Bayern 53, 83, 169f., *229*
Belgien 29, 52, 61, 63–65, 67, 71, 83, 135f., 154, 171f., 192
Belgrad 92
Bengalen 19
Berlin 13, 140, 164, 181, *239*

Bierbronnen *239*
Birma 20
Birmingham 68, 137, 152
Bolivien 56
Bonn 104
Bourges 115
Bradford 156
Bradley 152
Brasilien 23, 58, 197
Breslau 75, 91
Brisach 78
Brüssel 188
Buckau 154
Bukarest 92, *218*
Bulgarien 192, 199
Bundesrepublik Deutschland (BRD) 174f., 180, *222, 239*
Burgund 114, *225*
Byzanz (siehe Istanbul)

Cahors 115
Cambridge 167
Chemnitz 60
Chicago 58
China 14–18, 22, 26, 48, 51, 78, 81, 91, 193, *202, 209, 215, 236*
Clairvaux 131, 145
Coalbrookdale 63
Cornwall 102, 151f.

Dänemark 52, 90, 169, 198
Damaskus 115
Danzig 82, 91
Darlington 102
Darmstadt 104
Den Haag 82
Deutsche Demokratische Republik (DDR) 92, 108, 149
Deutscher Bund 176, 183

Deutscher Zollverein 29, 179, 185
Deutschland (siehe auch BRD und DDR) 17, 29, 49, 51, 53, 64f., 69–71, 75, 82, 93, 103, 105, 117, 123, 133, 135f., 138f., 147, 149, 154, 157f., 161, 171–173, 175–184, 192, 195, 198, *209f.*, *222*, *228*, *235f.*, *242*
Donau (Fluß) 94
Doncaster 153
Dover *214*
Dresden 54, 159
Dülmen 154

Edinburgh 151
Eichstätt 11, *208*, *239*
Eisleben 129, 138
Elberfeld 146
Emden *218*
England (siehe auch Großbritannien) 20, 26, 47, 52, 67, 93, 136, 171–173, 183
Erlangen 104
Erzgebirge 52, 60
Essen 152f., 155
Euphrat (Fluß) 49
Europa (Mittel-, Nord-, Ost-, Süd- und Westeuropa) 9–11, 14–19, 21–24, 26–29, 31f., 34, 37, 40, 42, 44–53, 55–59, 61f., 65–68, 70–72, 74, 76–86, 89–93, 97, 99, 102f., 106f. 116, 124f., 128–130, 134f., 137f., 140, 144, 146f., 149, 154, 156f., 162–164, 176, 186–192, 194, 198f., *201*, *203*, *207*–*210*, *212*, *214*, *217*, *220*, *235*, *242*
Europäische Union 9, 30f., 37, 103

Falkenstein 162
Finnland 96, 172
Flandern 115
Florenz 82, 145
Franche-Comté (siehe auch Burgund) 49
Frankfurt am Main 112, 128, 160, 163–165

Frankreich 29, 34f., 47, 49, 52, 63–65, 67, 71, 77, 83, 86, 91–93, 96, 103, 105, 133, 135f., 145, 158, 169, 171–174, 178, 181, 185, 192, 195, *236*
Fray Bentos 107

Ganges (Fluß) 20, 49
Gent 145
Gibraltar 73
Gießen 104f.
Glasgow 137, 150f.
Golfstrom 86
Grainau *207*
Graubünden 43
Greenock 150
Griechenland 26, 86
Grönland 83
Großbritannien 9, 29, 46, 50f., 53, 58, 60f., 63–65, 67f., 71, 76, 82, 91f., 99, 102, 126, 133–135, 137–139, 144–147, 156, 158, 164, 167, 169, 171–185, 189, 192, 197f., *209*, *236*, *239*–*241*
Guinea 13, 115

Haiti 40
Halle 97, 168
Hamburg 92, 96
Hanau-Münzenberg 164
Hannover 82, 163
Haslington 136
Hawai 81
Heiliges Römisches Reich Deutscher Nation 41
Heinzebank 60
Helgoland 78
Helikon *216*
Heppenheim 104
Hessen 164
Holland (siehe Niederlande)
Hwang Ho (Fluß) 49

Indien 13f., 18–20, 22, 26, 48, 51, 78–81, 162, 178, 188, *201f.*

Ingolstadt 124
Irak 56
Irland 93, 100
Israel 107, 115
Istanbul (Konstantinopel, Byzanz) 115, *209*, *225*
Italien 53, 73, 75, 86, 91, 93, 114, 119, 125, 164, 169, 172f., *199*, *209*, *236*

Japan 10, 17, 49, 70, 77, 80f., *129*, 174, 188, 192
Jugoslawien 9

Kärnten 162
Kalkutta *215*
Kassel 164
Kempten 65, *213*
Kenia *238*
Kiel 154
Kobe 80
Köln 76, *215*
Königsberg 91
Königsbrück 159
Konstantinopel (siehe Istanbul)
Kopenhagen 164
Kreta 48
Kuba 40

Lakonien 17
Lancashire 87, 136, 156
Lancaster 68
Landshut 112
Langheim 85
Laurion 25
Lawrence (USA) *202*
Leeds 156
Leipzig 54, 159
Lissabon 77, *215*
London 23, 53, 58, 60, 91, 136, 138, 147, 151, 154, 158–160, 164, 167, 176, *215*
Lothringen 67, 70
Lüdenscheid 153
Lüttich 136

Luxemburg 67
Lyon 52, 77, 156

Magdeburg 154
Magreb 115
Mailand 49, 132
Mainz 145, 162, *215*
Manchester 25, 164
Mannheim 83
Marienberg 60
Medina Sidonia 50
Memmingen 168
Meppen 154
Mesopotamien 73
Messenien 17
Mittelmeer 53, 184, *214*
Mogulreich 48
Moskau 48
München 106f., 112, 149

Naher (und Mittlerer) Osten 14, 22, 81, 190
Neapel 49, 78, 160, 164
Neue Welt 9, 21, 56, 107, 121, *207*, *209*
Neunkirchen 159
Neuseeland *207*
Niederlande 43, 47, 49f., 52f., 61, 64, 78, 91, 93, 136, 169, 174, 198, *209*, *215*
Nil (Fluß) 49, 56
Nordfriesland 78
Nordsee 53, *215f.*
Norwegen 50, 73f., 90, 96, 174
Nottingham 60
Nubien 56
Nürnberg 145

Österreich(-Ungarn) 64, 92f., 103, 135, 159f., 172, 176
Oestrich-Winkel *239*
Osmanisches Reich (siehe auch Türkei) 48, 92, *209*, *236*
Ostpreußen 92

Ostsee 53
Oudh 20f.
Oxford 182

Paderborn 102
Paktolos (Fluß) 114
Pantschâla (siehe Oudh)
Paris 76, 82, 105, 154, 160, 164f.
Petersburg 54
Pfalz 83
Philadelphia 182
Philippinen 77
Pisa 115, *202*
Polen 43, 93, 116, 136, 169, 192
Portugal 47, 63, 73f., 116, 169, 172, 192, *215*, *236*
Potosi 56
Preußen 112, 169, 183

Rangun 20
Regensburg 112, *229*
Richmond Green 158
Rio de Janeiro 90
Römisches Reich 22, 118, 144
Rom 118f., *201*, *209*
Rotterdam 78
Ruhrgebiet 38, 64, 66f., 70, 170
Rumänien 192, 199
Rußland (auch Sowjetunion) 29, 51, 68, 70, 89, 91–93, 96, 103, 136, 138, 172, 181, 192, 195

Saarland 38, 67, 71
Sachsen (Kgr.) 38
Säntis 43
Sahara 103
Sahel 72, 107
São Paulo 90
Sardinien 49
Schaffhausen 137
Schlesien 38, 60f., 64, 66
Schleswig 78
Schönau 60
Schottland 50, 67, 172

Schwarzes Meer 53
Schwarzwald 52
Schwaz 162
Schweden 43, 51, 73f., 96, 174f.
Schweiz 29, 44, 52, 64, 71, 79, 83, 87–89, 91, 93, 169, 171, 174, 195, 198
Seraign 136
Sheffield 153, 181
Sherwood Forest 155
Sibirien 40, 44, 73
Siebenbürgen 78, 92
Silicon Valley 41
Singapur 188
Sizilien 49, 78
Skandinavien 74, 171
Soho 137, 152
Sowjetunion (siehe Rußland)
Spanien 26, 29, 43, 47, 49f., 56, 73f., 91, 116, 136, 162, 169, 172, 192, *209*, *236*
Speyer 111f.
Stockton 102
Straßburg *226*
Stuttgart 64
Südamerika 102, 189, *219*
Südkorea 10, 188
Surinam 136
Syrien 115

Taiwan 10, 188
Tansania *238*
Thorn 146
Tigris (Fluß) 49
Tipton 151
Tirol 162
Trier 78
Troja 13
Tropen 72
Tschernobyl 71, 141
Türkei 77
Tyrus 115

Überlingen 75
Ungarn (siehe auch Österreich-Ungarn) 162

Uruguay 107
Uttar Pradesh 20

Valladolid 162
Vallendar *239*
Venedig 115, 145, 162
Verdun 154
Vereinigte Staaten von Amerika (USA) 10, 24, 29, 48, 57, 65, 70, 72, 78f., 84, 103, 107, 129, 147, 169f., 174, 180f., 188, 190, 192, 197f., *240f.*

Wales 172f., 183
Wallis 43
Warschau 136

Wetzlar 168, *237*
Wien 160, 164, 167
Witten Herdecke *239*
Worms 122, *215*
Württemberg 38, 64f., 169
Würzburg 139, *215*

Yangtse (Fluß) 49
York 64
Yorkshire 87, 153, 156

Zermatt 43
Zschopau 60
Zürich 137
Zypern 14